"Dr. C. Bowen's *The 5-Star Entrepreneur* is a must-read for anyone aspiring entrepreneurship and financial freedom—or anyone wanting to maintain their wealth and pass their wisdom forward to their family and friends. Read it and learn. My husband and I once believed failure and defeat had completely derailed us from our hopes and dreams of entrepreneurship and becoming debt-free. . . . Then Dr. Bowen came alongside us as a life coach and friend to teach us that our setbacks were actually stepping stones to reaching our goals. There is no measure to express our gratitude to Dr. Bowen for believing in us even when others said, "They'll never make it." Dr. Bowen unleashed the entrepreneurs within us! We currently own and operate several companies, are debt-free, and live our dream! Dr. Bowen will always be our source of wisdom for attaining, maintaining, and growing our wealth." —ANGELA WILSON

"Content. Practicality. Character. These three words summarize my experience with Dr. Chris Bowen. He never fails to share practical content, and he has the character to back it up! I highly recommend you read *The 5-Star Entrepreneur* and get ready to become one!"
—PASTOR CHRIS DAIGLE

"I've known Dr. Chris Bowen for the past twenty-eight years! Having mentored me when I was a young child, he taught me some truly effective entrepreneurial lessons. Throughout the years, as we've kept in touch, he has continued to offer advice that I have applied to my life with great success as evidenced by my wife's and my purchase of our last two business properties.

"Allow *The 5-Star Entrepreneur* to guide your entrepreneurial efforts as you, too, learn from one of the most knowledgeable professionals in the industry!"
—Brandon Mueller

"Having a great deal of history with Dr. Christopher Bowen, I can attest that this book is written from the heart—the heart of a man who desires to see individuals impacted and their financial conditions changed for the better. His passion to stir and provoke others to embrace the greatest parts of themselves is endless and unwavering. Regarding the current crisis in our world, *The 5-Star Entrepreneur* is a must-read as it speaks to the art of reinventing one's self.

"Under his tutelage, my life has been transformed, and I see my financial future through a more refined and hopeful light. With his guidance, our congregation was able to purchase a building for $1.3 million and establish a financial plan leading to a mortgage-free future. Follow Dr. Bowen's principles down the path to the American Dream and financial freedom."
—Pastor Charles Westmoreland

"Having been Dr. Bowen's commercial banker for the past twenty-five years, I have witnessed firsthand his zeal for serving, coaching, and leading by example. As both his financial advisor and friend, I have been awarded the opportunity to watch his growth and transformation over the years culminate in the principles and guidance he passionately shares in *The 5-Star Entrepreneur*. I can't think of a more enthusiastic, genuine, and self-made embodiment of 5-star excellence!"

—Tareasa Harrell,
Senior Vice President, Signature Bank of Georgia

"Would you travel across the United States without utilizing your car's navigation system or plan a vacation without viewing some sort of map or utilizing a tool that can act as a guide to help you? You might even ask questions of a person who has traveled to the destination ahead of you:

- How did you travel to the location?
- How long did it take to arrive?
- How much money did you spend?
- What sites did you see?

"Perhaps the most valuable question is asked at the end: If you could plan your trip over again, what would you do differently? We seek the knowledge of others who have been down the path we wish to travel. The same can be true of entrepreneurship.

"I have known Dr. Chris Bowen for four years. Throughout this time, he has been an entrepreneur. I have spoken to him in airports before boarding a plane to foreign lands to help others. I have spoken to him upon entering a room to teach and motivate others to be leaders and entrepreneurs. I have spoken to him before speaking to others regarding ways to positively impact their communities.

"Why was I not surprised when I read *The 5-Star Entrepreneur*? This is what Dr. Bowen does; he unselfishly

helps others to succeed. If you want to go on this journey, *The 5-Star Entrepreneur* will tell you how to pack—remove debt, what to pack—practical principles for savings, how to prepare for the climate—why entrepreneurship, and how to enjoy your journey—keys to planning multiple streams of income. This enjoyable read was very hard to put down!"
—HEIDI LUE, Financial Advisor

"Coming out of 2020, with so many people financially victimized by the COVID-19 pandemic and realizing the fragility of their own financial situations and economic outlooks, *The 5-Star Entrepreneur* is a godsend.

"I have known Dr. Chris Bowen for a number of years. I know he has lifted himself from poverty. I know he has positioned himself to live his dream. And I know his story is a remarkable one. Along the way, he chose to enter the most poverty-riddled area of Atlanta and build a megachurch that has helped thousands of people change their earthly trajectories and eternal destinies.

"His influence on me—personally—has been deep and transformational. He has impacted my thought processes, my views on life, and my understanding of what it means to help others.

"More than a book about money, *The 5-Star Entrepreneur* reveals Dr. Bowen's heart to assist others as they move forward, are strategically positioned to overcome life's trials, and ultimately live out their dreams. Reading it will challenge you. Applying its truths will change your destiny."
—PASTOR MAURY DAVIS

THE 5 ★STAR ENTREPRENEUR

OWNING YOUR FREEDOM

DR. CHRISTOPHER BOWEN

INSPIRE

Copyright © 2021 by Dr. Chris Bowen

Published by Inspire

All rights reserved. No portion of this book may be reproduced, stored in a retrieval system, or transmitted in any form or by any means—electronic, mechanical, photocopy, recording, scanning, or other—except for brief quotations in critical reviews or articles, without prior written permission of the author.

Scripture quotations marked NIV are taken from the Holy Bible, New International Version®, NIV®. Copyright © 1973, 1978, 1984, 2011 by Biblica, Inc.™ Used by permission of Zondervan. All rights reserved worldwide. www.zondervan.com. The "NIV" and "New International Version" are trademarks registered in the United States Patent and Trademark Office by Biblica, Inc.™ | Scripture quotations marked NLT are taken from the *Holy Bible*, New Living Translation, copyright © 1996, 2004, 2015 by Tyndale House Foundation. Used by permission of Tyndale House Publishers, Inc., Carol Stream, Illinois 60188. All rights reserved. | The ESV® Bible (The Holy Bible, English Standard Version®). ESV® Text Edition: 2016. Copyright © 2001 by Crossway, a publishing ministry of Good News Publishers. The ESV® text has been reproduced in cooperation with and by permission of Good News Publishers. Unauthorized reproduction of this publication is prohibited. All rights reserved. | Scripture quotations taken from the (NASB®) New American Standard Bible®, Copyright © 2020 by The Lockman Foundation. Used by permission. All rights reserved. www.lockman.org. | Scripture quotations marked AMP are taken from the Amplified® Bible, Copyright © 2015 by The Lockman Foundation. Used by permission. www.Lockman.org. | Scripture quotations marked ASV are taken from the American Standard Version of the Bible and are public domain in the United States. | Scripture quotations marked NLT are taken from the Holy Bible, New Living Translation, copyright © 1996, 2004, 2015 by Tyndale House Foundation. Used by permission of Tyndale House Publishers, Inc., Carol Stream, Illinois 60188. All rights reserved.

For foreign and subsidiary rights, contact the author.

Cover design by: Joe De Leon
Author photo on cover: Andrew van Tilborgh

ISBN: 978-1-954089-23-5   1 2 3 4 5 6 7 8 9 10

Printed in the United States of America

DEDICATION

There are many people on my journey to financial freedom who breathed life into my dead, buried dreams. It would take another book to thank them all, but I would like to take this opportunity to recognize just a few:

*My spiritual father, Pastor Herb Davis:
You spoke words of encouragement and affirmation into my spirit that I had never heard before. All I had ever known prior to you was that I didn't have what it takes to succeed and would never amount to anything. You constantly poured love and confidence into me, reminding me that it may sometimes take me a little longer to achieve a goal than it might take someone else, but I could accomplish ANYTHING I set my mind to. I pray God has allowed you to look down from heaven as each dream has come to pass!*

*My mentor and sometimes even the "thorn in my side," Dr. Brenda Chand:
Your vision for my life has pushed me into places I would never have gone on my own. I received my*

earned Doctorate because of the faith you had in me when I couldn't find it within myself. You are a constant source of strength and encouragement. You have stretched me, helping me achieve goals I would never even have set without you. I will eternally be grateful to God for you.

Our dear friends Tommy and Joyce Addis: Kathy and I would have never tasted financial freedom if it hadn't been for your taking us under your wings and making us your "project." You treated us to trips we could have never taken, taught us lessons we would have never learned, and loved us in ways we would have never known without you. It is truly our prayer to be "Tommy and Joyce" to other couples on our journey through life. "Thank You" seems so inadequate, but it is spoken from the depths of our hearts.

My precious mother, Ruth King: Your constant love and belief in me allowing me to pursue my dreams—even when it broke your heart for me to leave you when you needed me most—was the greatest gift you could have ever given me. I know without a doubt that the Lord moved you here with us in your latter years because of the sacrifices you made for me. Sharing these precious years together has truly been such an honor and pure joy for us! I love you so much.

My sons, Nathan and Caleb:
Out of all of my achievements in this life, you two are my greatest! There is nothing that brings my heart more happiness than watching the boys God gave us become men after His own heart. So many ministers with children don't have that story. I am so very proud of all you do and of who you are: men of integrity and strength. You serve God and love your beautiful wives and the incredible, precious, and absolutely perfect children He has blessed you with! You bring my life more joy than I could ever put into words.

Finally, to my wife, Kathy:
You gave me a promise before we were even married—which was pretty bold—but evidently you meant it! You wrote me a note saying, "Where you go, I will go. Where you stay, I will stay. Your people will be my people and your God, my God. Where you die, I will die, and there I will buried" (Ruth 1:16-17, NIV). You and I have gone to some rough places! We have lodged in some undesirable hotels and the humblest of homes. But here we are today—living in the richest of blessings. I can't imagine this life without you by my side, cheering me on. You are the wind beneath my wings, and I love you!

FOREWORD

THINGS DON'T GO WRONG; they start wrong.

You don't have to fail. Yet success is not guaranteed. Scaling and sustaining your entrepreneurial aspirations will be achieved by design not default. Consider the grim statistics below.

According to data from the Bureau of Labor Statistics, as reported by Fundera, approximately 20 percent of small businesses fail within the first year. By the end of the second year, 30 percent of the businesses will have failed. By the end of the fifth year, about 50 percent will have failed. And by the end of the decade, only 30 percent will remain—a 70 percent failure rate. (https://www.entrepreneur.com/amphtml/361350)

Let's put that in numerical perspective. If one hundred entrepreneurs like you start a business today, a year from now there'll be eighty businesses still operating, and ten years from now, only 30 of the original one hundred will still be operating.

Now, that could sound discouraging—if you are not strategic. However, for intentional, entrepreneurial and strategic business, there's only one question: *How can I ensure that I am in the thirty percent ten years from now?*

Glad you asked!

My friend Chris Bowen's book *The 5-Star Entrepreneur* is written to answer that singular question.

In this book, Chris Bowen will unpack important aspects of entrepreneurship, the fundamentals of financial freedom, low debt to no debt, secrets of savings, principles of prosperity, and creating multiple streams of income.

Things don't go wrong; they start wrong.

Start right!

Sam Chand
Leadership Consultant
(www.samchand.com)

★ ★ ★ ★ ★
CONTENTS

Introduction 15

CHAPTER 1. Why Entrepreneurship? 19

CHAPTER 2. Why Financial Freedom? 39

CHAPTER 3. What is Financial Freedom? 61

CHAPTER 4. Say Yes to No Debt....................... 85

CHAPTER 5. Practical Principles for Savings 101

CHAPTER 6. Proven Prosperity Principles 119

CHAPTER 7. Reasonable Debt Reduction 141

CHAPTER 8. Five Keys to Building Multiple Streams of Income 165

CHAPTER 9. Enjoying Your Financial Freedom 183

★ ★ ★ ★ ★
INTRODUCTION

THE DEFINITION OF THE word "wealth," according to *Merriam-Webster's Dictionary*, is the "abundance of valuable material possessions or resources." Let's face it—we all tend to consider people to be successful or wealthy if they live in big, expensive houses, drive late-model impressive cars, take vacations around the world, and wear the most famous name-brand designer fashions. We also make the mistake of assuming the ability to acquire those things equals success and happiness.

The truth of the matter is this: Simply having monetary possessions does not bring joy. The continual drive that some people have to acquire "things," thinking that they alone will bring the contentment and happiness they desire, is based on a myth. If it were true, we wouldn't see so many famous actors, award-winning recording artists, fashion designers, sports figures, and successful business owners committing suicide.

Wealth alone does not bring peace or joy. Money does not take away a person's stress or problems. It actually creates new ones. Just ask a lottery winner who suddenly finds himself or herself filthy rich with all kinds of relatives and new friends suddenly knocking at the door for a piece of the pie! They will attest to all the pressure that comes with wealth. My purpose behind writing *The 5-Star Entrepreneur* is not that you can boast about all the expensive "toys" you can acquire in your lifetime as a result of following its principles. Instead, my heart's desire is to see people become financially FREE.

I was born and raised in an environment where everyone I knew went to work to earn enough money to make payments on the debts of their simple, modest homes and cars barely reliable enough to get them back and forth to the jobs they dreaded going to each day! I don't say this in a judgmental sort of way. It was just the way of life we all knew back in my little home town. I copied this practice as a young adult myself. I tucked all my dreams of being a business owner away, feeling as if I had to use my God-given skills to make someone else rich, while I brought home a paycheck barely enough to survive on.

Thankfully, God sent people into my life to bring my hopes and dreams back to the surface and convince me that they could indeed become reality for me. I don't brag about what I've acquired, but I gratefully can say after years of making great sacrifices, that my wife and I now live in a beautiful home we paid cash for. We both drive nice cars with no monthly payments to deal with, and we don't have to worry about putting food on our table. We are blessed business owners. But that's not where the joy of being successful entrepreneurs comes from. The joy is the ability that being financially free gives us to bless others! When we were bound up in debt and always lacking money, we never experienced the happiness that comes from helping someone else. We had too many financial obligations to meet each month with nothing left to spare.

I feel like Paul did when he wrote in Philippians 4:12 (NLT), "I know how to live on almost nothing, or with everything. I have learned the secret of living in every situation, whether it is with a full stomach, or empty, with plenty or little." I've lived in both places. My wife and I lived through times when we shared a simple meal of Vienna sausages and saltine crackers. We would actually move the few canned goods we had in the pantry to the refrigerator if we knew a guest was coming by, so it would look as if we had plenty of groceries in the house. Now, I tease my wife by saying if we ever move again, it will be to a house with no kitchen because we eat out so much! Believe me—I don't belittle or regret our humble beginnings. But the freedom we live in now allows us to bless others who are now where we once were, and friend, THAT'S where the joy of entrepreneurship comes from!

Someone once said, "Life is too short to be working for someone else's dream." Please hear my heart. I'm not suggesting that you go to your job tomorrow and turn in your two-week's notice. I'm simply asking you to ignite and stir up the gifts and dreams that you have buried deep inside of you. Don't work so hard trying to make a living that you forget to actually have a LIFE. It is my sincere desire that the words on the pages of *The 5-Star Entrepreneur* will light a fire within you to set into motion a plan to truly live in financial freedom. My prayer is that you, too, will be able to achieve exactly what I am blessed beyond measure to declare: I am truly #LivingMyDream.

CHAPTER 1

WHY ENTREPRENEURSHIP?

WE'RE GOING TO ANSWER two questions in this chapter: *Why entrepreneurship?* and *Am I really ready to take charge of my life by becoming an entrepreneur?* I don't want to make it sound lighthearted. It's not easy. It's a great task, and it's something we have to work at.

Are you ready to take charge of your life—to become an entrepreneur? My prayer is that, after you've understood the principles in *The 5-Star Entrepreneur*, you will have a burning desire to become an owner. Remember, wealth was never designed just to give you a bigger house or more expensive toys. It was designed to give you *freedom*.

What would it feel like to not have to go to work when this virus is over? What would it feel like if you didn't have to go in next week, next month, or even next year, unless you wanted to do so? We've already established that giving is a key part of becoming free. With that in mind, we're going to explore seven benefits of being a 5-Star Entrepreneur.

1) You get to set your own schedule.

Do you have the opportunity to set your own schedule: what time you get up, what time you go in, what time you get off? Most careers don't offer this freedom. Somebody chooses our schedules for us. They tell us when we come in and when we get off. Sometimes, we have to come in early or stay late. Being a business owner doesn't automatically mean that you'll get to relax on the beach every day with a tropical drink in your hand. It can demand long hours, especially in the startup phase. It typically takes two years in business to start seeing a profit. So I'm not encouraging anybody to leave his or her corporate job and open a business just for the sake of doing so. What I want you to consider is how you can start *now*, while you keep your job, building wealth until you get to the point where a profit is coming in from your entrepreneurial job.

It doesn't necessarily require a mundane, nine-to-five schedule. While entrepreneurship doesn't equal fewer hours, it does give you the freedom to choose your own hours in order to accommodate other activities in your life. My wife and I were blessed to have jobs that we could leave early so that we could make our boys' ballgames. We had flexible schedules for the most part, though there were certain things we couldn't change. Sundays, for instance, were full days, but during the week, we could build our own schedules.

If you're going to start a business while keeping your current job—and that's what I suggest, unless you're extremely wealthy—what hours can you allocate for your new business? Everybody needs to answer that question individually. What hours do you have available? If you work a nine-to-five, is it something you can do before or after work? Maybe it's something you can do on the weekend? If you work weekends, can you do it on your days off? Explore your options. How many hours per week is realistic? If you only have three hours a week available, yours isn't going to be a very lucrative business.

Becoming an entrepreneur will take long hours, and a lot of that time is without pay. When Kathy and I started our housing business, it was a lot of construction—we did all of the work on those nineteen properties ourselves. I did the billing, collecting rent, and other things like that. We didn't want bills. We wanted to get those properties paid off, so they could begin to generate income. I'd love to say, "Man, it was easy." It wasn't. Sometimes, we had to go to three properties and make repairs, or call someone in to fix something we couldn't fix. We had to accommodate and please disgruntled tenants. For those who had earned evictions, we had to sit in court and work it all out.

My point is this: You've got to be realistic when you open a new business. Add time for the unexpected because things are going to happen. You can't do everything, so make sure you're finding a creative yet realistic way of achieving your goals within your allotted time. You also have to set aside enough time for your family, friends, exercise, and hobbies. If all you're doing is working, you won't be healthy and neither will your business. Setting your own schedule is a privilege, but it's also a big responsibility.

2) You believe in what you do.

The second reason to become an entrepreneur is because you believe in what you do. You believe that your product is going to make it. It's difficult for you to sell something you don't believe in. So understand the product and that it's a buy-in.

What are you passionate about? What is it that you love doing—that you would do if you never received a paycheck for it? What inspires and satisfies you? Make sure that the products and services you provide make a difference in the lives of your clients. Your company can make contributions to your community that will change the lives of those you desire to elevate.

I became a pastor because I believe in helping people. It's my passion. I still believe in helping people. I love putting people who can't afford houses into houses. I love finding a way for somebody who has rented for years to move into their own property. Never start a business outside of your values and passions.

Have confidence that you have services worth selling. This isn't a gimmick. It's not something you're using to get rich. It's not a scam. It's something that's truly going to enhance somebody's life. People will look back and say, "I'm glad I had this service." When I coach, I follow people in their dreams—no matter what they're trying to do. If they're willing to be held accountable, I can get them to their dreams. I have confidence that my service will move them in that direction. If you don't have confidence in your product, you don't believe in it.

Years ago, someone tried to get us to sell some kind of laundry detergent—kind of like Tide. Each bottle came with a big lid to pour the liquid into. Well, I was reading the bottle one day and realized that the instructions told me to use upwards of *five times* the amount of product I really needed. The clothes were getting clean, but I realized the measuring lid was a scam. They wanted customers to think they were getting eighty-four loads' worth of product, when, in actuality, it was only about twenty-five loads. They were hoping customers wouldn't pay attention—that they'd just pour in the larger amount. Long story short, make sure you're selling a product that's truly serving your customer. When we don't have values, we're boats tossing to and fro, with no clear direction. What are your core values? What are your nonnegotiables? They will help you determine what kind of business you start.

You need to have your core values posted somewhere you see them every day. I believe in integrity: being honest, being fair. Your values make up who you are. Integrity is the person you are when no one is looking. So if you would cheat when there's nobody around, that's your level of integrity. If you would take something when you're alone that you normally wouldn't take when somebody is with you, that shows your level of integrity. John Maxwell said this: "Your core values are the deeply held beliefs that automatically describe your soul." What are yours? How is your integrity? How does that translate into your business?

3) You can work from anywhere.

During this virus, many of us have had the opportunity to work from home. I'm a professor at a university, and I love being in-house with my students. However, can I tell you that there's something about being able to Zoom with them? I'm saving about two-and-a-half hours in commute time and extra time for every class simply by doing my class from home. Entrepreneurship allows you to work from anywhere. What kind of business could you have if this were true for you? What are some of the things you could do from anywhere?

If you could pick your office today, where would it be? The beach? Your home? The mountains? Paris? Where would you place your office? As you become an entrepreneur, *you* are in charge. You get to decide these things. One of the benefits of being an entrepreneur is that you don't have to be stuck inside the four walls of a traditional office in order to succeed. The ability to opt out of being stationary frees you to work wherever you desire.

I'm getting ready to do a town hall meeting with New York City on Monday. In this meeting, we get to offer our services to other churches and ministries who are struggling. Church will never go back to the way it was before COVID-19. Just like 9/11 changed travel forever, there will be permanent changes in the church. There are going to be changes in business, as well. There are opportunities we've never seen. Your platform can be social media, Zoom—any number of virtual platforms. Different methods of operation are opening up. You may no longer need a permanent location. I've coached from South Africa and Costa Rica, New York City and Los Angeles. My office can be anywhere I want. Consider online stores. You can ship out your product yourself, or you can have a warehouse hold things for you to ship out. So many options are available to you as a consumer: mobile services, delivery services, dry-cleaning services, landscaping services, dog-grooming services! Have an open mind as you start looking for what you want to do as an entrepreneur.

When I transitioned out of pastoring, I went to Atlantic Station and rented one of the nicest offices there. It was fantastic—it had a *great* view—but I found that most of my clients never came to my office. In fact, in the fifteen months I stayed there, most of my business was done at the Starbucks downstairs or virtually. I finally asked myself, *Why am I paying this big mortgage every month?* I was commuting downtown and fighting traffic; I was paying for parking. Finally, I reached a place where I needed to operate without all of that overhead. Today, I don't have to make as much money because those expenses are no longer cutting into it.

To start a new business, you have to keep income coming in. That means that either your spouse needs to keep working, or you have to stay in your job. What businesses can you think of that require low overhead costs to get started?

4) You get to be your own boss.

How important is that to you? Entrepreneurs get to say what needs to happen or what the company is going to do about a particular idea. Most of us in the business world don't have those opportunities. Somebody tells us what to do. If you don't build your own dreams, somebody will hire you to build theirs—that's a point made by Tony Gaskins. When I look at people who work for corporations (and I thank God for those jobs; I'm not knocking them at all), I see people who are helping someone else live their dream. Let's take, for instance, Coca-Cola. You can have a great career at Coca-Cola, but at the end of the day, you're going to get a paycheck. Typically, it's not going to vary in amount. If Coke makes a billion dollars, you're going to have the same check. If Coke loses a billion dollars, you're going to have the same check. There's not a lot of give because you've contracted with them for that amount.

But if you have your own business, you get the choice of working harder to make more money. If you want to take time off, you can do so. Being your own boss, you have the opportunity to fulfill the creative side of your vision. In the season we're in now, this is exciting to me. What's the next thing somebody is going to invent to make this pandemic a blessing? People are out there making their dreams manifest simply because they're taking the opportunity and going for it. If you can imagine it, you can have it.

When you are your own boss, you get to build your own team, decide where your company will go, and call the shots. Remember, though, to always treat other people the way you desire to be treated. Make sure that you always take care of your employees. If you do, I promise that they'll take good care of you.

One time, I had a friend come to me who had a passion to build a glass doghouse. I couldn't see it. I didn't understand it, but he wanted this glass doghouse that allowed you to see the dog when the dog went inside it. He went on to develop these houses, and even integrated sports team branding into them—for instance, the Georgia Bulldogs. Every doghouse had some kind of sports theme to it. In my mind, that dog was going to be under a magnifying glass and burn up. But my friend had a strategic plan in mind for preventing this. It wasn't my cup of tea, but it was *his* dream. He was passionate about it. People bought his product because of his passion. You can add a lot of value to people as an entrepreneur.

Be your own boss, and make sure that you own your own business. I love the Chick-fil-A story. Truett Cathy's very first waitress was in my church. I'll never forget the stories she told about when Cathy was first getting started. He went on to build his dream. His house is a mansion. The reason he was able to get that is because others helped make him wealthy. He was a great employer; before he died, he was able to help others own part of his company by opening their own stores and living *their* dreams.

Truett Cathy didn't take everything for himself. He lived his dream and then offered part of that dream to others. We have the power to do the same as entrepreneurs.

5) You get to see your work change lives.

If your company doesn't change lives, is it really worth having? If our business isn't going to make a person's life better, we have to stop and question what we're creating.

One of the most rewarding things in life is helping to change someone else's life forever. That's why I love coaching. You get to see somebody who's healthy, but stuck, move into the next phase of life. You get to see their transformation. There's something incredibly fulfilling in hearing someone say, "Because of you, my life is better." I don't know about you, but because somebody took the outhouse, put water to it, and brought it inside, my life is a whole lot easier. I'm very thankful for that. I'm so thankful that Edison created the light bulb. Because of that, my life is easier. When I open the refrigerator, the light comes on inside. Isn't that great?

Make it your mission to make a difference in somebody's life. Part of being an entrepreneur is having the power and ability to solve problems: to make something more efficient, provide a better service, or create a new product that helps people in their everyday lives. Whatever you're trying to sell, make sure that it improves lives while also making a profit.

Years ago, someone noticed that it's hard for seniors to open jars. That person came up with an ingenious device that goes on top of the jar that will open it for them. It's a small, inexpensive device, but it makes people's lives easier. For a senior citizen with arthritis, this adds immense value.

Wouldn't you like to have been the person who invented Velcro? When it first came out, it was a huge flop. People said, "This will never work. People never will buy into this." Today, Velcro is everywhere—on shoes, on curtains, on anything you want to stick together. It's a multi-billion-dollar industry, even though it was shot down initially. Now, it's changing lives.

I happen to know the son of the man who invented Sheetrock. The son is probably in his late seventies today, and a very wealthy builder here in Atlanta. He's constructed massive hotels and centers for senior citizens. His father has already passed away, but the son gets a portion of every sale of Sheetrock as his inheritance. His children's children will benefit from the product that is still changing lives today.

Albert Einstein said, "Strive to not be a success, but rather to be of value." At the end of the day, all of us are going to be buried in graves of the same size. Once those holes are covered up, our lives as we've known them here on earth will be done. Will we have added value to somebody's life? When you start thinking about adding value in your entrepreneurship, I want you to think about what you can invent or create.

Now, don't think too deeply. Once, I asked the owner of Brewster's Ice Cream Shop, which is a little business inside of a gym, "Why a Brewster's?"

He said, "You know what? There's something about every child who walks up to my door and orders ice cream. I see the joy on their faces every time I open up the shop." He realized that ice cream brings value to families—brings people together. It's a treat. Don't think so big that you have to create something outrageous. You have a blank canvas when you become an entrepreneur. Paint your dream.

How much longer are you going to work? How old are you now? When are you going to start painting that canvas? "Well, I'll do it when I have time—when I get older." We say this, and then we look back and regretfully conclude, "Now, I'm too old to fulfill my dream." Let me encourage you to start today. You'll be living your dream when you're helping people and changing lives—building long-term relationships. I believe that everything we do today is about relationships. We're not meant to be islands; we need each other.

I heard one of my clients say this: "One of the things I don't allow the people in my corporation to do is gossip."

I said, "Describe for me what gossip is."

"Gossip is anything that you go to somebody about that they cannot fix."

"Tell me more about that," I requested. "That's good."

She continued, "If they're in my office and the copy machine doesn't work, and they tell a coworker who has no ability to fix it, that's gossip. They need to bring it to the department that can fix it. Then it's a solution."

Stop and think about the atmosphere in which you work. Do people bring you stuff that you can't fix? Start looking at that as negative—it will bring down your dreams. Positive attitudes produce positive results. Choose to be happy, and help others do the same. If you have a job you don't like, make sure that, as you open your business, people don't hate going to work for you! Do everything in your power to make sure that people are happy in your business.

Jim Rohn said, "Your life does not get better by chance. It gets better by change." Over the last eight weeks, what has changed in your life? Maybe it's the way you've done things. Maybe it's your mindset. 2020 definitely changed the paradigms by which we worked, lived, and operated. We've learned to do things differently. What are you willing to change in order to make your life better?

6) You become a business leader.

A leader is a person who guides a group of people to a desired destiny. Therefore, a business leader must have the capability to make tough decisions on how to grow the company while staying focused on the purpose of becoming financially free. Even though they may be open to other ideas, they cannot become distracted by others' purposes or goals. Being a business leader helps you gain the respect of not only the people who work for you, but also the community in which you serve.

Many churches today can't do anything for the community because all the need is *within* them! We have to make sure that we're looking beyond the four walls of our organizations and asking, "Who can we reach out to bless? What do we need to do?" These quick tips will make you a better business leader:

Work with your team, not over them. There's something about knowing that your employer is truly a part of your team that boosts your morale. When you know that they're not trying to dominate you, but that they're working alongside you, that's so encouraging. Be humble. Understand that no one is perfect. They're going to have bad days. They will mess up—as will you!

Before the virus hit, I decided to stop by the gas station on my way to the gym. I ran straight through a stop sign without thinking. While it was happening, I saw the police officer sitting there, but I couldn't stop. It was too late. I didn't see the sign in time. My mind had been somewhere else. I pulled into the gas station, hoping that the officer wouldn't come out. But of course, he did. When I saw him pull in, I had my license in my hand, and I said, "Sir, don't even ask. I knew the stop sign was there. I ran it. Here is my license. I'm sorry."

He took it and said, "Were you in a hurry?"

"Not in the least."

He kind of laughed, got into his car, and then came back.

I said, "Before you give me my ticket, let me just say thank you for serving. I know that, a lot of times, people don't appreciate what you do. I broke the law, and I take full responsibility."

He said, "That's refreshing. Here's your license back. And by the way, we all make mistakes. I just gave you a warning."

I sat there thinking, *Wow. He really made my day by being so kind.*

Nobody is perfect. Everybody makes mistakes. As a business leader, you've got to be able to inspire people in your area of passion. Make sure that your staff is aware that you don't know everything; you can keep learning, both from them and from other sources. Ask them questions: "What would *you* do differently? What can *I* do differently? If you were the boss, what would you do?"

Find out how people truly assess you, and don't waste others' time. Those who know me well know that wasting time is a pet peeve of mine. Time is the most important thing people own. When they give their time to you, make sure that you always honor it. American Five-Star General Douglas MacArthur believed that "A true leader has the confidence to stand alone, the courage to make the tough decisions, and the compassion to listen to the needs of others. He does not set out to be a leader, but becomes one by the quality of his actions and the integrity of his intent." Again, we need to realize the purpose behind why we're becoming business leaders.

7) It's an exciting adventure.

It's exciting to invent something. It's exciting to see the first property. It's exciting to do the first thing you've envisioned doing. I met with a young man about three years ago who wanted to get into the real estate business in South Carolina. He was trying to buy this house, and he needed some help. He had already purchased it but couldn't afford the renovations. I looked at it, I looked at him, and I said, "You've way overspent on this house. It's not worth as much as you have in it." Still, I gave him the loan, because I saw his passion. I saw where he wanted to go. Sure enough, every time he turned around, something else in this house would cost him. He owed more on the house than it would ever be worth.

He said, "I'm going to have to rent this one for the rest of my life." And yes, he's been renting that house for a number of years. Every time after that, when he'd buy a new house, he'd say, "Man, that first one I messed up on was the worst investment."

But I told him, "No, that was the best investment you ever made—because that was your learning tool."

He made a lot of mistakes, but he learned more from that first house than any he's bought since. Today, he owns fourteen properties. Why? Because he remained faithful. He kept pushing his way through. He sold that house about three months ago, with a magnificent profit. We didn't think he would ever get that kind of money, but the market went up at the right time, and he'd bought it low enough. Even though he had made bad decisions—even though it seemed like the house was going to be a flop—he was consistent and remain excited. That young man went on to buy thirteen more properties.

The cemetery has no excitement. Be excited about your life and what you do every day. It's a gift from God. Be excited about what He has placed inside of you. It's a sad day indeed when people look at me and say, "I don't know what I'm supposed to do." We need to find out why we were placed on this earth and what our passion is. What makes you excited? Excitement is contagious. When people get excited at a ballgame and stand up, everybody else starts standing up, as well—even if they don't completely understand why. So stand up and cheer! It's contagious.

Excitement will get you out of bed in the morning. Remember Christmas morning when we were kids? We couldn't wait to get up! We couldn't even fall asleep the night before because of our excitement about what would be under the tree. What is that Christmas-morning thing for you as an adult? What wakes you up in the morning? What's the thing you can't wait to get to tomorrow because you know it's going to be part of your dream coming to pass? Excitement leads to success.

How excited are you to become a successful entrepreneur? Is this something you're dreading? Is this something you're fearing is not for you? If so, then entrepreneurship is *definitely* not for you. Alan Cohen said this: "Be happy with what you have, be excited about what you want." Entrepreneurship is not for everyone. I want to make sure you understand that. It's demanding; it requires a willingness to take risks. Salaries vary—especially at the start—but it's an exciting adventure that allows you to do something you're passionate about and that satisfies you. You can free yourself, both financially and emotionally, when you succeed in your business. You have what it takes to be an entrepreneur. So the question that only you can answer is this: Are you *ready* to be an entrepreneur?

CHAPTER 2

WHY FINANCIAL FREEDOM?

OUT OF ALL THE topics I could write about, why would I pick this one? It's quite simple: I believe the people of God have been captivated by false prophecies. Prosperity is not having the biggest bank account, the largest car, or the largest house. Being financially free—financially prosperous—basically means having control over your life. When you have control over your life, your finances will line up accordingly.

An entrepreneur is someone who owns a business (or businesses) and who is willing to take a risk in order to exceed his or her past financial endeavors. Today, are you ready to become an entrepreneurial leader—to help other people get to that place in life that God has for them? If so, I'm excited to begin this study with you.

Prosperity, in my opinion, isn't having a Rolls Royce or a mansion. Having financial freedom means being able to live your life on purpose—intentionally. Why is it that many people own big houses but can't afford furniture? Why is it that many people have nice cars but can't afford insurance? It's because they live beyond our means. In *The 5-Star Entrepreneur*, we'll talk about the factors that keep Christians bound and prohibit them from becoming the entrepreneurs that God has called them to be.

Which of the following men would you say has achieved prosperity: a 55-year-old man with a Rolls Royce or a 24-year-old man with a 1984 Toyota? The eyes of the world see the man with the Rolls Royce as prosperous. As a professional, I would ask both men a very simple question: "Where is the deed to your car?" Whenever I ask this kind of question, it shows me who really has the best deal. If the man with the Rolls Royce has a $200,000 debt, and the young man's Toyota is paid off, which one is more financially secure? Without a doubt, the young man with the title in his hand is. Why? Because it's free.

We talk about slavery in past tense, but many people are in slavery financially. The Bible says, "Owe no man anything" (Romans 13:8, ASV). So many of us are bound. We go to work to pay a car note, to pay a house note, or to pay off a credit card because we've gotten into debt.

What would it be like if you were *truly* financially free? That's what I hope the pages of this book will help you understand: what it's like not only to be an entrepreneur, but also to be a leader in entrepreneurship. My heart and desire is to help young people who are just starting out take the wisdom of an older person and apply it to their lives, so they can be financially free—the way God has intended for them to be free in the church world.

Many times, we don't understand the ability God has given us to be free. In the coming pages, we'll cover such topics as focusing on your future, how to say yes to no debt, being rich versus being poor, proven principles that will make you financially free—debt reduction, multiple strings of income, the influences in your life—and how to enjoy financial freedom. This is a book for those who are serious about taking control of their finances. Why financial freedom? Because God intends for you to enjoy the gifts He has given you.

I retired at the age of fifty-one. Why? Because I could. God allowed me to have three businesses in my lifetime, as well as pastor a megaministry. Today, I'm fulfilling the dream calling of my life. It's not a nine-to-five job. It's a workday when I want to work, and a relax day when I want to relax. If I want to take a vacation, I take a vacation. If I want to go away for a month, I can go away for a month. What does it take to be financially free today? Let me tell you. The younger you get started, the better the odds are of your being able to retire early. I don't believe God put us on this earth only to work. I believe that He gave us all the wonderful things we have so that we can enjoy them, and also so that we can help other people succeed. In this area of my life, my greatest goal is to help *you* succeed!

So, how much money do you need to save to become a millionaire? Well, the earlier you begin to save, the more quickly you're going to obtain that goal. Is it even possible today for a million dollars to carry you through your lifetime? Again, the answer depends on your age. If you're at retirement age, it could be enough. If you're younger, it may take several millions. I hope this isn't discouraging, but I want to show you that it truly depends on the age at which you start saving.

If you're twenty-two years old, you only have to save $87 a month with a 10 percent interest rate over the course of your lifetime to be a millionaire by the time you're sixty-eight. But watch this—if you wait until you're twenty-six—just four years—you almost have to double that amount. Now you need to save $130 a month in order to become a millionaire. At the age of thirty, that number goes up to $194 a month. And at thirty-five, you have to put away $324 a month to become a millionaire. So what if you waited until you were fifty? Well, the truth is, if we wait until later in life, many of us cannot save enough money in order to become millionaires. So the key is to start now—today. Don't wait, no matter how old you are. You're not going to get any younger. I believe God wants you to live your dream on purpose. In order to do that, you've got to start right where you are.

In order to save, you have to first realize where you're spending. Let me ask you this: Where are you *over*spending? The truth is that we all overspend. There are little things that we want, and we really don't think about it. The small joys of life aren't very expensive, after all. I'm not going to discourage you from spending, having a good time, going to the movies, and so on. I believe that we need to enjoy life. If we're only saving and putting away, we're not enjoying the journey, and it becomes a drudgery.

I don't want you to dread life, or to not be able to have a fun weekend or go out on a date. I want you to enjoy your life. But more than enjoying your life now, I want you to be able to enjoy it for the long haul—at 50, 60, 70, 80, and even 90 years old—because you've set money aside. I believe you should live your dream and fulfill your unique calling. You're either doing that or you're working for somebody else, helping them fulfill *their* dreams. If you follow me on social media, I am #LivingMyDream; I want the same for you.

So back to the question of overspending: Where do you overspend? That cup of coffee? We think, *It's so inconvenient to hit that button and brew a whole pot. I'll just go buy Starbucks.* Even without getting one of the fancy drinks, Starbucks will cost you about $3.00—compare that to a fifty-two-cent pot at home. $3 a day over the course of a year will cost you nearly $800, when you could have spent less than a hundred making it at home. So you see, there are ways we can cut back. It's not convenient. We may have to go out of our ways. We may have to prepare for it. We tend to look at the small things and assure ourselves, *A few cents here or a dollar there doesn't make a difference.* My friend, it *does* make a difference.

Food, of course, is one of the biggest items we spend on today. No longer do people work in the kitchen; the family is going so many directions that it's more convenient to just grab something quick here and there. Before you know it, those meals add up. Let's say the average is about $20 three times a week. (Let's be honest—you probably eat out more than three times a week.) If we figure $60 a week, that's $3,200 a year for one person to eat out. Now, if you have a family of two doing that, you're up to almost $7,000 a year. This isn't groceries; this is just meals out. If you have a family of four, that number jumps to $14,000—all because we're inconvenienced by cooking at home.

How about going to the movies? I love going to the movies. If you go just once a month—if you get popcorn and a drink—you will spend nearly $600 a year. That seems crazy, but people do it all the time. In fact, most people probably see more than twelve movies a year.

I want you to eat out. I want you to have gourmet coffee from time to time. I want you to go to the movies . . . but you have to make sure you're setting priorities in order to get where you want to go. We have to ask ourselves, *In what areas of life can I cut back?* If you like Starbucks, why don't you do it once a week instead of every day? If you like eating out, why don't you halve the number of times you're eating out in a week? I promise that you'll be amazed by how much you save.

I was counseling a young couple whose mortgage was $1,200 a month. They were filing for bankruptcy. I asked them why, and they said, "We just don't make enough money." When I saw their income, it didn't make sense to me, so I sat down and went over their budget. They were spending more than $2,500 a month eating out. They both worked, and they were grabbing meals here and there. When they calculated their budget, they realized they were eating their mortgage. The truth is, in America today, a lot of people are doing the same—eating their opportunity to become wealthy.

What is it going to take for you to become an entrepreneur? What's that special gift that will make you financially free? One weekly wage typically isn't going to get you there. You've got to have another stream of income. What is that stream of income going to look like for you? Maybe it's an eBay account. Maybe it's writing your book. Maybe it's having a second job. Whatever that may be, I want to give you six ideas for becoming financially secure quickly.

USE A SIMPLE BUDGET TO TRACK INCOME AND EXPENSES

A lot of people say, "Budgeting is all on my phone. I spend and watch my account every day." That's not going to work. You have to know where every cent goes. I encourage you to sit down for one month and write down *everything* you spend. If it's a piece of bubble gum out of a machine for a quarter, write it down. Truly see where your money is going. Either your money is running you or you are running your money. Unfortunately, a lot of times, our money runs us. We wonder where it all went, *I just got paid Friday. It's Monday, and I'm broke.* My friend, this is not biblical. 3 John 1:2 (NASB) says, "Beloved, I pray that in all respects you may prosper and be in good health, just as your soul prospers." God wants you to prosper, but not in the foolish sense of "prosperity" that we talk about in churches today. God wants us to take care of what He has given to us. It's not about the flashy diamonds or big houses—though there's nothing wrong with those things, if you can afford them. However, if you have to go into debt for them, can you really afford them?

in interest in the first year. What could you do with an extra $2,724?

Right now, if you have a $1,000 mortgage at 5 percent interest over a thirty-year term, your interest is $833. Every month, you're only getting credit from the bank for $167 of that $1,000, and the bank is making $833 off of you. Put them together: You're paying $227 in car interest and $833 in mortgage interest every month. That's $1,060 that you're just giving away to your creditors.

Let's say you have another debt—a $10,000 credit card at a twenty-five interest rate (25 percent is the average credit card rate today), financed over the course of five years. That's another $208 a month you're throwing away in interest. That's now over $1,200 a month that you're throwing away. If you have one overdraft fee from the banks ($35), one utility late fee ($25), and a late credit card fee ($27), you have spent $1,328 per month, or $16,000 a year *just in interest*. What could you do with an extra $16,000?

Well, if you didn't have a car note and if you didn't stretch your mortgage loan over thirty years but instead paid it off in fifteen years—or even ten years—you could bank that extra money. I'm not trying to say this is easy. It takes time. The Bible says that wealth comes slowly. Often we want it now, but it takes work. And in order to get there, you have to start now.

If not, my friend, it's time that you become an entrepreneur. I want you to realize that you cannot procrastinate any longer. Today is the first day of your life of freedom. You're going to have to do some things to get there—and we'll talk about those in later chapters—but I want you to realize that you can no longer procrastinate. You've got to get started.

GIVE TEN PERCENT AWAY

This is a key element in becoming financially free and becoming an entrepreneurial leader. We know this in the church realm as a biblical principle, and even the world knows it: If you're going to succeed, you've got to give away. Even celebrities who don't go to church have big charities because they realize that to obtain wealth, you can't be stingy with what you have. If God releases what's in His hand, aren't you willing to let go of what's in yours? You've got to learn to give something away.

When you're financially free and you have no debt, it still costs money to live—but not as much money. Let's say you have one car note (most people I know have two), and that note is $500 a month. You're paying 9 percent interest, for six years, or seventy-two months. The interest on that car will be approximately $227 per month. You will pay $6,000 of your hard-earned income on that car every year for six years, but you will give them $2,724

it's my goal to *live on* 10 percent! I would love the opportunity to save and give away the other 90 percent.

DON'T TAKE ON TOO MUCH DEBT

Now, when you first start out, it's hard not to take on debt. I'm not against debt altogether. When you're nineteen and trying to buy a house, that's a great debt. You typically can't go out at that age and pay cash. So investing a little more and paying interest on a house at 19, 20, or even 30 is okay—just don't do it for a thirty-year period and give the lender so much of your money in interest.

You've got to manage your time and budget to ensure that your credit card and consumer debt are under control. It's easy to cave to instant gratification—to promise yourself that you'll pay for it tomorrow. *Don't do that.* Why not wait until you can afford it? If you pay off your debt every month, and if you don't charge it back, you're living within your means.

DON'T PROCRASTINATE

The earlier you plan, the better off you are. I don't care if you're fifty right now. Today is the youngest day of your life. Start a plan.

Look into your heart and soul and ask yourself that famous question, *If money were not an object and education wasn't a factor, what would I be doing right now?* Then, ask this follow-up, *Can I do that on my budget?*

Have a simple budget. Track how much money you have coming in and how much you have going out.

HAVE A FINANCIAL PLAN

I was in the gym this week, talking to a man who was fifty-eight years old and about to retire. He looked at me and said, "Somebody asked me a crazy question before I retired. They asked me if I had a financial plan. I looked at him and said, 'I've never had one, and don't plan on starting.'" Now, he's in his late fifties, getting ready to retire without a plan. He continued, "My car is paid off. I'll have enough retirement coming in that I can live comfortably. Why have a plan?"

My friend, that is the key to failure. He may have enough money to live on, but for how long? What quality of life is he going to have? He's failing to plan. You have to have a financial plan in place in order to do what you need to do in your latter years.

SAVE TEN PERCENT OF YOUR INCOME

How much are you saving? Many of us think, *I can't afford to save. I'm giving 20 percent in taxes, and another 10 percent would take me down to 70 percent to live on.* But this is because we live beyond our means. Whether you're making $300 a week or $3,000 a week, are you living within your means? You have to make sure that you're saving at least 10 percent of your income. In fact,

This book is intended to give you knowledge—to give you understanding—to make you wiser. God does not want you to be ignorant about your finances. There are more scriptures in the Bible about your finances than there are about love and faith *combined*. Does God care about your finances? He most certainly does. Unfortunately, the rich get richer, and the poor get poorer. See, if every person lost all of his or her assets today, and each got a check from the government for $50,000, in six months, the rich would be rich again, and the poor would be poor again. Why? Because of a lack of knowledge.

I was driving down the road a couple of years ago, and I was amazed at a picture that I saw on the side of a truck at Pars Cars. This was their advertisement all around the city of Atlanta: "Pars Cars: Everyone drives. Guaranteed approval is our goal. Only $499 down." I actually took a picture of the truck, so I could read the small print and teach on this for people who really want to be financially free. So I read the small print on this fifteen-year-old GMC Sierra truck, which had more than 150,000 miles on it, and which was valued between $8,000 and $9,000 according to Kelley Blue Book. This is what it said: "$499 down gets you riding." Well, that sounded fantastic, but in fine print underneath that, it said, "Plus tax, tag, and title: $2,500." Remember, the value of the truck is only $8,000 to $9,000. So now, you're paying $2,500 in their estimated tax, tag, and title fees. I read a little bit deeper:

"Only 47 payments." Not four years, but three years and eleven months at $478 per month on a fifteen-year old vehicle. Your payments add up to $22,419. With the $499 down and the $2,500 tax, tag, and title, that brings this fifteen-year-old vehicle's price tag to a mere $25,418.

People stand in line to buy vehicles like this. Why? Because they're desperate. Because they don't have a financial plan. And because they have no desire to be educated. If you're making these kinds of purchases, you will never be financially free. They're made to give you a quick fix, but it's only temporary, because that fifteen-year-old car is not going to make it another five years and $25,000. It's going to break down. To become an entrepreneur, you've got to think differently. You've got to be business-minded. You've got to make smart decisions. You've got to sacrifice. You've got to give and receive.

I had a lady walk into my office one day with a pawn ticket. She said, "Can you help me get my car out of pawn?" In bold letters on her application, I could see all the facts about what she was paying. She had taken a $2,500 loan, and they charged her a 304.17 percent interest rate. The loan was made on the first day of October and was due on the last day of October of the same year—thirty days later. The interest on that loan was $625 per month. So on that $2,500 loan, she owed $3,125. Well, obviously, she couldn't pay that. However, if she could pay $625 on that $2,500 loan, she could get her loan renewed for another month and get another chance to pay the $3,125. You see, we make bad choices because we're desperate.

The Bible says we're destroyed for lack of knowledge (Hosea 4:6). Why would somebody sign a note for 304 percent interest? Because they're desperate, and they know they can't pay $600. So they sell the $2,500 car, and the pawn shop makes more money. We think those people are trying to help us, but what they're doing is running us deeper into debt. My desire is to make you an entrepreneur—owning your own business, making wise decisions, and living your life on purpose. It doesn't matter how much money you make—it's what you do with what you have. I've never made a lot of money at any one time in my life, but I've made good investments and good choices. I didn't spend that money when I was making it; I kept putting it back into real estate. Most people say, "Let's upgrade the house or upgrade the car." I said, "No. I want to retire and live my life on purpose." Therefore, I was able to retire early and open up yet another business doing exactly what I want to do. So let me give you some tips for managing your money.

DON'T LET FRIENDS PRESSURE YOU INTO SPENDING MONEY

If you can't pay for it, learn to say no. If your friends say, "Hey, we're all going out tonight. Let's go to dinner and the movies," that'll be $60 or $70. Maybe you don't have that right now. It's okay to say no. "Hey, all of us are going on this great weekend trip. We're going to have a great time at the beach. We're going to split the cost, so it's about $400 per person." That's great if you can afford it, but if not, learn to say no. Maybe they can afford it—or maybe they're in worse financial shape than you are, and they're just not making wise decisions about their futures. I see people all the time who make bad decisions, and later in life, they don't even have money to bury themselves. Their children have to figure out ways to bury their parents, because the parents had not made good choices to put money away. The Bible says a fool spends all that he makes (Proverbs 21:20). So resist the peer pressure to go over your budget.

KEEP YOUR ACCOUNT BALANCES, SO YOU KNOW HOW MUCH MONEY YOU HAVE

I believe you need to have multiple bank accounts. The Bible says these are storehouses. I've got some bank accounts with low amounts—it's amazing how you see those little accounts begin to grow when you simply add your spare change. Acorns is a great way to do that. It takes your spare change from every transaction and puts it into an account. Over the course of a couple of years, I had $1,400 in my account just from spare change! It adds up. Make sure that you're keeping track of your balances and that you know what your true net worth is.

DON'T LEND MONEY TO FRIENDS

Did you know that the Bible speaks against being a co-signer? We'll talk about this more later on, but it is not biblical for us to co-sign—even for our children. Why? Because what we're saying is, "You can't afford it, so I'll pay it for you." We're teaching our children early on to live beyond what they can afford. We need to realize that those tough days are precisely what make our successful days more pleasant. Don't lend money. If your friends cannot manage their money, your loan certainly won't help them learn to do so. Eventually, it will break up a good relationship.

USE COMPARISON SHOPPING TO FIND THE BEST PRICES

My wife bought me a pair of jeans that I'd wanted forever and were quite expensive. She waited until they went on sale. Well, they had a flaw: the zipper broke. So I took them back, and the store reduced the price again! I got a credit plus the new jeans. A week later, the zipper broke on that pair, too! I took them back to Dillard's and the jeans that I was trying to get were now off sale, off clearance, and back to full price. Did I pay full price for them? No. I got a credit. I'm waiting for them to go back on sale.

Shop around. *Never* pay full price. Make sure you're watching and being a good consumer. Anything you want will eventually go on sale. Anybody who tells you, "Today is the only day!" isn't offering you a good deal. You can walk away from that offer every single time. Do comparison shopping, know your product, and make wise decisions.

DON'T SPEND AS A RECREATIONAL ACTIVITY

Do any of the following sentiments sound familiar?

"I'm depressed. I deserve this."

"I work hard, so I'm going to go buy a dress/a suit/a car."

"This will really help me unwind after a hard week."

Don't spend as a recreational activity. Pay for what you need. If you need a new dress, have a budget set. If your budget is $80, take $80 *cash* to the store with you—not your credit card. Know where your limit is because you're going to find a new pair of shoes to go with that dress. You don't need them, but they'll match really nicely. That accent necklace will look great. See where this is going? Make sure to budget, and don't shop as a recreational activity.

MAKE A BUDGET AND FOLLOW IT

This goes hand in hand with the last point. There's a whole chapter coming up in which we're going to talk about budgeting, so we won't go in-depth about it here. You need to make a budget and stick to it. Proverbs 16:20 (NIV) says, "Whoever gives heed to instruction prospers, and blessed is the one who trusts in the LORD."

I'm writing this book to help people become financially free. To help the leaders of the congregations I visit—those who will read it—to become entrepreneurs. I want to see pastors lead in entrepreneurship. I want to see pastors know, without a doubt, that they're leading their congregations in financial success. You cannot lead somebody where you have not been. So pastors, let me encourage you today: Lead your congregations spiritually, the right way, to make sure that they are financially free. What would it be like in the church if everybody was a successful business owner? Can you imagine? There would be no needs. Instead, we have half of our congregations saying, "I can't afford to pay my tithes." Why? Because they don't understand the biblical principles of entrepreneurship, ownership, and giving.

I want to live by Proverbs 16:20—I want to provide instruction. I'm not trying to sell you a program; there are no gimmicks here. I simply want you to understand that if you heed instruction, you will prosper. I've made a lot of mistakes, but God has redeemed me through them. I used to have a business that was a batting cage in the back, a tanning salon on the right, and a beauty shop on the left. That business failed. The next three businesses that I operated, ran, and owned were successful—because I learned from my mistakes.

It's okay to fail. For every success you have, you typically have seven failures. If we don't learn from these experiences, it's true failure. But if we learn from them, they will push us into success. Let me make a profound statement: Being broke is a temporary economic condition, but being poor is a disabling frame of mind and a depressed condition of the spirit. Being broke is temporary; being poor is something you'll live with for the rest of your life.

You have a second chance to become a millionaire if you're not one already. Do you have the capability of expanding the way that you think? If so, you have to make the first step and take one step at a time, no matter how small they seem. Can you think bigger than you thought last year? Can you think bigger than you've ever thought before in your life? You can expand a thousand dollars into a million dollars in just ten years. I'm walking a group in Atlanta through that right now. It started with a group of one hundred people. There was no program—no fee. The group was simply designed to help them think bigger. I lost 50 percent of the people in the first year, but of those who remained in the course, six have already hit millionaire status in year nine. You have to expand your thinking.

If you had a thousand dollars today that you could invest, could you double that by this time next year? If so, you have the mindset to become a millionaire in ten years—to become an entrepreneurial leader. Let's say that, the first year, you buy a thousand candy bars at a dollar apiece and sell them at two dollars apiece. You've made your thousand-dollar profit—you've doubled your money. Below is a chart that shows you what you'd need to do from year one to year ten in order to become a millionaire.

Year 1 - Today » $1,000,000 by April 13, 2030
You Can Be A Millionaire!

YEAR	DATE	AMOUNT
Year 1	April 13, 2021	$2,000.00
Year 2	April 13, 2022	$4,000.00
Year 3	April 13, 2023	$8,000.00
Year 4	April 13, 2024	$16,000.00
Year 5	April 13, 2025	$32,000.00
Year 6	April 13, 2026	$64,000.00
Year 7	April 13, 2027	$125,000.00
Year 8	April 13, 2028	$250,000.00
Year 9	April 13, 2029	$500,000.00
Year 10	April 13, 2030	$1,000,000.00

If you can double a thousand dollars in one year, you can use the same principle to double it the next year to make it $4,000. However, there's a key to this. You have to think bigger than you did in year one. You have to sell *twice* the number of candy bars. Maybe you buy candy machines the next year, or build a small candy shop during year six. You have to get creative and think outside the box.

I interviewed the Godiva Chocolatiers at Lenox Square in Atlanta a couple of years ago. They have a little corner store—less than four hundred square feet. Last year, at the time of the crisis, it cleared $1.4 million. Why? They were able to think outside the box. Likewise, my housing company started with one house worth $8,000 that had a dirt floor. When I sold my business, I had nineteen properties—all paid for. Why? Because I started to think bigger and looked around for that next property. I didn't accumulate eighteen properties all at once. As I took it step by step, year by year, I was able to obtain my wealth and build my business.

Are you ready to be financially free? I believe that it's God's will for you. Ten years from now, on this very date, you too could be a millionaire. But if you're not willing to think outside the box, you'll merely be ten years older and in the same boat you're in right now. I want to inspire you through these pages to become an entrepreneur—and an entrepreneur leader. Are you ready to take this journey with me? I want you to have the mindset that financial success can be yours. In the next chapter, we're going to focus on your future.

CHAPTER 3

WHAT IS FINANCIAL FREEDOM?

FOR SOME, IT MAY mean being able to retire at a certain age with enough to live off of after you stop working. For others, it may mean never having to worry about food, or the well-being of your family. It's an important question for each of us to ask ourselves, *What does it mean to be financially free for* me?

As we begin to discuss this concept, let me ask you another question: How much money would you need in the bank to consider yourself financially free? Think of a realistic number. After all your bills and credit cards are paid off—after your mortgage and your car notes are gone—what is that magic number?

Is it $2.5 million?

Five million?

Think about the age at which you want to retire. Maybe it's seventy. How many years do you have until you reach that age? Divide that by the number of months, and then weeks, to see what you should be putting away per week right now. I crunch these numbers with people to help them stop and think about how realistic the numbers they have in their heads are. I'm going to give you a map that allows you to start where you are today and shows you how much money it takes for you to get to whatever amount you need to save. There's no reason to put a figure out there if it's not realistic for the place you're in right now.

Obviously, the best time to start saving is when you're young. If a child puts $2,500 in the bank at an 8 percent interest rate, he or she will be a millionaire by the time they reach retirement age. The bottom line, though, is that we have to understand how much money it takes. How long do you actually *have* to cultivate your account in order to live free? That's something everyone needs to answer individually. A lot of things determine our answer: current age, the age at which we want to retire, the specific details of our financial situations, and so on.

My wife and I decided that I would retire at the age of fifty-one. Of course, there are no benefits in that. We now have insurance, which we pay for out of pocket because we don't belong to a company. That insurance alone is

$2,000 a month, and we have no income, so we still have to work extremely hard. We had to look at how much money we needed to put away in order to live our dream. Everything that I do—that my company does—is centered around helping people live out their dreams. To continue doing that, we have to be sincere about where we are in order to get where we're going.

BE READY TO TAKE RESPONSIBILITY

In this chapter, we'll talk about four essentials of entrepreneurship. Number one is this: You have to be ready to take responsibility.

Many people say, "I was led into a trap; my ex-girlfriend got me into this situation." That may be true, but that's not going to help you get out of the situation. We have to make sure we identify—regardless of the "why" or "how" behind where we are—the contributing factors for which *we* are responsible. We were frivolous. We were young. We were crazy—whatever the case may be. We can't blame our messes on somebody else.

I often ask groups, "How many of you check your credit risk scores?" Then, I follow up with, "Okay. How good is that score? Are you happy with it?" Today, you have to be in the 600s to get a house—usually 620 or above. Your credit score determines your interest rate: the lower your score, the higher the interest percentage you're paying. If you're in the 700s, you're in good shape.

At the time of writing this book, my score is 842, but I don't care what my score is because I have no intention of borrowing money. Your credit score determines your borrowing power—how much you're capable of borrowing and what rate you're going to get. So I don't really care that my score is in the mid-eights; what I care about is doing the right thing with my money.

You have to, first of all, take responsibility. Others may have contributed to your financial past, but you have to take charge of your financial future. You have to decide, *My financial future is up to me.* Nobody else can determine it for you.

If you're not giving to a charity, I'd strongly advise you to do so. That law of sowing and reaping affects each of our lives. Multimillionaires, companies, and corporations . . . everybody realizes this principle. If we're not giving to something, our lives are not prospering. Again, it doesn't have to be a religious organization. I'm not talking about your affiliations or ties to any particular nonprofit. I'm talking to people who don't know the Lord, as well as those who do. If we're not giving money away, then our release will not come to us. Interestingly, we have a hard time with this in the church. Why? Because we blame our past experiences on others and convince ourselves that we can't afford to give anything away. If we don't give, all we're doing is building empires for ourselves, instead of helping somebody else.

We're contributors at St. Jude's Children's Hospital. When families go to St. Jude's, all their bills are paid. I love that organization. I believe in what they do. People will give where they feel that their money is in good soil. Do not throw your money at random organizations just to give it away. Make sure you're sowing it into good soil, wherever that may be for you. If Warren Buffet were going to give money, where do you think he would give? Where would he get a return? He's going to put it into good places because he realizes that this will reap a harvest. Now, does Warren Buffet need money? No—he's pretty well loaded, but he also realizes that he's got to give money away. We, too, have to take responsibility and giving seriously.

In Alcoholics Anonymous meetings, the first thing that members do is greet each other by saying, "Hello, my name is Chris Bowen, and I am an alcoholic." As we begin this exploration of what it takes to become 5-Star Entrepreneurs, it's critical that we identify where we have financial struggles. This is not a confessional, but we've all made foolish decisions.

One of the foolish things people do over and over again is consolidating their bills. I'm not a big consolidation fan because it takes little bills and dumps them over to pay one big bill. It gives us freedom to get more little bills—and that's what we do. It looks really good for a couple of months. We think, *Oh, it's only $20. It's only $100.*

Before you know it, though, you've run your credit card back up—a card you could have simply paid off with a bit more discipline. Done with discipline, consolidation can be helpful, but most people who have to consolidate are not disciplined, or else they wouldn't need to consolidate in the first place!

Can we be real for a moment? Giving people usually aren't people in need. We give because, while we could use it for something else, we want to bless another organization, another ministry, or another foundation. Conversely, people who don't give are continually saying with their decisions, "I have a greater need."

My wife and I support a young man in Washington, DC, who grew up in poverty and who was with us for a number of years. This man sat in my office at age sixteen and said, "One day, I'm going to be rich." None of his family had a standard education.

I kept thinking, *This little joker really thinks he's going to be rich.*

He said, "I'm going to college."

I said, "Okay. *How* are you going to go to college?"

"I'm going to be the smartest person. I'm never going to make a B."

Given the fact that he hadn't made all As in high school, I questioned him on this.

Do you want to know where he is today? He's in his sixth year of college in DC, working on a double masters.

He is brilliant. He hasn't made straight As, but he made his way through and got his associate's and his bachelor's degrees. Now, he's planning to pursue his doctorate when he graduates. He's only twenty-five years old. We have to ask ourselves what is actually coming out of us.

I did not grow up around wealth. I did not grow up around people who understood money. I had to ask myself, *Am I going to live like this the rest of my life?* Obviously, the older we get, the more difficult it gets to change, but it's not impossible. We have to stay on course in every season of life.

The journey to recovery begins by admitting that we have an addiction. We have a problem. Do you have a problem shopping? It could be food, groceries, eating out (there goes my wife). We have to ask ourselves, *What is my addiction right now?* At the same time, I don't think we should live so tightly that we don't enjoy life. One of the things my family has always done each year is take an amazing vacation. It's important for us to have that quality time. It's something I've always included in my budget. But it requires taking ownership of our current condition.

One time, I had someone stand up in a group of young people in a poverty-stricken portion of eastern Kentucky. She said, "I'm working my way out. They're going to give me a dollar raise!"

This was what others had said to her: "Don't take the raise."

"Why?" I asked her. "Why wouldn't you take a dollar raise? Why wouldn't you want to make $40 more a week?"

The understanding was that, if she made that extra dollar, it would take her out of an income bracket where she was eligible to receive government assistance. She may have to give up food stamps, childcare, and so on. She'd lose money. This is a mentality we have built into our system. Now, understand—my first child was born in the system. I'm not ashamed of that. We were poor. We were "po"— so broke that we couldn't even afford the "or." We didn't have anything. We had just started ministry, and I was making $50 a week. I declared that my first child would be my only child in the system.

As long as the system doesn't get into your mind, it's okay to use it. It's there to lift you up, not to keep you in place. So many times, however, we become stuck. We think, *If I make this, I can't have that.* When I left my corporate job, my insurance was $200 a month. After I retired and went out on my own, it was $2,000 a month. In the end, it comes down to faith. It comes down to integrity. *What am I going to do to get out of what I'm doing?* Before you can do anything else, you need to take ownership for your current situation.

DON'T PLAY THE BLAME GAME

The second principle I want to discuss in this chapter is not playing the blame game. We always want to blame everybody else. I really want to blame the coronavirus for the state of my stock market holdings. Maybe you're playing stocks right now. I can almost guarantee that you're losing. At the time of this writing, my own holdings were down 32 percent over a period of ten days. But I also realize that I can't blame the market for that because I know the market goes up, as well. People are still panicking and selling because they're playing the blame game.

"Well, if the virus hadn't hit...."

"If the Republicans weren't doing...."

"If the Democrats weren't doing...."

"If my wife weren't doing...."

Stop the blame game. Take responsibility for your spending. Speak positive energy over your circumstances. Everybody say this with me: "Thank God, I'm a millionaire."

The truth is that you will never get rich working for somebody else. I want you to hear that. I'm not saying that you shouldn't work for somebody else, but I'm saying it shouldn't be a lifetime goal. You will never become wealthy while working for somebody else because there's a cap to what you can make. Even if you're the best at your job, and you're making $20 an hour, there's still a cap. If you own your own business, however, there is no cap. There's also no guarantee, so you've got to make sure that you take responsibility—and not blame others—for what's yours.

START FRESH

Forget about yesterday. Don't try to start paying backwards. Start forward today. Decide, *I'm going to start giving today. I want to stop eating out today.*

I don't like Mondays as starting days, I don't like the first of the month, and I definitely don't like the first of the year. That's when everybody starts dieting and carrying out their New Year's resolutions. The problem is that this mentality necessitates waiting until Monday or January 1. It gives us permission to gorge ourselves this weekend . . . to get in one more splurge. Why don't we start now—with this paycheck, this week, today?

DEVELOP SELF-DISCIPLINE

Finally, you have to develop self-discipline. If you're honest with yourself, how disciplined are you on a scale of one to ten? You may say you're a seven or a five. It depends on what you make a priority. It's easy to say to yourself, *I can miss a day. It's not that significant.* However, once you start missing, compromising, and letting yourself slide, your credibility quickly goes down. You miss that appointment at the gym again and again.

Eventually, you think, *Oh, just forget it. It's not going to work.*

You did not get into your current financial situation overnight, and you will not get out of it overnight. It's going to take a season. The definition of self-discipline is the ability to control one's feelings and overcome one's weaknesses. What are your weaknesses in the financial realm? Where is the weakest link for you? It might be discipline in spending, eating out too much, procrastinating or any number of things.

My wife and I can always find something to improve upon in our own finances. She was ashamed to tell me at one time that her weak point was groceries. We had to have as sit-down talk about it. I said, "Honey, we've got to stop going to the grocery store. There are only three of us, and I'm never home. We're spending $40 a day." Our grocery bill for one month was over $1,200. And she wasn't buying filet mignon! We're talking about meatloaf. It's easy for us to become frivolous with household expenses when we don't have a budget. In fact, it's *very* easy. We think, *I'm just going to stop by the store.* But we never stop by the store and only get one thing. One item turns into ten items. $5 turns into $50.

Here are a few tips for grocery shopping. Never get a cart. If you go in for one thing, always have a list. Never go when you're hungry. The middle aisles of the store are the ones that get us—the cookies, chips, and sodas—all the stuff we don't need. You've got the ability to control your feelings and overcome those weaknesses you just reflected on. It starts with identifying them. The first step in gaining financial independence is realizing that your spending habits are out of control.

Now, you may not have a lot of money, but all of us have more money than we think. Most people in America today do what they want to do. Think about it. If you really, really, want to get your nails done, can you find the money? If you really want to go out to eat on Sunday, can you make a way? Of course you can! You cut back in certain areas, find a little money here or there, and make it work. We pay for what we want and beg for what we need.

I pastored for twenty-seven years. Over that period of time, I used to get so frustrated. I had a class on finances every six weeks for nine-and-a-half years. We never had fewer than two hundred people in that class. In the course of almost ten years, we had *four* people reach a place of becoming truly debt-free—owning their own businesses. Why? People did well during week one. During the second week, it was still going okay. After that, though. . . . Have you ever started a diet and fallen off the wagon? Slowly, we get bored with doing what's good for us. Our body starts to crave things. It's the same with finances—we want those new shoes. We want our hair to look a certain way. We want self-gratification right now. We don't want to wait. We're the only country in the world that stands in front of a microwave and says, "Hurry up!" And that's how we are with our finances: "It's been thirty days—why aren't I a millionaire? It'll never happen!"

The Bible says that wealth comes slowly. You've probably heard about people who get a lot of money at one time. What usually happens in these cases? They go broke! How can somebody who wins $30 million in the lottery be broke in five years? How does that person not invest? Why do they spend frivolously? Because it's all about mindset.

I'm not a fan of the show *Extreme Makeover: Home Edition*. We knew a family who went through a process like that. Their $78,000 house had a leak in the basement, so they had it torn down and replaced with a $600,000 house. It's still there—it's a beautiful home. But how long do you think they kept that home? The family was given $150,000 to keep up with their taxes. After only four years, they had taken out a $480,000 loan on the house. Eventually, they were evicted from it. The issue is this: If you're going to give somebody that kind of money and that kind of house, instead of sending them to Disney World for a week, teach them financial principles!

Write this figure down. Seventeen percent of all schools in America today teach finances. *Seventeen percent*. They have arts classes. They have drama. They have music ... but there is no funding to teach our kids finance. That's a sad, sad figure. Immediately after graduation, these students go into debt—and sometimes, it's by our encouragement that they do so!

So again, the first step is to realize that your spending habit is out of control. The second step is to develop self-discipline. It's just like getting your body into shape—you have to go to the gym and eat right. Financially, there are steps you need to take to achieve health as well: Start a savings budget. Pay off debt. Hire a financial coach. People consider steps like this and come up with excuses. "A financial coach? That's a hundred bucks an hour minimum. I can't afford that." What if I told you that this investment would create $10,000 for you in the next year? Would you pay $100 for that? You may be skeptical—I understand that. But we have to learn how to invest in ourselves and become financially free, to look at our future and acknowledge the need for sound financial practices and surrounding ourselves with financially-savvy individuals who will help us succeed.

This is the main thing: You have to realize where change is truly needed. You can change your house. You can change your hair. You can change your spouse. But until you change your mind, you'll always live the same life. Until we change our mindset about money and truly come to understand it, we'll always live from paycheck to paycheck. Have you ever lived that way? It's a terrible life. It's horrible to get up and know that you *have to go to work*.

Recently, I talked to a man who told me, "I hate my job every day."

"How long have you been there?" I asked.

"Thirty-three years."

I followed up. "How long have you hated your job?"

"For thirty-two years."

"So why," I pressed, "are you still there?"

"Because," he responded, "in two years, they're going to give me a watch for my retirement."

You may be in a job right now that you don't like. That's okay. But don't *stay* in that job. I'm not saying you need to quit right now. I'm saying we need to work ourselves into positions in which we don't have to get up and go to a job that we hate every day. We need to adopt a mindset that says, *I'm not going to be here forever. This is temporary. I'm going to #LiveMyDream. I don't have to wait until I'm sixty-five to retire.*

There's a photograph I showed my wife the other day. In it, a man is riding in a gondola with his wife. He's slumped against the side of the boat—asleep—with his mouth open. The wife is lying in his lap in the same condition. The caption reads, "Don't wait too long to retire." This couple went over to Italy just to sleep! They were exhausted. Why is it that we assume we have to work until a certain age? Some people are talking about working at seventy—and that's great, if you *want* to do that. I want to work all of my life because I have a passion to do a certain kind of work. I don't want to have to punch a clock or do it someone else's way. I want to make sure that I'm living out *my* purpose in life.

But some of us are just waiting for social security to kick in. You know that social security won't pay your bills, right? We were fortunate to take care of our parents in their old age because social security was not enough for them. If you don't have something saved, you'll be in trouble. Our parents, on either side, never understood the principles of money. When I was a young man, my wife's grandfather told me, "I can live to be eighty-two." He was sixty-something at the time.

"What do you mean?" I asked.

He said, "This is all the money I have—and it will last until I'm eighty-two. That's how long I can live."

He had survived the Great Depression, hiding his money in mason jars in the backyard. When he pulled his last one up, it had rotted. Thank God, the banks still credited him and gave him his money.

I told my wife, "Let's start sowing into your grandparents, so they can live longer than eighty-two."

And they did. They lived a couple of years beyond that. We felt it was important that they didn't have to worry about basic living expenses.

What is wealth? It's being able to live well and care for yourself—no matter when you retire. In my opinion, it's sad when somebody ages and they don't have enough money to take care of themselves. It's a sign of a lack of preparation. That's hard for a lot of people to swallow, but it's the truth. So, with that in mind, here are some practical steps you can take to begin developing financial self-discipline.

RECOGNIZE YOUR WEAKNESS

What is your weakness? Buying shoes? Eating out? We don't start by changing something; we start by being brutally honest with ourselves and evaluating where we are today. Recognize your weakness.

Get Rid of Temptations.

If you're a shopaholic, it doesn't mean you can't shop. It simply means you don't take your credit cards with you. Instead, put a certain amount of money in your pocket. Tell yourself, *This is what I'm going to spend because I have a need.*

Create New Habits.

It's imperative to realize that what you're giving up today is going to become a blessing someday in the future. If I gave you a check for $25,000 today and told you either to buy a new car or to save it, what would you do? If we're broke and we go to buy a new car, we'll typically spend more money because we don't have money. The salesperson will ask, "Do you want rims on this car?

It's only an extra $20 a month." However, if you have a set amount and you refuse to go over that limit, you'll sacrifice some of the bells and whistles in order to avoid getting into debt. The more you have, the less you spend. Every yes is pregnant with a no.

Don't begrudge a budget. Most people look at budgets as a chore. "Why do we have to have a budget today?" Well, it's because Americans' personal debt topped over $4 trillion in 2019. Most of us believe that we need a personal budget, but very few of us have the self-discipline to follow through with creating and sticking to one. I always make this statement: "Show me your checkbook, and I'll show you where your heart is." Is your heart in your stomach? In the church? In Macy's? Budgets show us exactly what we're supposed to be doing with our money. We have to live by them.

There are seven-and-a-half billion people on this planet, and five billion of them are financially illiterate. Statistics have shown that only 30 percent of the world's population is financially literate. The rich keep getting rich because they have a mindset that takes what they have and turns it into a profit. They're always looking at what they can invest in next. Other people always look at their next gig: "What can I buy? What can I get?" They go broke on Wednesday waiting on their Friday paycheck.

We need to be honest with ourselves as we monitor our money—down to the fifty-cent candy bars and the

WHAT IS FINANCIAL FREEDOM? 79

$1 coffees. If you don't know where your money is going, I have some hard news for you. You're a bad steward. I can't overstate the importance of this awareness. You need to live knowing where your money goes, and the only way to do that is to take a moment each day to write it down.

Over time, you'll look at that record and say, "I can't believe how much money I'm wasting every week!"

I know a family of four who budgets $450 a month for food. They never go over that. At the same time, they budget $300 for recreation: eating out, going to the movies, whatever they want to do. They can spend their fun money in a day or over the course of the entire month, but they are in agreement that they won't go over that amount. They don't want to be in debt for the rest of their lives. If you don't have a plan, you'll never get where you want to be.

My parents told me, "You're always going to have a car note. You'll always owe something on a house." I discovered that that's a lie. I haven't had a car note in twenty years. We haven't had a house payment in fifteen years. I can tell you, it's a great life—not having to wake up and worry about my mortgage. It's fantastic. So don't believe the lie that you'll always have a mortgage. The problem is that we're never content with where we are, even when we're making truly decent money. We were in the property business—we had a corporation. We could have easily bumped up our house. Instead, we downsized. Afterwards, when we moved to a bigger house, we were able to pay for it in cash, simply because we hadn't been trying to please the Joneses for years.

Consider how much money you can cut back on in the next week. This week, leave everything the same—eat out, spend, all of it—but just write it all down. Then, you'll know where you can begin to save.

I want to share a few key statistics with you as we start this process:

- Did you know that 44 percent of Americans cannot afford a $400 emergency? If something happened, their world would be absolutely destroyed. We're not talking about a third-world country. We're talking about America.
- On average, 43 percent of people today have student loans they're not paying. They're on track to die with those loans.
- Thirty-three percent of Americans don't have a dime invested in retirement. The median amount with which somebody is able to retire today is $152,000. Let me ask you something. How long do you think $152,000 lasts today? Probably about a year. If you want to retire, you've got to change the way things have always been. You've got to break the curse of poverty.

WHAT IS FINANCIAL FREEDOM? 81

I believe there are generational curses and generational blessings. If you did not come out of a good generation, make a good generation come out of you. If I didn't have it as a child, I'm going to make sure my children do. Set a new standard. Live financially free. Leave a legacy. The Bible says this in Proverbs 13:22 (ESV): "A good man leaves an inheritance for his children's children, but the sinner's wealth is laid up for the righteous." I will not leave my grandchildren something and bypass my children, so this means I need to leave enough for my children and for *their* children.

Do you like the show *Shark Tank*? It proves that all it takes to prosper is one great idea. You have the power to go from useless to useful—from powerless to powerful—from mediocre to millionaire. Remember the group I told you about—the one that I started to help people become millionaires? I lost fifty people during the first week because I said, "In order to become a millionaire, you've got to see how millionaires live. We're going to act as if we have this money now."

We went out to a nice restaurant, and fifty of those people said, "I can't afford this."

I told them, "If you can't make a $50 investment in order to be a millionaire in ten years, you're not ready for this."

Fast-forward to year eight. We only had two years to go with this group. Remember, I wasn't selling a product;

I was simply walking alongside them. We came together once a year to talk about ideas, what we were doing—to probe one another. We brought in millionaires to plant seeds in our minds, to help us go on. We read books together.

How many people do you think were left out of the 150 at this point? *Twelve.* Out of those twelve, only four are millionaires today. When they started, they borrowed money to attend that first supper. I would love to say that it's easy . . . but it wasn't easy on them. They had to learn how to do uncomfortable things. They had to sacrifice. They had to cut up credit cards and pay off bills. Today, though, they're completely financially free. It's all about changing our mindsets.

The average person today has sixty thousand thoughts. Twelve thousand are positive, and forty-eight thousand are negative. We've got to change our mindsets about money! I want you to take ten pennies and put them into your left pocket. Every time you say something negative, take one out and put it into your right pocket. See how long it takes you to go broke. See how many minutes it takes. If you somehow make it to the second day, keep doing it until you spend all your pennies. This is an exercise that's eye-opening for so many people. We rarely realize the state of our mindsets until we have a tangible measure of how it affects our lives!

WHAT IS FINANCIAL FREEDOM? 83

In the fifties, it was normal for one person in the household to work, and that was usually the husband. In the seventies, we saw that women wanted to go to work, and they had many skills to offer the workforce. It took two people. In the nineties, we got cell phones and other things that we started having to buy. Today, we make crazy statements, like, "The cost of living is so high!" No. Our gadgets simply got more expensive. We added one or two more cars to our expenses. The cost of living hasn't gone up— our *lifestyles* have! The average American today spends 110 percent of their salary! Why? To make sure that we can keep our gadgets.

It has been stated that, in order to become wealthy, you have to have not one income or two incomes—but *six*. Here are some ideas or examples of what these six could look like (we'll expand upon them in a future chapter):

1) Your job-earned income
2) Diversifying investments
3) Bonuses and commissions
4) Rental properties
5) Interest
6) Capital gains, royalties, and dividends

Whatever those things are for you, you've got to ask yourself, *What do I need in order to have six streams of income?* Maybe you can create a product to sell. Think outside the box!

At the end of every chapter, I'll ask you, "What's next? What are you going to do now?" In every chapter, I'm going to add to your toolbox. We're going to go deeper, and talk about some creative ideas. I want to hear from you. I want to find out what you're doing. I want to inspire you. I want you to realize that this is the beginning. It's not going to be easy, but it shouldn't be painful. I want you to enjoy the ride. I love watching my bank account go up. I want you to have fun watching that because, as you begin to save, you'll find that your priorities will change—and so will your balances.

CHAPTER 4

SAY YES TO NO DEBT

IN ORDER TO SAY yes to "no debt," you first have to say no to instant self-gratification. We want things all the time: *I've got to have this dress. I've got to get my nails done.* Any time you can't deny or defer something, you've got to ask yourself, *Why do I need this?* We're going to answer this question in a few moments.

In the last chapter, I asked you to assess your spending habits—to see where your money was going. What did you discover about your habits? Now, we're going to address the mess. We're going to put a freeze on spending. You can no longer just go buy something. (Let's be honest— it's probably something you can't afford, anyway.) You can't go get that latte. We're going to be intentional and purposeful about how we spend, starting *now*.

It's difficult to believe that, in a country so wealthy, 80 percent of Americans are in debt. The average credit card debt per household is $8,284.35. Let me ask you something: What would you do with that amount if you had it? Spend it? Invest it? How much credit card debt do you have? What is it comprised of—car payments? Repairs? TVs? The average person has no idea, because it's easy to put everything on that card: gas twice a week, a meal here, an expense there . . . and before you know it, what started as a backup has become something you use freely. You promise yourself, *I'll pay it off on payday,* but that doesn't happen. Now, you have an $8,000 bill that you don't even understand—and, typically, it's all due to our need for instant gratification.

We have to focus our attention on getting out of our current debt. Remember, this didn't happen overnight, and you won't get out of debt overnight. The poorest thinkers buy lottery tickets, hoping for an escape. Today, the average household spends $74 on them.

This is where I'm going to get in trouble. Naïve people wait on their miracles. I believe in miracles, but naiveté convinces people that a miracle is going to get them out of debt. Jesus did not raise Lazarus from the dead until the men did what they could do. He went over to the tomb and said, "Men, remove the stone." Could He have done it on His own? Of course! But He was saying, in essence, "I'm not going to do what you can do." You got yourself into debt, and you have to find a way (I'm going to show it to you.) to get yourself out of it. We've got to take care of the blessings God has given to us.

FADS

I've created an acronym for the four crucial steps we're going to cover in this chapter: FADS. Let's take a look at each one in turn.

Focus

You have to be focused. A lot of people say you shouldn't do any extracurricular activities when you're trying to become debt-free. I don't believe that. I think you still have to reward yourself occasionally. You have to go out and eat. You have to buy yourself something once in a while. Otherwise, you'll get burnt out. It would be like going on a diet and saying, "I will never have ice cream again." Eventually, you'll either cave or get depressed. So, yes, splurge occasionally, and this is what makes focus so important. *Why* do you want out of debt? Is it because you're tired of being restricted? Tired of being the borrower instead of the lender (Proverbs 22:7)? Are you tired of the stress?

The reason we want wealth is not so that we can buy bigger house or better cars. We have to make sure we're doing these things so that we can bless other people. It's not about being rich. That's not what God desires for us. The principle is there: If you've become wealthy in the right way, you'll remain wealthy, because the more you give, the more you receive—God blesses it, presses it down, shakes it together, and runs it over. In giving, God always blesses; He also tests us to see how we'll steward what He's given to us.

Accountability

You've got to find someone who will hold you accountable. In the past, I wasn't a good saver. If it was in my account, I spent it. My wife and I learned how to start saving because of the example of a friend who used a literal safe. Instead of putting money into an account, he stored it away—whenever he preached, he'd put the check into the safe. One day, he found the house he wanted to buy, and went to check how much he had stored away: $13,000. In a very short period of time, he'd saved more than most people will save in their lifetimes. It seemed silly . . . until they closed on their home.

You have to find someone who knows what they're doing, and be honest with them about where you are, where you're going, and how you're going to get there. Give them the influence and power to speak into your life—to help you take those daily steps in the right direction.

Dedication

Are you dedicated to becoming debt-free? How long will it take you? As we continue in this study, we're going to share principles to help you grow your level of dedication and discipline!

Strategy

You've gotten yourself into a mess. How are you going to get out? Many times, we don't strategize because we're afraid. Here's a project to help you out:

Write down every single bit of your monthly interest and fees. If you have a $1,000 mortgage, you're probably paying $850 to $900 in interest. Your car interest won't be quite that violent, but it's still going to be up there. How much interest are you paying per month for your house? Your car? Your late fees on your phone? Did you have any bounced checks this month? Write down the total monthly amount. I want you to come up with a number. Now we're getting personal. I promise, this is going to be good in the long run.

It'll be devastating to see how much money you spend on these things. Every month, you're effectively putting that money into the blender. It has no benefit to you whatsoever. You may need to pay some of these expenses right now, but our goal is to get you to a place in six months—in twelve months—where the amount of money you're throwing away shrinks. Every month, we want to cut it down. I'll share with you how to reduce your mortgage and pay your house off early. I'll explain strategies that will help you climb out of debt.

Now that we've talked about the importance of getting out of debt, let's explore five practical tips on how to *stay* out of debt.

1) Know What You Owe.

Make a list of every person you owe money to right now. How many creditors do you have? House, car, student loans, credit cards, phone bill, utility bills, internet. . . . Some of these are essential—I pay my utility bills in advance, though, because I don't like to owe anything at the end of each month. That's just me. But make sure you have all of those items on paper.

Again, how much interest are you paying on each of these items? Beside every line, write that percentage. Some of you are paying 29 percent interest and don't even know it because they told you it was a zero interest rate. That was only an *introductory* rate. You've had that debt for four years, and the introductory rate wore off forty-four months ago. Some of you are paying an astronomical amount of interest without realizing it!

2) No More Late Payments.

Why would anybody pay late? The answer is simple. They don't know how to manage money. What does this do to your credit report? It brings it down. We need to work at getting these little dings off of your credit score. The lower your score, the higher the interest you're going to pay. It's a vicious cycle. The wrong mindset about interest is this: *As long as I can make the payment, I don't care how much I'm giving them.* We've got to see what the true cost is going to be.

Whenever I buy a new car or house, the first thing I do is I do an amortization. Now, if I were simply to accept the loan the way it's written up, how much money do you think I'd pay over the course of time? Back in the day, interest rates on mortgages were around 7 percent. Today, that rate is astronomical. If you can find a house for $150,000 (which is difficult), you'll probably be paying a quarter of a million dollars in interest over the course of thirty years.

How much money do you think America spends on late payments every year? According to *Forbes* in 2017, it was to the tune of $34 billion. Isn't that something? We're just giving that money away! We've got to find a way to keep it in our wallets. No more late payments!

3) Target One Debt at a Time.

I want you to look at your entire debt—even though it may very well be overwhelming to do so right now—and think about how you're going to start tackling it. You've got to target one debt at a time, and pay it down to zero.

Usually, you'll start with the smallest debt, or the one with the highest interest rate. Maybe you have a credit card with $200. Let's get it out of the way. Start paying more than the minimum—as much as you can in your current situation. Once you've finished, take that money and dump it into the next credit card or car note.

What does it mean to you to be debt-free? For some people, it means total eradication of debt. For others, it could be getting rid of debt except for car and home loans. I want to help get you to "debt-free"—whatever that is in your book. It's a wonderful feeling to wake up to a debt-free life!

4) Lock Up Your Credit Cards.
Put them somewhere you can't easily access them. Keep the card at home so that it's not a temptation. Once you get to this point, you can begin to cancel or unsubscribe from the things you don't use.

In 2018, TechCrunch provided an average of what each American citizen spends on apps: $79. That's $104 billion total, just for 2018. We download an app and don't use it. We figure, *Oh, it's only $2.09 a month*. But it adds up.

My wife got mad at me because I told her she needed to cancel her LA Fitness subscription. She likes to walk outside, but she signed up for the gym, telling herself that she would go. It costs her $164 every time she goes, because she only goes every four months or so. If you don't use it, *get rid of it.*

Now, this is what LA Fitness will tell you when you take this step: "We can put your subscription on hold for $10 a month." They know that, if they can lock you into a contract, you'll be paying for it no matter what. Review what you have. Get rid of the fat.

5) Refinance Your Mortgage . . . If It's Wise.

I write this with caution, because I don't believe everyone should go out and refinance. It has to make sense. This applies to car debt, as well. Did you know that it takes eight years of owning a car for it to pay for itself? It's not just a matter of paying off the item, turning around, and buying a new one. In fact, a new car is one of the worst investments a person can make—it loses 20 percent of its value the moment you drive it off the lot. So don't refinance a home or a car unless it makes sense to do so.

My Mercedes is a 2012. It has a lot of miles on it. The other day, I said to myself, *You know what? My eight years is up. I want to go get me another Mercedes.* But then I saw how much they were going to give me for my 2012 car and decided, *No. I'm going to ride this bad boy until the wheels pop off.* In order for a new car to make sense, you need to drive it for eight years. Stop getting a new car every time you pay one off (or get close to paying it off). Trading in never works.

Most of the time, we see peer pressure in this area. From the time we're teenagers into our adulthood, we're pressured to buy things we don't need. "The Bishop is driving a 2012 Mercedes? That looks bad." I don't care how it looks. It's paid for—it's mine. And to me, it still looks good. We feel like we are pressured to live, drive, wear, and do certain things in certain places, for other people. Why? Does anybody else pay your bills? If they do, then by all means impress them. But otherwise, you don't have to impress anybody!

Who are you? Who are you as a spender? What is it that you're trying to do in life?

Dr. Sam Chand and his wife, Brenda, are two of my mentors. I love them dearly. Their goal in life is to spend 10 percent and give 90 percent. I've known Dr. Chand since 1978. He did our wedding in 1985. Since then, he's become one of the biggest leaders in the world. Yesterday, I was at his house. Guess what he drives? A '96 Mercedes. He tells me that it drives well. The only thing wrong with it is that the seat gets stuck . . . still, it works for him. At the same time, he's building a school in India with a multi-million-dollar structure—all debt-free. He doesn't worry about what people think of his car. Nobody is looking at his car! He's usually getting off of a plane anyway!

Identify who you are. Identify your needs. Does anybody *really* need a diamond necklace? Does anybody *really* need a different car? We need food, shelter, and clothing. That's about it.

What's important to you right now? One of my main priorities in life is a good vacation. I believe that families who work hard need to play hard. At the same time, I don't think you need to go into debt to enjoy yourself. Save up, take your time, enjoy it when it's the right moment. Don't do something so elaborate that it's going to cost you in the long run. Here's a good rule of thumb: Christmas should never put you into debt. If you can't afford to pay for it, you shouldn't do it. We get gifts—why? "Well, they may get *me* a gift. . . ." Stop that. Don't get them one this year. They won't get you one next year—and everything will be good, right?

FREEDOM FROM DEBT, DELINQUENCIES, AND DEFICITS

You've got to rise above cultural pressures in order to stay out of debt. There are several things society accepts that financially free individuals should never allow.

Car Repossession

Financially free people realize that they have to pay their bills. My wife and I lost a business through the recession. It was crazy. Literally a week after I bought this business, the economy collapsed. I knew the moment I bought it that I'd made a mistake. It was a beauty salon.

I don't know anything about hair! I kept it open for four years and lost money every one of those years. Finally, I was done. We couldn't afford the payments. They took the property back; after selling it, we were still $120,000 short of what we owed. They told me, "In this economy, it's going to be a write-off."

I responded, "No. I don't want a write-off."

"Sir, you can't afford to pay it."

"All the same," I said, "I want a payment plan."

"You don't have to do that. We're telling you that we're writing it off the books."

I insisted, "I owe you 120,000." We paid on that business for five years, until we'd paid every dollar back. I believed that it was my responsibility.

Some people ask, "Can we file for bankruptcy?" You made that debt! Figure out how to pay it off.

How many cars do you think were repossessed in America in 2019? According to the United States database—this is staggering—for every 2.4 cars sold, one was repossessed. Isn't that crazy?

Denied Credit

What percentage of people do you think are denied credit in the US? I thought everybody got credit, but there's a certain percentage of people who get denied home loans. In 2017, the United States database reported that this figure was 32 percent!

Credit Cards

When we think about paying off our credit cards, we often believe, *I need to live off of my credit card!* That means you're living beyond your means. There are always areas in which we can cut back. There are times you may have to rent a room out in your home. You've got to do what's uncomfortable.

In 2018, according to Accent Research Team, more than half of Americans' credit cards were maxed out. Why do we submit to cultural pressures when it comes to spending? It only diminishes our quality of life. It only causes stress and anxiety. It only makes us struggle unnecessarily. It only results in poor health. We can't allow culture to teach us how to spend.

Consistent spending requires a correct perception of money. Money is just paper, but according to the Bible, it helps us create good habits. To set a change of course in your spending, you must change your habits. It's essential that we make proper adjustments, even uncomfortable ones, because the outcome will leave us financially free. Again, it comes back to setting right priorities. Before you ever start to budget, you need to give, and you need to save. Give, save, and then budget on the balance. For those who want to get wealthy, it's time. Your season is here.

Spending is the financial behavior of financial slaves. The Bible says that we're a slave to our lenders—we have to do whatever they say. Who owns your car? Not you. Wells Fargo, Bank of America, or Ford Motor Company.

What are the things you're allowing yourself to spend on right now? We'll close this chapter by looking at three types of spending. These types determine the manner in which you handle your money.

1) Compensatory Spending.

This is when shopping is used as a retail therapy. (Does anybody else have that disease?) When you don't feel good, you've got to shop. It's therapy. It makes you feel better. It makes you feel valued. So you go out and spend money on yourself because you believe it will make you better.

2) Conspicuous Spending.

This is flaunting status. We have to show others what we've got—to show them what we can do. The truth is that it doesn't matter if you drive a Lamborghini if you can't afford your mortgage. This always drives me crazy. We have two churches in eastern Kentucky that I often visit. The area they're in is still depressed to the point of being 30-40 years behind everyone else. When I visit, I'll literally see shacks equipped with fifteen-foot satellite dishes! You'll drive down a little dirt road, and there will be a shack with a $60,000 Cadillac sitting in front of it. The car has become more valuable to those people than their home because it's more visible. That's conspicuous spending.

3) Confused Spending.

This is when we purchase things without counting the cost. We think, *Wow, this is great! I own this now!* But then, we realize our light bill is due. We didn't think about what we needed to do before we spent money. Now, we're in over our heads. Confused spending is purchasing without thinking.

Make sure you're always tallying up how much it'll cost to pay off that item. How long will it take? If most of us keep paying off debt at the rate we are now, we'll simply continue in a never-ending cycle of paying minimum payments, most of which will be interest alone. You've got to get off the hamster wheel. You must learn how to say yes to *no debt*.

Have the courage to make and follow through with a budget. It's not going to be easy, but I can promise you this—it's possible. If you have even a little discipline, you can do it.

Proverbs 16:20 (NIV) says, "Whoever gives heed to instruction prospers, and blessed is the one who trusts in the Lord." I wasn't raised in the principles of financial freedom. I didn't even know I *could* be financially free. Somebody had to teach me, and I gravitated to it. I grabbed hold of it and said, *That's what I want.* Maybe it was because I was so poor. Maybe it was because we had absolutely nothing. Whatever the case, I began to say to myself, *One day, one day, one day.* . . . What the Bible teaches us is true and real. Give heed to the instruction in the following chapters. I'll provide you with numerous tools that will help you reap dividends. We don't like driving eight-year-old cars. We don't like paying tithes. We don't like saving money because we don't like to say no to the lifestyle we've had thus far. But these steps will free us financially if we choose to implement them.

I got two of my greatest blessings this week—in the middle of America's financial crisis. Two people I didn't even realize were in my finance class a number of years ago emailed me and said, "Pastor, you thought nobody was listening, but because of your teaching on financial freedom, we have no worries, even though we're all laid off in the middle of this crisis. We have prepared for such a time as this."

The crisis is here, now. We'll come out, but there will be another crisis. The difference is that, next time, you'll be prepared. Remember the statistic I shared previously, about Americans not being able to afford a $400 setback? Lots of people can't go to work right now. This crisis has put us in a state of emergency. One of the most powerful things we can do to prepare for and endure crisis is to say yes to no debt. Are you ready?

CHAPTER 5

PRACTICAL PRINCIPLES FOR SAVINGS

WOULD YOU RATHER BE rich or poor? Easy answer, right? In this chapter, I'm going to give you some of the principles you need to know and understand in order to become wealthy. Remember, wealth should be obtained not so that we can have things, but so that we can fund ministry, help others, and live comfortably for the rest of our lives. We're going to tackle some mathematical issues and understand how much money it will take for you to retire.

Speaking of which, at what age do you want to retire—realistically? Some may say fifty. Others may say sixty-five. I just asked my twenty-six-year-old son this question. He said, "Dad, I want to be somewhere around your age when I retire." Obviously, he's got a lot on his side, because he's young. Unfortunately, some of us missed the window of time in which we could have maximized on some of these principles, but I'd like to help you exercise them, anyway, and set you on track to have at least a million dollars in the bank by the time you retire.

Being rich is a mindset; so is being poor. Which mindset are you going to feed? The Bible teaches in Proverbs 21:20 (NLT), "The wise have wealth and luxury, but fools spend whatever they get." So all of us should have savings. If you don't already, you need to start investing in a savings plan. It's essential that we understand that God expects us to save some things. There will be good seasons and bad seasons. There will be famine and there will be times of plenty. This is shown throughout the Word of God. He teaches us to save, to harvest when the harvest is good so that, when it's a time of drought, you have plenty in your storehouse.

We have to have a savings plan—it's typically a six-month plan. If you have six months' expenses saved away, that's a really good amount of money. Especially after the events of 2020, we realize how important this is. If I were to ask you if you had that amount saved right now, would you honestly be able to say that you do? The majority of Americans would not.

At the time of this writing, a stimulus package was just approved in the United States. People are already asking, "Can I get a loan until my stimulus check comes in?" What does that tell you? We don't have a strong concept of saving in this country. God's Word teaches us that, in order to gain wealth, we must be disciplined in our spending and live within our means, growing financially through savings. Many people have excuses for why they don't save. Let's talk about four of the major ones that I've heard:

1) "I can't afford to save."
2) "It takes all that I make to survive."
3) "I don't know how to save."
4) "Jesus is coming back."

God never intended for us to spend everything we make. In fact, He has already placed everything that we need to obtain wealth within the earth. And, yes, Jesus is coming back, but you know what? That doesn't give me the right to spend all that I make because that goes against biblical principles.

I want to teach you in this chapter some practical ways you can save. In order to determine how much that you need to save in order to retire and live your dream, you must assess your current situation and determine your strategy for financial success. Not everybody can save the same amount of money. We've got to figure out where you are and how realistic it is for you to save a specific amount of money. Now, we're going to base our discussions here on a million dollars in 2020, 2030, or 2040—when some of us will retire.

Here are some of the things we have to look at: How many years do you have left to save? If you want to retire at sixty-five and you are fifty-two years old, you have thirteen years left. No one else is going to make you financially successful if you're not disciplined enough to take your success into your own hands. Do the math. What year do you want to retire? What age are you right now? Subtract those two numbers. Write down how long you have left.

According to bank rates in 2019, 70 percent of Americans have less than $1,000 saved. In the crisis we're in today, people are panicking because they have no savings. They're wondering, *Am I going to get paid? Where is the next meal going to come from?* Seventy percent of Americans are panicking because they have less than a thousand dollars in savings. At least they have a thousand dollars—45 percent have nothing saved at all. Almost half of the American population has nothing to fall back on. We're hoping employers are kind enough to keep us on payroll. We're hoping unemployment will kick in.

There are three precepts to becoming a successful saver. Are you willing to take your financial future into your hands and start working your way to success? If so, we have to look at these precepts:

1) Start Now.

Some people ask, "How are we going to start now? We're in the biggest crisis America has ever faced." The answer is, "Make a sacrifice." You probably started eating at home more when the pandemic hit. You probably found that it was much cheaper than eating out. America has gone to fast food—we don't use our kitchens anymore. If that's you, you can truly start saving by not eating out. Make a commitment to making sacrifices, starting today.

2) Save Regularly.

Make sure you get the highest rate of interest when you save. Shop rates and use wisdom in choosing the right service. If you just throw your money into a savings account, it's probably going to have a very low interest rate right now. I think I saw at the bank yesterday, that it's at 0.9 percent. We have to shop rates.

If you cannot save, there're a couple of things I'd like to tell you to do on a regular basis. Some banks have a Christmas fund; it pays zero percent interest. Why would I encourage you to do that? When our kids were little, my wife and I opened a Christmas fund. We had seven days—the first week of December—to pull it out and go Christmas shopping. If it wasn't out by December 8, it rolled over into another year, and we couldn't touch it until December of the following year. We had $800 in that account, and we vowed to keep it in there as long as we could. That's how we started saving.

We would put $20 into it here, another $5 there. Ours was with Kroger; every time we went to Kroger, we added to it. Getting into the routine of saving is beneficial—even if your interest rate starts out at zero. Make sure that you start saving on a regular basis. If that means there's somewhere in your house where you put money into a piggy bank, or something you can't get it back out of, do that. Currently, my account is with Delta. Conveniently, I don't enjoy going into that bank to do business; I chopped up the card they sent me so that I don't have easy access to that account. In order for me to get money out of the account, I physically have to go in. I don't know my account number. It's not written down. When I make it inconvenient for me to get to, I'm less likely to do it, because it's a chore.

3) Be Patient.

Savings is something you're going to have to be patient with. It doesn't grow quickly. It doesn't get you out of debt quickly. Good things come to those who wait.

You have to take the first step toward your goal. What are you going to start saving right now? How often are you going to put something in your savings? And how patient are you going to be to see that grow?

Remember, don't pray for patience. Patience, according to the book of James, comes through many trials and tribulations. So try to be patient without praying for it. Obviously, the younger you start saving, the better position you'll be in at retirement. Unfortunately, we always think we'll start later: *I'll start after the pandemic is over. I'll start when I get a raise. I'll start after I pay my car off.* But most times, "later" never comes.

I'm going to give you some figures in a minute that will blow your mind. I wish somebody would have taught me this earlier in my life. I wish we would grab ahold of these principles as some of our young people are—those as young as 15, 16, 17, and 18. I know a couple who just became grandparents. If we were to put away as little as $12,000 for that grandchild in the first four years, she will be a millionaire by the time she retires. Now, a million dollars is not going to be in sixty-five years what it is today, but it's still a great chunk of money.

I want to give you a scenario—figure out what is happening here. Joe is twenty-two years old, and he starts saving $4,000 per year for eight years in a row. He stops at the age of twenty-nine. How much does that, total? $32,000. Sally starts saving, but she waits until she's thirty. She deposits the exact same amount of money, $4,000 a year, but she does it for thirty-eight years. Both Joe and Sally retire at sixty-seven. At retirement age, who do you think has more money? Common sense would tell us, Sally, right? But it's not true. Joe would have more money by investing for eight years than Sally did by investing for 38 years. At the end, Joe would cash out at $1,417,575. Sally would cash out at $1,306,683. So the difference is $110,892. Why? Compound interest. Joe started earlier. He was able to capitalize on the interest and make more money.

What is your current age? Write it down. How much do you need each month? Even though some of us have missed a great opportunity, we can teach our children—even our grandchildren—and train them on financial freedom so that they won't be in the same boat we're in. After all, we are to leave a legacy. Our legacy may not be money, but we can leave a legacy of knowledge.

Wherever you are right now, you have to set a realistic goal, which means you may have to say, *You know what? I can't retire at sixty-seven. I have to wait until I'm seventy.* On the other hand, you might say, *I'm in a good position. I want to retire at fifty.* You have to adjust that according to you, and you must understand how interest works. Previously, we talked about the need for six streams of income in the 21st century in order to become wealthy. Interest is one of those streams that we have to become familiar with.

Let's look next at what is called the Rule of 72. It's in several financial books. This is how the rule works: 72 divided by the interest rate equals the number of years it will take to double your money. So if you put $500,000 in savings at 1 percent interest, you would have a million dollars in seventy-two years. Is that going to help you? No. Probably none of us is going to live seventy-two more years. If you get a 3 percent rate, you'll double your money and have a million dollars in twenty-four years. If you invest your money properly and you get a 6 percent return, you'll double it in twelve years. If you have twenty-four years before you retire and you get a 6 percent return, you can double your money twice and end up with $2 million. So 72 divided by the interest rate gives you the number of years to double your money. Now, what interest rate would you like? Six percent? Nine percent?

As you know, the stock market has plummeted. Today was a good day. My son CJ called me yesterday at five minutes to four and said, "Dad, this bank has gone from $18 a share last night to forty cents a share. Let's buy some stock in this." I wasn't sure how secure it was, but he was so insistent. I bought a thousand shares that night. He bought a hundred. At closing today—now, this is unusual—it had gained 259 percent in one day. Now, I don't know what it will do tomorrow. I sold and got out. He's still in. That's just an example of things that don't happen very often. You want something that's going to give you an equal amount across the board. So the higher your percentage of interest, the more quickly you can double your money.

On the reverse side, we don't like talking about the fact that creditors know this stuff, too. I like calling this part the Reverse Rule of 72. We take 72 and divide it by the interest rates on credit cards. The average interest rate is 89 percent, but some of us get a great rate, like 9.9 percent, and buy into that. So, if you have a thousand dollars on a credit card, it only takes seven years to double that at 10 percent. You're now paying off $2,000. If you have a 15 percent rate of interest on a car payment, it will double in four-and-a-half years.

So let's say you have bad credit. You go to a car company, and they finance you at 14.9 percent for seventy-two months—that's six years. If you paid $15,000 for that car, in four years and ten months, your car would double. You've now paid $30,000 for that car.

If you're paying a 15 percent rate for seven years on a credit card with $5,000 on it (again, with that average of 29 percent interest), within two-and-a-half years, you'll pay $10,000 on that same card. My question to you is this: Are you winning or are you losing?

If you're an impulsive buyer, I encourage you to get a nice-sized bowl that'll hold at least a half-gallon of water. Fill it up, put your credit card in there, and freeze it. If you try to microwave it, to get it to thaw out, the card will burn. If you try to put it under hot water, it will crack. You have to let it naturally thaw out. Now, that may take five or six hours, but that way, you have time to think: *Do I really need this?*

C. S. Lewis said, "You can't go back and change the beginning, but you can start where you are and change the end." You have credit card debt. You have car payments. You have made decisions that maybe you shouldn't have made. You cannot change that, but you can change your ending by saying, "I'm not doing this again." I believe that America is in a good place today. I think that things are changing very quickly. I think it's also bringing us back to some of our roots: being with family, learning how to be creative, eating around the dinner table again. We have to be able to stop and ask ourselves, *What is really important to me?* As stated earlier in this chapter, being rich and being poor are both mindsets we choose. People often say, "Well, I was born into poverty." Okay—then you need to break that generational curse of ignorance. I have developed some comparisons to show you the difference between the way the rich think and the way the poor think. We're going to see which side of the spectrum we fall under. Are you ready to take this challenge?

1) Rich people believe, *I create my life*.
Poor people believe, *Life happens to me*.

Poor people think, *Poor me. Nobody understands. Nobody has a hard day like I have.* That's a poor mindset. The rich mindset says, *People play the money game to win. I want to win. I want to be successful—to help the poor.* Rich people play the game to win; poor people play it not to lose. They're not trying to help anybody. It's all about their own survival.

Remember, if we do not give, we cannot open the floodgates of heaven. Galatians 6:7 (NIV) says, "Do not be deceived: God cannot be mocked. A man reaps what he sows." I really believe that the first thing we need to start doing is tithing 10 percent. Give 10 percent away, however you want to do that. The second thing we need to do is save 10 percent. Everything else needs to fall within our budget.

**2) Rich people are committed to being rich.
Poor people just want to be rich.**

Rich people are reading books. They're saying, "What's the next concept? What is the next idea?" They're watching *Shark Tank*. The poor are watching soap operas. It's all about challenging our minds: *What do I need to do? Who do I need to hang around? Who do I need to connect to?* The poor just have a dream. They think, *Hopefully, one day, my ship will come in. Maybe somebody will leave me a million dollars. Maybe I'll win a major lawsuit. I'll hit the lottery.* They're merely thinking about wanting to be rich.

3) Rich people think big, and poor people think small.

I've had about seven hundred companies in my head over the years. I've only developed about six of those, but I'm always thinking about the next thing, even in the crisis America is in today. I'm thinking, "What can we do to work this in our favor? What kind of services can we offer?" There are new things happening in churches, in public communication, in education. I believe that a lot of schools—colleges, especially—will never go back to campuses. Why pay for property taxes, maintenance, and upkeep when we can go on Zoom? I still have all of my students in front of me, and it costs no money.

Coronavirus is going to change our concept of church, as well. Thousands of churches are no longer finding buildings; they're finding audiences through social media. This is a season not to be spent running around, thinking, *Oh my gosh, what am I losing?* We need to be asking, *What am I winning?* Just like I told you, two weeks prior to my writing this, when the stock market crashed, the wealthy were thinking, *Buy, buy, buy, buy,* because what goes down will come back up.

Poor people bail out instead of thinking big. You start in your home baking cookies and selling cakes. Think big. You're going to be the next big thing—like Godiva. My motto is that saying, "Shoot for the moon—even if you miss, you still land among the stars." You have to dream big in order to become wealthy.

**4) Rich people focus on opportunities.
Poor people focus on obstacles.**

Obstacles will crop up in your financial journey. It's just a fact. We can think to ourselves, *I don't know how to do this. It's hopeless.* Or we can have a rich mindset. *What can I do now?* When the pandemic hit, I started selling my services. I got twelve new clients in one day, simply because I said, "I've got a book on transition." I'm looking for opportunities to make money. Does that sound bad? Does it sound greedy? No—it sounds like I'm trying to get financially wealthy so I can do the things I want to do in my life.

Before we wrap up this chapter, I want to give you concrete ways you can save. A lot of people tell me, "I just don't know how to save. I don't have enough left." It's because they're living beyond their means, or wasting money foolishly. Maybe these setbacks are happening in order that we would recognize the areas of our lives in which we need to sacrifice—and what can really happen when we do.

So what are some ways you can start saving?

1) Use a Round-Up Account.
Wells Fargo has these, as well as Bank of America. Let's say you spend $8.27 at the grocery store. They'll take the extra seventy-three cents and throw it into a savings account. You never miss those seventy-three cents. In

PRACTICAL PRINCIPLES FOR SAVINGS

some cases, you can double or triple what's put into your account if you're feeling good about it. This account just rounds you up to the nearest dollar. The first year my wife and I did a round-up account, we saved over $500. Every time we wrote a check, every time we swiped a card, every transaction, it would throw the extra change into our savings account. We truly never missed it.

2) Open a Money Market Account.

These pay more than a savings account—usually, about double. If you can stay away from that money, these accounts are a good way to start saving until you get enough to start investing.

3) Save with Christmas Accounts.

You can only withdraw from these annually, once a year. You're restricted to a seven-day period that I encourage you to avoid. Let it build—the more money you have saved, the less likely you are to spend it.

4) Direct Deposit from Checking into Savings.

Set this up to automatically come out the day you get paid. It's amazing—you'll never miss it. You can do this through your bank, which means you don't even have to think about it!

5) 401K Plans

If you are fortunate enough to get a 401k, you're using the company's money—they're giving you extra. It takes a long time to lose what you've put into these plans, just by the nature of how they're set up.

6) Unexpected Money.

Deposit unexpected income—say, a stimulus check—straight into your savings account. Somebody will think, *Oh! I can get my hair done. I can get my nails done. I can go out to eat.* No—don't even think that way at first. Put unexpected money straight into your savings account.

7) **An Accountability Partner.**

If you simply don't trust yourself to hold onto your money, find a trustworthy person who can hold it for you. If you're afraid that you're going to go to the bank, or you're going to pull it out, find somebody who is honest and make them your accountability partner. Make sure they have that money set aside and keep a record of how much they have, so that you can save that money. Tell them that, under no circumstances (except X, Y, Z) can you get this money. If they get mad at you, then they get mad at you. You can save money—if it's your priority.

The cure is contentment. Paul says in Philippians 4:11-13 (NLT), "Not that I was ever in need, for I have learned how to be content with whatever I have. I know how to live on almost nothing or with everything. I have learned the secret of living in every situation, whether it is with a full stomach or empty, with plenty or little. For I can do everything through Christ, who gives me strength."

Paul went around to churches, and not many of them supported him; finally, he found one church that did. He made it clear, "I'm not here to take up an offering. I've understood how to live with whatever I have." And that church was the one who gave him plenty; interestingly enough, that church also remained blessed. So understand that you have to save money as a priority. Here's a Swedish proverb along the same lines: "He who buys what he does not need steals from himself."

We may *want* that pair of shoes, but do we *need* them? Yeah, we *want* a new dress, but do we *need* it now? I'm not saying you should always do away with some of your wants. Sometimes, you should indulge them. But how often are we doing that? I promise you this: The more money you have in savings, the more it will grow, and the more excited you'll be about saving. When you start seeing that you have $5,000 in your account, it gives you the momentum to want $10,000. That gives you motivation to save $25,000. That gives you momentum to have a hundred thousand, to put you into retirement—you understand, *If I save now, I don't have to have a rough life later.* You probably know someone of retirement age who is struggling. Seniors are struggling today, and not necessarily just because some of them are single. If many of them had grasped these principles early on, they could have built up enormous savings, despite the hard circumstances they encountered along the way. Regardless of how close to retirement we are, I think it's our responsibility to make sure that we train somebody else.

Unfortunately, at twenty years old, I don't know that I would have received this wisdom. I thought I had plenty of time. Now that I'm fifty-five years old, I wish I would have known then what I know now. Wisdom comes with age, but we've got to get through to the younger generation—to say, "Hey, one day, you'll thank me for this."

This is going to be a new leaf for a lot of people—there are a lot of different principles we're learning, and I trust that you're gaining the tools and the wisdom you neto become financially free.

CHAPTER 6

PROVEN PROSPERITY PRINCIPLES

IN THE PREVIOUS CHAPTERS, we established the fact that wealth comes slowly. In fact, the Bible teaches us that. There are no get-rich-quick schemes to follow that will result in true, lasting wealth. Many of us know people who have tried to say, "You can get wealthy if you just sell this product." But we've found that, as a general rule, people have to work diligently and work hard in order to build wealth.

However, there are principles that are proven to work if we're simply willing to apply them on our journey to become financially prosperous. And we know that that's what God desires for us. 3 John 2 (AMP) says, "Beloved, I pray that in every way you may succeed and prosper and be in good health [physically], just as [I know] your soul prospers [spiritually]." God wants us to prosper, but the church, in some ways, has taken this idea of prosperity too far. I want to look at this theme to see what real prosperity is—the kind talked about in the Word of God.

I want to walk you through ten principles that are proven to allow you to prosper in the correct manner. It's not a name-it-and-claim-it kind of thing. I don't think those are the kind of principles we need. This is a realistic approach to obtaining wealth the right way. Let's take a look at each of these principles in turn.

1) God is the source of everything.

Proverbs 8:20-21 (ESV) says, "I walk in the way of righteousness, in the paths of justice, granting an inheritance to those who love me, and filling their treasuries." We know that God wants us to inherit wealth. We know that God intends for us not to be worrying about finances.

A lot of people say, "If we're Christians, we should suffer with Christ." But if you take a look at how Jesus lived, we know that He had a profession. He was a carpenter. We see that He had a job, but that He also went out into full-time ministry and traveled the countryside. His work—His livelihood—actually funded his ministry. Jesus was not poor. He had a source of income and, therefore, we know that He always had His needs met—and some of them, of course, by faith, as well.

Faith will open up more wealth for each one of us individually. The tendency is to think, *It's my money. I earned it.* Even as Christians, we often think that only a tithe, or 10 percent, belongs to God, but we have to realize that He is our means of resource. God is the source of everything that we have. He provides us with the ability to gain wealth, and He's the one who gives us the mindset to work a job, have a career, or get an education. God is the one who gives us a right mind. We are only the stewards of what He owns and entrusts us with. So we must operate in faith with our money in order to move God's hand on our situation to multiply our funds.

2) You must be a giver.

How important do you think it is to be a giver? Why is the principle of giving money away so prevalent? What causes us to develop more money? The Bible commands us to give. Luke 6:38 (NLT) says, "Give, and you will receive. Your gift will return to you in full—pressed down, shaken together to make room for more, running over, and poured into your lap. The amount you give will determine the amount you get back." It's a command from God, and whenever God gives a command, there's a blessing attached to it.

It doesn't make sense how we can live better on 90 percent than we do on one hundred percent, but it's a proven fact. For anybody who has given 10 percent away, that 90 percent always goes a longer distance. Anne Frank made this statement: "No one has ever become poor by giving." There's something about sowing seed—we realize that there's a multiplicity that comes back to us in life. Proverbs 3:9-10 (NASB) says, "Honor the Lord from your wealth, and from the first of all your produce; then your barns will be filled with plenty, and your vats will overflow with new wine."

I have this question asked a lot of me from those in Christian society: "Do we pay tithes on net or gross?" My response is simply this—do you want your net to be blessed? Do you want your gross to be blessed?" It's a personal conviction—whatever people feel like they need to do—but I ask them, "What do you want?" For me, I want God to bless everything: income tax returns and all. Another question I get asked often is, "Are we blessed from tithing?" Well, here's the thing: A tithe already belongs to God. The offerings are where the blessing truly comes in. This concept is certainly not limited to the church. We find that successful business owners, corporate executives, and even multibillionaires understand the importance of giving. It's a proven fact that, in order to grow something, you must plant something.

It's springtime here in Atlanta. We recently planted some tomatoes and cucumbers, as well as some flower seeds. Do I expect those flower seeds to come up bananas? No. We believe that what we planted is going to come up. Again, Galatians 6:7 (NIV) says, "Do not be deceived: God cannot be mocked. A man reaps what he sows." You will find that the wealthiest people support a cause or benefit. Part of the reason is that they want to multiply their funds. They've got to give somewhere in order for their seed to be multiplied.

I have a couple of questions for you. How consistent are you in sowing? You might say, "With the quarantine, things have been tight. I'll start tithing once we're out of the crisis." No—we still have to tithe on whatever we're blessed with right now. If God has given us something, why shouldn't we give back to Him to show how grateful we are? I believe that anything we have increased is something we need to tithe on. People also ask me about social security. "Should we pay on social security or those kinds of benefits?" My answer is the same. "Do you want that check to be blessed?" I think the answer is yes. Now, it sounds like we're being greedy, but it's not being greedy. It's being biblical, so that God can bless us for a number of years down the road.

I used to be afraid to tell people this as a pastor because I didn't want to be known as greedy or insensitive. But then, I realized that I was keeping them from their blessing. The more we give, the more God can bless us. I can tell you this: My seniors who tithe on their retirement checks have been the ones who are the most blessed. They were the ones saying, "I don't know how this happened, but I had an extra check come in. My family gave me this." It was those giving from their sources of income faithfully and wholeheartedly.

Remember the story in Mark 12 about the widow who gave two coins—all she had? It was a very small amount of money—less than a penny—but it was said by Jesus to be more than anybody else had given. Why? Simply because it had come out of her need. And she was blessed because of that. So we can't be so super-spiritual that we feel like that's being greedy. If we're giving our time and sowing into good soil to do kingdom work, we can expect blessings in return—we can expect to harvest what we plant.

Let me say this, also: If we plant a bad harvest, there will be a bad increase. You have to be careful where you plant your seed. I'm very cautious when I plant a seed because I realize that seed is going to result in a harvest, one way or the other. If it's in bad soil, it'll result in a bad harvest. So you've got to plant with the right concept of giving. You cannot try to control your giving. Once you give it, you've got to let it be used however the recipient sees fit. When I give to St. Jude's Hospital, I don't follow up with a letter and say, "Hey, where did my hundred bucks go? What did you do with it? I think you're misappropriating funds." Of course we don't do that! So why do we do that in church?

Again, the question to ponder is, *How consistent am I in sowing? And what percentage do I give away on average?* Is it 10 percent? Five percent? Three percent? Now, people tell me from time to time, "I just got saved. I can't afford to tithe 10 percent." I understand that it's a process, so I try to encourage people to start with 1 percent. And then, the second month, I encourage them to go to 3 percent—to build up to it. I believe that God honors us when we're trying to do the right thing. As we do the right thing, there will be an increase.

3) You have to manage your time.

Anybody who knows me knows that time is something I don't play with. And the reason I don't play with it is simply because it's the greatest commodity any of us have. We can make more money, but we cannot make more time. You can never get your time back once you spend it. Once your day is spent, it's gone.

There are only three ways to arrive somewhere: early, late, or on time. For the past year, people have been on lockdown, and many of them wasted time during this season. I'm writing *The 5-Star Entrepreneur* to make sure that I'm making quality use of my time. So what can we do, even in difficult periods, to ensure that we're not wasting our time? The average person has approximately

28,000 days in his or her lifetime. If I tally mine up, I have already spent 20,075 days of my life, which means I have approximately 8,000 left. If you think this way, you'll start asking yourself, *Why would I waste today? Why would I throw today away?*

Many people wasted time this last year worrying about money, about bills, about making ends meet. We're seeing that people who are living paycheck to paycheck are really struggling right now. They're wasting days and weeks of their lives worrying about money. This is one of the reasons you need to become financially independent—so that, when a crisis comes, you're not in that devastating mode. We should be saving up for such a time as this. We should have a nest egg—an emergency fund. After all, 2020 was a year of emergency for many.

So let me ask you, "How many more days are you willing to waste?" It's not worth it. Life is a precious gift. Chances are that we will be poor managers of our money if we're poor managers of our time. We have to make sure we're taking care of our time. If you run late fifteen minutes a day three times a day, over a fifteen-year period, you will have wasted six full months. If you're late getting up in the morning, you're late to work. Then, you're late that afternoon for a meeting. Then, you're late coming home from work or going to church or whatever the event is. If you do that for sixty years, you have lost two full years of your life just by running late!

When you stop and calculate your time, how much time per day are you wasting? What are you doing with your time? Now, I believe that we all need some relaxation time, whether it be taking a nap or watching television or turning on a movie. There are times we have to shut down and recuperate, but I'm talking about time that we waste. According to Broadband Search, the average person in America (as of 2019) spends 144 minutes a day on social media. That's not on our cell phones, that's not on our computers, that's on social media—Facebook, Instagram, Snapchat. Two hours and twenty-four minutes a day. I consider that a waste of time.

I believe social media presents a great benefit. Usually, the very first thing I do when I get up is post something encouraging, because I think we live in a negative society. I get on, but typically, I don't stay on social media a lot. In this time of crisis, I have found that TikTok is very entertaining. It makes me lighthearted. I just can't watch the news for very long, because I think it puts us into a place of negativity—a place where we become depressed or discouraged. So I try to keep something in front of me that makes me laugh and gives me hope again—even though it may be a huge waste of time.

So you've got to find outlets, but again, I want you to be sensitive to how much time you actually spend on social media. Virtually every phone now has a tracker that will tell you these stats. I do a lot of work on my phone.

I do a lot of investing on my phone. It will tell me how much time I spend on each app. You may want to log some of those numbers so that you're aware of the time you're spending on them. Today, there are even time limit settings that will log you off for the day once you've hit a certain amount of time.

If you waste your time, chances are that you're also wasting your money.

4) You have to save some money.

We've already talked about this topic, so I won't spend a lot of time on it here. However, I cannot emphasize enough how important it is to save. In fact, Warren Buffet is one of the biggest financial gurus in the entire world. He said it best when he made this statement: "Do not save what is left after spending, but spend what is left after saving." I want you to really hear the wisdom behind this statement. How well are you saving right now? How much do you owe? What kind of pattern are you perpetuating? How well do you save before spending right now? Is saving one of the things that's a priority for you—that automatically comes out of your check? Or are you simply saving whatever's left over after spending?

The first fruits are the very first things that we spend. We have to make sure that it comes out first. I encourage you to put your savings away before you spend anything else. Now, sometimes people are not in that position.

They cannot do that. But I want you to get into that place. If you're looking for reasons to spend your money, if you're waiting on that stimulus check but you spend it before it comes in, that's not the mindset you need to be operating in if you want to be financially free.

Let me give you an example of this principle. Let's say a young couple makes $24,000 a year, which is very low for this day and time. They decide that they're going to save $2,000 of that. It's a bit under 10 percent a year. They put it into some kind of an account that's giving them a return rate of about 6 percent every year, and they do this for fifteen straight years. At the end of the fifteen years, they'll have $49,345.12. Then, if they started withdrawing $4,000 per year for fifteen additional years, they would still have $30,644.24 in the account. Remember they only did this for fifteen years, and they only put $2,000 per year away. That's a total of $30,000. Now, they're taking $4,000 a year out—which equals $60,000 total. And they still have money left over! I want you to understand how saving will cause your money to grow. I can't reiterate this enough: Wealth comes slowly. Be patient and wise with yours.

5) Stay out of debt.

I'm going to make some pretty dramatic statements with this point. Ogden Nash said, "Some debts are fun when you are acquiring them, but none are fun when you set about retiring them." Whenever we're making debt, it seems like fun. When we're buying the new car, it seems great. But when we try to retire that debt, it's not fun, because now we have to take our income tax check, or our bonus, and use it to pay off a debt.

I love the commercials out now from places like Rooms to Go that claim you don't have to pay anything on your new furniture for seven years. I think, *What kind of interest is going to accrue over seven years? What will that furniture look like in seven years?* It's fun to acquire it, and fun to think we'll be able to make payments on it, but six months later, the newness wears off, and we wish we hadn't made those choices. Stay out of debt.

Proverbs 22:7 (NASB), which we've already referenced, says, "The rich rules over the poor, and the borrower becomes the lender's slave." Who is lord over you? Who is holding out their hands on the first day of the month to get part of your check? Once you borrow, you lose a portion of your freedom. We should know exactly what's on our credit cards. We should know exactly what our plan is for paying them off. In order to get free from debt, you have to know where your weakness is. You have to monitor where you're spending.

Let's return to the couple who saved $2,000 every year for fifteen years. They still make $24,000 a year. Let's say that, instead of saving, they're going to go $2,000 into debt per year without paying any principal—only the interest every month, which is 10 percent. Remember, 10 percent is not a high interest rate for a credit card. Over the course of fifteen years, borrowing $2,000 a year on a credit card at 10 percent interest, they will have paid back $69,899.48 for the $30,000 they borrowed . . . and they will still owe the entire $30,000. So what they're paying is, essentially, $99,000 on a $30,000 loan.

Why do we want to stay out of debt? Because creditors know that, if they can get us into debt, most of us will never get out. Let me encourage you to simply stay out of debt.

6) Learn to be content.

As we've already explored, Paul told the church at Philippi that he had learned to be content in all situations. Sadly, that's not the case for many Americans today. If we're driving a Mercedes, we want a newer Mercedes. If we have a brick house, we want a two-story brick house—with a nice driveway out front. If we have a nice wardrobe, we want a bigger wardrobe. We try to teach our kids not to be selfish—not to ask for a fourth pair of shoes when they have three perfectly good pairs already—then, somewhere along the way, we arrive at adulthood, and we're not content. It's never enough—never good enough, never big enough. Here's a question: Who are the Joneses, and why are we trying to keep up with them?

One secret to becoming content is to stop comparing yourself to others and what they have. After all, you don't know the price it's costing them to have those things. Why are we so concerned, anyway, with what others think? We must have the mindset that, if we cannot afford it, we simply don't need it. Of course, there are exceptions to this rule, but most of the time, if we can't afford something we need, we'll find a way to afford it. We have to become content with what we've been allotted in life.

There are four things you need to consider in order to be content.

1) If you have it, use it up.
2) If you're wearing it, wear it until you wear it out.
3) If you have it, make do.
4) Simply learn to be content.

There are some things you simply have to do without. I would love to have certain things, but they're just not in my budget right now. And I promise you that something else will come along later—something you will use up, wear out, make do with, and learn to be content with.

7) Keep records and make a good budget.

According to Dave Ramsey, a budget tells your money where to go. Many people write a budget to find out where their money went, but the reason behind a budget is telling your money where to go. A lot of people use the envelope theory. They know their mortgage is a thousand dollars a month, so they'll put a certain amount per pay period into an envelope. At the end of the month, they'll have enough to pay their mortgage. That's a good method if it works for you. We can't take away from the mortgage to go out to McDonald's or Chick-fil-A—that money is set aside.

We're going to spend an entire chapter on budgeting, so I won't spend a ton of time on it here, but it's necessary to gain control over your finances. You may say, "The only exercise I've done this month is running out of money." Well, I want us to stop that exercise. Stop spending all of your money. Every month, we need to have something left over because we've prioritized our savings.

Do you currently operate by a written budget? I pray that, by now—halfway through this book—you've sat down and told your money where it's going to go . . . especially in the season of crisis that we've recently experienced. Again, making good use of your time is important—this is a great time to write a budget, identify your vision, keep good records, and be honest with yourself. You don't have to be in financial dismay. Even the Bible teaches us to write down the vision (Habakkuk 2:2). Where do you want to be five years from now? Ten years from now? Make a plan and write it down. Tell your money where it's going to go.

8) Never co-sign on a loan.

This is one principle that people don't like me for sharing. It's one they don't like to talk about, but I'm very adamant about the fact that you should never co-sign for anyone, period.

"Well, what about my brother who's struggling?"

Do not co-sign.

"What about my son or daughter, who's trying to get their first . . . ?"

Do not co-sign.

I'm firm about this because I believe that it's a biblical principle. Why do we feel obligated to co-sign for someone who can't afford something? The reason for a co-signer is that someone can't afford the item on their own, which makes that person a high risk. When a person co-signs a note, he or she is the one really borrowing the money.

So if my friend or family member comes to me and says, "I want to buy a new car and it's $20,000, but I need a co-signer," then I've got to go in, fill out the application, and basically state that, if he doesn't pay, I will. He's getting my credit. My friend, that is unbiblical. The reason a person needs a co-signer is because the lender is unwilling to lend them the money. Do you really want to get into that situation with your family member, your close friends, or even your children? It never ends well. A wise man once told me that blood is thicker than water, but money separates them both.

What we need to do with our kids—what I did with mine—is simply train them in the principles of money.

They have to figure out what they can afford; instead of using my credit, they need to build their own. When you co-sign for a family member and things go south, you lose a friend simply because you tried to help them. Somehow, it comes back to bite you.

In Proverbs 27:13, the Bible gives us an extreme caution against co-signing. It's simply not a good idea. Make sure that you don't co-sign.

9) Work hard.

Hard work has never killed anybody. In fact, Colin Powell said this: "There are no secrets to success. It is a result of preparation, hard work, and learning from failure." People always ask, "What's the secret to your success?" There is none. We typically fail seven times for every single success we have. The more you fail, the more you actually succeed.

We find this to be true with many successful people. Abraham Lincoln failed many, many times in life before he finally became the president. He failed in Congress. He failed as a legislator. His fiancé died. He experienced many low points in life, but he finally became the 16th president at the end of it all. How about Babe Ruth? We know Babe Ruth as the Home Run King, but he also held a record for the most strikeouts. The more we fail, the more we succeed. We learn from our mistakes. Even for Henry Ford, there were many, many failures before he finally found the right way to make his motor work—in fact, he had nearly 10,000 failed attempts.

What mistakes have you made in the past? Learn from those mistakes, and don't repeat them. What didn't work for you? Find a new way of doing it. We typically learn not through being successful right away, but by trying over and over again until we get it right. I pray that we stop doing what we've always done and find a way to make sure that our financial freedom is real and long-lasting. Proverbs 14:23 (NIV) says, "All hard work brings a profit, but mere talk leads only to poverty."

It takes putting your hand to the plow—getting up, working hard, pulling late hours, getting things done. It takes hard work in this season, when everything is shifting. My mind is going to the new concepts and inventions that America is about to realize coming out of this pandemic. Somebody is about to think of something that has never been done before, expressly because of the coronavirus. That person is going to become a multimillionaire. It doesn't take an antidote to make somebody rich; all it takes is a good idea. We've moved all of our financial classes to Zoom. We'd never heard of Uber ten years ago; today, it's a global word. A few years ago, we'd never heard of Uber Eats. Now, we know that you can order food anywhere and have it brought to you.

What's the next big idea? It's going to come to the one who's staying up late, getting up early, and pouring their ambitions into a product. By working hard and thinking of new solutions, you can become financially independent.

10) Seek expert advice.

Don't get advice from someone who's in the same boat as you. Find someone who's where you want to be and follow them—whatever that means. Mimic them, have them mentor you, work alongside them, take their wisdom, listen to it, and apply it in your own life.

Seek someone who has wisdom in the area in which you want to grow. If you want to buy a house, don't go to someone who's renting for advice. Find somebody who has bought multiple houses, find a real estate agent, find a broker, and uncover their wisdom and knowledge before you apply for a loan. Make sure that you find the right deal. Don't let anybody pressure you into purchasing something you can't afford.

I'm going to close this chapter with Proverbs 12:15 (ESV): "The way of a fool is right in his own eyes, but a wise man listens to advice." Years ago, I achieved financial freedom. I can tell you almost down to the date when it happened. My wife and I were living in a $45,000 house that we were struggling to make payments on. We had turned the basement into an apartment that was paying for the home. Our mortgage was $383 a month, including escrow. I was only making $300 a week, and we were having a really hard time making ends meet while raising three young boys. I'll never forget the day a man walked in, looked at me, and asked how much we owed on our house. I was offended that he would inquire. I knew he had a house worth more than a million dollars, and so the question offended me. I ignored him. He asked me a second time. Finally, I told him exactly what we owed—at the time, about $28,000.

The man looked over at his wife and said, "Write the man a check and pay his house off." Then, he looked at me and said, "I want you to pay me back—however you desire to do so. It's with no interest, but whatever you tell me, I expect you to keep your word. You can tell me a dollar a month, and I'll accept that. But whatever you tell me is what I expect."

What an offer! My wife and I decided that we were going to step out in faith and try to pay $500 a month. I started working three jobs—why? Because I saw a light at the end of the tunnel. I realized that, in fifty-six pay periods, I would have my home paid for by this man's generosity and kindness. The very first thing we did was pay that home off. Each pay period, the first bill to be paid was to this man, who had become my mentor. I wanted to make sure that he was the one I paid first.

He gave us our break in life. Now, it's our desire to help other people in the same way. That's why I've written *The 5-Star Entrepreneur*, and that's why I travel and teach on financial freedom. We once were blind, but now we see. I attached myself to this man and learned from his wisdom. There were times when he said, "Don't do that. Don't buy that car." I listened, even though I really wanted that car. He didn't control my finances, but he did hold the experience I needed to get where he was.

Long story short, a few years later, this man was the key to building our multimillion-dollar complex. He funded the entire project because of our relationship. We were able to move into a $7.8 billion building, and he funded the entire project. Then, once again, he got us a loan to pay him back. I'm telling you this story to show you that, if you attach yourself to something greater than you, greater things will happen in your life. We all need somebody. Make sure that you seek expert advice in whatever it is you're wanting to do next.

Prosperity isn't a quick endeavor. Instead, there are things God commands us to do, including stewarding well what we have over the long haul. One of the things my wife and I learned to do in times of poverty was to share a meal. We find ourselves doing this even now. Instead of buying two plates and having leftovers, we share one meal. There are simple ways you can enjoy life *and* be sensible in your spending. I pray that you'll listen to the principles in this chapter and use them to realize prosperity in your own life!

CHAPTER 7

REASONABLE DEBT REDUCTION

DEBT REDUCTION ISN'T ALWAYS rapid; sometimes, it takes time. I don't want to give you false hope. I want you to understand what it costs to get out of debt.

Romans 13:8 (ESV) says, "Owe no one anything, except to love each other, for the one who loves another has fulfilled the law." The only debt God commissions us to accrue is the debt we have to love each other. He doesn't necessarily want us to be in financial debt. I'm going to show you more scriptural basis for that in this chapter, as well as proven facts that we need to understand about reasonable debt reduction.

How long will it take you to get out of debt? For most people I've worked with, it's taken two decades to get into debt, and now it's up to them to get out of it. We're going to talk about what a reasonable timeline for this looks like. As you develop techniques for becoming financially free, you'll notice that there's a lot of work involved. Once again, there aren't any quick fixes. I promise you, those schemes do not work.

Time and effort will lead you to success in your walk to financial freedom. As we've already explored, James tells us that perseverance and patience come from trials and tribulations. Patience truly is a virtue. When it comes to obtaining wealth and getting out of debt, there are proven techniques that, when implemented with longevity, will lead you to victory. I want you to be assured that God is very concerned about your debt reduction. There are some important places in Scripture that prove this.

In the New Testament, there are five hundred scriptures on prayer. I think all of us would agree that prayer is a big factor in life. It's something we desire, something we need, something we must have. There are also five hundred scriptures on faith in the New Testament alone. Combined, that's one thousand scriptures on faith and prayer.

Guess how many scriptures there are on finances in the New Testament?

Two thousand!

More than prayer and more than faith, Jesus speaks to us about our finances. That tells me that God cares about our financial endeavors. Finances are in eleven out of thirty-nine parables of Jesus—almost a third. God wants us to get our finances under control! Now, we've got to figure out how to get ourselves out of debt. As we start looking at reasonable debt reduction, what do we need to do? What's the next step we have to take to come out of debt in a realistic, long-lasting way?

There are three classes of people in society: the upper class, the middle class, and the lower class. If each of us reviews our lives and the lives of those around us, we'll see these classes exemplified. What does it mean to be upper-class? We'd say that these individuals have their finances in order. We'd say they're somewhat successful. Middle-class is the average person—they're striving, making their way, doing well. Maybe they don't have a lot of wealth or success, but they're midstream. Then, of course, the lower class are the people living paycheck to paycheck—the people who never have enough, who are always robbing Peter to pay Paul.

As it pertains to a metamorphosis—let's say, in the common example of a caterpillar's transformation to a butterfly—the lower class would be represented as a worm. The worm stays on the same leaf, the same branch. It lives its entire life to feed itself. There isn't enough for anybody else. This isn't where we want to be, and that's not the example that Jesus Christ shares with us.

The middle class would be represented by the caterpillar. It leaves the branch and crawls its way down onto the ground. These people have something the others don't—the security of going off into the grass, where there is a variety of good foods. Many of us are in a position of looking from our middle-class position towards that of the upper class. We're asking, *What do we have to do in order to get there?* The caterpillar goes through a cocoon—it presses its way through. You cannot open a cocoon and help the butterfly push itself out; it's the pressing and pushing that makes the butterfly strong enough to fly. The butterfly that has endured to the end presses its way through and transforms. It's no longer confined to the branch or the leaf; it no longer has to stay on the tree. It doesn't even have to stay on the ground. Now, it has the ability to pick up and fly.

This is where I want you to be in your debt freedom. Many of us are in that middle-class place. That's okay, but I don't want you to become comfortable there. I want you to realize that God wants you to be free. And the way you'll do that is by pressing your way through the hard times. That's what I pray *The 5-Star Entrepreneur* is doing for its readers: empowering you to press your way through what is uncomfortable now so that you can turn into a butterfly and truly live your life on purpose.

Of course, it's difficult when you're living from paycheck to paycheck. Can you imagine all of the people who woke up today in America not knowing what they were going to do? We're relying on unemployment. We're relying on the kindness of others. The end goal is to make sure that we never have to live a day of our lives like that. We are the kingdom of God, but we have to understand that just because we're children of the King doesn't mean that God's just going to bail us out. We've got to press our way through the cocoon.

Here's another three ways to classify groups of people—think about which category you fall into here, as well. There are the "haves"—the people who have it together, who aren't living paycheck to paycheck. They have those six income streams we talked about. Then, there are the "have-nots." They live paycheck to paycheck, wondering how they'll make ends meet and survive. This is the majority of Americans right now. Finally, the third group is the, "have-not-paid-for-what-they-haves." Okay. These individuals are living on credit. They're living on debt. They're living on somebody else's money and paying an interest rate for it. I want to begin to transform your mind in this chapter so that you stop getting things you cannot afford.

Let me ask you this question: Are you in control of your money, or is your money in control of you? Which of the three above categories do you fall into? We've learned already that, to obtain wealth, we must be givers. However, statistics reveal that many remained bound because of their refusal to abide by the principle of giving.

It's amazing how, when you give, even in the midst of crisis, God will overwhelmingly bless you.

My wife has been cut down to about eight or ten hours a week during this season. I have stopped all of my travel. I have zero income from those sources, but there is a storehouse we've been fortunate enough to put away. Even during this season, we're giving the same amount we have always given, whether it be to a building fund at one church, our tithe at another church, or whatever it is that we're doing. Yesterday, I opened my mailbox and there was a check from a company I used to work for that owed me no back pay. The note simply said, "In this season, we wanted to bless you." It was a check for $2,000. I looked at that and realized that it's because I'm a giver. Now, I don't *have* to have that $2,000 to get through this pandemic, but I can tell you that it was still a huge blessing in our life, especially since our streams of income have been cut. Emergency funds are for times like this, but God hasn't even permitted me to go into my emergency fund yet, simply because we understand the law of sowing and reaping. When we continue to give, God continues to bless what remains.

I hope this is something that will settle in your spirit. Only 3 percent of Christians truly tithe. That means they're giving every pay period on their gross income. Notice that I didn't say "on their income." It's not just on what you make—it's on your gross. For example, I tithed on that $2,000 that I didn't earn. There has to be a gift given from that, because that's where I believe God actually blesses us.

In a church of three hundred people, there are about nine families consistently tithing every Sunday. And we wonder why the church is in a devastated place. Let me also share with you that—and this saddens me—Christians are the poorest community in America. Why is the church in a dilemma? Why is everybody saying, "Oh, my God, what are we going to do? We don't have money to make it another month. We can't make payroll." It's because Christians are the poorest community in America.

To add insult to injury, Muslims are the richest. We have to ask ourselves whose God is really God. Why is it that the Muslim community is the richest community in America today, while the Christian community is the poorest? We have to stop and evaluate who we are and what God is trying to do to get us out of debt.

Again, 3 John 2 (AMP) says, "Beloved, I pray that in every way you may succeed and prosper and be in good health [physically], just as [I know] your soul prospers [spiritually]." Your soul has to prosper first. It's by faith, it's by prayer, and it's by financially taking care of God's kingdom. Those are three principles that are given most often in the parables Jesus taught us: faith, prayer, and finances. So we begin to activate that. We know that our soul will prosper—and when our soul prospers, it's inevitable that we will prosper in our health and our finances. When we're taking care of the kingdom, when we're taking care of our spiritual man, the Bible says, "and all these things will be added to you" (Matthew 6:33, ESV).

Sometimes, we desire a new car or a bigger home—I have no problem with those. In fact, I think the kingdom of God should have the greatest things. I believe God wants us to have them, but He doesn't want us to have them at no cost. He wants us to have them in wisdom—in a situation that's not affecting our giving—in a situation that doesn't leave us living paycheck to paycheck. He wants us to *truly* prosper.

A wise lady who used to go to my church once told me, "People spend all of their health to obtain wealth. They will work their fingers to the bone, into their fifties, sixties, and even seventies, to obtain wealth. And once they get wealth, they will spend their wealth to regain their health." Now, they're spending all of their wealth to have people take care of them—to go to the doctor—to make sure they have their medication. God wants you to be in good health. God wants you to be in a place of prospering, both materially and spiritually. Today, we can easily make everything spiritual. Sometimes, that's the biggest misconception we have in the kingdom: We try to super-spiritualize everything. When it comes to our finances, there are some things that are spiritual, and there are some things you simply have to say no to. Either way, God has given us clear direction on how to prosper here on earth.

This is important: Your credit score plays a major role in your personal prosperity. The higher your score, the lower your interest rate will be. Now, I'm not a fan of getting loans, but there are times in life that we need to do so. There's a time to get a mortgage. Still, we need to be good stewards, even when we're borrowing money, to make sure that we're getting the lowest interest rate possible. How do we get low rates? Our credit score. How does a church qualify for a loan? It's all based on credit score. Unfortunately, most churches have bad scores because they pay their bills late. That means their interest rates are going to be higher. So this principle is effective in both the church world and the business world.

Here's an example. Let's look at a $150,000 mortgage over thirty years. I realize that, in today's market, that's not a big house, but you can get a townhome for that amount today. Let's say you mortgage this house at 5.25 percent interest. If you do that, you're going to pay back $298,190. You can see easily that they're drawing $148,190 off of you.

Right now, I'm walking a twenty-eight-year-old woman through buying her first house. She's got a great interest rate, at 3.75 percent. She has a decent credit score, but just the closing fees on the house (which costs $120,000) are over $7,000. So why do we want to pay cash? Why do we want to get something we can afford and pay off more quickly? Because we don't want to give the bank double what the house was worth!

People ask me all the time, "Does 1 percent really matter? If I have a 4.25 percent interest rate, how different is that from a 5.25 percent rate? Let me show you. Let's look at the first loan for the house that cost $150,000. On a 4.25 percent rate, over thirty years, you'll pay back $265,648. That's still high, but it's also $32,542 less than you would pay on a 5.25 percent loan. Let's consider the same scenario if the house cost $300,000. The discrepancy between what you'd pay on a 4.25 percent rate vs. a 5.25 percent rate is $66,000. We have to understand that every 1 percent makes a difference. That's why a buyer needs a good credit score.

I also like to show people the difference in this way. If you pay off your loan in fifteen years instead of thirty, how much money will it save you? $91,642. What would you do if you had $91,000 lying around right now? Would any of us just give it to the bank—write them a check, and say "Here, thank you for being a good bank"? No! We would find a great place to put that money: into retirement, into a nice vacation, into a wise investment.

So my encouragement is the following. Number one: Get a good credit score and lower your interest rate. Number two: Pay off your mortgage in fifteen years, maximum. If you can't afford to do that, you're living beyond your means. Never be stuck in something you can't pay off in fifteen years. I don't mind a thirty-year mortgage, as long as you're making strides to pay it off in fifteen years. For the example loan we've been looking at, for every $825 payment you make, if you pay an extra $172 on top of the principal, you'll save another $825 per month in interest. That, my friend, is a huge saving—you're recouping about six times the extra amount you're paying! This is why these principles are so important.

Returning to Proverbs 22:7, whoever you owe money to is master over you. We may think, *They don't have control of me!* Don't pay that mortgage—see who lives in your house. Don't pay the car note—see what happens to your car. They *do* rule over our lives. I believe it's God's will that we lend money, not that we borrow it. In order to become the lender, we must be good stewards over what we have. Paying too much for what we buy puts us in the category of a bad steward. Nobody likes to be called a bad steward. Remember the Parable of the Talents in Matthew 25? One servant was given five talents, one was given two, and one was given one. The wicked servant was the one who buried his talent—he didn't even get to keep what he'd been given, because he did nothing to multiply it.

God wants you to multiply your money. He wants you to take care of what He blesses you with: your assets, your job, your opportunities. During the coronavirus pandemic, we've seen that God is truly in charge. The things we considered ours—ability, talent, education—we've come to see as blessings from Him. He is in control of everything. We have to understand His ways. We have to be good stewards.

I want to break this down a little further. We've talked about your mortgage. Now, let's talk about auto loans. I always hear people say, "You have to have an auto loan." No. A car doesn't pay for itself until you've driven it for eight years—we talked about that in Chapter 3. Most people aren't willing to do that. I would love to have a new car, but mine is still running. It's got a little rip in the seat, but it runs fantastically. Why would I spend an extra $30,000 on a new one? Instead, I'm putting away the money I would use for a new car payment so that, when it's time, I can pay cash for that new vehicle.

Let's look at credit scores within the context of auto loans. Does it really matter if you have good credit? Car companies will tell you, "Everybody rides," but not everybody rides at the same price. Bad credit is considered anything under 588. If you go to a car lot, the average person with a credit score under 588 will pay a minimum of 19.9 percent interest—simply because they want a car. Below-average credit is anything from 588 to 629. If you fall into this category, they'll lower your interest rate to 11.9 percent. That's better, but it's still a horrible amount to pay in interest. The next category is average credit—between 630 and 679. Again, they'll lower your interest rate, in faith, to about 8 percent. The next group is good credit, between 680 and 779—you will get a great rate of about 4.9 percent because you have proven that you pay your bills on time. The last one is excellent credit: 780+. You can get a *1.9 percent rate* with this score.

Now, there is one better option than excellent credit, and that is to pay cash; buying it outright means zero percent interest. That's what I like to do. I don't like to give even 1.9 percent away because that's trading my hard-earned money simply to borrow someone else's money. Credit scores don't matter to the wealthy, because they're not trying to get a loan. They don't need one—they're paying their bills on time. It's when we're trying to get credit that the score matters. Even in the midst of seeking that low interest rate, we have to ask ourselves, *Do I really need a brand-new car? What are the benefits?* Depreciation for a new car just driven off the lot, on average, is 30 percent. If you buy a $30,000 car and drive it home, that car has just been reduced in value to $21,000. If you try to sell it, it's now considered a used car. Cars depreciate extremely quickly.

I think you should have a nice car, but make sure that you're able to afford it. Wait until you can pay for it. Get a better rate before you upgrade. People are trading their cars back in to get new cars. First of all, that's not biblical. It's not morally right, and it's not spiritually right. We'll never get ahead if we do that. Let's count the cost of a new car. Let's say you find a nice car for $20,000. Today, they're going to give you a loan for seven years (they used to cap it at five years). On upper-class cars, you can even get an eight-year loan. So let's say you buy a car for $20,000 and finance it for seven years on bad credit. You will pay $477 a month, and you'll pay a total of $34,000. Now, in seven years, how much do you really think that car is going to be worth? It's not going to be worth anything! Again, that's why you drive it for eight years—you're holding money back so that you can dump it over into your next car.

If you have below-average credit, you're going to grab that same car at $389 a month—a total of $28,000. You're going to save $6,000 in interest because your credit score is higher. That's great, but this car is still way overpriced. The average credit score will get you a monthly payment of $350, which, over the long run, saves you $9,000. If you have a good credit score, you'll pay $321 per month and save $11,285. For people with excellent credit, that same car is going to be $294 a month, and they'll save $13,000. The only thing that's different in all of these scenarios is your credit score—the way you pay your bills.

I hope you're seeing that it truly does make a difference. People ask me all the time why banks penalize people for bad credit when they're struggling already. It's because they're trying to get as much money out of people as possible; they don't believe that the person with bad credit will ever pay for the car. So if they keep that car half the time, they'll still get their full money out of it—they can send it to auction and make a high profit.

I want to conclude this chapter with ten principles for reasonable debt reduction. I don't call this "rapid debt reduction," because you don't get into debt rapidly and you won't get out of it quickly, either. I don't want you to stress yourself out and say, "I've got twelve months to get out of debt." I don't think that's reasonable. If you're in much debt at all, it's going to take you three to five years to get out of it.

Right now, wherever you're at—whatever situation you're in—I want you to think of your age. Now, I want you to add fifteen years to that. This is where you can realistically think about being out of debt—cars, your house, everything. At the time I wrote this book, I was fifty-five. If I add fifteen years to that, I would be seventy. I'm too old to have a mortgage at seventy. I do not want one. That's why my wife and I made a strategy years ago to be out of debt at forty-five. We haven't had any debt in the last two years.

So, with this framework in mind, let's look at each of these ten principles and see what they have to teach us about reasonable debt reduction.

1) Pay more than minimum payments.

When you pay the minimum payment, it will take you years longer to get out of debt than if you aggressively pay off your loan. Make sure you're paying more than the minimum—even a little bit. Over time, it makes a huge difference in the total amount you pay.

2) Pay off your lowest bill first.

This is part of David Ramsey's Dump Theory. I love this strategy because you're not so overwhelmed. Let's say you have a credit card with $500 on it, another with $2,000 on it, and a third with $10,000 on it. They all seem overwhelming put together. The key is to pay off the lowest card first. Then, you dump the money you'd directed at that card towards paying off the next one. The cycle continues until you've paid off all of your debts. Remember—if we're in debt, we're paying interest. The Dump Theory allows us to stop accumulating interest. Let's pay those credit cards off, so we can direct our money where we really want it go.

3) Create a budget with minimal spending.

Most of us don't enjoy budgeting because we feel like it restricts our spending. Yes, that is, in fact, what a budget does. But it doesn't have to be for always; it's only until we get out of debt—until we learn how to manage our money. I promise you that, once you start saving money and your savings account starts rising, you won't want to spend that money. You'll want to save more and more because your nest egg will begin to expand.

Even in this time of crisis, I keep thinking, "Oh, my gosh, I'm watching my investments go down in the stock market." People are panicking, and I get frustrated. I'm not panicking, but it frustrates me to see how much I've lost. Yet I also know that I buy low and sell high. I spent all day today buying stock because it's at a low point. History has shown us over the last hundred years that, when stock goes down, it typically comes back. The down season lasts about 128 days. In about four months, it's going to rise again. We could sell, we could panic, or we could create a budget with minimal spending and know what we're spending and where it's going!

4) Sell what you don't need.

Do you have toys? Have you accumulated things you don't need? Maybe it's an extra car. Maybe it's that boat in the backyard. Maybe it's a jet ski. Whatever you do not need, you're not using. Don't let it just sit there and depreciate. Sell it!

5) Call your creditors and ask for a lower interest rate.

People ask me all the time when I give them this tip, "Can I really do that?" Yes. If you've improved your credit score, you can call your creditor and say, "I want you to review my account again. I've been working on advancing my credit score, and I'd like to have a reduced rate." I do this all the time with my creditors, because I use cards and pay them off. If I'm making a major purchase, I'll say, "Hey, look at my credit. What kind of interest rate can you give me?" The card I've been holding for years was 12.9 percent. They may review that and say, "We'll give you a zero percent rate for six months, or a 1.9 percent rate for six months." So make sure you're calling your creditors. If you have good credit and you're advancing your score, you can ask for a lower rate. Typically, this isn't true with regard to your car or your house, but for credit cards, ask for a better interest rate.

I love this quote by Henry Wheeler Shaw: "Debt is like any other trap, easy enough to get into, but hard enough to get out of." It's easy for any of us to get into debt, but we have to stop and ask, *What do I have to do to get out of debt? What challenges am I going to have? What strategic plan am I going to need?*

6) Transfer balances wisely.

If you have multiple credit cards and you're paying 29 percent, 18 percent, and 17 percent, and you can combine those credit cards at zero percent interest, or 5.9 percent interest, take that opportunity to pay those credit cards off, to get a lower rate. However, be sensitive about what the terms of that new credit card are. If they give you eighteen months, make a strategic plan to pay it off. If you don't, it's going to go back up to where you were, and you'll have wasted your time clearing your other credit cards to go right back into debt. Make sure that you use balance transfers wisely.

7) Pick up seasonal jobs.

You may have to drive Uber. I've been talking with a banker who, during this crisis, is delivering pizzas. She realizes that it's seasonal. Sometimes, we don't want to do side jobs like this, but you've got to in order to get out of debt. If you use that extra income wisely, you may only have to use it for three months, six months, or a year. I don't encourage you to work two jobs all the time, because I don't think we were destined to function like that. I think you've got to have your money working for you while you sleep. But there are times when we simply do what needs to be done to get us through a specific season.

8) Use found money to reduce debt.

I'm really, really trying to bring this home for people in this season of stimulus checks. What are you going to do with that check? Reduce your debt! That's bonus money. You didn't know it was coming in. Make sure you use it wisely! Start using coupons; whatever you save in coupons, put on that credit card. Pay it down in increments—$10 here, $5 there. It matters. It makes a difference.

9) Stop spending foolishly.

You don't have to eat out three days a week. You don't have to have that Starbucks every morning. I'm not saying that you shouldn't treat yourself, but you don't need to treat yourself every day. You may have to pack that lunch, cook a little extra, whatever those little decisions are for you, cut back; stop spending foolishly.

10) Avoid temptation in spending.

If you have a problem with the mall, stay away from the mall—or only take cash with you. Tell yourself, *This is the amount I'm going to spend today. Anything more messes up my debt-free plan.* If you don't do well with cash, don't carry cash. If you put things on your credit card, review it every day and see where your money has gone.

People tell me all the time, "I wish I were out of debt." That's not how it works. Personally, I'm not a fan of bankruptcy. I made the debt, I need to pay it back. If declaring bankruptcy is something we've done, we just need to pray, "Father, forgive me for being a bad steward. From this day forth, we're moving on." We cannot wish away our debt. We have to make a strategic plan to work our way out.

PROVEN PROSPERITY PRINCIPLES 161

In conclusion, to get out of debt, it takes three specific things:

1) Self-Discipline.

It's going to get frustrating because you've been in the habit of spending. But understand this: When you get out of debt, you no longer have to stay up at night wondering how you're going to pay the bills. You no longer have to worry about whether this week is going to end with enough money left in your account. If an emergency comes—the washing machine breaks down, your kid needs something for baseball or for school, the light bill was more than expected—you won't have to worry about it. Develop self-discipline, for your own health and wellbeing.

2) A Positive Attitude.

Talk about the positive things. "I'm going to be debt-free. This is only temporary. Yes, I got myself into this, but thank God, I'm not going to always be here. Ten years from now, five years from now, my life can be different."

A positive attitude will totally revolutionize our lives. We can choose to focus on the negative—"I never eat out anymore. . . ." Or we can focus on our blessings—"I get to eat out every Friday night." Take out your checkbook, your wallet, and prophecy over it. You won't always be broke. You won't always have a low balance. I believe that you can call those things out; it's not simply saying it, though—you have to use wisdom in making it happen. Make sure that your practices—and your attitude—line up with the Word of God.

3) A Strategic, Realistic Plan.

You can't look at your bills tonight and make a plan to be out of debt in three months. If you owe $20,000, unless you have a really good job, it's just not realistic to expect a quick turnaround. Make a strategic, realistic plan. Be in control of your transactions. Whatever your plan is, make sure that it's workable, and that you still have something to look forward to every now and then.

Dorethia Conner Kelly says this: "You don't have to be a miser, just be wiser with your money." You don't have to be stingy. You don't have to be a pauper. Be wise with what you have, whatever that is. You can build wealth, have multiple streams of income, and live life on purpose. I've showed you through the context of Scripture that God does not desire for you to be broke. He simply doesn't. He doesn't desire for you to live paycheck to paycheck. He doesn't desire for you to get up in the middle of the night, wringing your hands, worried about how the bills are going to be paid. That's not God's will for your life.

We started with Romans 13:8 (ESV): "Owe no one anything, except to love each other, for the one who loves another has fulfilled the law." God wants us to love one another. As you continue to become debt-free, it's simply a matter of living your life on purpose, the way God designed it to be lived.

CHAPTER 8

FIVE KEYS TO BUILDING MULTIPLE STREAMS OF INCOME

AS WE'VE ALREADY DISCUSSED, building multiple streams of income is the key to financial success. It takes more than one. You have to diversify your means of income to achieve a consistent cash flow throughout the years. How do you do this? By finding what works for you. Not everybody uses the same methods. Nobody possesses the same characteristics that you do—either in personality or in the specifics of your finances. So you have to find what works in *your* situation.

You can diversify your income in various ways. They can include your primary salary, your spouse's salary, investments, rental properties, online businesses, etc. It's easy to get started, and you don't have to be rich to diversify either. You don't even need a lot of time. Today, we're seeing online stores pop up all over the place—we can do things like this without a lot of difficulty, as long as we're willing to put in the work.

I want to give you five keys to building multiple streams of income. The reward for these, again, will be financial freedom. As you begin to look at your own life, decide what you need to do. Start thinking about where your passion is. In coaching, I ask this question: "If money were not an object and education wasn't a factor, what would you be doing right now?" Typically, the answer to this question brings you to the place of your passion. And when I find people's passions, I find what they do well and what works in their lives.

YOUR ATTITUDE DETERMINES YOUR ALTITUDE

We've heard this for years, and it's true in every aspect of life. Our attitudes determine how high we go. Whether it's a diet, a workout regimen, budgeting, or a career, a person's attitude must be right for him or her to succeed. We all know people who are negative—they tend to stay where they are. But when you find somebody with a dream and a hope, they can soar to a high level simply because of their outlook.

Quit saying that you don't have the resources. Stop saying that you're not capable. You have to find what you're passionate about and trust the process.

My wife and I owned the housing business I mentioned earlier for a number of years—the one with nineteen rental properties. I had a passion to learn real estate. We flipped seventy houses or so before we got stuck because the housing market crashed and we had to keep the homes we had until it turned around. During that season, we came to a place where we realized, *We're passionate about learning real estate, but realty school is not for us. We don't want to license. We need to find creative ways to sell property without a license.* Now, I don't recommend that you do this. It's just that my passion wasn't to become a real estate agent; it was to build wealth through properties. I was able to do a lot of creative financing with banks. When they couldn't close the loan, they would call me, and I'd sit down with the lender and the person trying to close the loan. I was honored and blessed that banks called me in to do that, even without a degree. They knew I had a creative mind that could figure out ways to close things.

To the prosperous, a dollar bill is a seed you can plant to harvest a money tree. It may not seem like much, but that little bit is what accumulates to become a whole lot. My mother taught me this years ago. Whenever we see a penny on the ground, we think it's just a penny, but pennies make dollars. The way you take care of pennies is the same way you will take care of dollars. If you don't take care of your loose change, you'll never take care of your bills.

If you were to put only $5 away per day—that's a McDonald's meal or a latte from Starbucks—it would add up to $35 a week. In one year, you would have $1,800 in a savings account. Most people I know can save $5 a day. We can cut back somewhere. That starts our nest egg. That gives us a way to start investing into something else. Now, $1,800 is not a huge amount of money, but I'm sure that, if you think really hard, you can think of some kind of company to start with that amount.

Yesterday, I was driving through my neighborhood and I saw these big trucks with lawnmowers on the back. I started thinking, "If I wanted to be an entrepreneur, I'd get one of those trailers, probably for about $4,000. I'd get a really good mower for another $4,000, a nice trimmer for $300, and I would be in business." For under $10,000, I could start a landscaping business. Now, that doesn't mean I know how to do it yet, because it's not my passion. But the point is that we usually have enough to get started.

When my son was young, he played baseball in school. He always said, "I don't have time to work." I didn't buy it. I believed that, somehow, he could find a way to make money as a 17-year-old in high school. Somebody gave him a riding lawnmower. It was worn out, old, and had flat tires. He spent $200 to get it up and running. The next Saturday, he made over $300 in one day cutting grass. If he were working at the local Walmart or Kroger, he never would have made that much in a day. One day a week, he would cut yards. He hated the job, so he didn't keep it after he went into college, but he funded his high school expenses by owning his own business.

Putting those small amounts of money away makes a big impact. You can speed up your process, of course, by saving more. Maybe you can save a hundred dollars a week. I've come up with an acronym for the WEALTH mindset. Take a look.

W—Write down what you want.
Habakkuk 2:2 (NIV) says, "Write down the revelation and make it plain on tablets so that a herald may run with it." You have to write down what you want.

E—Envision your future.
Five years from now, you're going to be five years older. You could be in the same position you're in now, or you could be in a wealthy place. That completely depends on how you envision your future. How do you see yourself five, ten, or fifteen years from now? When do you realistically see yourself out of debt?

A—Affirm your desire.

What is your desire? What's your purpose for wanting to be out of debt?

L—Listen to your inner voice.

I promise you this. Your inner voice already knows your passions and what is going to make you wealthy. It's when we try to mimic somebody else that we get into trouble. Make sure that you listen to your inner voice.

T—Take action and transform.

I'm not going to be the same person in 2021 that I was in 2020. Take action and transform who you are. Transform your mindset.

H—Hold the vision.

Make sure that you're holding tight to the vision God has given you. Make sure that you know, without a doubt, what your vision is and how you're going to pursue it.

BE CONSISTENT

Being consistent will get you to your desired destiny more quickly. Consistency refers to the habits that lead you to financial freedom. We hear of people all the time who go on fad diets—they don't last very long, and then people wonder why they don't lose weight. We hear about people who start a business, but they don't put in the work to

FIVE KEYS TO BUILDING MULTIPLE STREAMS OF INCOME 171

keep it going. Consistency (or a lack thereof) reveals if you are organized and allows others to know what to expect from you. Everything you do has to be consistent, whether it's a daily commitment to a diet or to paying off a credit card. If you're not consistent, you will fail. When we start talking about multiple streams of income, many people say, "Well, I tried this, and it didn't work." Okay. That's fine. Don't feel like a failure. Keep searching for what works for you.

Saving and investing can be boring and difficult. We don't like to save. We don't always see a big return on investment. It can be disheartening, at times, but you have to remain consistent. You've got to keep moving forward. As you continue to press your way through, you will find that consistency is what will take you where you want to go. You will reap what you sow.

It takes six months to build a Rolls Royce. Craftsmen work on them every day for half a year. It only takes thirteen hours to build a Toyota. I'm not knocking Toyota, but obviously, it takes more time to build quality. Rolls Royce is going to give you much better service. You're going to get greater returns out of that investment. It's going to have better parts. It's going to be manufactured better because they're spending more time on it. So the more consistent we are, the more productive we're going to be in getting to that place of having multiple streams of income.

HAVE A FOCUS

Are you truly focused? Body language tells me everything I need to know about people. When I talk about their finances, are they engaged? Are they serious and focused on what they're doing? Things will always try to distract you. Things will come up. The coronavirus is one of those things right now—it has many people sidetracked because they're seeing all the distractions rather than seeing solutions to building wealth.

Likewise, when the housing market fell in 2008-2010, I kept telling people to buy property, but it seemed that the crash had everybody's attention. If you bought property in 2008, and you did it consistently, you could be very wealthy today, but you have to be focused. We must focus on our source first before looking at other endeavors.

Start with a single stream of income that lines up with your passion. Don't start too quickly. Don't get too broad. It's easy to be distracted with new strategies and opportunities. Friends and family will ask, "Hey, have you heard about this new fad? It's going to be the next big thing." Stay focused on what's important to you, and it will carry you to the place of your purpose.

One of my favorite books is called *Three Feet from Gold: Turn Your Obstacles into Opportunities* by Sharon L. Lechter and Greg S. Reid. The authors tell the story of a man who wanted to own a goldmine. The man thought he had found the perfect place. He dug and dug until he'd spent all of his resources without coming across any gold. Finally, he sold the mine at ten cents on the dollar, just to get out of the business—it was a nightmare. Another man who ran a junkyard also wanted to own a goldmine. He bought this old mine from the first man and started digging in the opposite direction. The junkyard owner found gold only three feet from where the first man had been digging. The first man gave up a multimillion-dollar enterprise because he quit just a few feet from his destiny. We have to stay focused.

Once you've established your first consistent stream of income, you can add another. Remember the story of the man who stayed in a job he hated just to get a watch at retirement? Don't do that. You'll just be working to get a watch that reminds you how much time you wasted doing a job you don't like. Make sure that your career follows your passion. Find something you're good at, and your revenue will multiply almost automatically. You'll begin to see consistent wealth building over time.

My financial independence has come through adding one thing to the next thing to the next thing. We started off with a general salary, which led us to real estate, which led us to loans, which led us to the stock market. Everything I'm basing my wealth around centers on growing money—that's what's interesting to me. Start with one stream, and get good at it before adding more.

HAVE LEVERAGE

Leverage is using something to your maximum advantage. Make sure that you're working smarter, not harder. I love to speak. I pastored for twenty-seven years. One of my streams of income is traveling and speaking on platforms around the world. Instead of adding a separate stream of income, I use my gift for public speaking to enhance and complement the streams of income that deal with accumulating wealth.

You can leverage the business you've already worked so hard to obtain by utilizing your gifts and talents. Let's say you're selling Reese's peanut butter cups. That's a stream of income. What's something else you can add to that to acquire new clients within the same stream of income? Maybe Easter is over, but the Fourth of July is around the corner. Maybe you look at installing a vending machine for the summertime. You can leverage your business by adding something that enhances it.

I find that people fall short when they try to add too many things at once and get out of their element. Remember the batting cage-hair salon-tanning salon business I mentioned earlier? Sure, it was unique, but there were several problems. Number one: I don't like sports. I've *never* liked sports. Number two: I know nothing about hair. Number three: I know nothing about tanning beds—the bulbs, the lotions, anything. We bought this business for over $400,000. I knew the first day that I had made a terrible mistake.

For the next six years, I tried to understand sporting events. I tried to understand how beauticians color hair. I tried to figure out how to put a massage parlor in there. I tried to figure out which lotion went with which tan. I did not have the passion for that business. For six years, I hated that building. One day, we decided that we'd had enough. I went in and let everybody go. We boarded up the building and sold it. Your stream of income has to be something you're passionate about. If you're not passionate about it, it doesn't matter that it worked for somebody else. That's *their* passion. This has to be *yours*.

It takes an average of six streams of income to be financially free, but the average millionaire has seven. A wealthy person is simply someone who's learned to make money when they're not working. If you're trying to make money and you have to be there for every single second of it, you're going to be totally locked into that one source of income. Take my old beauty shop, for example. If you're a great hairstylist and you have to be at that salon to make money, how much can you realistically make by manning one chair? Instead, you have to start thinking, *Can I own the shop? Can I rent out chairs? Can people be there while I'm not working? Can I have a second shop, or a chain of stores? Can I sell the business?* We have to think big, while remembering to ensure that our ideas align with our passions.

I recently dealt with a company that was trying to get some things together. The issue was that the CEO was helping to build a website. I asked him, "Why are you doing this?"

He said, "Because they're not doing it the way I want it done."

I followed up with this question: "If you hired somebody to build the website, how much would you pay them?"

"The guy that's been doing it is making about $20 an hour," he said.

Think about that. The CEO has the capability to be making $200-$500 per hour, but he's chosen to let his role go in order to build his own website. He's taking on a $20 job and sacrificing his $500 job because he won't let go of something that's not even necessarily his gifting. To grow multiple streams of income, you have to stay in your lane.

EDUCATE YOURSELF

The Bible teaches that we're destroyed for lack of knowledge (Hosea 4:6). And I love this quote from Melanie Joy: "Educating yourself does not mean that you were stupid in the first place. It means that you are intelligent enough to know that there is plenty left to learn." All of us, no matter where we're at in our financial endeavors, we have to find somebody with the same passion and learn from them!

If you want to own a car dealership, find somebody successful at selling cars. Sit down with them. Educate yourself and understand how multiple streams of income work. It doesn't just come naturally. Your streams have to flow together, one with another. Before you engage in a business or investment, arm yourself with knowledge. Find out everything you can: How does the business run? How long is it going to take to generate money? A general rule of thumb is that it takes about two years for a business to start making a profit. Can you go two years in that new business without making a profit? In the housing industry, we spent tons of money buying houses and fixing them up. If we fixed them properly the first time, got good renters in, and made wise decisions, we got to reinvest that money into another property. Arm yourself with knowledge about your particular market. This will help you make an informed decision and plan more strategically.

There's a right time to sell Easter eggs. My wife and I were at our cabin for Easter and decided to run by Dollar General the day before Easter. Every aisle was filled with candy, baskets, and eggs. Nobody was buying them. On the following Monday, it all went on clearance because of the pandemic. That wasn't due to something the business did wrong; it did what had worked in past years. At Easter, you sell Easter candy. At Christmas, you sell Christmas candy. At Thanksgiving, you do turkey stuff. On Valentine's Day, you do roses and hearts. But we have to know the season we're in. We have to be wise and informed about our business so we can make good decisions—so that we don't have an abundance of Easter candy that no one wants to buy.

Don't make emotional decisions. It's great to have financial freedom, but it will be a process. So what's that first stream for you? What is your foundation? Is it your salary? That's okay, but realize that, if you're working for somebody else, you're capped at a certain level. There's nothing wrong with having a job where you're getting a paycheck, but you need to get to a place of asking yourself, *What am I going to add to this? What's my passion—something that I own alongside my income from my employer?*

Before you spend, you need to earn. Don't go out and buy a batting cage without understanding what it will cost to replace the balls, put in the machines, get staffing, and pay taxes, mortgage, insurance . . . you get the idea. Before you invest, investigate, and before you retire, save.

As we wrap up this chapter, I also want to give you this advice: Know your niche. What is your niche? What is that thing that just comes to you? A lot of people say negative things like, "I just can't make money." Yes, you can—you simply have to find your niche. What are you good at? What will people pay you to do? Find that place. Know who to sell your products and services to, and target those individuals. Don't do what I did and sell beauty supplies in a batting cage. It just doesn't work. Getting a perm while your kids play ball out back just wasn't a good concept.

You should also apply a signature strategy to all of your income streams in order to help your customers achieve results. What are you trying to move people *toward*? In my coaching firm, I try to give people hope through finances. That's my signature. I believe with my clients, hope with them, and work to get them to their desired ends. I've got clients buying houses, I've got clients writing books, I've got clients in weight-loss programs. My signature is that I can get you to your desire. Without a marketing strategy, your product will be difficult to sell, and your time and energy will be wasted. You have to know your strategy.

Before I ever launched my coaching business, I made sure that I had success stories. I made sure that I was sharing testimony after testimony about how my clients had no hope, and now they do. My theme is #LiveYourDream. It has become my motto. Make sure your strategy is both clear and marketable.

Make it your goal to become so financially secure that you forget it's payday. I'm hearing more and more every day, "Has your stimulus check come in? What are you going to do with it?" Honestly, I haven't thought a lot about it. One day, I woke up with an extra $2,400 in my account that I didn't expect to see. It was a great way to wake up, but people who always know when it's payday are spending their money before they ever get it.

It's unfortunate, but it's the society we live in. Once you have a clear, marketable strategy, use it on your initial income stream and find ways to make it more effective. How can I take what I have and make it grow? We don't want to remain in the same place. After finding the right formula, apply it to all of your streams of income.

Lastly, let me give you five financial habits that will make you rich.

1) Spend significantly less than you earn.

Make sure that, whatever your check amount is, you're not allocating every bit of that money. We think, *I've got a mortgage, I've got car notes, I've got this to pay. I've got that to pay*. Make sure that you're living *within* your means, not beyond them.

2) Invest your money at a young age.

You're not going to get any younger than you are today, so start investing now. Make sure you're investing in your future.

FIVE KEYS TO BUILDING MULTIPLE STREAMS OF INCOME 181

3) Avoid debt.

Just stay away from debt. Pay off those credit cards, car notes and, eventually, your house. Debt is not your friend. You want the money you're making to build your wealth, not MasterCard's wealth.

4) Save as much as you can.

We gave you a general rule of thumb previously. Ten percent is a great starting place, but save as much as you can. If you're still drawing a paycheck in this season, with everything happening in America, save as much of that as you can, after you give. Don't simply find a place to spend that money.

5) Find a career you enjoy.

When you go to work, you want to feel guilty for getting a check because you're loving what you do. I mean this sincerely—I love what I do. It never feels like I'm at work. I don't feel like I've ever had a job in my life. I've always done what I love, whether it was in the housing market or in the pastorate or in mentoring. When you like going to work, money will automatically come to you. Working in your passion means that you won't dread or hate what you're doing.

In addition, just because a new strategy is making a buzz in the business world doesn't mean that *your* strategy no longer works. Right now, we have so many televangelists who have started on the internet—everybody has a church. Everybody has opened a page where you can fund their ministry. It's the new buzz. That doesn't mean that, once this pandemic is over, church will never go back to meeting in person. Some won't, but some will. It doesn't mean that the way you've done things is no longer a viable strategy or that you have to move everything over to the new bus. Follow your passions to ramp up your revenue stream. Find what works for you.

There are some people who *wish* to be financially free and some who are determined to make it happen. Which one are you? While we can't set a dollar figure on what it means to be financially free, you know where you want to be. You know your lifestyle. You know what you want to do for the rest of your life. You have to be the one to make it happen. You're the only one who can do it.

You should have a clear mind and a clear focus. When you want to build multiple streams of income, you can't just go out and try random things. It has to be intentional. Start with one stream of income and apply strategy to learn from that particular industry. Get all of the positive points, eliminate the negative points, and apply your strategy to all of your income-generating endeavors. When you do that, you'll start building wealth. Don't feel like you've got to be a Warren Buffet. Don't feel like you've got to be a Truett Cathy. Everybody is unique, and everybody is going to build wealth differently.

CHAPTER 9

ENJOYING YOUR FINANCIAL FREEDOM

WE'VE GONE OVER A number of principles, ideas, and options. Now, I want to wrap up *The 5-Star Entrepreneur* by talking about enjoying your financial freedom. Once again, if we're trying to become wealthy so that we can buy more gadgets, we're missing the point. It's all about being free from financial worry. I want you to have the freedom to say, "If something happens, I'm not going to be panicking like much of the world."

Let's pretend that, right now, you're completely debt-free. You have all of your credit cards paid off, all of your cars paid off, and you're about to make the final payment on your house. Let's also pretend you're getting ready to open up a business—to soar into your destiny and live your unique dream on purpose. When you reach this point, staying financially free and enjoying that freedom will require you to have four specific traits. All four are equal in value as it relates to us becoming 5-Star Entrepreneurs. We're going to look at each of them in turn and examine what they look like practically in our day-to-day lives.

DETERMINATION

Are you determined to become financially free? When the pandemic is over, we're going to have the right to go back to restaurants and places where we spend money. It's up to you whether or not you're going back to the way you were, or whether you're going into your destiny and your future.

The way we used to do things has changed. If you want to experience the satisfaction and peace that comes with living a debt-free life, you have to be determined to make it happen. Nobody else can make it happen for you. There are going to be people who hold you accountable and encourage you, but you have to be the one to make your dream happen. So if you want to open a bakery, and you're waiting on your spouse to get up and make the pastries, you'll be waiting forever. It's not their dream—it's yours. You've got to fulfill the dream inside of you. You have to do whatever is required to make it a reality.

Many people dream about accomplishing their goals, or they wish their lives away, never knowing the joy of their dreams coming to pass. Thomas Edison said this: "Our greatest weakness lies in giving up. The most certain way to succeed is always to try just one more time." I wonder how many things would have been different in our lives if we had tried one more time. We say, "Well, I got frustrated with this job. I got fed up with this business endeavor. So I just let it go." What would happen if you were to try one more time?

As a senior pastor, there were many things I tried, and many things I gave up on. I often wonder what else I could have accomplished if I'd continued to be consistent in those areas. Of course, not everything is going to work out. Failure is truly a success that we have mastered along the way. We've all made a New Year's pledge to go to the gym and fallen off of that wagon. Eventually, though, if we keep at it, we reframe our goals. Instead of a diet, we call it a lifestyle change. In short, we have to begin to allow ourselves to fail, press our way through, and commit to making it work, regardless of the setbacks.

Maybe the chocolate chip cupcake didn't work. Maybe the strawberry shortcake didn't work. Maybe it's going to be that lemon meringue pie that puts you over the top. You've got to keep trying. Make up your mind to change your financial future at all costs. Give it everything you've got. Give one hundred percent. Be determined to become financially free.

I love Tony Robbins. He has many great quotes, but here's one that I think about often: "The path to success is to take massive determined action." We've got to know what our passion is and be disciplined about pursuing it and making it a reality. Are you ready to take action? After you close this book, all the talk is over—it's up to you. How determined are you to become financially free? What is really important—self-gratification in the moment or being able to pay for whatever you desire to have in the future?

What are the first two steps you have to take to live your life on purpose? It may be cutting up credit cards. It may be cutting back on spending. It may be cooking at home for this season. As the saying goes, "If you fall seven times, get back up eight." Yes, you've fallen and fallen, but what makes you successful is getting back up each time. Eventually, you'll find your purpose, your destiny. Every time you fail, you've learned something about getting to the place you need to be. Every time you get back up, you're saying, "I'm going to make it. I'm not going to stay in this place. I found a way that won't work. Now, I've got to determine what *is* going to work."

Napoleon Hill, one of my favorite writers of all time, writes: "Victory is always possible for the person who refuses to stop." When we're committed to keep trying, nobody will be able to stop us. When you operate in your passion, eventually, it's going to result in success.

What are you passionate about that you are going to make a reality? Keep pressing towards it. Keep getting back up. Stay determined.

DISCIPLINE

Are you a disciplined person? Discipline is training oneself to do something in a controlled and habitual way. It's using a system of rules and conduct. Without discipline, we are simply operating on a whim. All of us need discipline. You can probably think of a time you were shopping and encountered a child who was out of control. The parent was there, but the child was running around, throwing things, or simply screaming. We walk away thinking, *Wow, that child had no discipline!*

Here's a sobering question. How many of us would God look at and say, "The reason they're in the financial situation they're in is because they lack discipline"? If it feels right, we buy it. If it's on sale, we make an excuse for why we deserve it. Does God look down at us and see spoiled brats, running around with no discipline at all?

Think of what would happen if a financial consultant was able to see your monthly spending habits right now. What would that person say? Maybe he or she would come to the same conclusion concerning your financial behavior. We work hard for our money, so why wouldn't we be disciplined in our spending instead of throwing it away? It's also worth remembering that we're stewards of what's ultimately God's. In the end, it doesn't belong to us. He's the one who gives us the ability to obtain money, to keep it, and to multiply it. We have to make sure that we honor Him with everything we have.

I've heard it said that practice makes perfect. You've got to practice good financial habits in order to undo the habits that have caused you to become financially bound. You have to create new habits that will carry you into financial freedom. It's a lot more fun to gain weight than it is to lose weight. It's a lot more fun to spend money than it is to make money. So we have to be disciplined. We have to say no. We have to create new habits to shape ourselves financially so that we can flourish.

I want you to look at yourself—not at how you're physically built but at how you're financially built. What is making you stay broke? What is making you excel? What is making you stagnant? Whatever image you see in the mirror, be honest about it.

In the book, *Building Classroom Discipline*, we learn that there are three types of discipline:

Preventative Discipline
Many people have never heard of this kind of discipline. This grabs the interest of the students and causes

them to avoid distraction and remain focused. What I'm doing right now is preventative discipline. I have tried to grab your attention in this last chapter to keep you from being distracted in your spending. The result is improvement in behavior and academics. The enemy knows that if we don't get God's knowledge we can't grab hold of financial freedom. I pray that *The 5-Star Entrepreneur* has uncovered your eyes, and you're seeing clearly, like never before. Preventative discipline means somebody is holding me accountable.

Be careful when things begin to open back up—when temptation comes. You're going to feel like you've been good—like you deserve to splurge because you've been in seclusion for so long. This is your preventative discipline—stop it! Do not go out and try to make up for "lost" time. Go back to life as normal with a new concept of what that life is going to look like.

Supportive Discipline

This kind of discipline helps the student who struggles with self-control to get back on track through positive feedback and assistance. If you are lacking self-control, find an accountability partner. If you're going shopping, make sure you only take the amount you intend on spending. Use self-control.

You can have self-control even in the simple things of life. I'm not just talking about major purchases—I'm talking about daily coffees, $3 sandwiches, and all the little things that add up. You have to be structured and disciplined. We have to be in control of our spending—in every single transaction, every single day.

We look at people who need drugs or alcohol every day and talk about substance abuse, but I wonder, if we were truly to evaluate how many people are addicted to spending—money they have and money they don't have—we would conclude that most of America is addicted. We struggle with self-control.

Corrective Discipline
This deals with the problem head-on, without using intimidation or talking down to the person. The instructor speaks firmly, causing the student to realize the consequences of bad behavior.

Now, I cannot choose for other people what they're going to do. All I can do is make sure that I hold them accountable. If I see something out of line, I will approach them about it. At the end of the day, though, I'm at peace. I don't have anything to prove. I can't control anybody else. We need corrective discipline in our finances—from somebody we really trust and believe, who is going to help us by correcting us when we're wrong. "Why do you have to have that car with all of those amenities? What if you got a basic car without all the bells and whistles? Do you *have* to have the leather seats?" Listen to these healthy voices—seek them out. Don't spurn their correction. They're in your life to help you be free.

Currently, one of the things I do most often in my coaching is hold people accountable in their finances. It's not a cheap service, but it's one that has helped people become millionaires. I was on the phone today with a young man who, eight years ago, was so far into debt that he was completely broke. Today, he and his wife are millionaires. He keeps telling me over and over, "Man, had you not believed in me—had you not told me no—I wouldn't be at the place that I am today." He has far exceeded anything I ever hoped for him, or even myself—and it's because he was willing to take corrective discipline in his life.

Decisions

We've all heard the saying, "Bad things happen to good people." We know that's a fact. Not everything is good. Sometimes, companies go out of business, we have unexpected job losses, sicknesses hit our families and bring mountains of medical bills. The pandemic struck the world and brought economies crashing down. Our retirements and investments looked like they're on a plummeting elevator. It's been a devastating time.

Some financial hardships are unforeseen and unpreventable, but let's face it, most of our money worries have been brought on by *our* poor decision-making. Then, all of a sudden, we were caught in a catastrophic, financially devastating time. It wasn't what happened in the last eight months of 2020, but the last eight *years* that have resulted in this reality. Our decisions over the long term led us here, and our decisions over the long term going forward will lead us out.

Now that you've gained the knowledge and the tools that you need to reverse the curse on your finances, you can make healthy, informed decisions that will make your money work for you. It's difficult, but anything worth having is worth fighting for. Proverbs 4:7 (NIV) says, "The beginning of wisdom is this: Get wisdom. Though it cost all you have, get understanding." I encourage you to find someone who will truly invest in you. It may be somebody you pay—I've found that, typically, free services don't work. People pay for what they want—what they believe is going to work.

Today is a new day. A bright future lies ahead of you. You can turn your finances—and your entire life— around. You now have the power within you to make good, wise decisions that will lead you to your desired financial goals and enable you to provide for yourself, your children, and even your children's children.

Decision-making is the act of choosing between two or more courses of action. Intuition is using your gut feeling about a course of action. Have you ever had a gut feeling? My wife and I went to buy a new truck. I was probably about thirty—maybe even younger—and I wanted this new truck so badly. We went to Atlanta Toyota. It was open until midnight. I got there at ten o'clock, and we were negotiating for this truck. I wanted it for $200 a month, but it was $256 per month. At eleven o'clock, I walked out, and the guy followed me and said, "Come back in. Let's see what we can do."

He brought it down to $238. I walked back out again. Again, he came out and got me. It was now 11:45. They were about to close. He said, "You're not going to believe it. They're going to come all the way down to $220."

I walked back out to the car. He came back out and said, "Come back in one more time." At midnight, we had settled on $202 for that truck.

I said, "Nope, that's not the price. My price is $200." So we walked away.

The salesman said, "You'll never get it for $200."

I drove off.

The next morning, when Atlanta Toyota opened, the salesman called and said, "The manager has approved your truck at $200."

At that point, I said, "I'm good. I don't want it."

So we didn't go back. I knew that, realistically, I didn't need that truck. My gut told me that, if he had taken the $200 that night, I would have had it, but it wasn't something we could afford. Healthy reasoning is using the facts and figures in front of you to make a decision. It's sitting down and figuring out, *How am I going to make this work? Is it within my budget?* Have you sat down with your budget to see if you can really afford Red Lobster on Friday night? Have you stopped to count the cost? Does it fit into your budget? Sometimes, it's yes. Sometimes, it's no. Either way, answer that question. There are a number of problems that can prevent effective decision-making.

- *We don't have enough information.* You've got to make sure you get enough information about whatever you're trying to do.
- *We have too much information.* Now, it's overwhelming. It makes you confused.
- *We have too many people involved.* You're asking people who have no financial control, "Should I do this?" You're asking people who are shallow in their finances. You have too many people in your ear.
- *We aren't invested.* You have to find somebody with a vested interest in helping you. There has to be some level of attachment. When you're emotionally attached, you'll give to others, and when they're attached to you, they'll do the same.

What decisions can you make now to become financially free?

Direction

Direction is knowing where you're headed. Having a good, clear direction is important on any journey—including your financial journey. I remember the good old days, when families took vacations and the dad took out the big atlas or map. He'd unfold it and say, "We're taking this route, this road, and we're exiting here. . . ." That's how my wife and I used to travel. Now I think, *What in the world would we do without GPS?* But my dad would mark all the roads, rest stops, gas stations, and other landmarks we'd hit along the way. Have you ever gotten on a ramp going the wrong direction? It causes a delay in the trip—sometimes even by an hour or more. It causes stress. Likewise, when you make a wrong major decision, it causes stress and anxiety.

Your car should not cause you stress. Eating out should not cause you stress. Your house shouldn't cause you stress. If they do, maybe your car is too expensive, maybe you eat out too much, and maybe your house is too big. Analyze those things to make sure you're heading in the right direction for the place you want to be. That doesn't mean you won't have the big car or house. It means that, right now, your direction has to be clear, so that it doesn't cause you undue stress.

Here are four things we can do to have clear direction:

1) You must be decisive.

We must know exactly what the plan is. Which way are you going? Printed maps have scales with which to measure how many miles you're going to travel. It helps you calculate how long your trip is going to take. You have to know exactly where you're going. Which route will you pick? Be clear about it.

2) You must be intentional in becoming debt-free.

It's okay to say no to your friends—they aren't paying your bills! Don't feel guilty. Be intentional.

3) It must be obtainable.

Can you really obtain your goal? Can you really be debt-free from credit cards by the end of this year? Can you really have all of your cars paid off in two years?

4) It must be reasonable.

Is it realistic to have your home paid off in ten years? That depends on your income. It depends on your discipline. It depends on a lot of factors, but your goal has to be realistic. If it is, you now have the power to succeed.

We must have clear direction for our lives. We create a plan and we think that we have it all mapped out; we begin the journey, but we're faced with unexpected detours and the occasional flat tire. We become distracted, finding ourselves moving in the opposite direction of our plans. Whatever the situation you find yourself in today financially, it's not too late to turn around and get back on the right road.

You've invested the time, and you've gained wisdom and understanding about how you can be financially free—how you can be a 5-Star Entrepreneur. The tools you need to make it to your desired destiny are in your toolbox. You are on your way to financial freedom—enjoy the journey! It will be worth all of the miles of hard work when you finally arrive. I want to conclude with another quote from Tony Robbins—I love this one: "The only impossible journey is the one that you never begin."

Are you ready to start this financial journey? Are you ready to become financially free? Are you ready to become an entrepreneur? Yes, you are!

INSPIRE
IMPACT CULTURE. INFLUENCE CHANGE.

INTRODUCING THE INSPIRE COLLECTIVE

While many churches are effective in equipping Christians for ministry within their walls, some struggle to prepare them for service in other arenas—their workplace, their neighborhood, their social community.

But the call to be change-makers is for all believers: Artists, business people, civic servants, community leaders, educators, mechanics, stay-at-home parents, students, and wait-staff.

That's why the Inspire Collective was established, to help raise up true influencers who are kingdom-focused Monday through Saturday, not just on Sundays.

The Inspire Collective delivers a unique blend of inspiration and application, spiritual and practical, for those wanting to impact and influence their everyday world for Christ.

THE INSPIRE COLLECTIVE OFFERS

- MAGAZINE
- BOOKS
- STUDY RESOURCES
- COURSES
- LIVE CLASSES
- EVENTS
- LOCAL NETWORKS

FOUNDED BY
Mike Kai, Martijn van Tilborgh, Sam Chand

BREVIARIOS
del
Fondo de Cultura Económica

27

Traducción de
CARLOS SILVA y JOSÉ MENDOZA

Viktor Frankl

Psicoanálisis y existencialismo

De la psicoterapia a la logoterapia

Primera edición en alemán,	1946
Octava edición, revisada,	1971
Primera edición en español,	1950
Segunda edición, de la octava en alemán,	1978
Tercera edición,	2018

[Primera edición en libro electrónico, 2010]

Frankl, Viktor E.
    Psicoanálisis y existencialismo / Viktor E. Frankl ; trad. de Carlos Silva, José Mendoza. — 3ª ed. — México : FCE, 2018
    425 p. ; 17 × 11 cm — (Colec. Breviarios ; 27)
    Título original: Ärztliche Seelsorge
    ISBN 978-607-16-4900-3

    1. Psicoanálisis 2. Existencialismo I. Silva, Carlos, tr. II. Mendoza, José, tr. III. Ser. IV. t.

LC RC343.F66   Dewey 082.1 B846 V.27

Distribución mundial

© 1966, Franz Deuticke, Viena
Título original: *Ärztliche Seelsorge*

D. R. © 1950, Fondo de Cultura Económica
Carretera Picacho-Ajusco, 227; 14738 Ciudad de México
www.fondodeculturaeconomica.com
Comentarios: editorial@fondodeculturaeconomica.com
Tel. (55) 5227-4672

Diseño de portada: Laura Esponda Aguilar

Se prohíbe la reproducción total o parcial de esta obra, sea cual fuere el medio, sin la anuencia por escrito del titular de los derechos

ISBN 978-607-16-4900-3 (rústico)
ISBN 978-607-16-0499-6 (electrónico-epub)

Impreso en México • *Printed in Mexico*

SUMARIO

Prólogo a la séptima edición 11
Introducción 13

   I. De la psicoterapia a la logoterapia 25
  II. Del psicoanálisis al análisis existencial 70
 III. De la confesión secular a la "cura de almas" médica 365

Resumen 393
Notas 405
Otros libros de Viktor E. Frankl 419
Índice 423

A
LA MEMORIA DE
TILLY

PRÓLOGO A LA SÉPTIMA EDICIÓN

> Euntes eunt et plorant,
> semen spargendum portantes:
> Venientes venient cum exultatione,
> portantes manipulos suos.

Cuando uno llega a atreverse a atender la demanda de nueva edición de un libro *veinte años* después de aparecida la primera, hay que poner al día, con capítulos adicionales, el acervo de pensamientos presentados en el libro, sin falsear de esa manera el "primer trazo" de la obra —creada de una sola vez—. Pero eso va contra la homogeneidad del contenido. Por esta razón, vamos a declarar cuáles son los complementos intercalados cuando se trata de secciones más amplias:

Introducción (extracto de la relación final que tuvo que pronunciar el autor como vicepresidente del Quinto Congreso Internacional de Psicoterapia).
  El vacío existencial y la neurosis noógena (de una película en colores, filmada por encargo de la California College Association, en el curso de la cual Huston C. Smith, profesor del Instituto Tecnológico de Massachusetts, entrevistó al autor).
  El reduccionismo genético y el pandeterminismo analítico (de la conferencia científica pronunciada por invitación del Senado Académico durante la celebración de los 600 años de la Universidad de Viena).

Imago hominis (de la misma celebración).

Subjetivismo y relativismo (Primera Conferencia Howard Chandler Robbins, presentada en la Universidad Americana de Washington).

El principio homeostático y la dinámica existencial (de una conferencia pronunciada por invitación del Instituto de Psicología de la Universidad de Melbourne).

La técnica logoterapéutica de la intención paradójica (basada en el "Opening Paper" leído en el simposio sobre logoterapia por invitación del Sexto Congreso Internacional de Psicoterapia).

La cura de almas médica y la sacerdotal (Conferencia Peyton del año 1965, pronunciada en la Universidad Metodista del Sur, en Dallas).

La relación manipulada y el encuentro confrontador (del seminario sobre logoterapia, tenido en la Escuela de Verano de la Universidad de Harvard).

Últimos auxilios (del volumen en cooperación *Modern Psychotherapeutic Practice: Innovations in Technique,* editado por Arthur Burton, Science and Behavior Books, Palo Alto, California, 1965).

Resumen (traducción del texto de una película tomada por el Departamento de Psiquiatría, Neurología y Ciencias del Comportamiento, de la Universidad de Oklahoma).

Viktor E. Frankl
Viena, verano de 1965

INTRODUCCIÓN

Si en el título de uno de sus libros Schelsky designa a la juventud de hoy como "la generación escéptica", algo análogo se podría decir de los psicoterapeutas actuales. Nos hemos vuelto cautelosos, incluso desconfiados, y en forma particular respecto de nosotros mismos, a nuestros éxitos y a nuestros conocimientos; esta modestia y templanza bien pueden expresar la disposición de ánimo de toda una generación de psicoterapeutas. Desde hace mucho tiempo, ya no es un secreto que cualesquiera que sean el método y la técnica que se utilicen se curan, o por lo menos se mejoran considerablemente, entre los dos tercios y las tres cuartas partes de los casos.

Pero quisiera poner sobre aviso contra cualquier deducción demagógica. Porque todavía no se ha dado respuesta a la pregunta central de toda psicoterapia: ¿qué es la salud, qué es sanar, qué es curar? Aunque hay algo que no se puede poner en duda: si al recorrer los métodos más distintos todos ellos indican un porcentaje de éxito aproximadamente igual, entonces no es posible atribuir en primer lugar los éxitos obtenidos a la respectiva técnica que se haya empleado. Franz Alexander afirmó una vez: En todas las formas de la psicoterapia, la personalidad del terapeuta es su instrumento primordial. Pero ¿significa eso que vamos a tener que *despreciar la técnica*? Preferiría seguir la opinión de Hacker, quien nos ha advertido de no ver en la psicoterapia un simple arte, porque con ese parangón se le abren las puertas de par en par a la charlatanería. Ciertamente, la psicoterapia es ambas cosas: arte *y* técnica. Quisiera incluso ir más adelante y atreverme a afirmar que ambos extremos de la psicoterapia, el inspirado y el técnico, son en cuanto tales, en cuanto extremos, un mero artilugio. Los extremos no existen propiamente más que en la teoría. La *praxis* se desarrolla en un intervalo, en un espacio entre los extremos de la psicoterapia concebida como arte y como técnica. Entre ambos extremos se extiende todo un espectro, y en este espectro a cada método corresponde una cifra determinada, conforme a su posición. Lo que estaría más cerca del extremo inspirado sería el encuentro existencial (la "comunicación existencial" en el sentido de Jaspers y Binswanger, mientras que más cerca del extremo técnico habría que localizar la transferencia en el sentido psicoanalítico que, como observa Boss en uno de sus estudios más recientes, siempre es "dirigida", para no decir "manipulada" *(Dreikurs).* Más cerca todavía del extremo técnico estaría el entrenamiento autógeno de Schultz, y los más alejados del polo inspirado serían sistemas como el de la hipnosis mediante discos fonográficos.

Qué intervalo de frecuencia vamos, por así decirlo, a filtrar y sacar del espectro, es decir, qué método y técnica vamos a considerar indicados, no va a depender sólo del paciente, sino también del médico; porque lo que pasa no es solamente que no todo caso corresponde con igual adecuación a cada método,* sino que, además, no todo médico puede dominar de igual manera todas las técnicas.

---

* Ya Beard, el creador del concepto *neurastenia,* había dicho: cuando un médico trata de la misma manera dos casos de neurastenia, con toda seguridad está tratando mal uno de los dos.

A mis estudiantes suelo explicarles esto sirviéndome de una ecuación:

$$\psi = x + y$$

Es decir, que el método psicoterapéutico que se elija *(ψ)* es una ecuación con dos incógnitas en cuanto que no se puede aplicar sin tener en cuenta tanto la unicidad y peculiaridad del paciente como la unicidad y peculiaridad del médico.

¿Significa esto que debemos caer en un eclecticismo dudoso y barato, y adoptarlo como sistema? ¿Deberemos ocultar con un velo las oposiciones entre los diversos métodos terapéuticos individuales? No se trata de nada de eso. Adonde confluyen nuestras reflexiones y consideraciones es a que ninguna psicoterapia puede ya arrogarse la exclusividad. *Mientras no tengamos acceso a una verdad absoluta, tenemos que conformarnos con que las verdades relativas se corrijan entre sí,* y tenemos que tener el *valor de ser unilaterales,* con una unilateralidad consciente de serlo.

Imaginemos que el flautista no tocara en la orquesta única y exclusivamente la flauta, sino que recurriera también a otro instrumento. Ni pensarlo. Porque no sólo tiene el derecho, sino que incluso tiene la obligación de tocar en la orquesta única y exclusivamente la flauta. Pero sólo en la orquesta: en cuanto llegue a casa, obrará prudentemente si evita ahí, en su propia casa, fuera de la orquesta, ponerles los nervios de punta a sus vecinos tocando única y exclusivamente la flauta. Así también nosotros, en la orquesta polifónica de la psicoterapia, no sólo estamos justificados, sino que además estamos obligados a tener una *unilateralidad que se mantenga consciente de sí misma.*

A propósito del arte: fue definido una vez como unidad

en la multiplicidad; pienso que, análogamente, se podría definir al hombre como multiplicidad en la unidad. A pesar de toda la unidad e integridad de la esencia del hombre, hay una multiplicidad de dimensiones en las que se extiende, y por todas ellas debe seguirlo la psicoterapia. Nada debe quedar descuidado —ni la dimensión somática, ni la psíquica, ni la noética—. Así pues, la *psicoterapia debe moverse por una escala de Jacob;* subir y bajar por una escala de Jacob. No debe descuidar su propia problemática metaclínica, ni dejar de pisar el terreno firme de la experiencia clínica. En cuanto la psicoterapia "se trepe" a alturas esotéricas, debemos llamarla, hacerla regresar.

El hombre tiene en común con el animal la dimensión biológica y psicológica. Por más que su animalidad esté elevada y marcada dimensionalmente por su humanidad, en cierta manera el hombre no deja de ser animal. Un avión no deja de desplazarse por los terrenos de un aeropuerto, es decir en el plano, exactamente como un automóvil; pero un verdadero aeroplano sólo se manifiesta como tal cuando se eleva en el aire, es decir en el espacio tridimensional. De la misma manera, el hombre también es un animal; pero es también infinitamente más que un animal, y nada menos que por toda una nueva dimensión: la dimensión de la libertad. Evidentemente, la libertad del hombre no es una libertad de condicionamientos, sean biológicos, psicológicos o sociológicos; no es de ninguna manera una libertad *de algo,* sino libertad *para algo,* a saber, libertad para *tomar posición* ante todos los condicionamientos. Y así, también el hombre sólo se manifiesta como verdadero hombre cuando alza el vuelo a la dimensión de la libertad.

Por lo dicho se ve claramente que el punto de partida etológico puede ser tan legítimo en la teoría como lo es en la práctica el punto de partida farmacológico. Quisiera abstenerme de decidir si los psicofármacos pueden sustituir la psicoterapia, o si sólo la vuelven más fácil, o incluso más difícil. Únicamente quisiera señalar lo siguiente: hace poco se expresó la preocupación de que la terapéutica psicofarmacológica pudiera conducir, exactamente como el tratamiento por electrochoque, a la mecanización del ejercicio de la psiquiatría y a que ya no se considere al paciente persona; tengo que decir que no se puede ver por qué tenga que ser ése el caso. Lo importante no es nunca una técnica, sino solamente la persona que se vale de la técnica, el espíritu con que la utiliza.* Y así, hay también un espíritu con el que se aplica al paciente una técnica *psicoterapéutica* de una manera "despersonalizante", en cuanto que detrás de la enfermedad ya no se ve a la persona, sino que ya no se ven en la psique más que los solos mecanismos: el hombre es *reificado* —se le convierte en una cosa o es incluso *manipulado:* se le convierte en medio para un fin.**

Por ejemplo, en los casos más graves de depresión endógena con frecuencia está perfectamente indicado, según mi opinión, el tratamiento por electrochoque. La argumentación de que en esos casos no se deberían "suprimir a base de choques" los sentimientos de culpabilidad, porque se origi-

---

* Da lo mismo que aplique un aparato o que *vea* al paciente como un aparato y mecanismo.

** Cfr. W. von Baeyer (*Gesundheitsfürsorge-Gesundheitspolitik* 7, 197, 1958): "El paciente no sólo se siente despreciado en su ser hombre cuando el médico se interesa exclusivamente en sus funciones corporales, sino también cuando sabe que es objeto de estudios, comparaciones y manipulaciones psicológicas. No sólo existe el frío objetivismo de la medicina ciencia de la naturaleza, sino también el frío objetivismo de la psicología y de una medicina impregnada de psicología.

nan en una auténtica culpa, creo yo que no vienen al caso. En un cierto sentido, existencialmente, cada uno de nosotros es culpable; pero el depresivo endógeno percibe esa culpabilidad en un grado tan desproporcionado, con dimensiones tan exageradas, que lo impulsa a la desesperación y al suicidio. Cuando se hace visible un arrecife durante la marea baja, nadie se atrevería a afirmar que éste sea la causa de la bajamar. Análogamente, durante una fase de depresión endógena se vuelve visible, y en una medida deformada, esa culpa que está en la base de la existencia humana, sin que eso implique que esa culpabilidad existencial "origine" la depresión endógena en el sentido de una psicogénesis o incluso noogénesis. Cuando de todos modos ya es bastante notable que en un caso concreto la culpa existencial se vuelve patógena justamente de febrero a abril de 1951, y de nuevo de marzo a junio de 1956, y luego durante mucho tiempo de nuevo ya no es patógena. Y quisiera poner a consideración otro punto más: ¿no está fuera de lugar confrontar a un hombre con su culpabilidad existencial precisamente durante una fase de depresión endógena? Con demasiada facilidad ese procedimiento —que es llevar agua al molino de sus autorrecriminaciones— tendría como consecuencia un intento de suicidio. No creo que en estos casos le debamos negar al enfermo la mitigación que ofrece para su sufrimiento la terapéutica por electrochoque, pero ante todo la psicofarmacoterapia.

Otra cosa es cuando no nos enfrentamos a una depresión endógena sino psicógena, no a una psicosis depresiva, sino a una neurosis depresiva: entonces el electrochoque sería en ciertas circunstancias un error de técnica. Porque constituiría una seudoterapia que no hace más que encubrir la etiología, exactamente como la morfina en un caso de apendicitis. Algo análogo sucede con la psicoterapia: también en ella el médico puede actuar al margen de la etiología. Y este peligro es tanto más actual cuanto que vivimos en una época en que la psiquiatría, y aun la medicina, están manifestando un cambio de su función. Hace muy poco tiempo el profesor Farnsworth de la Universidad de Harvard, dictó una conferencia ante la American Medical Association, en la que declaró lo siguiente: "La medicina se enfrenta actualmente a la tarea de ampliar su función. En un periodo de crisis como el que estamos experimentando, los médicos tienen necesariamente que ocuparse de la filosofía. La gran enfermedad de nuestra época es la falta de rumbo, el hastío, y la falta de sentido y finalidad".

Hoy en día se le plantean al médico preguntas que propiamente no son de naturaleza médica, sino filosófica y para las que escasamente está preparado. Hay pacientes que acuden al psiquiatra porque dudan del sentido de su vida, o incluso porque desesperan de hallarle algún sentido a la vida. En este contexto, yo suelo hablar de frustración existencial. De suyo no se trata de nada patológico; en particular en cuanto se puede hablar de neurosis, estamos ante un nuevo tipo de neurosis, al que he llamado *neurosis noógena*. Constituye siempre, según estadísticas coincidentes que proceden de Londres, Wurzburgo y Tubinga, aproximadamente 20% del total de enfermos, y en los Estados Unidos ya se ha llegado incluso, en la Universidad de Harvard y en el Bradley Center de Columbus, Georgia, a elaborar tests para diferenciar diagnósticamente la neurosis noógena de la psicógena (y de la seudoneurosis somatógena). Un médico que no sea capaz de hacer esta diagnosis diferencial correrá el peligro de renunciar al arma más poderosa que haya habido jamás en el arsenal psicoterapéutico: la *orientación del* *hombre al sentido y a los valores.*[1]* No me puedo imaginar que, por ejemplo, la entrega deficiente a una tarea pueda ser siempre la única *causa de una enfermedad* psíquica. En cambio, estoy convencido de que una positiva orientación al sentido de la existencia es *un medio de curación*.

Ya sé que se me va a objetar que de esta manera se le exigiría demasiado al paciente. Sólo que lo que tenemos que temer hoy en día, en una época de frustración existencial, no es el exigirle demasiado al hombre, sino el exigirle poco. Porque no sólo hay una patología del estrés (de la tensión), sino también una *patología de la distensión*. En 1946 pude describir la psicopatología de la distensión apoyándome en las perturbaciones de personas que habían estado en campos de concentración. Posteriormente, los trabajos de W. Schulte sobre la distensión como "refugio vegetativo" apuntaban en la misma dirección. Finalmente, Manfred Pplanz y Thure von Uexküll confirmaron mis observaciones. Así pues, ya no es válido evitar las tensiones a cualquier precio. Yo creo que *el hombre tiene necesidad de una cierta medida, sana y dosificada, de tensión*. No es cuestión de homeostasis a cualquier precio, sino de *noodinámica,* como denomino al campo polar de tensión que se abre irrevocable e inalienablemente entre el hombre y el sentido que anhela ser realizado por él. En los Estados Unidos ya se levantan algunas voces que quisieran presenciar *el fin de la era epicúrea en la psicoterapia y su sustitución por una era estoica*. En adelante, lo que menos nos podemos permitir es rechazar la orientación y ordenación del hombre a algo como el sentido y los valores como "cosas que no son más que mecanismos de defensa o racionalizaciones secundarias". Por

---

* Los números remiten a las notas al final del libro.

lo que hace a mí personalmente, y tal vez me esté permitido hablar en plan personal, no me gustaría vivir por mis mecanismos de defensa o por mis racionalizaciones secundarias, ni menos poner mi vida en juego por ellas. Ciertamente, en casos aislados y excepcionales, detrás de la preocupación de un hombre por el sentido de su existencia se oculta alguna otra cosa; pero en todos los demás casos se trata de una solicitud genuina del hombre, que debemos tomar en serio y no meterla por la fuerza en el esquema profesional de apercepciones como en un lecho de Procusto. Qué fácilmente podría el esquema profesional de apercepción inducirnos a suprimir, con el análisis o tranquilizando al paciente, la preocupación tan humana del hombre por el sentido de la vida: *¡sólo el hombre puede hacer la pregunta por el sentido, sólo él puede cuestionar el sentido de su existencia!* Si hacemos una de *las dos cosas,* estaremos practicando una seudoterapia.

La noodinámica no sólo es importante para la psicoterapia, sino también para la psicohigiene. En los Estados Unidos, Kotchen pudo demostrar mediante investigaciones a base de tests que el concepto logoterapéutico fundamental de la orientación hacia el sentido de la vida, de la orientación y ordenación del hombre a un mundo de sentido y valor, está en relación proporcional con la salud anímica del individuo. Davis, McCourt y Solomon establecieron también que las alucinaciones que se presentan en el curso de los experimentos de supresión sensorial *(sensory deprivation)* no se pueden evitar de ninguna manera proporcionando simples datos sensoriales, sino única y exclusivamente restableciendo una relación correcta con el sentido de las cosas.

Esa misma relación con el sentido de las cosas no sólo está en la base de una psicosis experimental, sino que también está en la base de una neurosis colectiva. Me refiero a ese sentimiento de falta de sentido que aparentemente cada vez se apodera más del hombre de hoy, y que yo denomino *el vacío existencial*. El hombre sufre actualmente no sólo de un empobrecimiento del instinto, sino también de una pérdida de la tradición. Los instintos ya no le dicen qué tiene que hacer, y las tradiciones ya no le indican qué debe hacer. Pronto ya no sabrá qué quiere y comenzará a contentarse con imitar a los demás. Va a caer en el conformismo. En los Estados Unidos, los psicoanalistas ya se están quejando de que comienza a enfrentarse a un nuevo tipo de neurosis, cuya característica más sobresaliente consiste en una paralizante falta de iniciativa. El tratamiento tradicional, se quejan los colegas, es totalmente insuficiente y fracasa en esos casos. De esta manera, el grito de los pacientes que claman por un sentido de la vida provoca un eco por parte de los médicos, el clamor por nuevos puntos de partida psicoterapéuticos. Este clamor es tanto más apremiante cuanto que en el caso del vacío existencial se trata de un fenómeno colectivo. En mis clases en alemán ante estudiantes alemanes, suizos y austriacos, alrededor de 40% ha confesado haber vivido y experimentado en sí mismos el sentimiento de una abismal falta de sentido de la vida; en mis clases en lengua inglesa ante estudiantes de los Estados Unidos, 80% estaba en este caso. Naturalmente, eso no quiere decir que el vacío existencial ataque sobre todo a los estadunidenses, y ni siquiera que se lo debamos a la llamada americanización; significa simplemente que al parecer constituye una característica de las sociedades industrializadas. Y si Boss ha llamado al hastío la neurosis del futuro, yo quisiera observar, para completar su afirmación, que "el futuro ya ha comenzado". Sí, y todavía más: fue profetizado por Schopenhauer desde el siglo pasado, cuando opinó que aparentemente el hombre está destinado a oscilar eternamente entre los dos extremos de la necesidad y del aburrimiento. En cualquier caso, nosotros los psiquiatras observamos que lo que más nos da quehacer es el extremo del hastío.

Pero ¿la psicoterapia está preparada para todo esto? Creo que primero tiene que adaptarse más o menos, y adoptar su nueva función. Apenas ha salido de ese estadio que, para usar la expresión de Franz Alexander, estaba dominado por la mentalidad mecánica. Pero Franz Alexander también señaló con toda razón los éxitos tan gigantescos que le debemos precisamente a la orientación mecanicista y materialista de la antigua medicina. Podría decir que *no tenemos nada de qué arrepentirnos, pero sí mucho que reparar.*

Freud emprendió la primera tentativa de hacer esa reparación. La creación de su psicoanálisis fue el nacimiento de la moderna psicoterapia. Pero Freud tuvo que emigrar, y con él la psicoterapia. En realidad ya había emigrado en aquel día en que su conferencia ante la renombrada Sociedad Médica de Viena fue recibida con risas. Hoy me parece que es tiempo de ocuparnos de lo que en el título de una conferencia que di hace pocos años ante la Sociedad Médica de Maguncia, designé como "Hacer volver la psicoterapia al seno de la medicina". Que ya es tiempo de hacerlo se sigue del hecho de que el médico de familia tiene que hacer toda una serie de tareas propias de un médico de almas. Pero la práctica médica todavía está mecanizada en muchos aspectos y el paciente se "despersonaliza" en ella. Más aún, la práctica clínica amenaza de muchas maneras con petrificarse en la rutina, si no en la burocracia. Tanto más equivocado sería que la psicoterapia se infectara de esa medicina hipertecnificada, acariciando el ideal tecnológico del ingeniero del alma, censurado por Franz Alexander. Pero creo mi deber decir que estamos a punto de conjurar este peligro.

Así pues, la psicoterapia encuentra su lugar en el seno materno del arte curativo en general. Pero su regreso modificará el rostro de ambas, de la psicoterapia y de la medicina. Porque la psicoterapia tendrá que pagar un precio por su retorno al seno de la medicina, y ese precio será *la desmitificación de la psicoterapia.*

Pero ¿qué efectos producirá en la medicina el regreso de la psicoterapia a su seno? ¿Va a conducir realmente a una ilimitada "psicologización de la medicina"? No lo creo. A lo que llegaremos no es a una psicologización, sino a la *rehumanización de la medicina.*

Aunque la relación humana entre médico y enfermo sea tan esencial para la psicoterapia, no por ello debemos despreciar la técnica. No es su método el que deshumaniza al paciente, sino el espíritu con que se maneja, y la tentación de reificar y manipular al paciente es por lo menos tan inherente a la psicoterapia como al tratamiento mediante psicofármacos o electrochoques, por ejemplo. Pero por lo que hace en particular a la neuorosis noógena, la psicoterapia, no menos que la somatorerapia, estaría soslayando la verdadera etiología, y el vacío existencial, que cada vez se extiende más, exige nuevas bases, (logo)terapéuticas. Pero la psicoterapia podrá hacer justicia a la multidimensionalidad de sus tareas sólo si regresa al seno de la medicina en general, de la que emigró con Freud. Y su regreso va a cambiar su propio rostro así como el de la medicina, trayendo consigo, por un lado, una desmitificación de la psicoterapia y, por el otro, una rehumanización de la medicina.

I. DE LA PSICOTERAPIA A LA LOGOTERAPIA

Psicoanálisis y psicología individual

¿Cómo hablar de psicoterapia sin citar los nombres de un Freud y un Adler? Sería imposible, en efecto, tratar de problemas de psicoterapia sin tomar como punto de partida el psicoanálisis y la psicología individual y sin hacer constante referencia a ellos. Pues no en vano se trata de los dos únicos grandes sistemas en el campo psicoterápeutico. No es posible borrar mentalmente de la historia de la psicoterapia la obra de sus creadores. Ahora bien, aunque se trate o pueda tratarse de superar los principios del psicoanálisis o de la psicología individual, no hay más remedio que tomar sus doctrinas como base de las investigaciones. Stekel ha expresado la verdad con palabras muy bellas, al decir, refiriéndose a su actitud respecto de Freud, que un enano encaramado sobre los hombros de un gigante puede dominar un campo visual mayor que el gigante mismo.[1]

Las siguientes páginas persiguen el propósito de rebasar los límites de toda la psicoterapia, tal como se ha desarrollado hasta aquí; mas, para ello, es necesario ante todo establecer claramente estos límites. Antes de abordar el problema de si es realmente necesario y posible superar tales límites, debemos dejar sentado que la psicoterapia se halla circunscrita, en efecto, a los límites que se trata de superar.

Freud ha comparado la obra esencial del psicoanálisis

con la desecación del Zuiderzee: así como, en estas marismas, ha ido conquistándose al mar una extensión de tierras fértiles, el psicoanálisis va sustituyendo el "ello" por el "yo", o, dicho en otras palabras, va desplazando lo inconsciente por la acción de la conciencia: lo que se ha hecho inconsciente tiene que tornarse consciente mediante la cancelación de las "represiones". La obra del psicoanálisis consiste, pues, en anular el resultado de los actos de represión por cuya virtud se produce lo inconsciente. Vemos pues, que el concepto de represión cobra, dentro del psicoanálisis, una importancia central, y concretamente, en el sentido de una limitación del "yo" consciente por obra del "ello" inconsciente. De aquí que el psicoanálisis vea en el síntoma neurótico una amenaza contra el yo, una despotenciación del mismo como conciencia, y esto hace que la terapia analítica se esfuerce por ir rescatando del campo de lo inconsciente los contenidos vivenciales reprimidos, para restituirlos al mundo de la conciencia, incrementando así la órbita de poder del yo.

Análogamente al concepto de represión en el psicoanálisis, vemos que en la psicología individual desempeña un papel fundamental el concepto *arrangement* (simulación). Con el *arrangement* trata el neurótico de exculparse. No se intenta convertir algo en inconsciente, sino descargarse de responsabilidad; el síntoma es quien tiene que cargar con la responsabilidad, descargando de ella al paciente. El síntoma, concebido como *arrangement,* representa para la psicología individual un intento de justificación del paciente ante la comunidad o (como legitimación de la enfermedad) ante sí mismo. Pues bien, la terapéutica de la psicología individual se propone hacer al hombre neurótico responsable de su síntoma, incorporar el síntoma a la esfera de la responsabilidad personal, ampliar la órbita del yo mediante un incremento de responsabilidad.

Vemos, por tanto, que la neurosis, para el psicoanálisis, representa en última instancia una limitación del yo en cuanto conciencia, y, para la psicología individual, una limitación del yo en cuanto responsabilidad. Ambas teorías incurren en una limitación concéntrica de su horizonte científico: en un caso, se limita a la conciencia del hombre, en el otro, a su responsabilidad.

Pues bien, reflexionando imparcialmente sobre los fundamentos radicales del ser humano, vemos que la conciencia y la responsabilidad constituyen precisamente los dos hechos fundamentales de la existencia humana. Lo cual, traducido a una fórmula antropológica fundamental, podría expresarse así: ser-hombre equivale a ser consciente-y-responsable. Tanto el psicoanálisis como la psicología individual ven, por tanto, solamente uno de los lados del ser-hombre, uno de los factores de la existencia humana solamente, cuando son los dos aspectos juntos y combinados los que ofrecen la imagen total y verdadera del hombre. Si nos fijamos en su punto de partida antropológico vemos que el psicoanálisis y la psicología individual se contraponen; sin embargo, sus antagonismos se revelan, ya en este punto, como complementarios. Llegamos, así, con base en este análisis científico-teórico, a la conclusión de que las dos doctrinas representativas en el campo de la psicoterapia no son el producto de un azar producido en la historia del espíritu, sino que han surgido, por el contrario, como resultado de una necesidad sistemática.

Desde su punto de vista unilateral, el psicoanálisis y la psicología individual tienen en cuenta solamente un lado del ser-hombre. Pero hasta qué punto forman la responsabilidad y la conciencia una unidad armónica, lo refleja el hecho de que el lenguaje humano, el francés, el inglés y el español, por ejemplo, dispongan de palabras parecidas (con una raíz común) para expresar tanto la "consciencia" *(Bewußtsein)*, como la "conciencia" *(Gewissen)*, es decir, un concepto muy afín al de la *responsabilidad (Verantwortlichkeit)*. Esta unidad de la palabra nos remite a una unidad del ser.*

Que la responsabilidad y la conciencia forman una unidad, integran la totalidad del ser humano, es algo que puede ser comprendido ontológicamente. Partiremos, a este propósito, de la afirmación de que todo ser es siempre, sustancialmente, un ser-otro. En efecto, todo lo que podamos destacar en lo existente** dentro de la restante plenitud del ser sólo podrá delimitarse por el hecho de ser, en cada caso, diferenciable. Sólo mediante la referencia de un ser a otro ser podemos constituir ambos. Lo previo es siempre la relación del ente como "siendo otra cosa que". *Ser= ser-otro,* es decir, "ser otro que", por lo tanto, relación; en rigor, sólo la relación "es".² De aquí que podamos también formular el pensamiento de este modo: *todo ser es un ser-en relación.*

Ahora bien, este "ser-otro-que" puede darse tanto en el espacio como en el tiempo, es decir, simultánea o sucesivamente. La conciencia presupone, por lo menos, una coexistencia de sujeto y objeto y, por tanto, un ser-otro dentro de la dimensión espacial; la responsabilidad, por el contrario, tiene como supuesto la sucesión de diferentes estados, la separación entre un ser futuro y el ser presente, es decir, *un*

---

* La verdad de esta indicación se revela por el hecho de que, para decir lo que dice el autor en alemán, hemos tenido que crear la palabra *consciencia*. [T.]

** El ser no es ninguna excepción: "es" —igualmente— "diverso de" la nada.

ser-otro en la dimensión temporal; un devenir-otro: relación en la que la voluntad, como agente de la responsabilidad, aspira a transformar un estado en otro. La copertenencia ontológica de la pareja de conceptos "ser consciente" y "ser responsable" tiene, por tanto, su raíz en el primer desdoblamiento del ser como un ser-otro en las dimensiones posibles de la coexistencia y de la sucesión. Pues bien, el psicoanálisis y la psicología individual sólo enfocan, respectivamente, una de las dos posibilidades de planteamiento antropológico basadas en circunstancias ontológicas.

Pero somos conscientes de que a Freud no le debemos nada menos ni nada más que habernos abierto toda una dimensión del ser psíquico.* Sin embargo, propiamente hablando Freud comprendió tan poco su descubrimiento como Colón, que, al descubrir América, creía haber llegado a las Indias. Así también, Freud creía que lo esencial en el psicoanálisis eran mecanismos como la represión y la transferencia, cuando en realidad se trataba de la mediación de una autocomprensión más profunda a través de un encuentro existencial.

Y, sin embargo, debemos ser lo bastante generosos para proteger a Freud de su propia *autocomprensión equivocada*. ¿Qué quiere decir el psicoanálisis, propiamente y en último término, si prescindimos de todos los condicionamientos temporales, de todo el cascarón del siglo XIX, que todavía pueda tener adheridos? El edificio del psicoanálisis descansa sobre dos conceptos esenciales: el de la represión y el de la transferencia. Por lo que respecta a la represión, en el marco del psicoanálisis se trabaja contra ella mediante la toma de consciencia y el hacer consciente de ella. Todos conocemos

---

* Viktor E. Frankl, *La idea psicológica del hombre*, Rialp, Madrid, 1965.

el orgulloso, yo diría prometeico dicho de Freud: "Donde está el ello debe realizarse el yo". Pero en lo que se refiere al segundo principio, la transferencia, en mi opinión es con toda propiedad *un vehículo de encuentro existencial*. Por consiguiente, la quintaesencia del psicoanálisis, aceptable ayer y hoy, la fórmula que permite comprender ambos principios, del hacerse consciente y de la transferencia, es la siguiente: "Donde está el ello, debe realizarse el yo"; pero *el yo no se vuelve yo sino en el tú.*

Paradójicamente, la sociedad industrial, al crear las masas, trae consigo una soledad que hace crecer la necesidad de expresarse. La mutación de la función de la psicoterapia ha encumbrado al psicoanálisis en los Estados Unidos, el país de la *lonely crowd,* de la muchedumbre solitaria. Pero los Estados Unidos también son el país de la tradición puritana y calvinista. Lo sexual había sido reprimido en el plano colectivo, y un psicoanálisis mal entendido pansexualistamente relajó la represión colectiva. En realidad, *es obvio que el psicoanálisis no era pansexualista,* sino simplemente pandeterminista.

Propiamente, el psicoanálisis nunca fue pansexualista. Y hoy lo es menos que nunca. Pero la cuestión es que Freud concibe el amor como un mero epifenómeno, cuando en realidad es *un fenómeno primordial de la existencia humana,* y no un mero epifenómeno, sea en el sentido de las llamadas tendencias inhibidas en cuanto a su objetivo, sea en el sentido de una sublimación. Porque se puede demostrar fenomenológicamente que es precisamente el amor lo que precede siempre a la sublimación como su condición de posibilidad, dondequiera que se presente algo que pueda llamarse sublimación: es, pues, *precondición* de la sublimación y no podría ser ella misma *el resultado* de un proceso de sublimación. En otras palabras, sólo en el contexto de una capacidad existencial de amar original y primordial, de una disposición original del hombre al amor, se vuelve comprensible la sublimación, la integración de la sexualidad en la totalidad de la persona. En una palabra, *solamente el yo que tiende a un tú puede integrar el propio ello.*

En una nota muy poco respetuosa, Scheler hacía notar que la psicología individual sólo era aplicable, en rigor, a un tipo muy concreto de hombre: al arribista. Tal vez no haya que ir tan lejos en la crítica; no obstante, nos inclinamos a creer que la psicología individual, dejándose llevar de esa tendencia a "hacerse valer" que creía descubrir siempre y por doquier, perdía de vista que existe también, innegablemente, algo así como una aspiración a hacerse valer "moralmente", de suerte que ciertos hombres pueden hallarse animados por una ambición mucho más radical que la ambición simple y corriente; por una aspiración que, por decirlo así, no se contenta ni mucho menos con los honores terrenales, sino que busca nada menos que "eternizarse", en una u otra forma.

Se ha acuñado la expresión psicología profunda; pero ¿dónde está la psicología de lo elevado, que incorpore en su campo de visión no sólo el deseo de placer, sino además el deseo de tener sentido?* Debemos preguntar si no habrá

---

* Cfr. V. E. Frankl, *Zentralblatt für Psychotherapie* 10, 33, 1938: "¿Dónde está aquella psicología interesada en la terapéutica que incluya en su esquema las capas superiores de la existencia humana y en este sentido, y en contraposición con el término de psicología profunda, merezca el nombre de psicología superior?" Ahora bien, un defensor del concepto *psicología superior* dijo una vez: "Los ideales son la materia misma de la supervivencia: el hombre sólo puede sobrevivir si vive para sus ideales"; y este representante de la psicología superior sostenía que esto no vale única-

llegado la hora de que la existencia humana quede enfocada dentro del campo de la psicoterapia, no sólo en profundidad, sino también en altura, rebasando así, deliberadamente, no sólo el nivel de lo físico, sino también el de lo psíquico e incorporando por principio el ámbito de lo espiritual.

Hasta ahora la psicoterapia no nos ha dejado ver debidamente la realidad espiritual del hombre. Es conocida, por ejemplo, otra antítesis entre el psicoanálisis y la psicología individual: mientras que el primero contempla la realidad anímica bajo la categoría de la causalidad, el horizonte de la psicología individual se halla dominado por la categoría de la finalidad. Y no puede negarse que la finalidad representa, de un modo o de otro, la categoría superior, y en este sentido cabe afirmar que la psicología individual ofrece, respecto del psicoanálisis, un desarrollo superior de la psicoterapia, un progreso en su historia. Ahora bien, esta trayectoria progresiva no está aún cerrada en el sentido de que puede completarse aún con una etapa superior. En efecto, no hay más remedio que preguntarse si las dos categorías mencionadas agotan ya el campo de los posibles puntos de vista categoriales o si, por el contrario, habrá que añadir a la categoría del "tener que" (nacida de la causalidad) y a la del "querer" (de acuerdo con una finalidad anímica) una categoría nueva: la del "deber".

Es posible que esta clase de reflexiones parezcan, a primera vista, ajenas a la realidad de la vida, pero no lo son; no lo son, sobre todo, para el médico, y menos que para nadie para el que se dedique a la práctica psicoterápica. En el ejer-

mente hablando del hombre individual, sino que se aplica también a la humanidad entera. ¿De qué psicólogo superior estoy hablando? Del primer astronauta estadunidense, John H. Glenn, en verdad un psicólogo de altura...

cicio de su profesión, este tipo de médico trata siempre de sacar del enfermo lo más posible. Pero no lo más posible en secretos, sino en valores humanos, teniendo en cuenta aquellas palabras de Goethe, que podrían grabarse quizá al frente de toda psicoterapia, como la máxima suprema de esta ciencia: "Si tomamos a los hombres tal y como son, los haremos peores de lo que son. En cambio, si los tratamos como si fuesen lo que debieran ser, los llevaremos allí donde tienen que ser llevados".

No sólo en sus enfoques antropológicos y en sus categorías psicopatológicas, sino también en lo que se refiere a su meta psicoterápica final, el psicoanálisis y la psicología individual adoptan una actitud muy distinta. Pero tampoco en este punto nos encontramos con una mera antítesis, sino que volvemos a tropezar con una especie de gradación, con una escala que, a nuestro modo de ver, no ha sido recorrida aún hasta el final. Fijémonos, en efecto, en la meta ideal que persigue el psicoanálisis de un modo consciente o inconsciente, pocas veces en forma expresa, pero siempre de modo tácito. ¿Qué es lo que el psicoanálisis se propone conseguir del hombre neurótico? La meta que el psicoanálisis se traza consiste en lograr un compromiso, una transacción, entre las pretensiones de su inconsciente, de una parte, y las exigencias de la realidad, de otra. Se esfuerza por adaptar al individuo y sus instintos al mundo exterior; por reconciliarlos con la realidad, la cual reclama no pocas veces —conforme a un "principio de realidad"— la renuncia implacable a lo instintivo. En comparación, la meta que la psicología individual persigue es más ambiciosa. Exige del enfermo, por encima de la simple adaptación, una animosa conformación de la realidad; frente al "tiene que ser" impuesto por el "ello", afirma y destaca el "querer" por parte del yo.

Ahora bien, debemos preguntarnos si esta serie de metas perseguidas no será, acaso, incompleta, si no cabrá e incluso si no será necesario avanzar en una nueva dimensión, si, para decirlo en otros términos, no habrá que añadir a las categorías de *adaptación* y *conformación* una tercera, si es que queremos obtener una imagen adecuada de la íntegra realidad "hombre", somática, psíquica y espiritual, única imagen que no permitiría conducir al paciente confiado a nosotros y que en nosotros confía, hacia ésa su realidad auténtica.

Pues bien, a nuestro juicio, esta categoría complementaria a que nos referimos existe, en efecto, y es la que podemos llamar la categoría de la "consumación". Entre la conformación de la vida exterior y la consumación interior de una persona media, en efecto, una diferencia esencial. Si la conformación de la vida es, por decirlo así, una magnitud extensiva, la consumación de la vida viene a ser como una magnitud vectorial: tiene dirección o sentido, se endereza a la posibilidad de valor reservada a cada individuo humano y en torno de cuya realización gira la vida.

Para ilustrar todas estas distinciones a la luz de un ejemplo, representémonos un hombre joven criado en medio de la pobreza y que, en vez de contentarse con sus condiciones de vida y "adaptarse" a la estrechez y a la imposición de estas condiciones impone al mundo que le rodea su voluntad personal y "conforma" su vida de tal modo que pueda, supongamos, dedicarse al estudio y llegar a tener una posición social elevada. Supongamos, además, que este joven, siguiendo sus aptitudes y su inclinación, estudie la carrera de medicina y se haga médico; si, encima de todo esto, se le ofreciese la posibilidad de aceptar la tentadora oferta de un puesto bien retribuido, y que, además, le proporciona una clientela de primera, no cabe duda de que, en estas condiciones, la persona de que se trata podría gobernar su vida y hacer de ella una existencia exteriormente próspera. Supongamos ahora que las aptitudes de esta persona se circunscriban a un campo especial de su disciplina al que no le brinda acceso alguno el puesto a que más arriba nos referimos: en este caso, tendríamos que la consumación interior de esta vida se frustraría, a pesar de la venturosa conformación exterior de ella. Esta persona, por muy acomodada que fuese, por muy aparentemente feliz que viviera, en medio de una casa ricamente amueblada a su gusto y de su propiedad, con un lujoso automóvil a la puerta y un espléndido parque, por poco que se parase a reflexionar tendría que llegar necesariamente a la conclusión de que era un fracasado y, al comparar mentalmente su vida con la de otro hombre fiel a su verdadero destino aun a costa de renunciar a la riqueza exterior y a muchos goces materiales de la existencia, se confesaría, con las palabras de Hebbel: "El que soy saluda tristemente al que podría ser".

Y, a la inversa, podríamos figurarnos perfectamente que el hombre por nosotros imaginado, renunciando a una brillante carrera exterior y, con ella, a muchos placeres y bienes materiales de la vida, para encerrarse en la especialidad fija que su vocación o sus aptitudes le dictan, encuentra el sentido de su vida y su consumación interior en el cumplimiento de lo que él puede realizar mejor que nadie, o de lo que tal vez puede realizar exclusivamente él. Así considerado el problema, podemos llegar a la conclusión de que muchos "pequeños" médicos rurales, arraigados durante su vida entera en el medio concreto en que viven, son más "grandes" que no pocos de sus colegas que logran acomodarse en la capital; y más de un teórico encastillado en un puesto remoto de la ciencia puede, vista la cosa así, ocupar un lugar más alto que muchos de los prácticos que "en medio de la vida" se dan aires de conducir la lucha contra la muerte. En el frente de lucha de la ciencia, allí donde ésta afronta o prosigue la batalla contra lo desconocido, por muy pequeño que sea el frente de combate que el teórico defienda, no cabe duda de que puede lograr en él cosas preciosas e insustituibles, considerándose en justicia como insustituible también él, por el carácter único de esta obra personal. Este hombre habrá encontrado y llenado su sitio en la vida y podrá, con ello, considerarla como consumada.

Por este camino puramente deductivo hemos llegado a un resultado que podríamos llamar *un vacío en el espacio científico de la psicoterapia*. Hemos conseguido, de este modo, poner de manifiesto la existencia de una laguna que está esperando ser cegada. Pues hemos puesto de relieve la necesidad de complementar la psicoterapia, tal como ha sido practicada, con un método psicoterápico que se mueve, por así decirlo, más allá del complejo de Edipo y del de inferioridad, o, en términos más generales, más allá de toda dinámica emotiva. Lo que se echa de menos, según esto, es una psicoterapia que se remonte más allá de esa dinámica y que, por detrás de los padecimientos psíquicos del hombre neurótico, se dé cuenta de su combate espiritual. *Se trata*, por tanto, *de una psicoterapia que "arranca de lo espiritual"*.

La hora del alumbramiento de la psicoterapia sonó en el momento en que se procedió a descubrir detrás de los síntomas somáticos las causas psíquicas, es decir, su psicogénesis; ahora se trata de dar un paso más, el último, para contemplar, más allá de lo psicógeno y remontándose por encima de la dinámica efectiva de la neurosis, al hombre en sus angustias espirituales, para poder ayudarle desde esa atalaya. Y en modo alguno perdemos de vista, al decir esto, que el médico, al situarse así ante el enfermo, abraza una posición de ayuda cargada de problemas; de problemas, concretamente, que se derivan de una posición "valorada" que se hace imprescindible. No en vano, desde el momento en que se pone el pie en el terreno de esa postulada "psicoterapia que arranca de lo espiritual", toda la actitud espiritual del médico, su posición ideal concreta, se convierte explícitamente —y no de un modo implícito como ocurre en general en la práctica médica— en la afirmación del valor "salud", afirmación que de antemano y tácitamente se halla en la base misma de todos los actos del médico. Claro es que el reconocimiento de este valor como pauta última y suprema de la medicina se halla libre de toda problemática, ya que el médico puede remitirse en todo momento al mandato de la sociedad, que en última instancia le instituye y mantiene en su puesto para velar por los intereses de la salud.

Por el contrario, el ensanchamiento de toda psicoterapia, según lo postulamos, mediante la incorporación de lo espiritual al tratamiento psíquico del enfermo, encierra dificultades y peligros. De ellos, y principalmente del peligro de que el médico quiera imponer al enfermo a quien trata su concepción personal del mundo, hablaremos más adelante; a la par con el problema de si esta imposición es verdaderamente evitable, deberá contestarse a la pregunta de si este complemento de la psicoterapia por nosotros postulado es, en principio, posible. Mientras este problema no se resuelva, el postulado de una psicoterapia que "arranca de lo espiritual" no pasará de ser un simple deseo. La efectividad de esta psicoterapia por nosotros preconizada depende íntegramente de que, remontándonos sobre la deducción de su necesidad teórica, consigamos demostrar también su posibilidad y aportar pruebas en cuanto a la *justificación de incorporar al tratamiento médico lo espiritual (y no solamente lo psíquico)*. Si, además, dentro del marco de nuestra *crítica de la "mera" psicoterapia*, nos preocupamos de no incurrir en ninguna transgresión de límites, no tenemos más remedio que poner de relieve la posibilidad de una valoración en el campo de la psicoterapia. Sin embargo, antes de abordar este empeño —que reservamos para el capítulo final del presente libro—, y después de habernos referido ya a la realidad de la valoración en toda práctica médica, nos ocuparemos de la necesidad del valorar; pero no de su necesidad teórica —pues ya nos referimos a ella en lo que va dicho—, sino práctica.

En realidad, lo mismo que nosotros hemos tratado de señalar deductivamente, la ausencia de una psicoterapia que parta de lo espiritual, se confirma también por la vía empírica. En realidad, el psicoterapeuta se ve obligado a *enfrentarse* diariamente y a todas horas, en su práctica cotidiana y en la situación concreta de su consulta, con problemas de concepción del mundo. Ante estos problemas resulta inservible cuanto le entrega como herramienta la psicoterapia tradicional, es decir, la "mera" psicoterapia.

El vacío existencial y la neurosis noógena

La tarea del médico de ayudar al paciente a llegar a una visión de los valores y del mundo (¡que sea la propia del paciente!) es tanto más apremiante en una época como la actual, por cuanto que alrededor de 20% de las neurosis están condicionadas y causadas por un sentimiento de carencia de sentido, que yo denomino el vacío existencial. A diferencia del animal, al hombre no le dice un instinto lo que tiene que hacer, y hoy día tampoco hay tradición alguna que le diga lo que debe hacer; pronto ya no sabrá qué quiere realmente, y estará tanto más dispuesto a hacer lo que otros hacen (conformismo) o lo que otros quieran que haga (totalitarismo).

Actualmente hay pacientes que acuden al psiquiatra porque dudan sobre el sentido de su vida, o incluso porque desesperan de hallar algún sentido a su vida. En este contexto, en la logoterapia hablamos de frustración existencial. En sí y por sí misma no tiene nada de patológico. Conozco el caso de un paciente que fue enviado a mi clínica debido a su desesperanza respecto del sentido de su existencia. Era un profesor universitario. En la conversación se manifestó que lo que tenía era propiamente un estado de depresión endógena. Ahora bien, resultó que sus cavilaciones sobre el sentido de su vida no se le presentaban en los tiempos de sus fases de depresión, como uno hubiera podido presumir; en esos tiempos estaba tan ocupado en su hipocondría, que no hubiera podido pensar en nada por el estilo. ¡Únicamente en los intervalos sanos le daba por cavilar! En otras palabras, entre la necesidad espiritual por un lado, y la enfermedad anímica por el otro, había incluso, en casos concretos, una relación de exclusión. Freud era de otra opinión cuando escribía a Marie Bonaparte: "En el momento en que uno se pregunta el sentido y el valor de la vida, está uno enfermo…"*

A Rolf Van Eckartsberg, del Departamento de Relacio-

---

* Sigmund Freud, *Briefe 1873-1939*, Fráncfort del Meno, 1960, p. 429.

nes Sociales de la Universidad de Harvard, le debemos una prolongada investigación en corte longitudinal, que se extendió durante 20 años. Se trata de 100 ex alumnos de Harvard de los cuales, según una comunicación personal de Von Eckartsberg, "25% informó con plena espontaneidad haber sufrido una 'crisis' en sus vidas relacionada con la pregunta por el sentido de sus vidas. Aunque muchos han tenido éxito en su profesión (la mitad de ellos son activos hombres de negocios) y tienen buenos ingresos, se quejan de que les falta una tarea especial en la vida, una actividad en la que pudieran hacer una contribución única e insustituible. Están buscando una 'vocación' y valores personales que los sostengan".

En la medida en que se pueda hablar de neurosis, nos enfrentamos a un nuevo tipo de neurosis, que denominamos en la logoterapia *neurosis noógena*. En los Estados Unidos se ha llegado incluso, en la Universidad de Harvard y en el Bradley Center de Columbus, Georgia, a elaborar pruebas para poder diferenciar diagnósticamente la neurosis noógena de la psicógena. James C. Crumbaugh y Leonard T. Maholick resumen así los hallazgos de sus investigaciones: "Los resultados de 1 151 sujetos apoyan invariablemente la *hipótesis* de Frankl de que hay un nuevo tipo de neurosis, que él denomina neurosis noógena, que se presenta en las clínicas junto con las formas convencionales: hay pruebas de que verdaderamente nos estamos enfrentando a un nuevo síndrome".*

---

* J. C. Crumbaugh y L. T. Maholick, "The Psychometric Approach to Frankl's Concept of Noogenic Neurosis", *Journal of Clinical Psychology* 20, 200, 1964, y J. C. Crumbaugh, "Cross-Validation of Purpose-in-Life Test Based on Frankl's Concepts", *International Journal of Individual Psychology* 24, 74, 1968.

Si lo que hay es una neurosis noógena, la logoterapia se presenta como su tratamiento específico; pero si, a pesar de que uno u otro médico la indique, es rechazada, entonces cabe la sospecha de que el rechazo se debe a la angustia de enfrentarse al propio vacío existencial.

Ante la problemática existencial que se manifiesta en los casos de lo que nosotros llamamos neurosis noógena, una psicoterapia de orientación y enfoque unilateralmente psicodinámico y analítico consolaría al paciente de su "trágica existencia" (Alfred Delp), mientras que la logoterapia le hace frente y la toma tan en serio, que renuncia a interpretarla erróneamente como "simples mecanismos de defensa y formaciones reactivas". O, ¿no es realmente consolar, y dar un consuelo barato, cuando el médico reduce con tanta frecuencia —y cito al psicoanalítico estadunidense Burton—* la angustia mortal del paciente a un temor de castración, y de esta manera la vuelve existencialmente inofensiva? ¡Qué daría yo por estar asediado por el temor de castración y no por la ansiosa pregunta, la atormentadora duda, de si mi vida habría tenido, en el momento de mi muerte, un sentido!

Con la aparición de las neurosis noógenas no sólo se amplió el horizonte de la psicoterapia, sino también su clientela. La consulta del médico se ha convertido en el lugar donde se reúnen todos los que desesperan de la vida, los que dudan del sentido de la vida. Respecto del "éxodo del hombre occidental del cura de almas al médico de almas", como la pudo designar Von Gebsattel, la psicoterapia adquiere una especie de función de vicario.

* Arthur Burton, "Death as a Countertransference", *Psychoanalysis and the Psychoanalytic Review* 49, 3, 1962-1963.

Pero en rigor nadie se debería quejar de una falta de sentido de la vida; porque no necesita más que ampliar su horizonte para observar que, si nosotros gozamos de bienestar, otros viven en la penuria; nosotros nos alegramos de tener libertad; pero ¿dónde está la responsabilidad por los demás? Hace siglos que la humanidad logró llegar a la fe en un solo Dios: al monoteísmo; pero ¿dónde está el conocimiento de que somos una sola humanidad, el conocimiento que yo llamaría *monantropismo*? El conocimiento de la unidad de la humanidad, unidad que va más allá de toda diversidad, sea de color de la piel o de partido político.

La superación del psicologismo

Todo psicoterapeuta sabe bien con cuánta frecuencia se presenta en el transcurso de su práctica, en su gabinete de consulta, *la cuestión del sentido de la vida*. Pues bien, nada salimos ganando con saber que las dudas de un enfermo en cuanto al sentido de su vida, que su desesperación a este respecto, se han desarrollado psicológicamente de este modo o de aquél. Ya estemos en condiciones de poder demostrar la existencia de un sentimiento de inferioridad como la causa psíquica de su miseria espiritual, ya creamos poder "reducir" a tales o cuales complejos el concepto pesimista de la vida de un enfermo, con todo esto no conseguiremos jamás penetrar en el interior del enfermo mismo. Para nada tocaremos el meollo de sus problemas, ni más ni menos que el médico que, en vez de proceder por la vía psicoterapéutica, se contentase con prescribir un tratamiento físico o con recetar tales o cuales medicamentos. No son pocos los médicos que se dan por contentos y despachan a su paciente con prescripciones de éstas, que, por ejemplo, tratan de curar la melancolía profunda que a veces se siente en la pubertad con el consejo de comer más pan untado de mantequilla, con la seguridad de que, al ganar peso y sentirse mejor físicamente, desaparecerán también todas esas "necias" cavilaciones. Otros médicos, sin perder muchas palabras, intentan lograr resultados con una cura de arsénico; otros, disimulando su perplejidad, se limitarán a recetar algo *ut aliquid fieri videatur*. ¡Cuántos ríos de extractos de valeriana tendrían que correr para que pareciese lograrse algo terapéuticamente y cuánta sabiduría encierra, frente a esto, el aforismo clásico que dice: *Medica mente, non medicamentis*!

Pero lo que nos interesa es poner de manifiesto que todas estas maneras de proceder en medicina deben ser colocadas en el mismo plano y que constituyen un intento de "engatusar" al enfermo, aunque tales intentos se revistan del manto de la medicina y de la ciencia.

Lo que hace falta es que sepamos hablar y responder a nuestros enfermos, que aprendamos a entrar en la discusión, a afrontar la lucha con los medios adecuados, es decir, con armas espirituales. Lo que necesitamos, o, por mejor decir, lo que el hombre neurótico puede exigir, es una crítica inmanente de todo aquello que puede alegar a manera de argumentos espirituales, que derivan de una concepción del mundo. Debemos oponer honradamente a sus argumentos nuestros contraargumentos, no dejándonos llevar nunca por el cómodo camino de una argumentación heterológica que vaya a buscar sus razones al reino de lo biológico o, incluso, de lo sociológico.

Intentar proceder así valdría tanto como rehuir una crítica inmanente, equivaldría a abandonar el plano en que el problema se plantea —el plano espiritual—, en vez de permanecer en él, afrontando y sosteniendo con armas espirituales la lucha en torno de una actitud espiritual. Aunque sólo fuese por una especie de juego limpio, debiéramos batirnos con las mismas armas.

Es evidente que ocasionalmente puede ser aconsejable proporcionar una especie de primeros auxilios cuando se trata de casos en que los pacientes no sólo dudan del sentido de su vida, sino que están desesperados y en peligro de cometer suicidio. En el marco de esta especie de primeros auxilios siempre se nos confirma de nuevo lo que podría designar como academización de la problemática: en cuanto los pacientes captan que lo que los oprime no es otra cosa que el tema central de la filosofía existencial contemporánea, de inmediato el desamparo de su alma se vuelve transparente al desamparo espiritual de la humanidad, que aceptan en adelante, pero no como una neurosis de la que tuvieran que avergonzarse, sino como un sacrificio del que deben estar orgullosos. En efecto, hay pacientes que finalmente comprueban aliviados que la problemática que los agobia está tratada en la página tantos de esta o aquella obra de filosofía existencial; y al comprobarlo se distancian emocionalmente de esa problemática, al objetivarla de manera racional.

De aquí que un médico educado en la crítica del conocimiento no pueda nunca recetar, por ejemplo, un simple tranquilizante para atacar la desesperación de un hombre empeñado en una lucha espiritual.

Lejos de ello, lo que hará será, empleando los medios de una *psicoterapia orientada por lo espiritual,* un esfuerzo por brindar al enfermo un apoyo en el mundo del espíritu, por anclarlo espiritualmente.

Y esto que decimos no sólo vale también sino sobre todo para aquellos casos en que nos enfrentamos con una de esas típicas concepciones neuróticas del mundo. Puede ocurrir una de dos cosas. Puede el enfermo tener razón con su manera de pensar, y en este caso seríamos injustos con él si intentásemos combatirlo por la vía psicoterapéutica, ya que la manera de pensar de un neurótico no debe ser rechazada nunca *eo ipso,* es decir, por el solo hecho de que se trate de un neurótico. O puede el enfermo no tener razón con la concepción del mundo que profesa, en cuyo caso debe ser corregida, en principio, por medio de otros métodos, en todo caso no psicoterápicos.

Podemos también, por tanto, formular nuestro punto de vista así: si el enfermo tiene razón, la psicoterapia es innecesaria, puesto que no hay por qué corregir una concepción acertada; en cambio, si el enfermo no tiene razón, la psicoterapia será imposible, ya que jamás llegaremos a corregir por la vía psicoterapéutica una manera equivocada de concebir el mundo.

Llegamos, pues, a la conclusión de que la psicoterapia, tal como se aplica hasta ahora, es insuficiente frente a todo lo espiritual. Y no sólo es insuficiente, sino, además, incompetente. Si en lo que llevamos dicho se ha revelado como insuficiente frente a la totalidad de la realidad anímica, frente a la autonomía de la realidad espiritual se muestra incompetente. Y esta incompetencia no se manifiesta únicamente al intentar una psicoterapia de la concepción del mundo, sino que se revela ya en la llamada *psicopatología de la concepción del mundo,* de que toda aquella psicoterapia parte como de un supuesto previo. En realidad, no existe semejante psicopatología de la concepción del mundo ni puede tampoco existir. Una creación espiritual es, en cuanto tal, irreductible a lo psicológico, entre otras razones porque lo espiritual y lo anímico son magnitudes inconmensurables. En efecto, el contenido de una concepción del mundo no puede llegar a explicarse nunca, íntegramente, partiendo de las raíces psíquicas de su creador. Y, sobre todo, jamás podrá llegarse, partiendo del hecho de que el hombre que crea una determinada concepción del mundo es un hombre enfermo, a la conclusión de que esta concepción del mundo, como formación espiritual, tiene que ser necesariamente falsa. En realidad, tampoco nos sirve de gran cosa saber cómo hayan llegado a nacer, psicológicamente, el pesimismo, el escepticismo o el fatalismo de un neurótico, ni con ello ayudaremos mucho al enfermo. Debemos refutarle su concepción del mundo; sólo entonces, una vez refutada, podremos pasar a ocuparnos de la "psicogénesis" de su "ideología", tratar de comprenderla con base en la historia de su vida personal.

No existe, por tanto, *una psicopatología y, mucho menos, una psicoterapia de la concepción del mundo, sino, en el mejor de los casos, una psicopatología o una psicoterapia de quien profesa esa concepción del mundo,* es decir, del hombre concreto cuya cabeza produce la concepción del mundo de que se trata. Pero dando por descartada de antemano la posibilidad de que semejante psicopatología se halle en condiciones de emitir jamás un juicio acerca de la exactitud o la falsedad de una concepción del mundo (cfr. Allers). Jamás podrá esa psicopatología decirnos nada acerca de un determinado sistema filosófico; sus testimonios sólo son aplicables, por principio y de antemano, a la persona del filósofo de que se trata. Las categorías de *sano* o *enfermo,* propias de esta disciplina, son aplicables exclusivamente al hombre, nunca a su obra. De aquí que el testimonio psicopatológico acerca de un hombre no pueda suplir nunca el examen filosófico de una concepción del mundo, para ver si es acertada o falsa. El estado de salud o enfermedad mental del exponente de una concepción del mundo no puede probar ni refutar la exactitud o la falsedad de esta concepción del mundo en el campo del espíritu: 2 × 2 serán siempre 4, aunque lo sostenga un paralítico. Los errores de cálculo son descubiertos por prueba, pero no mediante un análisis psiquiátrico; no deducimos del hecho de una parálisis la existencia de errores de cálculo, sino que, por el contrario, inducimos de los errores de cálculo, una vez descubiertos, la existencia de una parálisis. Por donde resulta también insignificante, por principio, para llegar al enjuiciamiento de los contenidos espirituales, el modo como éstos hayan podido nacer en el campo anímico y el que sean o no producto de procesos psíquicos patológicos.

Lo que en el fondo de todas estas cuestiones se ventila es, en última instancia, el problema del psicologismo. Es éste, en efecto, el nombre que se da a ese método seudocientífico consistente en deducir del origen psíquico de un acto la validez o falsedad de su contenido espiritual. Es una tentativa condenada de antemano al fracaso. Las creaciones objetivamente espirituales se sustraen siempre a semejante captación hereróloga. No debe perderse de vista nunca que todo lo espiritual se rige por leyes propias. Es ilícito, por ejemplo, poner en duda la existencia de un ser divino por la circunstancia de que la idea de Dios deba su origen al miedo del hombre primitivo a las potencias de la naturaleza superiores a su voluntad: como lo es, asimismo, invocar la circunstancia de que un artista se halla en un estado psicopatológico, digamos: en una fase de vida psicótica, para definir el valor o la carencia de valor artístico de la obra por él creada en esta situación.

Aunque, a veces, al servicio de motivos e intereses sustancialmente ajenos, y de alguna manera se abusa de ellos, esto no basta para poner en tela de juicio, ni mucho menos, el valor de la creación espiritual de que se trata. Perder de vista la validez intrínseca y el valor prístino de una obra de arte o de una experiencia religiosa por el hecho de que se las emplee, así sea en la mayoría de los casos, para fines individualmente neuróticos o culturalmente decadentes, equivaldría a derramar el agua del baño con el niño dentro. Quien emite un juicio de esta clase se parece mucho a aquel que, a la vista de una cigüeña, exclamaba: "Creía que las cigüeñas no existían". El hecho de que la cigüeña sirva, secundariamente, por así decir, para ilustrar la conocida fábula sobre el modo como los niños vienen al mundo, no quiere decir que esta ave no exista.

No por ello hemos de negar, naturalmente, que las creaciones espirituales se hallan condicionadas de un modo o de otro, psicológica y también biológica y sociológicamente; se hallan "condicionadas", en este sentido, no cabe duda; pero ello no quiere decir que se hallen "causadas" en este mismo sentido. Walder ha señalado con razón que todos estos condicionamientos de las creaciones espirituales y los fenómenos culturales constituyen precisamente la "fuente de errores" de la que pueden brotar, evidentemente, determinadas parcialidades o exageraciones, pero nunca el contenido esencial, la realización espiritual que cabe explicar de un modo positivo. (Todos estos intentos de "explicación" confunden el campo de expresión de una persona con el campo de representación de una cosa.) En lo que se refiere a la conformación de la personal visión del mundo, ya Scheler ha puesto de manifiesto que las diferencias caracterológicas y la individualidad íntegra de un hombre sólo se manifiestan en su imagen del universo en la medida en que influyen sobre su opción, pero sin entrar a formar parte de su contenido. De aquí que Scheler califique estos factores condicionantes de *electivos* y no *constitutivos*. Estos factores sólo nos permiten llegar a comprender por qué la persona de que se trata tiene precisamente esta manera personal de concebir el mundo; pero nunca y en modo alguno pueden llegar a "explicar" lo que de la plenitud del universo se nos ofrece en esta visión singular, aunque sea unilateral.

La particularidad de toda perspectiva, el corte peculiar de todas las imágenes del mundo, está presuponiendo indudablemente la objetividad del mundo de esencias y valores. No cabe duda de que, en última instancia, tampoco la existencia de fuentes de errores y de condicionalidades en la observación astronómica, tal como se manifiestan en la conocida *ecuación personal* de los astrónomos, lleva a nadie a poner en duda que, por encima de tales subjetividades, existe, por ejemplo, la estrella Sirio.

Por razones heurísticas al menos, deberemos abrazar en todo momento el punto de vista de que la psicoterapia, en cuanto tal, no tiene competencia para entrar a discernir todos los problemas de concepción del mundo, puesto que la psicopatología, con sus categorías fundamentales de lo "sano" y lo "enfermo", tiene necesariamente que fracasar ante los problemas referentes al contenido de verdad y a la validez o invalidez de una formación espiritual cualquiera. Si la mera psicoterapia se dejara llevar por el afán de emitir juicios en este terreno, caería inmediatamente en el error del psicologismo.

Del mismo modo que, en la historia de la filosofía, el psicologismo quedó superado, así también el psicologismo debe ser superado dentro de la psicoterapia mediante algo que podríamos llamar *logoterapia*. La misión de esta logoterapia sería, precisamente, la que encomendábamos a una "psicoterapia que parte de lo espiritual": es decir, de complementar la psicoterapia, en el sentido estricto de la palabra, llenando aquella laguna que primero intentamos deducir teóricamente para luego comprobarla a la luz de la práctica psicoterápica. La logoterapia tiene legitimidad metodológica, sólo a condición de que renuncie a la deducción psicologística con una crítica inadecuada, para permitir debates objetivos de la penuria espiritual del hombre que sufre psíquicamente.[3]

La logoterapia no puede, ni debe, naturalmente, sustituir a la psicoterapia, sino solamente complementarla (y aun esto, sólo en ciertos y determinados casos). De hecho, lo que la logoterapia se propone, lo que quiere, es ya una realidad desde hace mucho tiempo, realidad que constantemente se repite, aunque de modo poco consciente y, en la mayor parte de los casos, hasta inconsciente. Lo que nos preocupa, sin embargo, es el problema de si, y hasta qué punto, la logoterapia existe, no *de facto,* sino *de iure.*

Para llegar a este esclarecimiento, en una investigación orientada hacia lo metodológico, debemos separar, por razones heurísticas, los componentes logoterápicos de los psicoterápicos. Pero sin olvidar nunca, al proceder así, que ambas clases de elementos se combinan y forman una unidad en la práctica de la psicoterapia, que se funden, por decirlo así, en la unidad de la acción médica. En última instancia, los objetos y los problemas de la psicoterapia y la logoterapia, es decir, lo anímico y lo espiritual del hombre, sólo pueden separarse entre sí en un sentido heurístico, ya que en la unidad real de la existencia humana considerada como una totalidad se hallan inseparablemente entrelazados.

En principio permanece, pues, en pie la tesis de que lo espiritual debe separarse siempre de lo anímico; ambos representan dos campos esencialmente distintos.* Y el error del psicologismo consiste precisamente, tal como nosotros lo vemos y como creemos que debe verse, en que se desplaza constantemente de uno a otro campo. No se tiene en cuenta nunca, al proceder así, que todo lo espiritual se rige por leyes propias, y este abandono tiene que conducir *y conduce necesariamente, a incurrir en una* μετάβασις εις ὔλλο γένος, un salto a un género distinto. El propósito y la incumbencia verdadera de la logoterapia, tal como nosotros la postulamos, consisten en evitar esto dentro del campo de la acción psicoterapéutica, superando con ello definitivamente el psicologismo dentro de la psicoterapia.

El reduccionismo genético y el pandeterminismo analítico

Hoy vivimos en una época de especialistas, y lo que nos ofrecen es simplemente perspectivas y aspectos particulares de la realidad. *Perdido entre los árboles de los resultados de su investigación, el investigador ya no ve el bosque de la realidad.* Ahora bien, los resultados de las investigaciones no sólo son particulares, sino inconexos entre sí, y resulta difícil fundirlos para formar una imagen unitaria del mundo y del hombre. Por otra parte, la rueda de la evolución no puede dar marcha atrás. En una época en que el estilo de investigación se caracteriza el trabajo en equipo, es menos posible que nunca prescindir del especialista. Pero *el peligro no está en que los investigadores se especialicen, sino en que los especialis-*

---

* Cfr. V. E. Frankl, *Teoría y terapia de las neurosis,* Gredos, Madrid, y Ferrer, Buenos Aires, 1964.

tas generalicen. Todos conocemos a los llamados *terribles simplificateurs.* A su lado podrían ponerse ahora los *terribles généralisateurs,* como me gustaría llamarlos. Los simplificadores terribles todo lo simplifican; dicen todo en una línea. En cambio los generalizadores terribles no se quedan en su línea propia, sino que universalizan los resultados de sus investigaciones. Como neurólogo concedo que es plenamente legítimo considerar la computadora como modelo, digamos, del sistema nervioso central. El error está en la afirmación de que el hombre *no es más que* una computadora. El hombre *es* una computadora. Pero al mismo tiempo es infinitamente más que una computadora. *El nihilismo no sólo se desenmascara cuando habla de la nada, sino que además se enmascara cuando usa la expresión "no es más que".*

Como parte de la tendencia a "personificar casos", suscitada bajo el influjo del psicoanálisis e impugnada duramente por Von Boss, ha adquirido carta de naturaleza la inclinación de husmear todos los trucos y mañas y por dedicarse a desenmascararlos y revelarlos. El hecho de que este *furor analysandi,* como lo llama Ramón Sarro (Quinto Congreso Internacional de Psicoterapia, Viena, 1961), no se detenga ante el sentido y los valores, amenaza a la psicoterapia en su misma raíz. Los estadunidenses hablan en este contexto de un reduccionismo. Podría definir al reduccionismo como un procedimiento seudocientífico por el que los fenómenos específicamente humanos quedan reducidos a fenómenos subhumanos, o bien son deducidos de éstos. Por lo tanto, en términos generales se podría definir el reduccionismo como un *subhumanismo.* Detrás del amor ya no hay más que impulsos inhibidos en cuanto a su fin, como dicen, y la consciencia no es ya otra cosa que el super-ego (el psicoanálisis moderno hace mucho tiempo que ya no sostiene la identificación entre consciencia y super-ego, sino que reconoce y admite la diferencia que hay entre los dos). En una palabra, fenómenos específicamente humanos como la consciencia y el amor se convierten en meros epifenómenos. En consecuencia, el espíritu ya no es más que la máxima actividad nerviosa, para hacer alusión al conocido trabajo de un famoso investigador. ¡Vaya *Epifenomenología del Espíritu*...!

Al nihilismo ilustrado, como se expresa a través del reduccionismo, se contrapone el nihilismo vivido, que es como interpretaría aquél al vacío existencial. Con su tendencia a reificar, a cosificar y despersonalizar al hombre, el reduccionismo ayuda como cómplice al vacío existencial. Parece exagerada, aunque no lo es, la declaración del joven sociólogo estadunidense William Irving Thompson: "Los seres humanos no son objetos que existan como las sillas o las mesas; tienen vida, y si les llega a parecer que sus vidas están reducidas a la mera existencia de una silla o una mesa, se suicidan". (*Main Currents in Modern Thought* 19, 1962.) Y en realidad lo hacen en ciertas circunstancias: una vez que dije una conferencia en la Universidad de Ann Arbor, Michigan, y discutí el vacío existencial, en la discusión posterior el mentor de los estudiantes afirmó que en su puesto de asesor se encontraba diariamente con el vacío existencial, y que estaba dispuesto a prepararme una lista completa de los estudiantes que a raíz de que dudaban del sentido de su vida habían terminado por caer en la desesperación y habían cometido suicidio.

Los autores estadunidenses fueron los primeros que fijaron su atención, en un acto de autocrítica, en lo que ellos llamaron reduccionismo, y al exigir reconocer lo auténtico como tal y *at face value,* como ellos dicen, se unieron al coro de la investigación fenomenológica de Europa. Esto no sucedió sin que reconocieran también la obra de Sigmund Freud; sólo que no vieron en él más que un especialista en motivos que precisamente no se pueden tomar como auténticos. Así, el más distinguido psicólogo estadunidense de la actualidad, Gordon W. Allport, de la Universidad de Harvard, caracteriza a Freud como "un especialista en precisamente aquellos motivos que no se pueden tomar en su valor aparente *(at face value)*" (*Personality and Social Encounter,* Beacon Press, Boston, 1960, p. 103). Como ejemplo toma Allport la posición de Freud ante la religión: "Para él, la religión es esencialmente una neurosis del individuo, una fórmula para el escape personal. En el fondo de la cuestión está la imagen del padre. Por lo tanto, no podemos tomar en su valor aparente el sentimiento religioso, cuando se da en una personalidad" (*op cit.,* p. 104).

Allport es lo bastante justo para señalar simultáneamente que esa clase de procedimiento de interpretación propiamente está anticuado: "En una comunicación a la Asociación Psicoanalítica Norteamericana, Kris observa que el intento de limitar las interpretaciones de la motivación al aspecto del *id* sólo representa al procedimiento antiguo. El interés moderno por el *ego* no se delimita al mero análisis de los mecanismos de defensa. Tiene más respeto por lo que él llama la *superficie psíquica*" (*op. cit.,* p. 103).

La problemática aludida no sólo tiene su aspecto objetivo, sino también un lado humano. Tenemos que preguntar a dónde lleva el que ya no se tomen en serio, en el marco de la psicoterapia, el sentido y los valores para los que vive el paciente; tampoco a este último se le está tomando en serio como hombre. Podemos formular también este hecho diciendo que ya no se cree en su fe. O, para hablar de nuevo con Allport, "el individuo pierde su derecho a que se crea en él" (*op. cit.,* p. 96.) Cómo se pueda todavía crear una relación de confianza en tales circunstancias, es difícil de imaginar.

Si nos apoyamos en el testimonio de Ludwig Binswanger, Freud consideraba a la filosofía como "nada más" que "una de las formas más decentes de la sublimación de una sexualidad reprimida" (*Erinnerungen an Sigmund Freud,* Berna, 1956, p. 19). ¡Con cuánta desconfianza debe ver un epígono del psicoanálisis la cosmovisión privada y personal de un paciente neurótico! En esta perspectiva, no queda de la filosofía más que la teorización, o incluso teologización de una neurosis disfrazada. La pregunta de si la neurosis no es la práctica de una filosofía errada, es pasada por alto.

El reduccionismo no tiene razón ni siquiera cuando se limita a una interpretación genética y analítica, no de las realizaciones del hombre, sino de las perturbaciones de esas realizaciones; por ejemplo, cuando se busca la causa de que un hombre pierda la fe en su educación y su medio. También en ese caso se está afirmando, por ejemplo, que es al influjo de la imagen paterna al que debe atribuirse la desfiguración de la imagen de Dios, y por tanto también su negación.

Mis colaboradores se tomaron el trabajo de investigar una serie, sin selección, de los enfermos que se presentaron en un periodo de 24 horas, buscando las correlaciones que se pudieran revelar entre la imagen paterna y la vida religiosa. En el curso de su investigación estadística hallaron que 23 personas tenían una imagen paterna dotada de rasgos plenamente positivos, mientras que otras 13 no tenían nada favorable que decir. Y es notable que de las 23 personas que habían crecido bajo una buena estrella pedagógica, solamente 16 lograran establecer posteriormente una relación con Dios igualmente buena, mientras que siete de ellas perdieron la fe; en cambio, de las 13 que habían sido educadas bajo los auspicios de una imagen paterna negativa sólo se hallaron dos que se pudieran calificar de irreligiosos, mientras que 11 habían logrado llegar a una vida de fe. Además, las 27 personas que en su vida posterior eran creyentes no provenían únicamente de los círculos de la gente que crece en un medio exigente, como, a la inversa, tampoco las nueve personas que se volvieron irreligiosas debían su irreligiosidad exclusivamente, por ejemplo, a una imagen paterna negativa. Incluso si, en los casos en que había una correlación entre la imagen paterna y la imagen de Dios, pudiéramos ver un resultado de la educación, tendríamos que suponer el efecto de una decisión en los casos en que la imagen paterna y la imagen de Dios *no* eran congruentes. Porque el hombre capaz de tomar una decisión tiene precisamente la posibilidad de oponerse a los seudodeterminantes de su conducta. Y no es la última tarea de la psicoterapia el suscitar esta libertad frente a las aparentemente todopoderosas determinaciones y condicionamientos. Esa misma filosofía que fuera denigrada como "nada más que" la "sublimación de una sexualidad reprimida" *(véase antes)* es la que le puede indicar al paciente el camino para iluminar esa libertad. Y no haríamos más que seguir el consejo de Kant, si pensáramos en aplicar la filosofía como una medicina. No es procedente descartar esto desde un principio. Porque pensemos, por ejemplo, que se considera legítimo ¡emplear la química en el marco de la medicina!

No habría nada que objetar contra un sano determinismo; a lo que debemos oponernos es a lo que yo acostumbro llamar *pandeterminismo*.* Es evidente que el hombre está determinado, es decir sujeto a condicionamientos, sean biológicos, psicológicos o sociológicos, y que en este sentido no es de ninguna manera libre: no está libre de condicionamientos, y en realidad no es libre de algo, sino libre para algo, en otras palabras, es libre para tomar una posición frente a todos sus condicionamientos, y precisamente el pandeterminismo pasa por alto y olvida por completo esta auténtica posibilidad del hombre.

No necesito que nadie me llame la atención a la condicionalidad del hombre: en último término, soy especialista con dos especialidades, neurología y psiquiatría, y como tal conozco muy bien la condicionalidad biopsicológica del hombre; pero no sólo soy médico con dos especialidades, soy también superviviente de cuatro campos de concentración, y por esto conozco también la libertad del hombre, que es capaz de evadir con su esfuerzo todos sus condicionamientos y de oponerse a las más rigurosas y duras condiciones y circunstancias, y de aplicar todo su peso contra ellas, gracias a lo que yo denomino la capacidad del espíritu para hacer resistencia.

Imago hominis

Nicolai Hartmann con su ontología y Max Scheler con su antropología se esforzaron como pocos por rescatar lo humano de las aspiraciones reduccionistas de una ciencia pluralista. Distinguen diversos estadios o capas, como el corpóreo,

---

* Al pandeterminismo, es decir, a un determinismo exagerado, acompaña en general un subjetivismo y relativismo no menos exagerados. El primero se expresa en particular en las teorías corrientes sobre la motivación, haciendo que tengan una orientación unilateral y exclusivamente homeostática.

el anímico y el espiritual. A cada uno de ellos corresponde una ciencia distinta: a lo corpóreo la biología, a lo anímico la psicología, etc. Pero precisamente la pluralidad de las ciencias nace de la diversidad de los estadios o capas. Y ¿dónde queda la unidad del hombre? ¿Hasta dónde ha llegado y dónde se ha impuesto la humanidad, a la manera de un mosaico de planos y saltos, de "saltos cualitativos" (Hegel)? Es sabida la definición del arte como unidad en la multiplicidad. Ahora bien, yo quisiera definir al hombre como unidad *a pesar de* la multiplicidad. Porque hay unidad antropológica a pesar de las diferencias ontológicas, a pesar de las diferencias entre las modalidades diferenciables del ser. La marca característica de la existencia humana es la coexistencia entre su unidad antropológica y sus diferencias ontológicas, entre la forma unitaria de ser que tiene el hombre y las modalidades diferenciables del ser, de las que participa aquélla. En dos palabras, la existencia humana es una *unitas multiplex* (múltiple unidad), para usar la expresión de santo Tomás de Aquino. Pero no está expresada adecuadamente ni en el pluralismo ni en un monismo como el que encontramos en *Benedicti de Spinoza ethica ordine geometrico demonstrata*. No obstante, permítaseme esbozar ahora una imagen del hombre "expuesta geométricamente", *una imago hominis* que funciona con analogías geométricas. Se trata de una ontología dimensional (Frankl, *Jahrbuch für Psychologie und Psychotherapie* 1, 186, 1953), que tiene dos leyes, de las cuales la primera dice así:

Si sacamos de su dimensión un objeto y lo proyectamos a diversas dimensiones que sean inferiores a su propia dimensión, toma figuras tales que se contradicen entre sí. Por ejemplo, si sacamos del espacio tridimensional un vaso, geométricamente un cilindro, y lo proyectamos a los planos bidimensionales lateral y de la base, entonces obtenemos, en un caso, un cuadrángulo y en el otro un círculo.

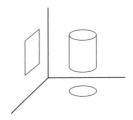

La segunda ley de la ontología dimensional es la siguiente:

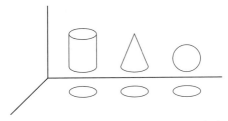

Si sacamos de su dimensión (no uno sino) diversos objetos y los proyectamos (no en diversas dimensiones sino) en una sola dimensión, inferior a la dimensión original, se forman figuras que (no se contradicen entre sí, sino que) son ambiguas. Si, por ejemplo, proyectamos un cilindro, un cono y una esfera sobre el plano bidimensional de la base, sacándolos de su espacio tridimensional, obtenemos en los tres casos un círculo. Supongamos que son las sombras producidas por el cilindro, el cono y la esfera. Entonces, estas sombras son ambiguas en cuanto que no puedo deducir de ellas, que son iguales, si las está produciendo un cilindro, un cono o una esfera.

¿Cómo aplicamos todo esto al hombre? Pues bien, también el hombre, si lo reducimos sacándolo de su dimensión específicamente humana y lo proyectamos a los planos de la biología y psicología, forma imágenes tales que se contradicen entre sí. La proyección sobre el plano biológico da fenómenos somáticos, mientras que la proyección sobre el plano psicológico da fenómenos psíquicos. Sin embargo, a la luz de la ontología dimensional, esta contradicción no contradice la unidad del hombre. No la contradice como tampoco la contradicción entre el círculo y el cuadrángulo contradice la realidad de que se trata de proyecciones de un mismo cilindro. Pero no olvidemos nunca la unidad de la forma humana de ser, que tiende un puente sobre la multiplicidad de las modalidades diferenciables del ser, de las que participa; es decir que la unión de los opuestos, como soma y psique, la *coincidentia oppositorum* en el sentido de Nicolás de Cusa, es inútil buscarla en los planos sobre los que proyectamos al hombre. Únicamente la podremos hallar en una dimensión un grado más alta, en la dimensión de lo específicamente humano.

Por lo tanto, no se puede decir que hayamos resuelto el problema psicofísico. Pero es muy posible que la ontología dimensional arroje luz sobre la causa de que el problema psicofísico no tenga solución. Algo análogo sucede con el problema de la voluntad libre. Porque, de la misma manera que en el caso del recipiente abierto su proyección al plano de la base y al plano lateral nos daba figuras cerradas, sobre el plano biológico el hombre proyecta la imagen de un sistema cerrado de reflejos fisiológicos, y sobre el plano psicológico se proyecta como un sistema cerrado de reacciones psicológicas. Aquí también la proyección nos da una contradicción. Porque pertenece a la esencia del hombre el ser también abierto, "abierto al mundo" (Scheler, Gehlen y Portmann). Porque ser hombre significa, por sí mismo, estar orientado hacia más allá de sí mismo. La esencia de la existencia humana se encuentra en su autotrascendencia, por así decirlo. Ser hombre significa estar, desde siempre, orientado y dirigido a algo o a alguien, estar dedicado a un trabajo al que se enfrenta un hombre, a otro ser humano al que ama, o a Dios a quien sirve. Esta autotrascendencia rompe el marco de todas las imágenes del hombre que conciben al hombre, en el sentido de un monadologismo (Frankl, *Der Nervenartz* 31, 385, 1960), como un ser que no tiende hacia el sentido y los valores, más allá de sí mismo, y que de esta manera se orienta al mundo, sino que está interesado exclusivamente por sí mismo en cuanto que sólo le interesa conservar o restaurar la homeostasis. Que el principio de la homeostasis no vale universalmente ni siquiera en la biología, para no hablar ya de la psicología, como pudieron demostrarlo Von Bertalanffy, Goldstein, Allport y Charlotte Bühler, lo ignora el monadologismo. Ahora bien, el carácter cerrado de los sistemas de reflejos fisiológicos y de reacciones psicológicas no contradice en ninguna manera, a la luz de la ontología dimensional, la humanidad del hombre. No la contradice como tampoco el carácter cerrado del corte horizontal o del corte vertical del cilindro estaba en contradicción con su carácter abierto.

Ahora vemos claramente que los resultados obtenidos en las dimensiones inferiores valen ahora como antes, dentro de esas dimensiones, y esto se aplica en la misma medida a investigaciones de dirección tan unilateral como la reflexología de Pavlov, el conductismo de Watson, el psicoanálisis de Freud y la psicología individualista de Adler. Freud fue lo bastante genial para percatarse de que su teoría estaba restringida dimensionalmente por su punto de partida. Por eso escribió a Ludwig Binswanger: "Siempre me he mantenido en la planta baja y en el sótano del edificio" (Ludwig Binswanger, *Erinnerungen an Sigmund Freud,* Francke, Berna, 1956, p. 115). Freud no sucumbió a la tentación del reduccionismo, bajo la forma del psicologismo, e incluso podríamos decir de un patologismo, sino en el momento en que tomó ímpetu para añadir lo siguiente: "Ya he hallado una habitación para la religión en mi baja casita: cuando me topé con la categoría de 'neurosis de la humanidad'" *(loc. cit).* Sólo aquí comienza a equivocarse Freud.

Pero su expresión "baja casita" es una palabra guía. Porque hay que dejar aclarado que, siempre que se habla de dimensiones inferiores o superiores, no está prejuzgando el rango ni implicando un juicio de valor. En el sentido de la ontología dimensional, una dimensión superior denota que nos enfrentamos a una dimensión que abarca más y engloba e incluye una dimensión inferior. Por tanto, la dimensión inferior está, en el sentido polivalente de Hegel, *aufgehoben* (abolida / conservada / elevada) en la dimensión superior. Y así, también el hombre, al llegar a ser hombre, de alguna manera sigue siendo animal y planta. Lo mismo sucede con el aeroplano que, de manera análoga, no pierde la capacidad de moverse en el plano, en el suelo, tal como un automóvil. Es verdad que sólo demuestra ser un aeroplano en el momento en que despega del suelo y se eleva en el aire. Pero con eso no se puede negar que un especialista puede deducir —por la misma construcción del aparato, antes de que se eleve— si en realidad es capaz de volar. Con este ejemplo quise aludir a Portmann, que pudo demostrar que el carácter humano del hombre se puede seguir y observar hasta en su misma anatomía. Porque el mismo cuerpo del hombre tiene ya la marca de su espíritu.

Pero la ciencia no sólo tiene el derecho, sino también el deber, de poner entre paréntesis la multidimensionalidad de la realidad, de tapar la realidad como con una pantalla, de filtrar del espectro de la realidad una sola frecuencia. Por tanto, la proyección es más que legítima. Es obligatoria. El científico debe mantener la ficción de estarse enfrentando a una realidad unidimensional. Pero también debe saber qué está haciendo, es decir, debe conocer sus causas de error para eludirlas en su investigación.

Con todo ello hemos llegado al punto en que se puede aplicar al hombre la segunda ley de la ontología dimensional: si no proyectamos formas tridimensionales sobre un plano bidimensional, sino más bien personajes como Fiodor Dostoievski o Bernardette Soubirous sobre el plano psiquiátrico, entonces para mí, como psiquiatra, Dostoievski no es sino un epiléptico como cualquier otro epiléptico, y Bernardette no es más que una histérica con alucinaciones visionarias. Lo que sean por encima de eso, no queda proyectado en el plano psiquiátrico. Porque tanto la realización artística del uno como el encuentro religioso de la otra se hallan fuera del plano psiquiátrico. Ahora bien, dentro del plano psiquiátrico todo sigue siendo plurivalente mientras no se vuelva transparente su orientación hacia alguna otra cosa que puede estar más atrás, que puede estar por encima; como la sombra, que era plurivalente hasta que no pudimos establecer si era el cilindro, el cono o la esfera lo que la proyectaba.

Toda patología requiere primero una diagnosis, ser dia-gnos-ticada, mirada-a-través, referida al *logos* que se esconde tras el *pathos,* al sentido que tiene la enfermedad. Toda sintomatología tiene primero que ser diagnosticada, referida a una etiología; y en la medida en que la etiología es multidimensional, la sintomatología será también plurivalente.

La psicogénesis del psicologismo

Antes de terminar este capítulo, no resistimos la tentación de volver al psicologismo contra sí mismo, de dar la batalla al psicologismo con sus propias armas. Basta con dar la vuelta al asador, por decirlo así, aplicando los métodos del psicologismo contra el psicologismo mismo, para lo cual procuraremos enterarnos de su propia psicogénesis, es decir, de los "motivos" que pueden servirle de base. Si, por tanto, nos preguntamos cuál es la actitud fundamental encubierta, la tendencia secreta del psicologismo, deberemos contestar: es una tendencia de desvalorización de los contenidos espirituales eventuales de los actos psíquicos sometidos a su estudio. Partiendo de esta tendencia de desvalorización, se empeña en desenmascarar, se entrega ansioso a la obra de arrancar caretas, anda buscando continuamente falsas motivaciones, motivaciones neuróticas o patológico-culturales. Esquiva todos los problemas referentes a la validez —lo mismo en el campo religioso que en el artístico, y también en el científico—, *huyendo de la esfera de los contenidos para refugiarse en la esfera de los actos,* ya en el sentido de los complejos analizados psicoanalíticamente, ya por la vía de los sentimientos de inferioridad descubiertos por los métodos de la psicología individual, o por otros caminos análogos. De este modo, el psicologismo, en última instancia, huye siempre de la muchedumbre arrolladora de los datos referentes al conocimiento y de los problemas decisivos, lo que vale tanto como huir de las realidades y las posibilidades mismas de la existencia.

El psicologismo ve por todas partes disfraces y nada más que disfraces; y detrás de ellos no admite otra cosa que motivos neuróticos. Todo se le antoja falso, postizo. Se empeña en hacernos creer que el arte no es "en última instancia, otra cosa", que una evasión de la vida o del amor; que la religión no es sino el miedo del hombre primitivo a los poderes cósmicos. Todas las creaciones espirituales se presentan, dentro de este horizonte, como "meras" sublimaciones de la *libido,* o como puras condensaciones de sentimientos de inferioridad o como medios de una tendencia de aseguramiento. Los grandes creadores espirituales son puestos a un lado, así, como neuróticos o psicópatas. Podemos respirar con alivio y confesar, después de este "desenmascaramiento" del psicologismo, que un Goethe, por ejemplo, no era, "en realidad, otra cosa" que un neurótico.

Esta tendencia del pensamiento a que llamamos *psicologismo* no ve nada genuino, es decir, no ve genuinamente nada. Por el hecho de que algo fuese alguna vez un disfraz o un medio para un fin, ¿hemos de creer que desempeña siempre esta misma función, que no puede ser nunca otra cosa? ¿Por qué no ha de tratarse de algo inmediato, auténtico, originario?

La psicología individual predica el coraje, olvidándose al parecer de la humildad, de la humildad ante lo que es espiritualmente creador en el mundo, ante lo espiritual como un mundo en sí y cuyas esencias y valores no se dejan llevar, en modo alguno, psicologistamente, al simple plano psicológico.[4] Ahora bien, la humildad, cuando es auténtica, constituye, por lo menos, un signo de fortaleza interior tan respetable como el coraje.

Lo que, en último término, interesa a la psicoterapia "desenmascaradora" no es enjuiciar, sino poner a un lado. Pues bien, si la obligamos a mirarse en su propio espejo, si, como el basilisco, le ponemos delante un espejo para que se mire en él, vemos inmediatamente que —al igual que todo psicologismo— gira toda ella en torno de los problemas de la validez en el campo ideológico y científico.

El psicologismo puede ser explicado, pues, como medio de que se sirve una tendencia de desvalorización. Con lo cual una corriente de la investigación por él dominada deja de ser expresión de la entrega cognoscitiva a una cosa. Sin embargo, el psicologismo es, además, a nuestro juicio, la manifestación parcial de algo más extenso: los finales del siglo XIX y los comienzos del XX presentaban una imagen del hombre completamente deformada, ya que lo mostraban sobre todo en sus múltiples ataduras y, por tanto, en su supuesta impotencia frente a ellas: las ataduras biológicas, las psicológicas, las sociológicas. No se paraba la atención en la verdadera libertad humana que es una libertad frente a todas estas vinculaciones, en la libertad del espíritu frente a la naturaleza, que es, en realidad, la que determina la naturaleza humana.

Surgía así, al lado del psicologismo, un biologismo y un sociologismo,[5] que, combinados, trazaban una imagen caricaturesca del hombre. No es extraño que, en la historia del espíritu surgiera, como necesariamente tenía que surgir, una reacción contra estas concepciones naturalistas, volviéndose la mirada hacia los hechos fundamentales del ser humano, hacia la libertad humana, frente a los datos de la vinculación natural. No es extraño que, de este modo, el hecho primigenio de la responsabilidad se situase de nuevo, por fin, en el centro del horizonte visual, ya que el otro hecho primigenio, el de la conciencia, no podía, por lo menos, ser negado por el psicologismo. Hay que reconocer a la filosofía existencialista el mérito de haber destacado la Existencia como una forma de ser *sui generis*. Así, vemos que Jaspers califica el ser del hombre como un ser "que decide", que no "es" pura y simplemente, sino que, además, decide precisamente en cada caso "lo que es".

Este esclarecimiento de una situación de hecho que venía siendo comprendida como evidente desde hacía ya largo tiempo, aunque no siempre se confesara, hace posible por vez primera un enjuiciamiento ético de los actos humanos. Allí donde el hombre se enfrenta a las contingencias naturales, es decir, cuando deja precisamente de someterse al imperio de lo biológico (raza), de lo sociológico (clase) o de lo psicológico (tipo caracterológico) y de obedecer ciegamente a estos poderes, es donde comienza a ser susceptible de enjuiciamiento moral en todos y cada uno de los aspectos. Conceptos diariamente empleados por nosotros, como los conceptos *mérito* y *culpa,* sólo tienen sentido y razón de ser a condición de que reconozcamos la capacidad verdaderamente humana en el sujeto, quien en vez de aceptar todas las vinculaciones a que acabamos de referirnos como algo impuesto por el destino, las ve como esforzadas tareas por las que tiene que decidirse para conformar su vida.

Así por ejemplo, el hecho de pertenecer a un determinado pueblo o nación no representa, de por sí, un mérito ni una culpa. La culpa comenzará cuando el individuo, supongamos, no fomente las dotes peculiares de una nación o descuide o entorpezca los valores culturales de su nación; el mérito, de otra parte, consistirá en tratar de superar ciertas fallas caracterológicas del pueblo de que se trate, en un esfuerzo consciente de autoeducación.[6] Mucha gente comete el error de tomar las fallas de carácter de la nación a que pertenecen como pretexto para justificar las deficiencias de carácter de su propia persona. Recuerdan en esto a Dumas hijo, de quien se cuenta que, habiéndole dicho un día una señorita de la alta sociedad: "Debe ser muy fastidioso para usted que su padre fuese un hombre de costumbres tan libres", le contestó: "¡Oh, no, señorita! Ya que no puede servirme de ejemplo, me sirve, por lo menos, de excusa". Mas justo y acertado habría sido que el hijo invocase a su padre como ejemplo escarmentador. Pero son también muchos los individuos que incurren en el error de sentirse orgullosos de las virtudes nacionales de carácter, sin haber hecho de ellas un mérito propio mediante su cultivo individual. No es posible imputarle a nadie, ni como culpa ni como mérito, aquello de que no se le puede hacer responsable. Esta concepción es, en última instancia, la que sirve de fundamento a toda la mentalidad del Occidente desde los tiempos de la filosofía antigua, y sobre todo, desde la aparición del cristianismo; en estricta y consciente oposición con el pensamiento pagano, toda posibilidad de enjuiciamiento moral del hombre, en este aspecto, comienza precisamente allí donde el hombre puede optar libremente y obrar de un modo responsable y termina cabalmente en el momento mismo en que esto deja de ocurrir.

Hemos intentado, en las páginas anteriores, primero, deducir de un modo teórico la necesidad de una logoterapia, y luego poner de manifiesto a la luz de la práctica la necesidad de una "psicoterapia que arranca de lo espiritual". En relación con el primer problema, hemos visto hasta qué punto es categorialmente insuficiente la psicoterapia, entendida en el sentido estricto de la palabra; por lo que al segundo problema se refiere, se ha demostrado que la psicoterapia, así concebida, resulta incompetente para todo lo espiritual o tiene necesariamente que caer en el campo del psicologismo.

En las páginas que siguen habremos de demostrar la posibilidad práctica de una logoterapia concebida como una consciente "psicoterapia desde lo espiritual", para, por último —en el capítulo final— someter a prueba su posibilidad teórica, es decir, contestar a la pregunta, ya apuntada de si es posible sustraerse, en principio, a la acción de alguna concepción del mundo.

Sin embargo, ya por lo que dejamos dicho podemos ver que el problema de la aplicabilidad técnica de una "psicoterapia a partir de lo espiritual", de que hemos de ocuparnos en el capítulo siguiente, tropieza con señalados obstáculos. Repetidamente hemos comprobado, en efecto, que es necesario retrotraerse a lo que constituye el fundamento esencial de la existencia humana, es decir, el factor responsabilidad. Llegaremos, de este modo, a la conclusión de que la psicoterapia, girando en torno del punto angular de la logoterapia, tiene necesariamente que cambiar de rumbo, orientándose hacia un análisis de la existencia,* concebido como un análisis del ser hombre a base del ser-responsable.

---

* Cfr. V. E. Frankl, "Zur geistigen Problematik der Psychotherapie", *Zentralblatt für Psychotherapie* (1938), y "Grundlegung einer Existenzanalyse", *Schweizer medizinische Wochenschrift* (1939).

II. DEL PSICOANÁLISIS AL ANÁLISIS EXISTENCIAL

A. ANÁLISIS EXISTENCIAL GENERAL

1. El sentido de la vida

Concebida específicamente como psicoanálisis, la psicoterapia tiende hacia un resultado que es, concretamente, el de tornar consciente lo psíquico. La logoterapia, por el contrario, tiende a tornar consciente lo espiritual. Pues bien, concebida específicamente como análisis de la Existencia, se esfuerza, especialmente, por hacer que el hombre cobre conciencia de su responsabilidad, viendo en ella el fundamento esencial de la Existencia humana.

La responsabilidad significa siempre responsabilidad ante un deber. Ahora bien, los deberes de un hombre sólo pueden ser interpretados partiendo de un "sentido", del sentido concreto de una vida humana. Por eso debemos situar al frente de este capítulo, antes de nada, y colocarlo en el centro mismo de estas reflexiones, el problema del sentido de la vida humana. En realidad, este problema es uno de los más frecuentes entre aquellos con que el enfermo mental asalta al médico, en sus luchas y sus angustias espirituales. No es el médico, sino el enfermo quien, llevado de sus propias angustias espirituales, pone este problema sobre el tapete y acosa con estas dudas y cuestiones al encargado de su curación.

El cuestionamiento del sentido de la vida

El problema del sentido de la vida, ya se plantee de un modo expreso o de una manera simplemente tácita, debe ser considerado un problema verdaderamente humano. Por tanto, el hecho de poner sobre el tapete el problema del sentido de la vida no debe interpretarse nunca, en modo alguno, como síntoma o expresión de algo enfermizo, patológico o anormal en el hombre; lejos de ello, es la verdadera expresión del ser humano de por sí, de lo que hay de verdaderamente humano, de más humano, en el hombre. Podemos perfectamente imaginarnos el caso de animales muy desarrollados —por ejemplo, las abejas o las hormigas—, organizados, desde ciertos puntos de vista, de un modo social y superiores, incluso, en ciertos aspectos, a la sociedad humana en lo que a este tipo de organización, semejante al Estado, se refiere; pero jamás podremos llegar a la conclusión de que un animal se plantee el problema del sentido de su propia existencia, ni pueda, por tanto, llegar a hacer de su propia existencia algo discutible o problemático. Le está reservado al hombre como tal, y exclusivamente a él, el enfocar su propia existencia como algo problemático, el experimentar todo el carácter cuestionable del ser.

Repitámoslo: conozco el caso concreto de un paciente que fue enviado a mi clínica por desesperar del sentido de la existencia. En el curso de la conversación se manifestó que sufría propiamente de un estado de depresión endógena. Ahora bien, apareció que sus cavilaciones no tenían lugar, como sería de suponer, en las épocas de sus fases depresivas; en esas ocasiones estaba con tal preocupación hipocondríaca, que le hubiera sido imposible pensar en ese tipo de cosas. ¡Solamente en los intervalos sanos se ponía a cavilar! En otras palabras, en este caso concreto existía incluso una relación de exclusión entre la necesidad espiritual, por un lado, y la enfermedad anímica, por el otro. Ahora bien, si en el caso concreto la desesperación y la duda no se podían reducir a la depresión, muy bien podían ocasionalmente, por el contrario, llevar a una depresión noógena.

El problema del sentido de la vida, planteado de un modo radical, puede llegar a avasallar totalmente al individuo. Este caso suele darse, sobre todo, en el periodo de la pubertad, es decir, en aquel periodo en que se revela ante el joven que va madurando espiritualmente y lucha espiritualmente por ver claro, la problemática esencial de la existencia humana. Como un profesor de historia natural expusiera ante una clase de alumnos de enseñanza secundaria, en sus explicaciones, la tesis de que la vida de los organismos, incluyendo la del hombre, "no es, en última instancia, otra cosa" que un proceso de oxidación, un proceso de combustión, se levantó inesperadamente uno de los alumnos, para formular esta pregunta apasionada, incontenible: "¿Qué sentido tiene, entonces, la vida humana?" El joven que formulaba tal pregunta habíase dado clara y certeramente cuenta de que el hombre vive con una modalidad de existencia distinta, por ejemplo, a la de la bujía que arde y se consume ante nuestra vista, sobre la mesa. Su ser* podrá ser concebido, no cabe duda, como un proceso de combustión, pero es evidente que el hombre, por el mero hecho de serlo, lleva apa-

---

* El autor precisa en alemán la expresión *sein* recordando la de Heidegger: *Vorhanden-sein,* la manera de ser de lo meramente existente: lo que está presente. [T.]

rejada, además, una forma de ser esencialmente distinta de ésta. El ser humano es, ante todo, un ser esencialmente histórico —por ejemplo, en contraposición al ser animal—, que vive siempre dentro de un ámbito histórico, fuera de cuyo sistema de coordenadas no puede concebírsele. Y este sistema de relaciones se halla siempre presidido por un sentido, siquiera sea un sentido no percibido, no confesado o no expresado. De aquí que la vida de un hormiguero pueda considerarse, si se quiere, enderezada hacia un fin, pero en modo alguno como dotada de un sentido. Y con la categoría misma del "sentido" desaparece también lo que podemos llamar lo *histórico:* un "estado" de hormigas jamás puede tener "historia".

Erwin Strauss (en su libro titulado *Acaecer y vivencia*) ha puesto de manifiesto que no es posible descartar de la realidad de vida del hombre —incluyendo, y no en último lugar, al hombre neuróticamente enfermo— la "realidad del devenir", el factor histórico tiempo. Ni siquiera o, mejor dicho, mucho menos cuando el hombre (y, en particular, el neurótico) "deforma" esta realidad del devenir. Una modalidad de esta deformación la tenemos en ese intento de inversión, en esa desviación del modo de ser originario del hombre que Strauss califica de existencia "presentista". Se refiere a una deformación específica de la vida que consiste en creer que se puede renunciar a toda orientación, a toda meta. A un comportamiento que no se basa en las enseñanzas del pasado ni se orienta hacia las metas del futuro, sino que se contrae en el puro presente sin historia. Esta modalidad se nos presenta en la huida neurótica a una especie de esteticismo, en la evasión del neurótico en un engolosinamiento artístico o en un entusiasmo desmedido por la naturaleza. En estas condiciones, el hombre se olvida, en cierto modo, de sí mismo, aunque más exacto sería decir que se olvida de sus deberes, por cuanto que, en tales momentos, vive más allá de todos los deberes que el sentido histórico-individual de su existencia le impone.

El hombre normal (normal, tanto en el sentido de una norma media como en el sentido de una norma ética) sólo puede orientarse de este modo "presentista" en ciertos momentos y, aun así, hasta cierto punto nada más. En los momentos, concretamente, en que se entrega, por ejemplo, al regocijo y al descanso, volviendo consciente y transitoriamente la espalda a la vida determinada por el sentido que la preside; en estos instantes, olvidándose el hombre deliberada y artificialmente de sí mismo, se descarga, de vez en cuando conscientemente, de la carga, en ocasiones demasiado grande, de su esencial responsabilidad. Pero el hombre occidental, por lo menos, vive siempre, en rigor y en última instancia, bajo el imperio de valores que debe realizar, que se siente obligado a realizar creadoramente. Lo cual no quiere decir que no sea posible, como lo es, embriagarse con la obra de la propia creación, dejarse aturdir por ella. Esta posibilidad se apodera de todos aquellos individuos del tipo de hombre que Scheler, en su estudio sobre el "burgués", caracteriza como personas que, dejándose llevar por los medios de realización de una obra, se olvidan del fin último, es decir, de los valores mismos. De esta categoría de hombres forman parte aquellos que trabajan ahincadamente durante toda la semana y que, al llegar el domingo —dominados por el vacío y la falta desoladora de contenido de su vida, que entonces se manifiesta en su conciencia— se sienten deprimidos (neurosis dominical), o que, llevados de un *horror vacui* (en sentido espiritual), van a refugiarse en un estado de embriaguez cualquiera.

Pero el problema del sentido de la vida no se plantea de un modo típico solamente en los años de la adolescencia, sino que en ocasiones es, como si dijéramos, el propio destino quien lo plantea, por ejemplo con motivo de una vivencia cualquiera que sacuda y haga estremecerse al hombre. Y así como la problemática del sentido de la vida, en el periodo de la adolescencia, no representa en rigor nada enfermizo, tampoco debe considerarse como patológica la angustia espiritual del hombre luchando con el contenido de la vida. En términos generales, no debe perderse de vista, además, que la psicoterapia, cuando amplía su horizonte como logoterapia, o, en su caso, como análisis de la Existencia, en cuanto forma específica de la logoterapia, guarda relación, por lo común, con *hombres que sufren espiritualmente,* pero que *no deben ser considerados como enfermos en sentido clínico.* En rigor, es ese sufrimiento causado por la problemática humana lo que constituye el verdadero objeto sobre el que versa la "psicoterapia que arranca de lo espiritual". Pero, aun en los casos en que se dan realmente síntomas clínicos, por ejemplo, síntomas psicopáticos, puede tratarse también, en ciertas y determinadas circunstancias, de facilitar al enfermo, por medio de la logoterapia, aquel *punto de apoyo espiritual especialmente sólido que el hombre sano y corriente necesita menos, pero que el hombre psíquicamente inseguro necesita de un modo apremiante, precisamente como compensación de su inseguridad.*

La problemática espiritual de un hombre no debe dejarse nunca a un lado como un simple "síntoma"; es, en todo caso, una "aportación" (para atenernos a esta antítesis presentada por Oswald Schwarz): una aportación realizada ya por el paciente o una aportación que debemos ayudarle a realizar. Esto es aplicable, sobre todo, a los que han perdido el equilibrio de su alma por razones puramente exógenas.

En esta categoría de sujetos habría que incluir, por ejemplo, al hombre que habiendo perdido al ser a quien amaba más que a nada en el mundo y al que consagraba su vida entera, se pregunte, indeciso, sin rumbo, si su vida tiene ya, ahora, algún sentido, una razón de ser. ¡Ay del hombre cuya fe en el sentido de su existencia vacile, al llegar este momento! Se quedará, si eso le sucede, sin reserva moral alguna; el hombre, en estas condiciones, se ve privado de aquellas energías espirituales que sólo es capaz de ofrecer una concepción del mundo que afirme incondicionalmente el sentido de la vida —sin necesidad de que, para ello, el hombre cobre clara conciencia en este sentido ni, mucho menos, que llegue a dar a esta conciencia una clara formulación conceptual— y se encontrará, así, desarmado para recibir, en las horas difíciles de la vida, los golpes del destino y para compensar "la fuerza" de la fatalidad con la suya propia. El hombre caerá, de este modo, en una especie de descompensación moral.

Tal vez comprendamos mejor cuán primordial es la importancia que debe atribuirse a una concepción del mundo afirmativa del sentido de la vida, a la luz de lo siguiente. Una investigación estadística de gran envergadura acerca de las probables razones de la longevidad dio como resultado el de que todos los sujetos investigados, es decir, todas las personas longevas incluidas en la encuesta, acusaban una concepción de la vida "optimista", afirmativa del sentido de la vida misma. Y, en el campo psicológico, la actitud ideológica del hombre acredita también un valor tan central que "se abre paso" en todas las circunstancias, razón por la cual no puede "disimularse" íntegramente, por ejemplo, en los enfermos que procuran encubrir su fundamental actitud negativa ante la vida. Empleando los métodos adecuados de exploración psiquiátrica, cabe descubrir plenamente el sentimiento encubierto de cansancio de vivir. Cuando abrigamos la sospecha de que un enfermo disimula sus intenciones de suicidarse, es recomendable seguir en el examen el siguiente procedimiento: lo primero que debe hacerse es preguntar al paciente si se propone quitarse la vida, o, en su caso, si persiste en sus ideas de suicidio, manifestadas con anterioridad. Claro está que el paciente contestará negativamente a esta pregunta, sobre todo si trata de ocultar sus verdaderas intenciones. Pero, en seguida, le formularemos otra pregunta, que nos permitirá establecer un diagnóstico diferencial entre la verdadera ausencia del *tedium vitae* de una parte y, de otra, el simple encubrimiento de esta actitud: le preguntaremos —por muy brutal que la pregunta pueda parecer— "por qué" no abriga ya el propósito de suicidarse. Ante tal pregunta, el enfermo, libre de este propósito o ya curado de él, se apresurará a contestar que tiene que preocuparse, por ejemplo, del sustento de su familia, que no puede dejar abandonados sus trabajos, etc. En cambio, el melancólico que quiera disimular caerá, ante esta pregunta, en un estado típico de perplejidad. No encontrará respuesta alguna en que nos ofrezca argumentos en favor de su afirmación (simulada) del sentido de la vida. Cuando se trata de un paciente que ya está internado, es típico que comience entonces a presionar para que se le deje ir, o bien a sostener que no tiene ninguna intención de suicidarse que pudiera obstar para que se le dé de alta.

De este modo, el hombre se encuentra psicológicamente en la imposibilidad de ofrecer, ni siquiera de pretextar argumentos en favor de la afirmación del sentido de la vida o en pro de la necesidad o el deseo de seguir viviendo, es decir, argumentos en contra de la idea del suicidio que domina su mente: si estos argumentos existieran realmente, si estuvieran presentes en su espíritu, el paciente dejaría *eo ipso* de hallarse dominado por propósitos de suicidio, razón por la cual nada tendría que aparentar.

El suprasentido

El problema del sentido de la vida puede interpretarse de diferentes modos. Queremos, por tanto, separar de su ulterior discusión, ya desde el primer momento, aquel problema que versa sobre el sentido dubitativo de todo acaecer objetivo, por ejemplo, sobre las problemáticas "finalidad y meta" del mundo, o sobre el problema del sentido del destino que nos sale al paso o de las cosas que nos suceden. En rigor, todas las respuestas positivas que podamos dar a estas preguntas están reservadas a la fe. De aquí que el hombre de mentalidad religiosa, que cree en una Providencia, no tenga nunca esta clase de problemas. Los demás tendrán que buscar el modo de sobreponerse críticamente, por la vía del conocimiento, a este tipo de problemática. Deberemos examinar si es lícito, en términos generales, ponerse a investigar el sentido del todo, es decir, si este problema tiene, de por sí, sentido y razón de ser. En rigor, sólo debemos detenernos a preguntar, en cada caso, por el sentido de un acaecer parcial, nunca por el "fin" del acaecer universal. La categoría del "fin", en ese sentido, es trascendente, ya que el fin se halla en cada caso fuera de aquello que lo "tiene". Por eso, sólo podríamos concebir el sentido total del universo, a lo sumo, bajo la forma de un llamado concepto límite. Podríamos calificar este sentido, tal vez, como *suprasentido*, con lo que expresaríamos que el *sentido del todo no es captable y que es más que captable*. Este concepto sería así, un postulado análogo a los postulados kantianos de la razón; representaría una necesidad del pensamiento y, al mismo tiempo, una imposibilidad del pensamiento, antinomia ésta a la que sólo podemos sobreponernos por la vía de la fe.

Ya Pascal decía que la rama no puede llegar a comprender nunca el sentido del árbol en su totalidad. Y la moderna teoría biológica del medio ha puesto de manifiesto que todo ser viviente se halla encerrado en el medio correspondiente a su especie, sin poder romper esta envoltura. Por muy excepcional que sea la posición que el hombre ocupe a este respecto, por muy "abierto" que se halle al universo, por mucho que pensemos que el hombre no vive en un "medio", en un "mundo circundante", sino en un "mundo", en "el" mundo, ¿quién nos asegura que más allá de este mundo del hombre no existe un supramundo?* ¿Acaso no es más lógico suponer que el emplazamiento final del hombre dentro del mundo es algo puramente aparente, simplemente un estar más arriba, dentro de la naturaleza, en comparación con los animales, pero que podemos aplicar al "ser-en-el-mundo" (Heidegger), en última instancia, por analogía, lo mismo que vale para el mundo circundante de los animales?

Exactamente del mismo modo que un animal no puede, trascendiendo de su medio, llegar a comprender nunca el mundo de los hombres que está por encima de él, el hombre no puede llegar nunca a comprender qué es lo que está por encima de su mundo propio; puede, a lo sumo, llegar a vislumbrarlo —por medio de la fe—. *Un animal domesticado no puede llegar a conocer nunca los fines en fun-*

---

* El texto alemán juega con las palabras *Umwelt* —mundo circundante, medio ambiente—, y *Welt* —mundo, a secas—. También habla de *Welt-haben* —tener mundo—. [T.]

ción de los cuales lo subyuga el hombre. ¿Cómo podría el hombre llegar a saber cuál es el "fin último" de su vida, cuál es el sentido superior al que obedece el universo como un todo? Cuando N. Hartmann afirma que la libertad y la responsabilidad del hombre se hallan en contradicción con una finalidad oculta a sus ojos, pero superior a él, formula a nuestro entender una idea inexacta. El propio Hartmann reconoce que la libertad del hombre es una "libertad a pesar de la dependencia", en cuanto que también la libertad espiritual se erige sobre las leyes de la naturaleza, en una "capa del ser" propia y superior, la cual, pese a la "dependencia" respecto de las capas inferiores del ser, es "autónoma" respecto de éstas. A nuestro juicio, sería perfectamente concebible la existencia de una relación análoga entre el reino de la libertad humana y un reino sobrepuesto a él, de tal modo que el hombre, pese a lo que la Providencia se proponga hacer de él, pueda ser considerado como un ser libre en cuanto a su voluntad, del mismo modo que el animal domesticado vive con arreglo a sus instintos a pesar de servir al hombre quien se sirve precisamente de los instintos animales para sus propios fines.

Supongamos que quiero construir una máquina cuya función va a consistir en empacar de determinada manera cierta mercancía; es, sin más, evidente que para esta tarea de construcción voy a necesitar una cierta inteligencia, de la que consta una cosa: ¡que en cualquier caso tiene que ser de un grado superior a la inteligencia que bastaría justamente para empacar uno mismo esa mercancía! El siguiente paso es aplicar al problema de los instintos esta comparación de grados; y, respecto de la llamada sabiduría de los instintos, ¿no llegaremos entonces a la conclusión de que *esa* sabiduría que le ha prestado un determinado instinto a tal o cual género o especie animal, esa sabiduría, pues, que debe haber establecido ese instinto, y que por lo tanto está *detrás* del instinto, tiene que ser de un grado incomparablemente superior a la "sabiduría" de los mismos instintos por los que el animal reacciona de manera tan "sabia"? Y pudiera ser que la verdadera diferencia entre el hombre y el animal no se encuentre tanto en que el animal tiene instintos y el hombre inteligencia (en último análisis se puede concebir toda la inteligencia humana como un mero instinto "superior", sobre todo cuando tenemos en cuenta el *a priori* que está en la base de toda la razón humana, aunque la razón no lo puede ya fundamentar); la diferencia esencial entre el hombre y el animal radica en que la inteligencia del hombre es tan alta, que el hombre —en definitiva oposición a la potencia del animal— puede incluso otra cosa más: percibir que tiene que haber una sabiduría de un rango fundamentalmente superior a la suya, una sabiduría sobrehumana, que implantó en él la razón y en los animales los instintos; una sabiduría que creó igualmente la sabiduría humana y los "sabios" instintos de los animales y los determinó para su mundo respectivo.

Nadie ha expresado con más fuerza y belleza que Schleich las relaciones entre el mundo humano y un mundo superior —relaciones que debemos imaginarnos como análogas a las que median entre el "mundo circundante" de los animales (véase Uexküll) y el mundo del hombre—:*
"Dios, sentado ante el órgano de las posibilidades, improvisó el universo. Nosotros, pobres mortales, sólo escuchamos

---

* Las relaciones entre el mundo circundante animal (estrecho) y el mundo del hombre (más amplio) y entre éste y un mundo superior (que los abarca todos) formarían, si se quiere, la "sección dorada".

la *vox humana*. La belleza de ésta es un indicio de lo grandiosa que debe de ser la armonía en su totalidad".

Si queremos determinar la relación que hay entre el mundo circundante del animal (más estrecho) y el mundo del hombre (más amplio), se nos ocurre como analogía la sección áurea. En esta sección, la parte más pequeña tiene la misma relación con la parte mayor, que la que tiene ésta con el todo. Tomemos como ejemplo un mono al que se le estén aplicando inyecciones dolorosas para obtener un suero. ¿Acaso podría comprender el mono por qué tiene que sufrir? Fuera de su mundo circundante es incapaz de seguir las reflexiones del hombre que se sirve de él para sus experimentos; porque el mundo humano, un mundo de sentido y de valores, no le es accesible. No alcanza a llegar a este mundo, no alcanza a penetrar en sus dimensiones; ¿y no debemos suponer que el mismo mundo del hombre es superado, a su vez, por un mundo que, análogamente, no es accesible al hombre, cuyo sentido, cuyo sentido *superior* sería lo único capaz de darle un sentido al sufrimiento del hombre?

Ahora bien, el amor sirve de base al paso, dado en la fe, a la dimensión ultrahumana. Éste es un hecho conocido en y por sí mismo. Menos conocido es que hay una *preformación en el orden infrahumano*. ¿Quién no ha observado a un perro al que se le causa un dolor por su propio interés, por ejemplo, por un veterinario, y que, lleno de confianza, mira a su dueño? Sin poder "saber" qué sentido debe tener el dolor, el animal "cree" en cuanto que confía en su dueño, y precisamente porque lo "ama" —*sit venia anthropomorphismo.*

De suyo se comprende que la fe en un "sentido superior" —ya lo concibamos como concepto límite o lo interpretemos religiosamente como Providencia— tiene una extraordinaria importancia psicoterapéutica y psicohigiénica. Es ésta una fe creadora. Hace al hombre más fuerte, como auténtica fe que es, nacida de una fortaleza interior. Para quien se hace fuerte en esta fe no existe, en última instancia, nada carente de sentido. Para él, nada acaece "en vano", "ningún hecho queda sin registrar" (Wildgans).

En este aspecto ningún pensamiento grande está condenado a perecer, aunque no llegue a ser conocido, aunque quien lo conciba "descienda con él a la tumba". Así concebida la cosa la historia *interior* de la vida de un hombre, en todo su dramatismo, e incluso en su dolor trágico, no acaecerá nunca "en vano", aunque no llegue a escribirse ninguna novela que la relate. *La "novela" vivida por uno es siempre, a pesar de todo, una realización creadora incomparablemente mayor que la novela que cualquier narrador pueda escribir.* De un modo o de otro, todo el mundo sabe que el contenido de una vida, su consumación cumplidora, es "asumpta" en alguna parte, en aquel doble sentido hegeliano —*aufgehoben*— que significa, a un tiempo, *tollere* y *conservare,* cancelar y conservar. De este modo, el tiempo, la caducidad de la vida, no merma en lo más mínimo en el sentido y el valor de ésta. *Ser-haber-sido* es también un modo de ser, tal vez el más seguro. Toda acción en la vida sería,* en este sentido, *la salvación de lo posible en lo real.* Aunque es pasado, precisamente *en el pasado se halla puesta a salvo para toda una eternidad,* sin que pueda hacer mella en ella la noción del porvenir.

Es cierto que no se puede volver a traer el tiempo transcurrido; pero lo que haya ocurrido en él es intocable, invulnerable. Y, de esta suerte, el tiempo fugaz no es sólo un la-

---

* En alemán hay *Gewesen-sein,* ser-sido.

drón, sino también un depositario fiel. Y cuando una visión del mundo fija la mirada en lo transitorio de la existencia, no por eso debe ser pesimista. Si intentáramos expresar esto con una analogía, podríamos decir: el pesimista es como un hombre que está frente a un calendario y con temor y dolor ve cómo este calendario, al que diariamente arranca una hoja, va quedando cada vez más delgado. Mientras un hombre que concibiera la vida en el sentido que acabamos de explicar se parecería a una persona que añade con todo cuidado y atención la hoja que acaba de arrancar a las que ha arrancado hasta entonces, no sin escribir al reverso de la hoja recién arrancada una pequeña nota, a manera de diario, y que entonces, lleno de orgullo y alegría, considerara todo lo que había escrito en esas notas, todo lo que quedó "escrito" en su vida. ¿Qué importaría incluso que este hombre se diera cuenta de cómo va envejeciendo? ¿Debería, podría mirar a la juventud con un corazón lleno de envidia, o mirarse con pesadumbre a sí mismo? ¿Por qué tendría que envidiar a un joven —así pensaría más bien— acaso por *las posibilidades* que aún tiene éste, por su *futuro*? "Gracias", pensaría, "en vez de eso, yo tengo *realidades* en mi *pasado;* no sólo la realidad de las obras realizadas, sino también, la del amor que he amado y, también, la del sufrimiento que he sufrido. Y de éste es de lo que más me enorgullezco, aunque sea lo que menos me envidien otros…"

Todo lo bueno, todo lo hermoso del pasado, está guardado en el pasado contra todo peligro. Por otro lado, toda culpa y todo mal es "redimible" mientras se está en vida (Scheler, *Renacimiento y remordimiento*). Su situación no es, pues, de ninguna manera como si se tratara de una película ya terminada, a la manera como se representa en la teoría de la relatividad al proceso del mundo como la totalidad de "líneas cósmicas" de cuatro dimensiones: una película ya hecha, que simplemente se hace correr. Más bien, la película de este mundo corre por primera vez. Y esto no significa sino que lo pretérito —"afortunadamente"— está establecido, y por tanto asegurado, mientras que lo futuro —"afortunadamente"— está abierto, y por tanto depende de la responsabilidad del hombre.

Y ¿qué es, pues, la responsabilidad? Responsabilidad es aquello de lo que se nos "hace" responsables, aquello que "rehuimos". Con esto la sabiduría del lenguaje ya nos está indicando que en el hombre tiene que haber una especie de fuerzas opuestas que tratan de detenerlo para que no asuma la responsabilidad que le corresponde por su mismo ser. Y en realidad hay en la responsabilidad algo de abismal. Y cuanto más larga y más hondamente recapacitamos en ella, más nos percatamos de eso, hasta que nos sobreviene una especie de vértigo. Porque en cuanto profundizamos en la esencia de la responsabilidad humana, nos da escalofrío: hay algo *terrible* en ella, pero, al mismo tiempo ¡algo *maravilloso*! Es *terrible* saber que en cada momento soy responsable del siguiente momento; que cada decisión, la menor igual que la mayor, es una decisión "para toda la eternidad"; que en todo momento estoy realizando una posibilidad, la responsabilidad de ese momento único, o la estoy perdiendo. Por otra parte, cada momento encierra en sí miles de posibilidades, y yo no puedo elegir más que una sola que realizar. Pero con esto quedan condenadas todas las demás, quedan destinadas a no ser jamás, y esto también ¡"para toda la eternidad"! Pero es *maravilloso* saber que el futuro, el mío y el de las cosas con él, el futuro de los hombres en torno mío, depende de alguna manera —aun cuando fuera en un grado insignificante— de la decisión que tome yo en cada instante. Lo que yo realice mediante mi decisión, lo que mediante ella "cree y ponga en el mundo", lo estoy rescatando y metiendo en la realidad y lo estoy salvando de la caducidad.

El principio del placer y el principio de la nivelación

Hasta aquí hemos tratado del problema del ser en cuanto que se refiere al sentido del universo en su totalidad; volvamos ahora al problema de cómo lo entienden, en la mayoría de los casos, los enfermos que lo plantean; es decir, retornemos al problema del sentido que el individuo da a su vida personal.

Debemos ocuparnos ante todo, a este propósito, del giro que muchos pacientes intentan dar a la discusión de este problema, giro inexorablemente *condenado a desembocar en una especie de nihilismo ético*. En efecto, la contestación que a esta pregunta se da por muchos es la de que, en rigor, la vida no tiene más sentido que el placer; afirmación que invoca, en su argumentación, el supuesto hecho de que todas las acciones humanas obedecen, en última instancia, al deseo de ser felices, de que todos los procesos anímicos se hallan gobernados pura y exclusivamente por el principio del goce.

Esta teoría, en la que se asigna al principio del placer una posición predominante dentro de toda la vida anímica del hombre, es mantenida también, como es sabido, por el psicoanálisis; el principio de la realidad no representa, en rigor, nada contrapuesto al principio del placer, sino que se limita a extender el campo de este mismo principio, a cuyo servicio está en cuanto que constituye una mera "modificación" del principio del placer, "que en el fondo quiere tomar *también* como fin el placer".*

En realidad el placer no constituye, en general, la meta de nuestras aspiraciones, sino que es simplemente, la consecuencia de su realización. Ya Kant hubo de llamar la atención sobre esto. Refiriéndose a la ética hedonista, al eudemonismo, dice Scheler que no es nunca el placer lo que se presenta como meta ante una acción moral, sino que esta clase de acciones lleva el placer a la espalda, por así decirlo. Existen, sin duda, ciertos estados o circunstancias en los que el placer puede constituir, en realidad, la meta de un acto de la voluntad.

Aparte de estos casos particulares, la teoría del principio del placer pasa por alto el carácter esencialmente intencional de toda actividad psíquica. En general, el hombre no quiere el placer, sino que quiere, sencillamente, lo que quiere. Los objetos de la voluntad humana son muy diferentes los unos de los otros, mientras que el placer siempre sería el mismo, tanto en el caso de una conducta moralmente valiosa como en el de un comportamiento moralmente reprobable. De donde se deduce que el *reconocimiento del principio del placer ha de conducir en el aspecto moral, a una nivelación de todas las posibles finalidades humanas*. Desde este punto de vista, sería del todo indiferente lo que un hombre hiciera o pudiese hacer. Dar limosnas sólo serviría para eliminar tales o cuales sentimientos desagradables, ni más ni menos que si el dinero se empleara para placeres culinarios.

En realidad, el carácter moral de un sentimiento de compasión, supongamos, es ya anterior a su eliminación por medio de un acto adecuado, el cual sólo encierra, al

---

* S. Freud, *Gesammelte Werke,* vol. XI, p. 370.

parecer, este sentido negativo de eliminar una sensación desagradable. A la vista del mismo estado de hecho que provoca en un individuo la compasión, es perfectamente concebible que otro individuo sienta una malignidad sádica, se complazca ante el espectáculo de la desdicha que contempla, e incluso experimente, de este modo, un positivo placer.

En realidad, lo cierto es que, en la vida, el hombre se deja guiar muy poco por el deseo de experimentar un placer o huir de un dolor. Lo esencial para un espectador teatral no es asistir al desarrollo de una comedia o a la representación de una tragedia; lo importante, para él, es el contenido de lo que se le ofrece. Y a nadie se le ocurrirá afirmar que la verdadera finalidad perseguida por quien asiste a una representación teatral sean precisamente los sentimientos dolorosos que en el alma del espectador produce la contemplación de ciertos acaecimientos tristes desarrollados en la escena; de ser así habría que considerar a todos los que asisten a la representación de un drama como una especie de masoquistas encubiertos. La tesis de que el placer constituye el fin último de todas las acciones humanas —y no solamente el efecto final de algunas de ellas— puede refutarse en toda su extensión sin más que invertir los términos de la tesis. En efecto, si fuese cierto que Napoleón, por ejemplo, sólo libraba sus batallas para dar satisfacción, con su desenlace victorioso, a sus deseos de placer —los mismos deseos de placer que cualquier otro soldado podría procurarse pura y simplemente, comiendo, bebiendo y visitando prostíbulos—, no cabe duda de que, a la inversa, el "fin último" de las postreras batallas napoleónicas tenía que consistir necesariamente en el deseo de experimentar los sentimientos desagradables que las derrotas llevan aparejadas, al igual que las victorias los sentimientos de goce.

Si el placer fuese realmente el sentido de la vida, habría que llegar a la conclusión de que la vida carece, en rigor, de todo sentido. Pues ¿qué es, en último resultado, el placer? Un estado, simplemente. El materialista —y el hedonismo suele correr parejas con el materialismo— podría, incluso, decir: el placer no es otra cosa que un proceso que se desarrolla en la sustancia gris del cerebro. ¿Acaso para conseguir semejante proceso merece la pena vivir, padecer, obrar?

Imaginémonos a un condenado a muerte a quien horas antes de ser ejecutado se le deja en libertad de escoger los manjares para su última cena. Este desdichado se preguntaría, con toda seguridad, en la casi totalidad de los casos: ¿tiene acaso algún sentido esto de entregarse a los placeres culinarios a la hora misma de la muerte? ¿No es acaso indiferente, si el organismo se convierte dos horas más tarde en un cadáver, el haber disfrutado de aquel proceso en sus células cerebrales o no haber llegado a disfrutarlo? Pues bien, *la vida del hombre se halla siempre a la vista de la muerte, y todo placer humano carecería de sentido* ni más ni menos que en el caso del condenado a muerte.

Esta desolada concepción de la vida tendría, consecuentemente, que hacernos dudar del sentido de la vida misma ya en medio de ella; se anticiparía con razón, generalizándolo, al conocimiento a que llegaba aquel paciente a quien se internó después de una tentativa de suicidio y que relataba la siguiente vivencia: para llevar a cabo su propósito de suicidarse, quiso trasladarse a un lugar alejado de la ciudad en que vivía, pero no encontró ningún tranvía que lo llevase hasta allí, en vista de lo cual decidió tomar un taxi. "Pero, después reflexioné —informa el paciente en cuestión— si no era mejor que me ahorrase lo que iba a pagar al taxi; hecha esta reflexión, tuve que sonreír involuntariamente, pensando la cicatería que representaba el querer ahorrar un par de monedas en el momento mismo en que iba a morir."

Aquel a quien la vida misma no se haya encargado de convencer de que no se vive, ni mucho menos, para gozar de la vida, puede consultar la estadística de un psicólogo experimental ruso, en que se pone de manifiesto que el hombre normal, un día con otro, experimenta incomparablemente más sensaciones de desagrado que de placer. Y la propia experiencia cotidiana se encarga de demostrarnos cuán poco satisfactorio es el principio del placer, no ya como modo de entender la vida, es decir, en la práctica, sino también en el campo de la teoría. En efecto, si preguntamos a una persona por qué no hace algo que a nosotros nos parece razonable y nos da como razón: "no tengo ganas", inmediatamente consideraremos esta respuesta muy poco satisfactoria. En seguida nos daremos cuenta de que semejante respuesta no es, en realidad, tal respuesta, sencillamente porque lo agradable o lo desagradable —el tener o no ganas, gusto, placer— no constituyen nunca un argumento en pro ni en contra del sentido o la razón de ser de una acción.

Y en nada se modificaría la insostenibilidad del principio del placer en cuanto máxima aunque fuese cierto lo que afirma Freud en su estudio titulado *Más allá del principio del placer,* a saber: que este sentimiento tiene su raíz en la tendencia general de lo orgánico a retornar a la paz de lo inorgánico. Freud creía probar con esto la afinidad, por él preconizada, entre todo deseo de placer y lo que él llama el *instinto de la muerte*. Ahora bien, sería perfectamente concebible, a nuestro juicio, que todas estas tendencias primigenias psicológicas y biológicas pudieran llegar a reducirse todavía más, siguiendo por el mismo camino, hasta llegar tal vez a un principio universal de nivelación, encaminado hacia la nivelación de toda tensión en todas las regiones del ser.

Algo parecido a esto conoce, en efecto, la física, en su teoría de la entropía, como el estado final cósmico que hay que esperar. Podríamos contraponer así a la "muerte calórica", como algo psicológicamente correlativo, el estado de nirvana. La nivelación de toda tensión anímica mediante la liberación de toda sensación desagradable constituiría, así, en cierto modo, un equivalente microcósmico de la entropía macrocósmica, por donde el *nirvana* sería algo así como *la entropía vista desde dentro*. Pero el principio mismo de nivelación representaría lo antagónico del "principio de individuación", es decir, del principio que tendería a conservar todo ser como un ser individualizado, como un ser-otro.* Ya el mero hecho de que exista esta contrapartida nos lleva necesariamente a la conclusión de que no sirve de nada, desde el punto de vista ético, descubrir ese principio tan universal, afirmar la existencia de ninguna clase de tendencias cósmicas. Por la sencilla razón de que el acaecer objetivo no es, en modo alguno, obligatorio desde el punto de vista subjetivo (para el sujeto). ¿Quién nos dice que estemos obligados a identificarnos, por decirlo así, con todos estos principios o tendencias? El problema ético empieza precisamente allí donde surge la cuestión de si debemos o no someternos a tales tendencias, aun suponiendo que realmente las descubramos en nuestro propio acaecer anímico. ¿Por qué no pensar que nuestro verdadero deber moral consiste

---

* Hay una teoría análoga de Schödinger no sobre el ser, sino sobre la vida.

cabalmente en oponer resistencia al imperio de semejantes poderes tanto exteriores como interiores?

Es probable que todos nosotros sintamos, dejándonos llevar de nuestra educación unilateralmente naturalista, un respeto demasiado grande, excesivo, por los resultados de las investigaciones de las ciencias fisicomatemáticas, por los contenidos de la imagen física del universo. Pero ¿es que realmente tenemos razones para temer que llegue a producirse una muerte por entropía o que el "mundo perezca", en el sentido de que una catástrofe final de proporciones cósmicas pueda privar de todo sentido a nuestros esfuerzos y a los de las siguientes generaciones? ¿No nos enseña la "experiencia interior" de nuestra vida sencilla y exenta de todo prejuicio teórico que, por ejemplo, el goce evidente que nos produce la contemplación de una bella puesta de sol es algo bastante más "real" que, supongamos, el cálculo astronómico del presunto momento en que la Tierra habrá de estrellarse contra el Sol? ¿Puede haber, para nosotros, algo más directo, más inmediato que la experiencia de nosotros mismos, *la propia comprensión de nuestro ser-hombre como ser-responsable*? "Lo más cierto de todo es la conciencia",* ha dicho alguien, y ninguna teoría acerca de la "naturaleza" fisiológica de ciertas vivencias, ni las tesis de que el gozo no es otra cosa que una determinada danza de moléculas, átomos o electrones dentro de la masa gris del cerebro, ha tenido ni tendrá nunca la fuerza de convicción del hombre que, entregado a los más altos goces del arte o a la más pura dicha del amor, sabe con toda certeza que su vida posee un sentido.

---

* En alemán: *Das Gewisseste ist* —*das Gewissen:* lo más cierto es la conciencia (moral); o, etimológicamente, lo "más cierto" es lo "cierto".

Ahora bien, la alegría sólo puede dar un sentido a la vida si ella misma lo tiene. Y el sentido riguroso de la alegría no se encuentra nunca en ella misma. Reside siempre, en realidad, fuera. Toda alegría apunta siempre —*intendere*— hacia un objeto. Ya Scheler nos hace ver que la alegría es un sentimiento intencional, al contrario del simple placer, que este autor incluye entre los sentimientos no intencionales, entre los "estados afectivos", o sentimientos de "estado". Y el propio Scheler señala el hecho de que esta diferencia se acusa ya en el lenguaje cotidiano; siente uno placer "a causa de" algo, mientras que la alegría se experimenta "por" algo. Y conviene recordar también, a este propósito, el concepto del modo de vida *presentista,* tal como Erwin Strauss lo ha acuñado. El hombre absorbido por esta modalidad de vida se aferra precisamente al estado de placer (por ejemplo, en la embriaguez) sin salir para nada al reino de los valores; es la *intentio* emotiva de valores, en efecto, lo único que puede acarrear verdadera "alegría" al hombre.

He ahí explicado por qué la alegría no puede ser nunca un fin en sí: ella misma, como alegría no puede ser "intendida". Es, como dice Reyer, una "realidad de ejecución", sólo realizable en la ejecución de actos axiológicos, es decir, en la realización de los actos intencionales con que se captan los valores.[1] Kierkegaard expresó este mismo pensamiento con palabras muy bellas, cuando dijo que la puerta hacia la dicha se abre tirando hacia fuera. Quien se empeña en abrirla empujando hacia adentro, lo que hace es cerrarla. Quien busca por encima de todo la dicha se bloquea por ese solo hecho el camino que conduce a ella. Por donde, en última instancia, nos encontramos con que toda aspiración a la dicha —a esa supuesta meta "final" de la vida humana— es ya de por sí algo sencillamente imposible.

El valor trasciende necesariamente al acto que apunta hacia él. Trasciende al acto valorador que se dirige a él, de modo análogo al objeto de un acto cognoscitivo (cognoscitivo en el sentido estricto de la palabra), que se halla también fuera de ese acto. La fenomenología ha puesto de manifiesto que el carácter trascendente del objeto está dado ya también, intrínsecamente, en cada acto intencional. Cuando veo una lámpara encendida, se me da al mismo tiempo que está allí independientemente de si cierro los ojos o le vuelvo la espalda. "Ver" significa siempre y desde un principio ver algo que está fuera del ojo. Si alguien quisiera insistir en la afirmación de que no ve las cosas mismas que están fuera en el mundo, sino las imágenes que se forman en la retina de su ojo, lo que es totalmente falso, este principio falso correspondería al error fundamental del positivismo de la escuela de Mach, que parte por método de los datos de la sensación. En realidad la atención a las sensaciones en cuanto tales, en cuanto sensaciones, es una atención secundaria ("originada"), es decir que es una atención que reflexiona, y por tanto una atención que a lo sumo corresponde a la actitud cognoscitiva científica-psicológica, y de ninguna manera a la actitud cognoscitiva natural y sencilla. Pero una teoría del conocimiento no tiene como pretensión o tarea primordial ser una teoría del conocimiento psicológico,* sino pretende y tiene como cometido ser una teoría del conocimiento en general. Podríamos dar un paso más: se equivocaría

---

* La analogía del conocimiento psicológico sería (para seguir con los términos de nuestro modelo) el caso especial en el que alguien pudiera ver realmente las imágenes de la retina: si, por ejemplo, extrajera el ojo de un cadáver y tratara de estudiar los procesos físicos de cámara oscura imitados por ese ojo; y ¿acaso la actitud psicológica frente a los procesos anímicos no se parece de hecho un poco a "sacar algo del todo vital coherente"?

incluso el hombre que afirmara, por ejemplo, que a través de sus lentes no ve más que el cristal de los lentes, y no (a través del cristal) las cosas mismas. Porque, es cierto que se puede atender a las impurezas, a las partículas de polvo o a las pequeñas manchas que tenga el cristal de los lentes; pero al hacerlo no deberíamos olvidar nunca que esa atención es siempre precisamente atender a las fallas del cristal de los lentes —de la misma manera que la actitud del crítico del conocimiento consiste en atender a las fuentes de error en el conocimiento, ¡que en sí mismo es un conocimiento correcto!— Es, por tanto, un atender a las fuentes de error de un conocimiento cuya corrección facultativa está ya presupuesta en la hipótesis de posibles fuentes de error. En el conocimiento de un objeto como real va ya implícito el hecho de que reconocemos su realidad con independencia de que lo conozcamos o no de hecho. Y otro tanto podemos decir por lo que se refiere a los objetos del conocimiento axiológico. Tan pronto como captamos un valor, captamos implícitamente que este valor existe de por sí, como valor absoluto, es decir, con independencia de que pensemos en él o no.

Podríamos ilustrar lo anterior con el siguiente ejemplo. Un hombre observa que los encantos estéticos de su pareja sólo le son "dados" cuando se encuentra en una determinada disposición, a saber, en estado de excitación sexual, mientras que, al calmarse ésta, tiene la sensación de que todos aquellos encantos, de que todos aquellos valores estéticos, desaparecen, en cierto modo. De donde deduce que tales encantos no son reales, sino obra de la fascinación de sus sentidos por la acción de la sensualidad, que no representan, por tanto, algo absoluto y objetivo, sino algo que existe solamente en relación con el estado eventual de su organismo y que se basa exclusivamente en la subjetividad de sus instintos. Ahora bien, esta conclusión sería falsa. No cabe duda de que un determinado estado del sujeto ha condicionado la posibilidad de llegar a percibir la existencia de ciertos valores y que una determinada disposición por parte del sujeto ha servido de medio u órgano necesario para que aquellos valores pudieran llegar a captarse. Pero esto no excluye la objetividad de los valores absolutos, sino que, por el contrario, la presupone. Tanto los valores estéticos como los éticos requieren, por tanto, los actos adecuados para su captación, ni más ni menos que los objetos del conocimiento; ahora bien, en estos actos va también implícita, al mismo tiempo, la trascendencia de todos estos objetos respecto de los actos que los mientan y, por tanto, su objetividad.

Y la cosa no cambia en lo más mínimo por el hecho, ya señalado, de que *nuestra visión de los valores, al igual que nuestra visión del universo, no nos dejen ver en cada caso más que un sector del mundo,* un simple corte de él, lo que hace que nos encontremos, por tanto, *vinculados a la perspectiva.* Tal vez haya que reconocer, en términos generales, que todo deber le es dado siempre al hombre de un modo concreto solamente, en la concreción de lo que el hombre "debe" hacer precisamente "aquí y ahora". Los valores absolutos, objetivos, se convierten, así, en deberes concretos, se traducen en las exigencias del día y en los deberes personales; los valores que se ocultan tras éstos sólo se dejan mentar, al parecer, a través de los deberes mismos. Y no podemos descartar la posibilidad de que aquella totalidad hacia la que se abre "casi" todo deber concreto no llegue a ser visible en la perspectiva del individuo vinculado a lo concreto.[2] Toda persona representa algo único, cada una de sus situaciones de vida algo singular, que se produce una sola vez. Estos dos caracteres, el de algo único y el de lo que se produce una sola vez, informan de un modo relativo en cada caso el deber concreto del hombre. Esto hace que *cada hombre sólo pueda tener un deber único en cada momento; pero esta unicidad es precisamente lo que presta a este deber su carácter absoluto.* El mundo de los valores se contempla, pues, en perspectiva; lo que ocurre es que a cada punto de vista corresponde *una sola perspectiva, que es precisamente la certera*. Existe, por tanto, *una justeza absoluta, no a pesar, sino precisamente a causa de la relatividad de la perspectiva.*

Subjetivismo y relativismo

Permítaseme otra observación más respecto de la objetividad de objetos como el sentido de la vida y del mundo: no excluye su subjetividad. El sentido de la vida es subjetivo en cuanto que no hay un sentido para todos, sino que para cada uno tiene un sentido distinto la vida; pero el sentido de que estamos hablando no puede ser *solamente* subjetivo:*
no puede ser mera expresión y mera reflexión de mi ser, como es un espejo, a la manera como lo conciben y quieren hacernos creer el subjetivismo** y el relativismo.

Ahora bien, el sentido de la vida no sólo es subjetivo, sino también relativo: es decir que está en relación con una persona y con la situación en que está metida y se encuentra

---

* Suavizando la expresión, podríamos designarlo con Rudolf Allers como transubjetivo.

** Propiamente el subjetivismo niega la existencia de un sentido; porque propiamente afirma que no "hay" un sentido, sino que nosotros mismos damos un sentido y se lo atribuimos a la situación.

esa persona. En este aspecto el sentido de una situación es verdaderamente relativo; lo es en relación con una situación en cuanto que ésta es siempre única e irrepetible.

La persona tiene que captar y comprender el sentido de la situación, tiene que reconocerlo, percibirlo y comprobarlo, es decir que tiene que realizarlo. Por consiguiente, el sentido de las cosas es también, por ser relativo a la situación, único e irrepetible, y esta unicidad de "lo uno que hace falta" constituye su transubjetividad: hace que el sentido no sea dado por nosotros, sino que nos sea dado, aun cuando su percepción y su realización pueda depender mucho de la *subjetividad del conocimiento y de la conciencia del hombre*. La falibilidad del conocimiento y de la conciencia del hombre no perjudica a la *transubjetividad del ser entendido por el conocimiento del hombre ni a la del deber ser captado por el conocimiento humano*. Quien esté convencido de esta transubjetividad estará también convencido de que solamente una conciencia equivocada puede defender cosas como el asesinato y el suicidio. Y esta convicción legitima al médico, en casos excepcionales, a imponer su propia concepción de los valores y del mundo basándose en *su propia* consciencia; pero aun entonces es consciente de la falibilidad de su propia consciencia y de la del paciente.

La consciencia es uno de los fenómenos específicamente humanos. Se podría definir como la capacidad intuitiva de percibir el sentido único e irrepetible que está escondido en cada situación. En una palabra, la consciencia es un *órgano que percibe el sentido*.

Pero no sólo es humana, sino que es además demasiado humana, tanto que está sometida a la condición humana y a su marca, la finitud. Porque la consciencia también puede hacer que se equivoque el hombre. Más aún: hasta su último momento, hasta su último suspiro no sabe el hombre si realmente realizó el sentido de su vida, o si no sólo se estuvo engañando: *ignoramus et ignorabimus*. Sin embargo, desde Peter Wust "la incertidumbre y el arrojo" van de la mano, y por más que la consciencia pueda dejar al hombre en la incertidumbre sobre la pregunta de si realmente halló, captó y comprendió el sentido de su vida, esa "incertidumbre" no lo priva del "arrojo" de obedecer o, para comenzar, de escuchar a su consciencia.

Ahora bien, a esa "incertidumbre" no sólo corresponde el "arrojo", sino también la humildad. El que ni siquiera en nuestro lecho de muerte vayamos a saber si ese órgano del sentido, nuestra consciencia, no estuvo sujeto en último término a un *engaño* sobre el sentido de nuestra vida, significa también que la consciencia del otro pudo haber tenido la razón.

Humildad significa también tolerancia; pero tolerancia no es lo mismo que indiferencia; porque respetar la fe de los que tienen otras creencias no significa de ninguna manera identificarse con la fe de los otros.

Nadie niega que en ciertas circunstancias el hombre no puede comprender un sentido sino que tiene que interpretarlo.* Pero esto no quiere decir de ninguna manera que esa interpretación proceda de modo arbitrario. Si el hombre tiene libertad para hacer una interpretación, ¿no es responsable de hacer la interpretación correcta? Porque a cada pregunta sólo hay una respuesta, la correcta, para cada problema sólo hay una solución, la válida, y en cada vida, en cada situación en la vida de un hombre sólo hay un sentido, el

---

* V. E. Frankl, en: *Die Kraft zu leben, Bekenntnisse unserer Zeit,* Gütersloh, 1963.

verdadero. A una mancha de Rorschach se le da un sentido, por cuya subjetividad el sujeto del test (subjetivo) de Rorschach "se descubre" a sí mismo. Pero en la vida no se trata de dar un sentido, sino de encontrar el sentido (decimos encontrar, y no inventar; porque *el sentido de la vida no se puede inventar, sino que tiene que ser descubierto*). El siguiente episodio puede ilustrar en qué grado tiene un mínimo de transubjetividad el sentido al que apunta una interpretación, pese a toda su subjetividad. Un día, en el contexto de una discusión, después de decir una conferencia en los Estados Unidos, me presentaron una pregunta por escrito que decía así: "¿Cómo se define 600 en su teoría?" En cuanto leyó la pregunta el presidente de la discusión quiso poner a un lado la papeleta en que estaba escrita, mientras me decía: "Absurdo: ¡cómo se define 600 en su teoría!" Pero entonces tomé la papeleta, la leí y me di cuenta de que el presidente de la sesión (que dicho sea de paso era teólogo profesional) se había equivocado; porque la pregunta estaba escrita en letras mayúsculas y, con algo de esfuerzo, se podía distinguir que en el original inglés la palabra era "GOD". Esta ambigüedad se convirtió en un test proyectivo involuntario, cuyos resultados me han parecido siempre paradójicos en el caso del teólogo y en mi propio caso como psiquiatra. Así, no quise perder la oportunidad de confrontar durante mis cursos en la Universidad de Viena a mis estudiantes estadunidenses con el texto inglés original, y el resultado fue que nueve estudiantes leyeron, proyectando, "600", y nueve leyeron "GOD", mientras cuatro vacilaban entre las dos interpretaciones. Pero adonde quiero llegar es al hecho de que las dos interpretaciones no eran del mismo valor, sino que una sola de ellas era la requerida y necesaria: el autor de la pregunta se había referido única y exclusivamente a "Dios", y sólo entendía la pregunta el que leía "Dios", como estaba en el texto (¡y no proyectaba nada sobre el texto!). Y, por más que el hombre esté referido a su consciencia en lo que hace al sentido de una situación concreta, y por más que pueda estar incierto (y seguirlo estando hasta exhalar el último suspiro) sobre si su consciencia está equivocada en una situación concreta, o si está en lo cierto, tiene que aceptar el riesgo de ese error y reconocer su carácter humano, su finitud. Como dice Gordon W. Allport: "Al mismo tiempo podemos no estar muy seguros y poner todo nuestro ser" *(We can be at one and the same time half-sure and whole-hearted).**

De la misma manera que la libertad humana es finita y por tanto el hombre no es omnipotente, así también la responsabilidad humana es finita, de manera que el hombre no es omnisciente, sino que tiene que decidirse simplemente "según su mejor saber y consciencia".

Lo que hace la consciencia siempre que descubre el sentido único de una situación o responde sí o no a un valor universal, constituye aparentemente una captación de formas *(Gestalt),* y precisamente gracias a lo que llamamos la *voluntad de un sentido de las cosas,* que James C. Crumbaugh y Leonard T. Maholick consideran la facultad auténticamente humana de descubrir, como formas, no sólo el sentido de las cosas reales, sino también el de las posibles.**

Wertheimer afirmó una vez: "La situación siete más siete es igual a... es un sistema con una laguna, con un hueco. Es posible llenar esa laguna de varias maneras. Una de ellas,

* "Psychological Models for Guidance", *Harvard Educational Review* 32, 373, 1962.

** J. C. Crumbaugh y L. T. Maholick, "The Case of Frankl's Will to Meaning", *Journal of Existential Psychiatry* 4, 42, 1963.

completar 14, corresponde a la situación, encaja en el hueco vacío, es lo que se requiere estructuralmente en este sistema, en este lugar, con su función en el todo. Hace justicia a la situación. Otros complementos, como 15, no encajan. No son los complementos correctos. Tenemos aquí el concepto de *los requisitos de la situación, de "requerir algo". Los "requisitos" de este sistema son cualidades objetivas.**

Ahora bien, aunque el sentido está ligado a una situación única e irrepetible, hay además universales en el mundo del sentido y esas amplias posibilidades de sentido es lo que llamamos *valores*. El descargo de consciencia que experimenta el hombre al referirse a valores de validez más o menos universal, a principios morales y éticos que se han cristalizado a lo largo de la historia de la sociedad humana y a partir de ella, ese descargo lo tiene al precio de verse envuelto en conflictos. Propiamente no se trata de conflictos de consciencia, porque no se dan en la realidad: ya que lo que nos dice la consciencia es unívoco. El carácter conflictivo es intrínseco a los valores que, *en contraste con* el carácter siempre único e irrepetible del *sentido concreto* de las situaciones (y el sentido es siempre un sentido no sólo *ad personam,* sino también *ad situationem,* como suelo decir), los valores son por definición *universales abstractos del reino de los sentidos*. En cuanto tales, no sólo valen para personas no intercambiables que se encuentran en situaciones irrepetibles, sino que su validez se extiende a amplias situaciones típicas irreales y repetitivas, y esas situaciones irreales se traslapan entre sí. De aquí que haya situaciones en que el hombre tiene que decidir entre valores, tiene que escoger entre principios que se contradicen mutuamente. Y, puesto que no

* En: *Documents of Gestalt Psychology,* University of California Press, 1961.

debe tomar esa decisión arbitrariamente, el hombre se ve referido y orientado de nuevo a su consciencia, única que hace que llegue a una decisión *libremente, pero no arbitraria, sino responsablemente.* Es cierto que sigue siendo libre frente a su consciencia; pero esta libertad consiste única y exclusivamente en la opción entre dos posibilidades: escuchar su consciencia o mandarla al diablo. Si el hombre ahoga y sofoca sistemática y metódicamente su consciencia, entonces se llega o al conformismo occidental o al totalitarismo oriental, según que sean ofrecidos los "valores" universalizados exageradamente por la sociedad, en el primer caso, o que sean impuestos, en el segundo.

Que el carácter conflictivo sea intrínseco a los valores no está todavía establecido, a pesar de todo lo dicho. Porque los posibles traslapes de sus campos de validez pueden ser meramente aparentes, si tienen lugar por una proyección, es decir, por una pérdida de dimensión. Porque sólo cuando ponemos entre paréntesis la diferencia jerárquica entre los grados de dos valores parecen coincidir sus campos de validez y parecen chocar en el terreno de coincidencia: como dos balas sacadas de su espacio tridimensional y proyectadas sobre el plano bidimensional: sólo aparentemente penetra la una en la otra.

Las tres categorías de valores

Hemos intentado, pues, rebatir con los necesarios argumentos el escepticismo de los valores que en el plano de los principios manifiestan con tanta frecuencia nuestros enfermos, saliendo con ello al paso del nihilismo ético. Ahora bien, a veces se hace necesario, además, desplegar en toda su plenitud la riqueza del mundo de los valores, el reino de los valores y todo lo que encierra. A veces, es necesario, en efecto, que el hombre no se aferre, por así decirlo, a un grupo de valores, sin ver más allá de él, sino que sea lo suficientemente ágil para pasar a otro grupo, caso de que sea en ellos, y solamente en ellos, donde se dé la posibilidad de realización. La vida impone al hombre, en este sentido, una cierta elasticidad, una adaptación elástica a las posibilidades que se le ofrecen.

¡Cuántas veces no nos encontramos con un paciente que nos dice que su vida no tiene sentido alguno, ya que su actividad carece de cualquier valor superior! A estos pacientes hay que hacerles comprender ante todo que, en última instancia, es indiferente el puesto que una persona ocupe en la vida profesional y el trabajo que efectúe; lo que importa, fundamentalmente, es cómo trabaja y si ocupa o no realmente el lugar en que se halla situado. No es, pues, la mayor o menor magnitud de su radio de acción lo que importa, sino solamente el que llene o no el círculo de sus deberes. Un hombre corriente que cumpla realmente con los deberes concretos que le plantean su familia y su profesión es, a pesar de la "pequeñez" de su vida, más "grande" y ocupa un lugar más alto que cualquier "gran" estadista que tenga en sus manos la posibilidad de disponer de un plumazo de la suerte de millones de hombres, pero que no gobierne sus actos ni tome sus decisiones con arreglo a la conciencia del deber.

No existen solamente los valores realizables por medio de actos de creación. Al lado de ellos —de los que podríamos llamar valores *creadores*—, hay otros que se alcanzan por medio de la vida misma, los *valores vivenciales.*

Estos valores se logran en la acogida prestada al universo, por ejemplo, en la entrega a la belleza de la naturaleza o del arte. No debemos menospreciar tampoco la plenitud de sentido que esta clase de valores pueden dar a la vida humana.

A quien dude de que el sentido real de un determinado momento en la existencia humana es posible cumplirlo por medio de la simple vivencia, podemos remitirle al siguiente experimento mental. Supongamos que una persona de gran sensibilidad musical esté sentada en la sala de conciertos y que resuenen inmediatamente en su oído los impresionantes acordes de su sinfonía favorita, produciendo en ella la emoción, la sacudida emotiva que sólo provoca la belleza más pura; imaginémonos que, en este preciso instante, alguien le pregunte si su vida tiene algún sentido; la persona interrogada, en esas condiciones, contestará seguramente que merece la pena vivir aunque sólo sea para experimentar aquella dulce emoción.[3] En efecto, aunque se trate de un instante, *por la grandeza de un instante se mide, a veces, la grandeza de toda una vida:* la altitud de una cadena de montañas no la determina la altura de tal o cual valle, sino única y exclusivamente la altura de la cumbre más alta. *También en la vida del hombre son los puntos culminantes los que deciden en cuanto a su sentido,* y un solo instante, por fugaz que sea, puede proyectar retrospectivamente un sentido sobre la vida entera. Preguntemos a un alpinista, en el momento en que, encaramado sobre los más altos picos de los Alpes, se siente estremecido ante el grandioso espectáculo de la naturaleza, si su vida, de allí en adelante, puede ser considerada carente de sentido.

Existe, además, a nuestro juicio, una tercera categoría de posibles valores. En efecto, es posible que la vida aparezca, también, en principio, plena de sentido sin necesidad de que sea creadoramente fecunda ni rica en vivencias. Existe otro grupo fundamental de valores cuya realización consiste precisamente en la actitud que el hombre adopte ante una limitación de su vida. Este modo de comportarse ante la limitación de sus posibilidades abre ante él un reino nuevo y propio de valores, que deben contarse incluso entre los más altos. Una existencia al parecer empobrecida —aunque, en realidad, sólo sea pobre en valores creadores y vividos— puede ofrecer, a pesar de todo, una última posibilidad, y la más grande, de realización de valores.

Llamaremos a estos valores *valores de actitud*. Lo que importa es la actitud que el hombre adopte ante un destino irremisible. La posibilidad de realizar esta clase de valores se da, por tanto, siempre que un hombre se enfrenta con un destino que no le deja otra opción que la de afrontarlo; lo que importa es *cómo lo soporta, cómo carga con él como con una cruz*. Se trata de actitudes humanas como el valor ante el sufrimiento, o como la dignidad frente a la ruina o el fracaso. Tan pronto como estos "valores de actitud" se incorporan al campo de las posibles categorías de valores, se ve que, en rigor, la existencia humana no puede, en realidad, carecer nunca de sentido: *la vida del hombre conserva su sentido hasta el aliento final*, hasta que exhala el último suspiro. Mientras el hombre conserva la conciencia, sigue siendo responsable frente a los valores de la vida, aunque éstos sean solamente los que llamamos de actitud. Mientras el hombre es un ser-consciente, es también un ser-responsable. Su deber de realizar valores no lo deja en paz hasta el final instante de su existencia. Por muy limitadas que las posibilidades de realización de valores sean, siempre le será posible al hombre, aun reducido a la mayor de las inopias, lograr esta clase de valores a que aquí nos referimos. Lo que corrobora, una vez más, la verdad moral de la tesis que nos ha servido de punto de partida: el ser-hombre equivale a ser-consciente y a ser-responsable.

De hora en hora cambia en la vida del hombre la posibilidad de orientarse hacia este o hacia aquel grupo de valores. Unas veces, la vida exige de nosotros que realicemos valores creadores, otras nos obliga a volvernos a la categoría de los valores vivenciales. Unas veces se nos plantea, por decirlo así, la tarea de enriquecer al mundo con nuestros actos; otra la de enriquecernos a nosotros mismos con nuestras vivencias. Unas veces podemos ajustarnos al imperativo de la hora realizando un acto; otras, entregándonos a una posibilidad de vivencia. El hombre puede, incluso, según esto, hallarse "obligado" a la alegría. En ese sentido, podríamos decir que "no cumple con su deber", en cierto modo, el que viaja en el tranvía vuelto de espaldas a una espléndida puesta de sol o quien, teniendo cerca de su nariz un manojo de acacias perfumadas, interpone entre él y las flores el periódico en cuya lectura se halla sumido.

Relataremos aquí, brevemente y en sus últimos capítulos, la historia de la vida de un enfermo, como exponente de la posibilidad de realizar en unitaria sucesión, y en este caso concreto de un modo casi dramático, las tres categorías de valores a que acabamos de referirnos. Trátase de un hombre joven, recluido en un hospital a causa de un tumor no operable localizado en la parte alta de la columna vertebral. Hacía mucho tiempo que los médicos le habían prohibido toda actividad profesional; las manifestaciones de la parálisis iban reduciendo su capacidad de trabajo. Se le fueron cerrando, de este modo, todas las posibilidades de realizar los valores de creación. Pero, aun en este estado, seguía abriéndose ante él el mundo de los valores vivenciales: mantenía conversaciones muy sugestivas con otros pacientes (en las que, al mismo tiempo, los entretenía de un modo ameno, los consolaba y les infundía ánimos), se entregaba a la lectura de buenos libros y, sobre todo, se deleitaba oyendo en la radio música escogida. Hasta que llegó el día en que ya no pudo sostener los auriculares, ni sus manos paralizadas el libro. El enfermo, al llegar este momento, imprimió a su vida el segundo viraje; después de haberse visto obligado a replegarse del campo de los valores vividos, no tuvo más remedio que orientarse, ahora, ya en la última fase, hacia los valores de actitud. ¿O acaso podemos interpretar de otro modo el comportamiento de este enfermo incurable que, ante este giro trágico de las cosas, decidió servir de consejero y de modelo para sus compañeros de sala, en el hospital? Afrontaba valerosamente y sin quejarse sus dolores. La víspera del día en que había de morir, a sabiendas de lo que le aguardaba, alguien le dijo que el médico de guardia había recibido la orden de ponerle a su debido tiempo una inyección de morfina. Pues bien, cuando el médico pasó la visita de la tarde, este admirable enfermo le rogó que lo inyectara antes de acostarse, para que no se molestara en levantarse a medianoche por causa de él.

La eutanasia

Cabe preguntarse ahora, si puede haber, en ninguna circunstancia, algo que nos autorice a privar a un enfermo condenado a morir de la posibilidad de encontrar "su muerte", de la posibilidad de llenar de sentido su existencia hasta el último instante de ésta, aunque ese sentido consista ya, única y exclusivamente, en realizar valores de actitud, es decir, en el modo como el paciente, el "paciente", se comporta ante su pasión, en el momento culminante y postrero de ésta. El morir de un hombre, siempre que se trate realmente de *su* morir, forma, en rigor, parte sustancial de su vivir y cierra su vida como una totalidad de sentido.

El problema que nos sale al paso es el de la eutanasia, pero interpretada no en el sentido de aliviar el tránsito, sino en el más amplio de ahorrarlo. La eutanasia en el significado estricto de la palabra no ha constituido nunca un problema para el médico; el alivio medicamentoso de las torturas de la muerte es algo evidente por sí mismo; el momento indicado es una simple cuestión de hecho y no merece, por tanto, que se le discuta en el plano de los principios. Pero, por encima de esta eutanasia en sentido estricto, se ha intentado repetidas veces, y desde diversos campos, decretar legalmente libre la destrucción de las llamadas vidas inútiles. Acerca de esto conviene decir lo siguiente:

En primer lugar, el médico no es el llamado a juzgar acerca del valor o carencia de valor de una vida humana. La sociedad humana le encomienda como única misión la de ayudar allí donde pueda hacerlo y la de mitigar los dolores del que sufre en los casos en que pueda; la de curar, cuando le sea posible, y la de cuidar a los enfermos, si no consigue curarlos. Si los pacientes y sus familiares no estuviesen convencidos de que el médico toma en serio y al pie de la letra este sagrado mandato que la sociedad le otorga, le retirarían su confianza. Sería terrible que el enfermo no supiera, en ningún momento, si el médico se acerca a la cabecera de su cama como médico o como verdugo.

Esta posición de principio no deja tampoco lugar a excepciones cuando se trata de enfermedades incurables, no físicas sino mentales. ¿Quién se atrevería a profetizar por cuánto tiempo deberá considerarse incurable una psicosis clasificada como tal en la actualidad? Y, sobre todo, no debemos olvidar que el diagnóstico de una psicosis reputada por incurable puede ser, simplemente, algo cierto de un modo subjetivo, pero no objetivamente seguro, basándose en lo cual pueda extenderse una sentencia sobre el ser o no ser del enfermo. Conocemos un caso en que un enfermo yació en cama, inmóvil, durante cinco años enteros; los músculos de las piernas se le atrofiaron y había que alimentarlo artificialmente. Si se hubiese mostrado este caso a los médicos a quienes con tanta frecuencia se conduce en visitas a través de los manicomios, alguno de ellos habría preguntado seguramente, a la manera típica, si acaso no valdría más poner fin a la vida de aquel individuo. Pues bien, el porvenir se encargó de dar a esta pregunta la mejor de las respuestas. Un buen día, nuestro paciente se incorporó en el lecho, pidió que le dieran de comer lo que a los demás y expresó su deseo de levantarse. A fuerza de ejercicio, sus piernas atrofiadas estuvieron de nuevo en condiciones de sostener su cuerpo. Pocas semanas después fue dado de alta, y no tardó en recorrer las escuelas superiores dando conferencias, que tenían como tema los viajes hechos por él antes de caer enfermo. En un círculo más íntimo de oyentes se prestó a hacer a los psiquiatras una narración de sus tiempos de hospital, en la que, por cierto, no salían muy bien parados algunos enfermeros, los cuales no se habían preocupado por atender debidamente a aquel enfermo, sin sospechar siquiera que, andando el tiempo, estaría en condiciones de contar en público todo lo que le había ocurrido.

Alguien podría argumentar y argumentaría, probablemente, con estas o parecidas palabras: un enfermo mental no se halla capacitado para vigilar por sus propios intereses. Por eso nosotros, los médicos, estamos autorizados a darle muerte, como si dijéramos en representación de su voluntad enferma, ya que, según lo más probable, el enfermo se habría quitado por sus manos la vida si las sombras que rodean su espíritu no le impidiesen hacerse cargo de que no sirve para nada. Nosotros nos situamos en un punto de vista totalmente distinto. El médico debe, desde luego, actuar al servicio y en el sentido de la voluntad de vida y de los derechos de vida del enfermo, pero nunca negándole estos derechos o esta voluntad. Es instructivo, a este respecto, el caso de un médico joven que padecía de un melanosarcoma y que se había diagnosticado ya acertadamente su enfermedad. Sus colegas intentaron en vano engañarlo con reacciones negativas de orina, sustituyendo la suya por la de otros enfermos: una noche, el médico enfermo se encerró en el laboratorio e hizo por sí mismo la reacción. Al progresar la enfermedad, sus compañeros temían que el enfermo se suicidara. Pero ¿qué hizo, en realidad, el médico enfermo? Empezó a poner en duda, cada vez más, su primer diagnóstico —exacto—; cuando empezó a sentir metástasis en el hígado, se diagnosticó tales o cuales padecimientos hepáticos inofensivos. De este modo iba engañándose inconscientemente a sí mismo, movido precisamente por su voluntad de vivir, que a última hora se rebelaba contra la idea de la muerte. Pues bien, esta voluntad de vivir es la que debemos respetar, sin saltar por encima de ella para privar al hombre de la vida en nombre de estos o aquellos argumentos ideológicos.

Es frecuente recurrir también, en defensa de estas ideas, a otro argumento. Se dice que los enfermos mentales incurables y, principalmente, las personas espiritualmente taradas, representan una carga económica de consideración para la sociedad, que son seres improductivos e inútiles para la colectividad. ¿Qué valor tiene este argumento? En realidad, los idiotas que, por lo menos, pueden tirar de una carretilla, son, a pesar de todo, más "productivos" que puedan serlo, por ejemplo, los ancianos que vegetan en un asilo y cuya exterminación por razones exclusivas de improductividad no se atreverían a mentar ni siquiera aquellos que invocan este criterio de la utilidad colectiva en otros casos. Todo el mundo tendrá que confesar que un ser rodeado del amor de sus familiares representa el objeto insustituible, irremplazable de este cariño, lo que da a su vida un sentido (aunque sea puramente pasivo). No todo el mundo sabe, sin embargo, que son precisamente los niños mentalmente retrasados los que, en general, más quieren y miman sus padres, precisamente como compensación del abandono, del desmaño con que se enfrentan a la vida.

El deber incondicional del médico de salvar la vida del hombre cuando pueda hacerlo no cesa, a nuestro juicio, ni siquiera frente a un enfermo que ha intentado quitarse la vida y cuya vida pende, ahora, de un hilo. En estas condiciones, el médico tiene que enfrentarse con el problema de si entregar o no al suicida a la suerte libremente elegida por él, de si debe oponerse a su voluntad manifiesta de suicidarse, voluntad puesta ya en práctica, o, por el contrario, respetarla. Podría decirse, en efecto, que el médico que interviene terapéuticamente interponiéndose ante una tentativa de suicidio, trata de actuar como destino, de suplantarla, en vez de dejarla con libre curso. Cabe replicar: si el "destino" o la Providencia hubiesen querido realmente dejar morir al cansado de la vida, habrían encontrado los medios y los caminos necesarios para que la intervención médica llegase demasiado tarde. Siempre que el destino pone a una persona todavía con vida en manos del médico, no cabe duda de que éste tiene que obrar como tal, sin que pueda, en ningún caso, ni bajo ningún concepto, erigirse en juez o, mejor dicho, en árbitro llamado a decidir omnímodamente, con arreglo a su parecer ideológico-personal, o sin criterio alguno, arbitrariamente, acerca del ser o no ser de otro hombre.

El suicidio

Nos hemos referido, en las páginas anteriores, al problema del suicidio desde el punto de vista de las posiciones que el médico puede adoptar como persona situada al margen. Detengámonos ahora a esclarecer este problema visto desde dentro, por decirlo así, esforzándonos en comprender cómo piensa y siente el hombre cansado de vivir, pero analizando al propio tiempo sus motivos y su interior justificación.

Se habla a veces de lo que se llama el *suicidio-balance*. Se alude, con ello, a la idea de que el hombre sólo puede tomar la tremenda decisión de quitarse la vida con base en un balance a que somete su vida entera. Hasta qué punto este balance, como balance de placer, tendría que arrojar necesariamente un saldo pasivo, ya hemos tenido ocasión de verlo al examinar el problema del "placer como sentido de la vida". Aquí sólo habremos de referirnos, por lo tanto, al problema de si el balance valorativo de la vida puede, alguna vez, ser tan negativo que necesariamente haya de considerarse carente de todo significado el seguir viviendo.

Ahora bien, nosotros consideramos algo muy problemático que el hombre pueda ser nunca capaz de hacer con la objetividad necesaria un balance de su propia vida. Lo mismo acontece, concretamente, con la afirmación de que una situación, por desesperada que sea, no ofrece salida o de que no hay otra que el suicidio. Por mucho que la afirmación responda a un convencimiento, no pasará nunca de ser algo puramente subjetivo. *Bastaría con que uno solo entre los muchos que intentan suicidarse convencidos de que se encuentran en una situación sin salida no tuviera, a la postre, razón: con que sólo uno de estos desdichados, al salvar su vida, encontrase más tarde la salida en que no creía antes, para condenar como ilegítima toda tentativa de suicidio.* En efecto, el convencimiento *subjetivo* tiene igual firmeza en cuantos se deciden a suicidarse, *sin que ninguno de ellos pueda saber de antemano si su convencimiento tiene también una base objetiva y no es infundado, o si lo desmentirían los hechos de las horas siguientes, de aquellas horas que el suicida ya no vivirá si su designio prospera.*

Teóricamente, cabría quizá concebir que un suicidio pudiera estar, alguna que otra vez, justificado, como un sacrificio conscientemente ofrecido, y que constituyera, incluso, un acto auténticamente moral. Sin embargo, la experiencia nos dice que, en realidad, los móviles de esta clase de suicidios nacen también, con harta frecuencia, de un resentimiento o que, incluso en los casos de que se trata, habría podido encontrarse otra salida a la situación en apariencia desesperada. Prácticamente, podemos afirmar, por tanto, que el suicidio no tiene nunca una justificación moral. Ni siquiera el suicidio expiatorio. Pues, del mismo modo que pone a la persona en la imposibilidad de fortalecerse y purificarse en el propio dolor —en el sentido de lo que llamábamos la *realización de los valores de actitud*—, lo incapacita para reparar de una u otra manera el mal causado a otro. Con lo cual el suicidio perpetúa lo pasado, en vez de borrar del mundo una desventura ocurrida o un desafuero perpetrado; lo que borra del mundo es el yo.

Pasemos a examinar ahora los casos en que los móviles del suicidio parecen obedecer a estados enfermizos del alma. Dejamos abierta la cuestión de si, en una investigación psiquiátrica a fondo, podría descubrirse alguna tentativa del suicidio en que no hubiera alguna base psicopatológica. Lo que aquí nos interesa es establecer que estamos obligados a demostrar a las personas cansadas de vivir, en todos y cada uno de los casos, que la vida tiene siempre, incondicionalmente, un sentido y que el suicidio carece siempre de él, y a demostrárselo mediante una crítica inmanente y con argumentos objetivos, es decir, recurriendo a los medios de la logoterapia. Hay que hacerles ver, ante todo, por este camino, que su cansancio de la vida no es más que un sentimiento y que los sentimientos no pueden hacerse pasar nunca por argumentos. Por otro lado, no encuentra lo que busca: la solución de un problema. A quien muestre intenciones de suicidarse hay que hacerle ver, sobre todo, una y otra vez, que el suicidio no resuelve problema alguno. Hay que hacerle comprender que el suicida se *parece mucho al jugador de ajedrez que, obligado a enfrentarse con un problema demasiado difícil o que a él le parece, derriba las figuras sobre el tablero. Claro está que con ello no resuelve el problema que tiene delante. Tampoco en la vida se resuelve ningún problema echando la vida por la borda.* Del mismo modo que ese jugador de ajedrez no se atiene a las reglas del juego, el hombre que se suicida infringe la reglas del juego de la vida. Estas reglas de juego no nos obligan, ni mucho menos, a vencer por encima de todo, pero sí a no abandonar la lucha por ningún concepto.[4]

No podemos, ni deberíamos tampoco aunque pudiéramos, borrar del mundo todas las causas de la desventura humana para desviar de su propósito a quienes se deciden a suicidarse. No tenemos por qué poner en brazos de quien ama sin ser correspondido a la mujer amada, ni en el bolsillo del miserable los medios económicos necesarios para que no desespere de la vida. Hay que arreglárselas para convencer a estos desdichados, no sólo de que pueden seguir viviendo sin necesidad de tener aquello de que, por una u otra razón, carecen, sino incluso de que deben considerar en buena parte, como el sentido de su propia vida el sobreponerse interiormente a su desventura, fortaleciéndose en ella y mostrándose a la altura de su destino, aun cuando algo falle.

Sólo conseguiremos que nuestros enfermos se sientan movidos a considerar la vida un valor, algo que tiene en cualquier circunstancia sentido y razón de ser, siempre que sepamos dar a su vida un contenido, hacer que encuentren una meta y un fin a su existencia; dicho en otras palabras, que vean ante ellos una misión. "Quien dispone de un porqué para vivir es capaz de soportar casi cualquier cómo", dice Nietzsche.[5]

No cabe duda de que la conciencia de una misión en la vida posee un extraordinario valor psicoterapéutico y psicohigiénico. No tenemos reparo en afirmar que no hay nada que más ayude al hombre a vencer o, por lo menos, a soportar las dificultades objetivas y las penalidades subjetivas que la conciencia de tener una misión que cumplir. Esta misión, cuando se la concibe como algo personal, hace a su portador insustituible, irreemplazable, y confiere a su vida el valor de algo único. La citada frase de Nietzsche da a entender también que el "cómo" de la vida, es decir, todas esas circunstancias desagradables que la acompañan, queda relegado a segundo plano en el momento y en la medida en que pase a primer plano el "porqué" de ella. Pero no es sólo esto; de la conciencia que así se gana en cuanto al *carácter de misión* se desprende, por consecuencia, el corolario de que *la vida cobra, en rigor, tanto mayor sentido cuanto más difícil se haga.*

La vida como misión

Si, además, queremos ayudar a nuestro enfermo a dar a su existencia la mayor actividad posible, si queremos ayudarlo a salir del estado de un "paciente", para convertirse en un "agente", no debemos limitarnos a hacer que experimente su existir como un ser-responsable frente a las posibilidades de realización de los valores; sino hacerle ver, además, que la *misión de cuyo cumplimiento se le hace responsable es siempre una misión específica.*

El carácter específico de la misión es doble. *La misión no sólo cambia de unos individuos a otros, con arreglo al carácter peculiar —insustituible— de cada persona, sino que cambia también de hora en hora a tenor del carácter singular —irrepetible— de cada situación.* Basta con que recordemos lo que Scheler ha llamado *valores de situación* (contraponiéndolos a los valores *eternos,* a los que rigen en todo momento y para todos). Estos valores aguardan, en cierto modo, a que su hora llegue, a que al hombre se le presente la ocasión, que sólo se le brinda una vez, de realizarlos; si la oportunidad se deja pasar, se perderá irreparablemente y el valor de situación quedará irrealizado para siempre; el hombre habrá desperdiciado la ocasión.

Vemos, pues, cómo estos dos aspectos, el de la singularidad y el de la peculiaridad poseen un valor constitutivo en cuanto al sentido de la existencia humana. Y hay que reconocer a la filosofía existencialista de nuestro tiempo el que —al contrario del vago concepto de la vida, profesado por la "filosofía de la vida" de años atrás— haya sabido destacar la existencia del hombre como algo esencialmente concreto, la de "cada uno". Sólo de este modo, bajo esta forma concreta, adquiere la vida humana un valor de obligatoriedad moral. No en vano se dice que la filosofía existencialista es una filosofía "que llama". Y es que la exposición de la existencia humana como algo peculiar y singular entraña la apelación a realizar sus posibilidades originales y que no se dan sino una sola vez.

Si, orientándonos hacia el análisis de la Existencia y al servicio de la logoterapia, queremos ayudar al paciente a dar a su vida la mayor concentración posible, no tenemos más que hacerle ver cómo la vida de cada hombre tiene una meta peculiar, hacia la que conduce un camino que no se presenta sino una sola vez. El hombre que marcha por este camino se asemeja al aviador que, volando en medio de la noche o de la niebla, en vuelo a ciegas, es "piloteado" desde la torre de señales del aeropuerto. Como es sabido, en estos casos la radioestación del aeródromo envía dos señales Morse diferentes en forma de sectores en dirección de la aeronave que se acerca, de tal modo que en la línea divisoria entre ambos sectores —que es precisamente la ruta indicada hacia el punto de aterrizaje— escucha el tripulante un sonido continuo. Sólo este camino es el que conduce al navegante aéreo hacia su meta. Del mismo modo, podemos decir que el hombre tiene en cada una de las situaciones de su vida un único camino peculiar trazado de antemano, por el cual puede llegar a la realización de sus más particulares posibilidades.

Ahora bien, si un paciente alega ante nosotros que ignora el sentido de su vida y desconoce las posibilidades únicas de su existencia, podemos replicarle que su misión primera y más urgente consiste precisamente en encontrar el camino hacia el cumplimiento de su propia misión y avanzar resueltamente hacia el sentido de su vida, con todo lo que tiene de singular y peculiar. Y, por lo que se refiere, en particular, a sus posibilidades interiores, es decir, al problema de cómo el hombre puede descifrar la ruta de su deber, partiendo de su propio ser, no cabe nada mejor que atenerse a las palabras de Goethe: "¿Cómo puede uno conocerse a sí mismo? Nunca por la reflexión, pero sí por medio de la acción. Intenta cumplir con tu deber, y sabrás en seguida lo que hay en ti. ¿Cuál es tu deber? Sencillamente, lo que el día reclama".

Habrá, indudablemente, personas que, aun reconociendo el carácter siempre único de la vida, y estando, incluso, decididas a realizar sus valores de situación concretos, tal como se ofrecen por una sola vez, consideren, sin embargo, "desesperada" su situación personal.

Debemos preguntarnos, ante todo: ¿qué quiere decir eso de "desesperado"? Es evidente que el hombre no puede conocer de antemano su porvenir, ni lo podrá nunca, entre otras razones, porque su conocimiento del porvenir influirá desde ese momento en su comportamiento futuro, con arreglo a su actitud, unas veces más tenaz y otras veces más sugestionable, con lo cual el hombre contribuiría, por su parte, a conformar el futuro en una medida o en otra, y la primitiva predicción no respondería ya a la realidad. Ahora bien, no pudiendo profetizar, el hombre no puede tampoco prejuzgar si su porvenir encierra o no la posibilidad de realización de valores. Un negro condenado a trabajos forzados a perpetuidad fue embarcado en Marsella con destino a la Isla del Diablo. En alta mar estalló un incendio en el barco que lo conducía en unión de otros presos —era el *Levia-*

thán, que quedó destruido en el siniestro—. El negro, un hombre extraordinariamente vigoroso, fue liberado de sus grilletes y salvó la vida de 10 personas. Más tarde lo indultaron. Si todavía en el muelle de Marsella, al embarcar rumbo al presidio, alguien le hubiese preguntado si creía que su vida tenía algún sentido, probablemente habría contestado que no. Nadie puede saber si tiene o no algo que esperar de la vida y qué horas grandes le aguardan en ella todavía.

Ningún hombre tiene derecho a invocar su propia insuficiencia, es decir, a despreciar sus propias posibilidades interiores. No importa que se sienta desesperado respecto de sí mismo, que cavile y se torture creyendo que todas las salidas se le cierran: ya este solo hecho, esta actitud, lo justifica, en cierto modo. Así como las lamentaciones acerca de la relatividad y la subjetividad de todo conocimiento (y de toda captación de valores) presuponen en rigor su objetividad, así también el autoenjuiciamiento moral de una persona presupone la existencia de un ideal de la personalidad, un deber ser personal. La persona capaz de enjuiciarse así, por muy desesperada que se crea, lo hace siempre partiendo de algunos valores, lo que quiere decir que comparte el mundo de éstos; desde el momento en que puede aplicarse a sí misma la pauta de un ideal, es que no se halla totalmente privada de valor. Por ese solo hecho alcanza ya un nivel de valor, que le salva; al ser capaz de elevarse sobre sí misma, entra en una zona espiritual y se confirma como ciudadano de un mundo espiritual cuyos valores quedan adheridos a él: "Nuestro ojo jamás podría contemplar el sol si no tuviese algo de solar…"

Algo análogo a lo que Goethe dice del ojo, en esta frase, podría decirse de la generalización del sentimiento de desesperación moral, de la duda en la moralidad de los hombres. "El hombre es malo de por sí" y en el fondo de su naturaleza, oímos decir.[6] Sin embargo, esta especie de acedía ética universal no debe paralizar a nadie en su acción moral: si alguien nos dice que "todos los hombres son, a la postre, unos egoístas" y que el altruismo manifestado de vez en cuando no es, en realidad, sino egoísmo, ya que este aparente altruista sólo trata de desembarazarse de su eventual sentimiento de compasión, sabemos perfectamente lo que debemos replicar. En primer lugar, que la eliminación de un sentimiento de compasión no es un fin, sino un efecto; en segundo lugar, que esta actitud presupone ya una cierta moral, bajo la forma de un auténtico altruismo. Pero, además, podemos objetar a quienes así piensan que lo que anteriormente dejamos dicho acerca de la vida del individuo vale también para la vida de la humanidad en su conjunto, es decir, que lo mismo en la historia de los tiempos que en las cadenas de las montañas, son los puntos culminantes los que deciden. Para justificar a la humanidad como un todo bastaría con tomar en consideración unas cuantas existencias ejemplares, unos pocos genios espirituales o morales, o simplemente con tener en cuenta a este o aquel individuo concreto por quien sentimos un amor verdadero.

Por último, si se alega que los grandes ideales eternos de la humanidad son pisoteados y profanados por doquier, convertidos en medios para los fines de la política, de los negocios, de la erótica personal o de la vanidad privada, podemos replicar que todo esto no hace más que confirmar la obligatoriedad general y la fuerza imperecedera de esos ideales, pues *el hecho de que, para dar autoridad a una causa, sea necesario envolverla en un manto moral, demuestra que la moral es algo eficiente y que es posible influir en los hombres en virtud de su propia moralidad.*

Por tanto, la misión que el hombre tiene que cumplir en la vida existe siempre, necesariamente, aunque el interesado no la vea, y es siempre, necesariamente, susceptible de ser cumplida. Lo importante para el análisis de la Existencia, en general, es, como puede comprenderse, que el hombre sienta y viva su responsabilidad en cuanto al cumplimiento de todas y cada una de sus misiones, tal como en cada caso se le planteen; cuanto mejor comprenda el carácter de misión que la vida tiene, tanto mayor sentido tendrá su vida para él. El que no ha adquirido conciencia de su responsabilidad acepta la vida como una simple contingencia; el análisis de la Existencia, por el contrario, le enseña a concebir la vida como una continua misión.

A lo anterior debemos añadir ahora lo que sigue: hay personas que, avanzando un paso más, viven la vida, por así decirlo, en una dimensión más. Para ellos la misión es, en cierto modo, algo transitivo. Viven simultáneamente una instancia de la que la misión procede, viven aquella instancia que les impone la misión. Viven la misión como un mandato. La vida trasluce la existencia de un mandante trascendente. Constituye éste, a nuestro modo de ver, uno de los rasgos esenciales del *Homo religious:* un hombre en cuya conciencia y responsabilidad se da junto a la misión el que se la impone.[7]

Hemos presentado el ser del hombre como un ser responsable. Este ser responsable es siempre un ser responsable de realizar valores. Ahora bien, hemos dicho sobre estos valores que siempre deben tenerse en cuenta los *valores de situación* singulares e irrepetibles (Scheler). Con ellos, las posibilidades de realizar valores adquieren un carácter concreto. Pero estos valores no sólo están relacionados con una situación dada, sino que además están ligados con cada persona particular. De tal manera que cambian tanto de persona a persona como de un momento a otro. Las posibilidades que tiene para sí, y exclusivamente para sí, cada hombre, son tan específicas como las posibilidades que ofrece, en su irrepetible singularidad, cada situación histórica.

No cabe duda de que, enfocado el problema desde el punto de vista del análisis de la Existencia, no es posible que lleguemos a reconocer una misión de vida dotada de validez general y obligatoria para todos. En este aspecto, no tiene razón de ser ni sentido el problema de "la" misión del hombre en la vida, "del" sentido de la vida. Se nos antoja algo así como la pregunta que un reportero pudiera hacer, interrogando a un campeón mundial de ajedrez: "Y ahora dígame usted, maestro, ¿cuál es la mejor jugada de ajedrez?" Esta pregunta no admite una respuesta valedera de una vez por todas, sino que debe ser contestada, al igual que la otra, con vistas a cada situación concreta. El campeón de ajedrez en cuestión, suponiendo que tomase en serio la pregunta del reportero, tendría que contestar, poco más o menos, lo siguiente: "Un ajedrecista tiene que obrar de tal modo que intente la jugada mejor en cada caso con arreglo a lo que él pueda y a lo que el adversario le permita", con lo cual dicho está que es necesario tomar en cuenta también la situación interior, es decir las dotes, la capacidad de la persona; en segundo lugar, no hay que perder de vista, asimismo, que el jugador no puede hacer otra cosa que "intentar" la jugada mejor en cada situación concreta, es decir, la que mejor cuadre a la disposición de las piezas sobre el tablero. En efecto, si se empeñara de antemano en hacer lo que pudiéramos llamar la mejor jugada absoluta, no cabe duda de que, atormentado por eternas dudas y por una autocrítica interminable, dejaría por lo menos pasar el tiempo de que dispone para jugar, y se vería obligado a abandonar el juego.

Pues bien, lo mismo ocurre, *mutatis mutandis,* con la persona que se enfrenta con la cuestión del sentido de la vida; tampoco puede formularse esta cuestión, si ha de tener algún sentido, más que proyectándola sobre una situación concreta, y siempre con vistas a su propia y concreta persona: por encima de estos límites, sería éticamente falso y psicológicamente enfermizo que se le metiera en la cabeza la descabellada idea de hacer lo absolutamente mejor, en vez de limitarse a "intentar" hacerlo. Lo cual no quiere decir, naturalmente, que no deba apuntar hacia lo mejor, pues de otro modo no podría nunca hacer lo bueno; pero, al mismo tiempo, debe saber renunciar a una consecución de sus fines que no sea puramente asintótica.

Si procedemos ahora a sacar una conclusión de nuestras reflexiones en torno del sentido de la vida, llegamos a una crítica radical de la cuestión como tal. El problema del sentido de la vida, formulado así, sin más, carece de sentido: está mal planteado, si se refiere en abstracto a "la" vida y no, en términos concretos, a "mi" vida, tal como se presenta en cada caso. Si reflexionamos sobre la estructura originaria de nuestro vivir el mundo, habremos de operar sobre el problema del sentido de la vida *una revolución copernicana: es la vida misma la que plantea cuestiones al hombre. Éste no tiene que interrogarla:* es a él, por el contrario, a quien la vida interroga: y él *quien tiene que responder a la vida, hacerse responsable.* Las respuestas que el hombre dé a estas preguntas deberán ser siempre respuestas concretas a preguntas concretas. En la responsabilidad de la Existencia tenemos su respuesta; es en la existencia misma donde el hombre "responde" a sus cuestiones.

Tal vez no sea inoportuno señalar aquí que también la psicología evolutiva nos enseña que el "sonsacar un sentido" representa una etapa de desarrollo más alta que el "darlo" (Charlotte Bühler). Por donde lo que lógicamente hemos tratado de "desarrollar" nosotros en las páginas anteriores, es decir la primacía aparentemente paradójica de la respuesta respecto de la pregunta, corresponde en absoluto al desarrollo psicológico. Se funda en ese *experimentarse el hombre como siempre interrogado.*

Ahora bien, el mismo instinto que, según veíamos, conduce al hombre a sus misiones de vida más propias y peculiares, lo guía también en la respuesta a las interrogaciones de la vida, a la responsabilidad frente a su vida. Este instinto moral es la conciencia. La conciencia tiene su "voz" y nos "habla", siendo éste un hecho fenoménico innegable.

Ahora bien, la conciencia nos habla siempre en forma de respuesta. En este aspecto, el hombre religioso, psicológicamente considerado, es aquel que vive con lo hablado o quien habla, cuyo oído, por tanto, es en cierto modo más agudo que el del hombre no religioso: en el diálogo con su conciencia —en este diálogo consigo mismo, el más íntimo de todos los coloquios—, escucha también la voz del interlocutor.[8]

El principio homeostático y la dinámica existencial

En la práctica, la logoterapia trata de llegar a una confrontación de la existencia con el logos. En la teoría, parte de una motivación de la existencia por el logos.

Es palmaria la objeción de que, por la confrontación de la existencia con el logos, por la orientación de la persona a un mundo de sentido y de valores, se está exigiendo mucho del hombre. Prescindiendo de que esto debe temerse hoy día

menos que nunca antes, esos temores están equivocados ya en su misma base, puesto que siguen sosteniendo el principio de la homeostasis, superado desde Ludwig von Bertalanffy.*
En el terreno de la neurología y psiquiatría fue Kurt Goldstein** quien logró demostrar que el principio de la "reducción de la tensión", en el que se han apoyado siempre las hipótesis psicoanalíticas y psicodinámicas, constituye en rigor un principio explícitamente patológico: normalmente, el hombre debe soportar las tensiones y orientarlas a los valores, y no deshacerse de ellas a cualquier precio.

Nosotros mismos opinamos que una de las características esenciales del ser humano es estar en el campo polarizado de tensiones entre el ser y el deber, estar en la presencia del sentido y de los valores, ser objeto de sus exigencias. Puesto que la fuga de esas pretensiones es una característica de la existencia neurótica, resulta claro en qué grado la psicoterapia deba luchar contra este "escapismo" típicamente neurótico, y no puede ser su cómplice tratando, por un temor exagerado de que se perturbe la homeostasis, de mantener al paciente alejado de toda tensión y de evitarle la confrontación con el sentido y los valores.

La dinámica que se establece en el campo polar de tensiones entre el ser y el deber se denomina, en la logoterapia, *noodinámica,* para diferenciarla de toda psicodinámica. De esta última se distingue en primer lugar porque constituye una situación de libertad: al mismo tiempo que me impulsan los instintos, me atraen los valores, es decir que puedo decir sí o no a la exigencia de los valores; puedo, pues, decidir por una o por otra cosa. Porque la situación de tomar posición

---

* *Problems of Life,* Wiley, Nueva York, 1952.
** *Human Nature in the Light of Psychopathology,* Harvard University Press, Cambridge, 1940.

libremente no sólo se da cuando me opongo a las condiciones biológicas, psicológicas o sociológicas que, sólo en apariencia, me fuerzan, sino también respecto de una posibilidad de valor que debe ser realizada.

Cuanto más reducida sea la tensión que nace de la noodinámica, tanto más está el hombre amenazado y en peligro. Apoyándose en los resultados de la investigación inspirada por Carl Rogers, Allport explica: "Siempre hay una brecha saludable entre el yo y el yo ideal, entre la existencia presente y la aspiración. En cambio, una satisfacción demasiado grande indica patología".* La correlación normal entre la imagen real y la imagen ideal de uno mismo, afirma, se caracteriza por un coeficiente de +58.

Por esta razón es totalmente comprensible que los autores estadunidenses (de los que me reduciré a citar a Theodore A. Kotchen**), basándose en investigaciones estadísticas de logoterapia, certifican que la orientación del hombre al sentido debe considerarse medida de la salud anímica.

En los Estados Unidos la psicología está dominada por dos corrientes: la mecanicista y, en el sentido de una reacción contra ésta, la humanista. Por lo que se refiere a la primera, está gobernada por el principio homeostático. La segunda se guía por el ideal de la autorrealización (Goldstein, Horney y Maslow).

Gordon W. Allport observa que la concepción común de la motivación como un intento por resolver mediante la homeostasis una situación de tensión, no capta la esencia de la auténtica tendencia.*** De hecho, Freud había presentado el "aparato anímico" como algo cuya "intención"

* *Personality and Social Encounter*, Beacon Press, Boston, 1960.
** *Journal of Individual Psychology* 16, 174, 1960.
*** *Becoming*, New Haven, 1955, pp. 48 y ss.

consistía en "dominar y finiquitar la multitud de estímulos y la fuerza de las irritaciones que se le presentan desde fuera y desde dentro",* y los arquetipos de Jung siempre están concebidos de una manera homeostática: invariablemente nos presenta al hombre como alguien cuyas tendencias van hacia la realización de posibilidades que, precisamente, están preformadas arquetípicamente, y a cuya tendencia sirve de base única y exclusivamente la intención de escapar del aguijón, o incluso de la venganza, de arquetipos cuya fuerza todavía no se ha agotado y de evitar las tensiones provocadas por ellos.

Justificadamente afirma Charlotte Bühler: "Desde las primeras formulaciones de Freud del principio del placer, hasta la última versión, la presente, del principio de la eliminación de las tensiones y de la homeostasis, la meta final invariable de toda actividad durante toda la vida se concibe como una restauración del equilibrio del individuo".** Pero ya Charlotte Bühler censura en la concepción freudiana de los procesos de adaptación que "en la tendencia al equilibrio del hombre que se adapta se concibe negativamente la realidad", cuando en la realidad "el que hace algo pone su producto y su trabajo en una realidad concebida positivamente".*** Pero también el principio de la realidad, al servicio de ésta, está él mismo y por su parte al servicio del principio del placer en cuanto que constituye una mera "modificación" de este último, "que en el fondo *también* quiere buscar el placer".† Si observamos más de cerca, podemos establecer que el mismo principio del placer es por su

* S. Freud, *Gesammelte Werke,* vol. XI, p. 370.
** "Basic Tendencies in Human Life", en *Sein und Sinn,* Tubinga, 1960.
*** *Psychologische Rundschrift* 8, 1956.
† S. Freud, *Gesammelte Werke,* vol. XI, p. 370.

parte una mera modificación, en cuanto está al servicio de un principio más alto, el principio de la homeostasis, es decir, de la tendencia a mantener, o a recuperar, el nivel de tensión más bajo posible.

Así como el psicoanálisis destacó la voluntad de placer bajo la forma del principio del placer, la psicología individualista puso en relieve la voluntad de poder bajo la forma de la llamada *tendencia a la propia valía*. Sin embargo, en el caso de la tendencia a la propia valía de que habla Adler ya no se trata de ninguna manera de un ser el hombre impulsado a algo, que bajo el nombre de agresividad, por ejemplo, pudiera ponerse al lado de la sexualidad, colocada por Freud en primer plano, sino de una voluntad que parte del "centro de la acción" (Scheler).

En el sistema cerrado de un "aparato anímico" dominado por el principio del placer, no hay ningún lugar para lo que nosotros llamamos *voluntad de sentido,* que ordena y orienta al hombre hacia el mundo. No debe entenderse equivocadamente este concepto en un sentido voluntarista. El que hablemos de una *voluntad* de sentido y no, por ejemplo, de una *propensión* al sentido no significa de ninguna manera tolerar un voluntarismo; por el contrario, por este camino no se debe perder de vista el hecho de la intención (primordialmente) directa, al sentido, es decir, del hecho de que lo que le *importa* al hombre en primero y en último término es *el sentido y solamente el sentido:* porque, si se tratara realmente de una propensión o impulso, entonces el hombre realizaría el sentido exclusivamente para deshacerse del aguijón del impulso y recuperar su equilibrio. Pero entonces el hombre ya no estaría actuando por el sentido, y nuestra teoría de la motivación vendría a reducirse de nuevo al principio de la homeostasis.

Mientras que la crítica europea de la logoterapia se realiza todavía mediante observaciones burlonas como el llamarla *apelación a la voluntad,* la psiquiatría estadunidense hace mucho tiempo que pasó a darle de nuevo el rango que le corresponde a la voluntad, tan menospreciada en nuestro país. El destacado psicólogo existencialista de Nueva York, Rollo May, afirma que el psicoanálisis se hace cómplice de la tendencia del paciente a la pasividad y lo induce a que ya no se conciba a sí mismo como una potencia de decisión y a que ya no se considere el único responsable de sus dificultades. Prosigue así sus mordaces observaciones: "El enfoque existencialista pone de nuevo la decisión y la voluntad en el centro del cuadro"; y las termina atinadamente con una cita de los Salmos: "La piedra que desecharon los edificadores ha sido puesta como piedra angular".* Y James C. Crumbaugh y Leonard T. Maholick, directores del Bradley Center, en Columbus, Georgia, declaran en un trabajo aparecido en el *Journal of Existential Psychiatry* ("Los argumentos que apoyan la 'voluntad de sentido' de Frankl") que el resultado de sus experimentos les confirmó nuestra hipótesis de la existencia de una voluntad de sentido.

No debe interpretarse erróneamente la idea de una voluntad de sentido como una apelación a la voluntad. La fe, el amor y la esperanza no se pueden manipular y fabricar. Nadie puede comandarlos. Se sustraen incluso a la intervención de la propia voluntad. No puedo querer creer, no puedo querer amar, no puedo querer esperar y, ante todo, no puedo querer querer. Por eso resulta ocioso exigirle a un hombre que "quiera el sentido". Apelar a la voluntad de sentido significa hacer que resplandezca el sentido… y dejarle a la voluntad quererlo o no.

* *Review of Existential Psychology and Psychiatry* 1, 249, 1961.

Charlotte Bühler contrapone la teoría de la autorrealización a la teoría de la liberación de los impulsos, resumiéndolas así: "Al presente hay esencialmente dos concepciones fundamentales de las tendencias básicas de la vida, en cuanto tienen que ver con la psicoterapia. La primera es la de la teoría psicoanalítica, según la cual la única tendencia fundamental de la vida es la restauración del equilibrio homeostático. La segunda teoría de la tendencia fundamental de la vida es la doctrina de la autorrealización como fin último de la vida".* Pero sólo en la medida en que el hombre cumpla el sentido se está realizando a sí mismo: la autorrealización se presenta después por sí misma, como efecto de haber cumplido el sentido, y no como su fin. Solamente la existencia que se trasciende a sí misma puede autorrealizarse, mientras que si se pusiera a sí misma, o a su autorrealización, como objeto de su intención, ésta se malograría. ¡Corresponde a la esencia del hombre el estar subordinado, ordenado o dirigido a algo o a alguien, a una idea o a una persona!** Ahora bien, Bühler observa con pleno acierto: "A lo que se referían realmente los representantes del principio de la autorrealización era a la búsqueda de potencialidades". En realidad, toda autorrealización se reduce en último término a la realización de las propias potencialidades. Pero nos gustaría preguntarnos de nuevo qué hay detrás de todas estas doctrinas que se le presentan al hombre de hoy: tratar simplemente de desplegar en toda su fuerza sus posibilidades internas o, como dice la otra posición, expresarse a sí mismo. En mi opinión, el motivo oculto que está detrás de

---

* *Z. exp. angew. Psychol.* 6, 1959.

** "Los hombres son fuertes mientras representen ideas fuertes; se vuelven impotentes cuando se oponen a ellas." (S. Freud, *Gesammelte Werke,* vol. X, p. 113.)

ambas tiende a reducir todas las tensiones provocadas por la brecha entre lo que es un hombre y lo que tiene que llegar a ser; la tensión, como también podríamos decir, entre la realidad, por un lado, y aquellos ideales que todavía falta realizar; o, expresándolo de otra manera, *la tensión entre la existencia y la esencia, entre el ser y el sentido.* En realidad la proclamación de que el hombre no tiene que preocuparse por ideales y valores, porque no son otra cosa que expresión de sí mismo y que, por consiguiente, puede reducirse a realizarse a sí mismo y realizar sus posibilidades, ¡esa proclamación es en verdad una buena nueva! Porque hace saber al hombre que no tiene por qué aspirar a realizar el sentido o los valores, puesto que ya hace mucho tiempo estaba todo en orden, siempre lo ha estado, por lo menos bajo la forma de las propias posibilidades que hay que ir realizando. El imperativo de Píndaro, que el hombre tiene que llegar a ser lo que es, pierde de esa manera su carácter imperativo y se transforma en una tesis indicativa, de suerte que ahora debe decir así: lo que el hombre tenga que llegar a ser, ¡ya lo ha sido siempre! Y por esto mismo no necesita preocuparse por ningún ideal; o, para expresarlo metafóricamente: no necesita aspirar a las estrellas para poderlas traer a la tierra: porque, verá usted, la tierra misma es una estrella…

¡Y un suspiro de alivio recorre las filas de los burgueses, que, en su seudomoral, habían sentido una cierta desazón! Pero nosotros sabemos, en cambio, que la tensión entre el ser y el sentido se basa irrevocablemente en la esencia del hombre. La tensión entre el ser y el deber ser es precisamente una parte constitutiva del ser hombre. Y por ello mismo es también una condición inalienable del estar sano del alma. Investigaciones con base en pruebas psicológicas que se llevaron a cabo en los Estados Unidos dieron como resultado que el concepto fundamental logoterapéutico de la orientación al sentido constituye incluso el criterio más excelente de salud psíquica.

Pero, aun en un sentido más profundo, el hiato entre el ser y el deber, entre el ser y el sentido, es esencial para todo ser hombre. En un ser finito como el hombre la existencia y la esencia no pueden ni deben coincidir y ser congruentes; por el contrario, el sentido debe preceder siempre al ser: porque sólo así puede *el sentido* ser aquello que es su propio sentido: *¡marcapaso del ser!* Por el contrario, la existencia se desploma y se viene abajo cuando no se trasciende a sí misma, cuando no sale de sí misma para alcanzar algo que está más allá de ella.

Según dice la Biblia, cuando Israel cruzaba el desierto, Dios iba delante de su pueblo bajo la forma de una nube. Tal vez no sea descabellado interpretar esta narración diciendo lo siguiente: el (último) sentido (el supersentido, como suelo decir) precede al ser, para que el segundo siga al primero, para que el primero arrastre consigo al segundo. Pero preguntémonos qué habría sucedido si la gloria de Dios no hubiera precedido a Israel, sino que hubiera permanecido en medio de este pueblo. Es patente lo que habría pasado: la nube no hubiera sido capaz de conducir a Israel por el desierto y de llevarlo a su meta, al lugar de su destino, sino que la nube lo habría nublado todo, nadie habría podido hallar el camino y el pueblo de Israel se habría extraviado.

Una vez que hemos captado esta dinámica existencial, podemos distinguir muy bien entre dos clases de hombres, que me gustaría denominar marcapasos y pacificadores [en el original, en inglés, "*pacemakers* versus *peacemakers*"]. Los marcapasos nos confrontan con los valores y el sentido, nos los ofrecen a nuestra voluntad de sentido. Los pacificadores, en cambio, tratan de descargarnos del peso de cualquier confrontación con el sentido.

Un marcapasos en este sentido lo fue, por ejemplo, Moisés: nunca pretendió de ninguna manera tranquilizar la consciencia de su pueblo, sino que por el contrario la impulsaba. Le presentó a su pueblo los Diez Mandamientos cuando bajó del monte, y no le evitó la confrontación con los ideales ni el conocimiento de esa realidad que se había quedado atrás.

Y tenemos luego el tipo del pacificador, preocupado por el equilibrio interno, que no puede perturbarse y para conservar el cual no sólo se permiten todos los medios, sino que el mundo entero queda desnaturalizado y degradado a un simple y mero medio: sea como medio para el fin de satisfacer los impulsos, o de realizarse a sí mismo, de calmar las necesidades, de apaciguar a un superego o de realizar un arquetipo. De una u otra manera, el hombre se reconcilia consigo mismo, "liquida sus cuentas". Lo único que cuenta son los hechos. Y el primer hecho es que es una minoría en desaparición la que tiende a ideales: ¿por qué, pues, vamos a hacerles caso?, ¿por qué debemos ser distintos del promedio? ¿Para qué queremos llegar a ser ideales? ¡Sigamos siendo normales! Y ahora comprendemos también en qué sentido merece Kinsey que se le llame pacificador…

Charlotte Bühler opina que, al parecer, el funcionamiento de un organismo sano depende de una alternación entre las tendencias a descargar y a mantener las tensiones.*
Pero ¡preguntémonos ahora si este ritmo, que llamaremos *ontogenético,* no tiene un análogo filogenético! ¿No nos lla-

---

* *Psychol. Rep.* 10, 1962.

mó la atención Schopenhauer al alternante predominio de la penuria, por un lado, y del tedio, por el otro, que se presenta a escala histórica y social? Es cierto que no en contigüidad, como en el caso del "organismo sano", pero sí en sucesión se relevan unos a otros los periodos de penuria y las épocas de tedio. Más aún, podríamos incluso atrevernos a afirmar que el hombre de los periodos homeostáticos (como el de la *affluent society,* la sociedad opulenta) acepta *voluntariamente* la penuria que sirve de contrapeso. Gehlen, quien también sostiene la opinión de que "la presión de la necesidad tiene aparentemente una importancia especial desde el punto de vista antropológico", ha explicado en este contexto que, "si pudiéramos imaginar una salida, en rigor la única sería la ascesis". Sólo que, cuando defiende la opinión de que "de casi todos los elementos de religión cristiana la ascética es la única que *no* fue secularizada",* ya no podemos seguir con él; porque nos parece que el deporte es el que ha tomado la misión de exponer al organismo a una tensión periódica y, en medio del bienestar del hombre, lo coloca en situaciones artificiales y pasajeras de apuro y peligro.

Pero más grave que las teorías corrientes sobre la motivación es su aplicación práctica, por ejemplo, a la higiene psíquica. Y parece que está equivocada en su mismo origen en cuanto que está erigida sobre un fundamento falso, dado que está dominada y poseída por el principio de que no hay que dejar que se le presente ninguna tensión al hombre, en otras palabras, debido a que acepta el principio de la homeostasis, por no decir el "principio del Nirvana" (Sigmund Freud).

* *Anthropologische Forschung,* Hamburgo, 1961, pp. 65 y ss.

Cuando lo que realmente *necesita* el hombre no es una situación carente de cualesquier tensiones, sino *una cierta, una saludable dosis de tensión:* como sería esa tensión dosificada que es provocada por la exigencia y la apelación del hombre por el sentido.

Sólo que en una sociedad de bienestar y abundancia se presenta menos tensión que en las épocas de dificultad; y, cuando se reduce la tensión del hombre, cuando no es satisfecha adecuadamente su necesidad de tensión, entonces *crea* tensión, sea dedicándose al deporte, sea aventurándose en formas menos sanas, como los jóvenes que provocan a la policía, cometen toda suerte de imprudencias en automóviles o motocicletas, o se entregan a manías que los ponen en peligro.

Como se quejan los profesores universitarios de los Estados Unidos, los estudiantes de hoy se caracterizan por una apatía abismal: "En casi todas las universidades, desde California hasta Nueva Inglaterra, la apatía de los estudiantes era tema de conversación. Era el tema que más se mencionaba en nuestras discusiones con estudiantes y miembros de la Facultad".*

Estos profesores universitarios tienen en alta estima el ideal de la libertad; pero la libertad a la que se refieren es negativa y necesita ser completada por una idea positiva: la de la responsabilidad. ¿Cuándo se erigirá por fin en la costa occidental una estatua de la responsabilidad que sirva de pareja a la Estatua de la Libertad de la costa oriental?**

* E. D. Eddy, *The College Influence on Student,* p. 16.

** La diferencia que existe entre ser responsable y ser libre puede ejemplificarse con la ayuda de una contraposición entre culpa y capricho. En efecto, mientras podemos definir el capricho como libertad sin responsabilidad, la culpa es hasta cierto punto responsabilidad sin libertad; puesto

En los Estados Unidos los psicoanalistas se quejan de que están teniendo que tratar un nuevo tipo de neurosis, cuyo rasgo más característico consiste en una *falta de iniciativa e interés*.

Aparentemente, el hombre soporta tan mal, a la larga, la *falta* absoluta *de dificultad* en el sentido psicológico, como *la ingravidez* en el sentido físico, y parece ser que es tan incapaz de existir en un espacio *sin sentido* como en un espacio *sin aire*.

Es sabido que la eliminación total de impresiones sensoriales, como la que se practica en el contexto de los experimentos que sirven para preparar los viajes espaciales, conduce a ilusiones sensoriales. Pero algunas investigaciones de las Universidades de Yale y de Harvard mostraron que "no es la falta de excitaciones sensoriales en sí misma la que produce los efectos de la eliminación de impresiones sensoriales, sino la ausencia de una excitación *que tenga sentido*". Como conclusión declaran los autores que lo que necesita el cerebro es sentido. Se puede ver que la elemental necesidad de sentido que tiene el hombre puede localizarse hasta en los fundamentos biológicos de su existencia. Sacado de su proyección sobre el plano fisiológico y trasladado de nuevo al espacio de los fenómenos específicamente humanos, *el tema principal de la logoterapia,* que tiende un puente entre las significaciones del *logos,* espíritu y sentido, suena

---

que el culpable tiene responsabilidad por algo, sin poseer la libertad de suprimirlo de la realidad. Lo único pertinente entonces es la actitud correcta, la posición justa, y la actitud correcta ante la culpa propia es el arrepentimiento. Aunque el arrepentimiento no puede hacer retroceder lo que sucedió y es objeto de la culpa, por lo menos puede repararlo en el plano moral (pp. 192-193), como nos lo mostró Max Scheler en un ensayo en que trata este punto.

como una fuga musical: el espíritu necesita del sentido, el *nous* necesita del *logos* y la enfermedad noógena necesita un tratamiento logo-terapéutico.

Pero al lado de las neurosis noógenas, no sólo están las psicógenas, sino también las seudoneurosis somatógenas que he descrito. Mencionaré únicamente las agorafobias bajo las que se esconde un hipertiroidismo, las claustrofobias en las que se oculta una tetania latente y los síntomas de despersonalización o el síndrome psicoadinámico que ocultan una insuficiencia de la corteza suprarrenal. Por lo tanto, no se puede decir que *la logoterapia sea espiritualista en su teoría y moralista en su práctica.* Esto se podría decir de la medicina psicosomática. De hecho, el acontecimiento de la enfermedad corporal no tiene de ninguna manera, sin excepción, ese valor situacional en la historia de la vida ni ese valor de expresión del alma espiritual que tan generosamente le atribuye la medicina psicosomática. De ninguna manera es el cuerpo del hombre el espejo fiel de su espíritu. Eso se podría decir de un cuerpo "transfigurado". Pero el cuerpo del hombre "caído", si es un espejo, es un espejo roto, que desfigura. Es verdad que toda enfermedad tiene su "sentido"; pero el verdadero sentido de una enfermedad no está en el "qué" de la enfermedad, sino en el "cómo" del sufrirla, en la actitud en que se coloca el enfermo frente a la enfermedad, en la posición con que dialoga con la enfermedad.

La logoterapia ¿es moralista en su práctica? No lo es, por la sencilla razón de que el sentido no se puede recetar. El médico no le puede dar un sentido a la vida del paciente. En último análisis, el sentido no puede ser dado, sino que tiene que ser encontrado. Aún más, el paciente debe hallarlo él mismo e independientemente. La logoterapia no juzga sobre el sentido o la falta de sentido, sobre el valor o la ausencia de valor; porque no fue la logoterapia, sino la serpiente, la que le prometió al hombre que iba a hacer de él un ser "como Dios, conocedor del bien y del mal".

El sentido de la muerte

En el intento de dar una respuesta a la cuestión del sentido de la vida —a esta cuestión que es la más humana de todas las cuestiones—, el hombre se ve remitido a sí mismo como aquel a quien la vida pregunta y que tiene que responder y ser-responsable ante ella. Se ve, por tanto, remitido al hecho primigenio de que la Existencia es ser-consciente y ser-responsable. Ahora bien, en el análisis de la Existencia, como un análisis del ser-hombre en cuanto ser responsable, hemos visto que la responsabilidad es algo que brota del carácter concreto de la persona y la situación y surge con esta concreción misma. La responsabilidad crece, según hemos visto, con el carácter peculiar de la persona y con el hecho de que la situación es siempre singular, irrepetible. Estos dos aspectos son, como hemos dicho, elementos constitutivos en cuanto al sentido de la vida humana.

Pero en estos dos aspectos esenciales de su existencia se manifiesta, al mismo tiempo, el carácter finito del hombre. Lo cual quiere decir que esta finitud tiene también, necesariamente, que representar algo que dé un sentido a la existencia humana, en vez de quitárselo. Es lo que ahora nos proponemos desarrollar, tratando de contestar, ante todo, a la pregunta de si la finitud del hombre en el tiempo, el carácter temporalmente finito de su vida, esto es el hecho de la muerte, puede privarla de sentido.

¡Cuántas veces se nos dice que la muerte hace problemático el sentido de la vida total, que, en última instancia, todo carece de sentido, puesto que la muerte vendrá, a la postre, a destruirlo todo! ¿Puede realmente la muerte anular o menoscabar el sentido de la vida? Por el contrario. En efecto, ¿qué ocurriría si nuestra vida no fuese finita en el tiempo, sino temporalmente ilimitada? Si el hombre fuese inmortal, podría con razón demorar cada uno de sus actos hasta lo infinito, no tendría el menor interés en realizarlos precisamente ahora, podría dejarlos perfectamente para mañana o pasado mañana, para dentro de un año o de 10. En cambio, viviendo como vivimos en presencia de la muerte como el límite infranqueable de nuestro futuro y la inexorable limitación de todas nuestras posibilidades, nos vemos obligados a aprovechar el tiempo de vida limitado de que disponemos y a no dejar pasar en balde, desperdiciándolas, las ocasiones que sólo se le brindan una única vez y cuya suma "finita" compone la vida.

Por tanto, la finitud, la temporalidad, no sólo es una característica esencial de la vida humana, sino que es, además, un factor constitutivo del sentido mismo de la vida. El sentido de la existencia humana se basa precisamente en su carácter irreversible. Por eso, sólo podremos comprender la responsabilidad de vida de un hombre siempre que la entendamos como una responsabilidad con vistas al carácter temporal de la vida, que sólo se vive una vez.

Si, por consiguiente, queremos, fieles al sentido del análisis de la Existencia, traer a nuestros pacientes a la conciencia de su responsabilidad, si realmente deseamos hacerlos conscientes de la responsabilidad que sobre ellos pesa, tendremos que esforzarnos por hacerles comprender, mediante símiles, el carácter histórico de la vida y, por tanto, la responsabilidad del hombre en ella. Debemos recomendar, por ejemplo, a una persona sencilla que se siente ante nosotros en la sala de consultas, que haga, de vez en cuando, como si, en el ocaso de su vida, estuviera hojeando su propia biografía, abriéndola precisamente por el capítulo en que se narra su presente; y como si, por obra de un milagro, tuviese la posibilidad de decidir en cuanto el contenido del capítulo siguiente, y dentro de su poder, introducir todavía correcciones en un capítulo decisivo de su historia interior, aún no escrita.

La máxima del análisis de la Existencia podría presentarse, en general, bajo esta fórmula imperativa: *¡Vive como si vivieses por segunda vez y como si la vez primera lo hubieses hecho todo de un modo tan falso como te dispones a hacerlo ahora!* Quien consiga trazarse ante sí esta idea fantástica, no cabe duda de que sentirá, al mismo tiempo, toda la grandeza de la responsabilidad que sobre el hombre pesa en todos y cada uno de los momentos de su vida: la responsabilidad respecto de lo que saldrá de la hora siguiente, en relación con el modo en que deberá plasmar el día de mañana.

Asimismo podemos sugerir al paciente que se represente su vida como una película que se está "rodando", pero que no puede "cortarse" bajo ningún concepto; es decir, en la que no es posible revocar ni corregir ninguna de las escenas tomadas. También por medio de este símil conseguiremos, por lo menos en algunos casos, hacer comprender a quien interese el carácter irreversible de la vida humana, la historicidad de la Existencia.

Al comienzo, la vida es todavía sustancia en su totalidad, sustancia aún no consumida; a medida que discurre, va perdiendo cada vez más la sustancia, para convertirse poco a poco en función, hasta que, a la postre, sólo consiste en las acciones, las vivencias y los sufrimientos que su portador ha ido acumulando. Así concebida, la vida humana recuerda un poco al radio, sustancia que, como es sabido, no tiene más que una duración de vida limitada, ya que sus átomos se desintegran y su materia se transforma cada vez más en energía radiante, que no retorna ni llega a convertirse de nuevo en materia. El proceso de la desintegración del átomo es irreversible, irrevocable. Por consiguiente, también en el radio va desapareciendo progresivamente la originaria sustancialidad.

Otro tanto podemos decir de la vida, en cuanto que su carácter material originario va viéndose relegado a segundo plano más y más, hasta que, por último, se trueca en pura forma. El hombre se asemeja, en cierto modo, al escultor que, con el cincel y el martillo, esculpe la piedra de tal modo que el material se convierte cada vez más en forma. El hombre elabora la materia que el destino le brinda: unas veces creando y otras viviendo o padeciendo, se esfuerza por "desbastar" su vida lo más posible para convertirla en valores, en valores de creación, de vivencia o de actitud. Ahora bien, en este símil del escultor podemos introducir también el elemento tiempo; basta, para ello, con que nos imaginemos que sólo dispone de un determinado plazo para dar cima a su obra, pero sin saber cuál es, concretamente, el plazo en que deberá terminarla y entregarla. No sabe nunca cuándo será relevado de su misión, ni si tendrá que dimitir al instante siguiente. Todo esto le acucia a aprovechar bien el tiempo, si no quiere exponerse al riesgo de que su obra quede inconclusa. Pero el no poder terminarla ¿priva a la obra de todo valor? Nada de eso. Tampoco el "carácter fragmentario" de la vida (Simmel) menoscaba el sentido de ésta. *No es la duración de una vida humana en el tiempo lo que determina la plenitud de su sentido*. No juzgamos del valor de una biografía por su "extensión", por el número de páginas del libro, sino por la riqueza de su contenido. No cabe duda de que la vida heroica de un hombre muerto prematuramente encierra mayor contenido y mayor sentido que la existencia de cualquier filisteo que viva 90 años. Son muchas las sinfonías "incompletas" que figuran entre las más bellas.

El hombre afronta la vida como un examen de capacidad, en el que no importa tanto que el trabajo llegue a terminarse como que sea valioso. El examinado tiene que estar dispuesto en todo momento a que suene la campana anunciando el final del tiempo puesto a su disposición; lo mismo le ocurre en la vida al hombre: en el momento menos pensado puede sonar la voz que lo retire de la escena de los vivos.

El hombre debe —en el tiempo y en la finitud— terminar, finalizar* "algo", es decir, asumir la finitud y cargar a sabiendas con el final. No es necesario, ni mucho menos, que esta actitud tenga un tono heroico; lejos de ello, la observamos en el comportamiento cotidiano del hombre normal y corriente. Cuando asistimos al cine, nos interesa más, evidentemente, que la película tenga un final, cualquiera que él sea, y no que tenga un *happy end*. Ya el hecho de que el hombre normal y corriente necesite de algo como el cine o el teatro demuestra cuán cargado de sentido se halla lo histórico: en efecto, si no se tratara precisamente de explicar algo, es decir, de desplegarlo en el tiempo, de exponerlo históricamente, el hombre se contentaría, evidentemente, con que le contaran en pocas palabras, "la moraleja del cuento",

---

* En alemán *vollenden,* que juega con *Endlichkeit* —finitud— y con *Ende* —término o final—. [T.]

en vez de pasarse varias horas sentado en el teatro o en el cine, contemplando el desarrollo de la trama.

No es, pues, necesario desconectar de ningún modo la muerte de la vida, ya que, en realidad, la vida no puede concebirse sin la muerte. Pero tampoco es en manera alguna posible llegar a "superarla", como cree hacerlo el hombre que pretende "eternizarse" con la procreación. Es completamente falso que el sentido de la vida se cifre, como tantas veces se afirma, en la descendencia. Semejante afirmación puede reducirse fácilmente *ad absurdum*. En primer lugar, nuestra vida no puede extenderse ni trasplantarse *in infinitum*: también los linajes acaban extinguiéndose, y no cabe duda de que llegará el día en que morirá la humanidad entera, aunque sólo sea como consecuencia de una catástrofe cósmica del planeta Tierra. Si la vida finita careciese de sentido, sería de todo punto indiferente cuándo se produjera el final y el que éste fuese previsible o no. Los que cierran los ojos a la irrelevancia de este factor se parecen a aquella dama que, como le dijeran que un astrónomo profetizaba la desaparición del mundo para dentro de un billón de años, retrocedió aterrada y, al repetirle tranquilizadoramente que "sólo dentro de un billón de años", exclamó con un suspiro de alivio: "¡Ah! eso es otra cosa, había entendido que era para dentro de un millón de años".

O bien la vida tiene un sentido, en cuyo caso lo conservará, ya sea larga o corta, ya se propague o no; o bien no tiene sentido alguno, y en este caso no lo adquirirá tampoco por mucho que dure o se propague ilimitadamente. Si la vida de una mujer sin hijos debiera considerarse carente de sentido por este solo hecho, querría decir que el hombre vive solamente para sus hijos y que el sentido único y exclusivo de su existencia se cifra en los hijos que llegue a procrear. Con esto, no se hace más que desplazar el problema. Cada generación se lo pasa, sin haberlo resuelto, a la generación siguiente. Si la cosa fuese así, el sentido de vida de cada generación residiría pura y exclusivamente en engendrar a la que viene después de ella. Ahora bien, el perpetuar algo que de por sí carece de sentido no tiene tampoco sentido alguno. *Lo que carece de sentido de por sí no lo adquiere por el simple hecho de que se eternice.*

Aun cuando la antorcha se apague, no quiere decir que su resplandor, mientras alumbró, no tuviese sentido alguno; lo que no tiene sentido, en cambio, es el irse pasando eternamente, en una interminable carrera de antorchas, una antorcha apagada. "Lo que ha de alumbrar tiene que arder", dice Wildgans, con lo que sin duda quiere dar a entender que tiene que sufrir; también podríamos decir que tiene que consumirse, es decir, arder hasta "el final".

Por donde llegamos a la paradoja de que una vida cuyo único sentido consistiera en la propagación se convertiría eo ipso *en algo tan carente de sentido como su propagación misma.* Por el contrario, la propagación de la vida sólo tiene un sentido siempre que sea ya de por sí algo lleno de sentido. Así pues, quienes ven en la maternidad el sentido exclusivo y último en la vida de la mujer no niegan, en rigor, el sentido de la vida de la mujer sin hijos, sino precisamente el de la vida de la madre. De aquí que la ausencia de hijos no pueda privar de sentido la vida de un hombre importante. Más aún: toda la serie de antepasados que conduce a él adquirirá retroactivamente un sentido superior, la coronación de su sentido, gracias a la importancia de esta Existencia producida por ellos.

De todo lo cual deducimos nuevamente nosotros que *la vida no puede ser nunca un fin en sí y que la propagación de la vida no puede ser concebida, en modo alguno, como el sentido propio de ésta.* Lejos de ello, recibe su sentido por obra de otros factores no biológicos: espirituales, morales, estéticos, etc. Estos factores representan, por tanto, un momento trascendente. La vida no trasciende de sí misma "en longitud" —en el sentido de su propia propagación—, sino "en profundidad" —en cuanto apunta a valores—.

Sociedad y masa

En correspondencia con la singularidad de la existencia humana, que sólo puede vivirse una vez —en el tiempo, en la sucesión— tenemos la peculiaridad de cada hombre en la coexistencia de los individuos. Pero así como la muerte, en cuanto limitación temporal y externa de la vida, no priva de sentido a ésta, sino que, por lo contrario, es un elemento constitutivo de ella, así también la limitación interior del hombre sirve para dar sentido a su vida. *Si todos los hombres fuesen perfectos, todos serían iguales entre sí, cada individuo podría remplazarse por otro sustituto cualquiera.* La imperfección del hombre es la que determina que cada individuo sea indispensable o insustituible, pues si el individuo es necesariamente imperfecto, cada uno lo es a su manera. El individuo no es nunca omnifacético, sino siempre unilateral y, por lo mismo, peculiar.

Permítasenos acudir a un símil biológico. Como es sabido, el ser vivo unicelular paga su tránsito a organismo pluricelular con el sacrificio de su "inmortalidad" y de su omnipotencia. La célula trueca por éstas, sin embargo, su especificidad. La célula de la retina, por ejemplo, altamente diferenciada, no puede ser sustituida por ningún otro tipo de célula en su función. Por donde el principio de la división del trabajo de las células, aun privando a éstas de su carácter funcional omnifacético, las hace, en cambio, aunque funcionalmente unilaterales, relativamente insustituibles para el organismo.

Cuanto más altamente diferenciado es un hombre, menos corresponde a la norma, tanto en el sentido de promedio como en el sentido de ideal; pero, a costa de esa anormalidad o de esta idealidad, adquiere su individualidad propia. Sin embargo, la importancia de esta individualidad, es decir, el sentido de la personalidad humana, se dirige y refiere siempre, en cada caso, a la comunidad. Del mismo modo que el carácter único sólo confiere valor a cada piedrita del mosaico en relación con la totalidad de éste, el sentido de toda la unicidad personal del hombre reside exclusivamente en lo que ella significa para un todo superior. Por donde el sentido de la existencia personal en cuanto personal, el sentido de la persona humana en cuanto personalidad, apunta más allá de sus propios límites, apunta hacia la comunidad; en su orientación hacia la comunidad trasciende de sí mismo el sentido del individuo.

La comunidad se revela, así, como algo "exigido", y no simplemente como afectivamente "dado", como el "estado" de sociabilidad del hombre. Su mera realidad puramente psicológica o incluso biológica —no en vano el hombre es, al parecer, un *zoon politikon*— se torna en un postulado ético. Pero no es solamente la existencia individual la que necesita de la comunidad para cobrar un sentido, sino que, a su vez, la comunidad necesita también de la existencia individual para significar algo. Por eso la comunidad se distingue sustancialmente de la simple masa. La masa no tolera en su seno individualidades y, menos aún, que la existencia individual cobre en ella plenitud de sentido. Comparando la relación entre el individuo y la comunidad a la que media entre la piedrecilla del mosaico y el mosaico entero, podríamos comparar la relación entre el hombre individual y la masa con la que media entre un adoquín cortado en serie y el pavimento todo de la calle, con su gris uniformidad: cada adoquín, tallado con arreglo a una pauta común, es perfectamente sustituible por cualquier otro, no tiene ya la menor significación cualitativa para el gran todo, el cual, en realidad, no es tal todo, sino simplemente una cosa grande; por eso el adoquinado uniforme no tiene nunca el valor de belleza de un mosaico, sino solamente un valor de utilidad; la masa sólo reconoce la utilidad del hombre, pero nunca su valor ni su dignidad.

Es en la comunidad, y sólo en ella, donde cobra su pleno sentido la individualidad. En este aspecto podemos decir que el valor del individuo depende de la comunidad, se halla condicionado por ella. Ahora bien, para que la comunidad misma tenga un sentido, no debe prescindir nunca de la individualidad de los hombres que la forman, a diferencia de lo que ocurre con la masa, en la que desaparece necesariamente el sentido del individuo, la existencia única e individual, ya que en ella todo lo que sea peculiaridad única representa una perturbación. El sentido de la comunidad depende constitutivamente de la individualidad, y a la inversa, el de ésta depende constitutivamente del de aquélla. En cambio, el "sentido" de la masa se ve perturbado por la individualidad de los individuos que la forman,[9] y el sentido de la individualidad desaparece en la masa que la absorbe (al paso que en el seno de la comunidad se destaca y fortalece).

Hemos dicho que el carácter único de cada hombre y el hecho de que toda vida se viva una sola vez es constitutivo en cuanto al sentido de la Existencia; no debe confundirse, sin embargo, con la simple singularidad numérica. Toda singularidad numérica carece de valor, de por sí. *El simple hecho de que todo hombre se distinga dactiloscópicamente de los demás no basta, ni mucho menos, para convertirlo en personalidad.* Así pues, cuando hablamos de la peculiaridad como uno de los factores determinantes del sentido de la existencia humana, no debemos interpretarla como una peculiaridad "dactiloscópica". Podríamos, según el precedente de la "infinitud buena" y la "mala", de que habla Hegel, distinguir, hasta cierto punto, entre una peculiaridad buena y otra mala, considerando la buena aquella que se orienta hacia una comunidad para la que un hombre tiene significación valiosa por su peculiaridad.

La peculiaridad de la existencia humana se sustenta, a nuestro modo de ver, sobre un fundamento ontológico. No en vano la existencia personal representa una forma especial del ser. Una casa, por ejemplo, se compone de pisos, y los pisos están formados por habitaciones. Así pues, podemos imaginar la casa como una suma de pisos, del mismo modo que concebimos una habitación como el resultado de la división de un piso de la casa. Podemos trazar los límites del ser con más o menos arbitrariedad, delimitar el ente arbitrariamente destacándolo de la totalidad del ser. Sólo el ser-persona, la existencia personal, se sustrae a esta arbitrariedad; una persona es algo cerrado en sí, subsistente por sí, no susceptible de suma ni de división.

Podríamos perfilar ahora la posición preferente que el hombre ocupa dentro del campo del ser, el específico modo de ser humano, apoyándonos en nuestra tesis anterior, según la cual "ser" equivale a "ser-otro". Ser-persona (existencia humana, Existencia) quiere decir ser-otro absolutamente.* En efecto, la esencial peculiaridad de cada hombre no significa sino que éste es otro que todos los demás.

Por tanto, el ser del hombre no puede ser reducido a ningún ser complejo de orden superior sin que este ser supraordinario pierda la dignidad del ser humano. Como más claramente vemos esto es en la masa. En la medida en que, a pesar de ello, actúa, pudiendo decirse, en tal sentido que es algo "real", no actúa nunca de por sí. Las leyes sociológicas no se manifiestan saltando por encima de los individuos, sino a través de ellos. *Pueden regir, indudablemente, pero sólo rigen a la manera como rigen los cálculos de probabilidad en lo tocante a la psicología de las masas,* y solamente en la medida en que es susceptible de cálculo psicológico un tipo medio. En realidad, este tipo medio no es sino una ficción científica, nunca una persona real, y no podría tampoco serlo, precisamente por ser algo susceptible de cálculo.

Al perderse en la masa, el hombre pierde su cualidad más propia y peculiar: la responsabilidad. En cambio, mediante

---

* Al ser cada hombre "absolutamente otro" respecto de los demás, es peculiar en cuanto a su ser-así *(Sosein),* simultáneamente cada hombre es único e irrepetible en cuanto a su existencia *(Dasein),* y por tanto también el sentido de cada existencia es irrepetible y peculiar —y esto fundamenta la responsabilidad humana: precisamente esta finitud de la existencia humana en su sucederse a sí misma *(Nacheinander)* y estar cabe sí misma *(Nebeneinander),* en el tiempo y en el espacio. A esta doble finitud de la existencia humana se añade un tercer elemento constitutivo, que la hace estallar: la trascendencia de la existencia, el ser-ordenado-a algo del hombre; porque el hombre es único y peculiar en sí mismo, pero no para sí mismo. Pero este hecho aparece con más fuerza, no en nuestras palabras pobres y deficientes, sino en las de Hillel: Hillel hace un compendio de su sabiduría de la vida expresando su conducta en la forma de tres preguntas: Si yo no lo hago, ¿quién lo hará? Y si no lo hago ahora, ¿cuándo lo haré? Y si lo hago únicamente para mí mismo, ¿qué soy entonces?

la entrega a la misión que la comunidad le impone, en la que se ve metido o ante la cual se encuentra ya al nacer, el hombre gana en vez de perder, y gana, concretamente, una suma de responsabilidad adicional. El huir hacia la masa equivale, en consecuencia, por parte de la persona, a huir de su responsabilidad individual. Tan pronto como el hombre obra como si fuese simplemente la parte de un todo y este todo es lo que verdaderamente existe, puede abrigar el sentimiento de desembarazarse del fardo de su responsabilidad. La tendencia a huir de la responsabilidad es, en el fondo, el móvil del colectivismo. *La verdadera comunidad es, sustancialmente, una comunidad de personas responsables, mientras que la simple masa no es sino la suma de entes despersonalizados.*

El colectivismo conduce, en el enjuiciamiento de los hombres, al resultado de que, en vez de personas responsables, sólo ve un tipo, y en vez de responsabilidad personal, ve solamente la sujeción del hombre a ese tipo único. Sin embargo, la ausencia de responsabilidad no se manifiesta solamente por parte del objeto del enjuiciamiento, sino que se revela también en lo tocante al sujeto. No en vano la valoración con arreglo a un tipo presenta siempre una facilidad para el enjuiciador, por cuanto le sustrae, en parte al menos, a la responsabilidad que supone el emitir un juicio. Cuando valoramos a un hombre con arreglo al patrón de un tipo, no necesitamos ahondar en las características del caso concreto, lo cual es, naturalmente, muy cómodo. Tan cómodo, por ejemplo, como juzgar un motor ateniéndose a su marca de fábrica o a su tipo de construcción. Cuando conducimos un determinado tipo de automóvil, de una determinada marca, sabemos muy bien a qué atenernos. Lo mismo, cuando escribimos en una máquina de determinada marca sabemos perfectamente lo que de ella podemos esperar. Hasta respecto de las razas de perros conocemos lo que pueden dar de sí: tratándose de un foxterrier, le atribuimos de antemano ciertas inclinaciones y cualidades, distintas por concepto de las de un perrolobo.

Pero la cosa cambia tratándose de hombres. El hombre es el único ser que no puede determinarse, que no puede calcularse por el hecho de pertenecer a un determinado tipo; el cálculo no agota nunca al hombre en su totalidad; deja en pie siempre un residuo. Este residuo corresponde a la libertad del hombre para someterse a las condicionalidades que todo tipo supone. Como objeto de enjuiciamiento moral, el hombre, en cuanto tal, sólo comienza allí donde es libre para poder enfrentarse a la sujeción a un determinado tipo. Sólo entonces es su ser: ser-responsable, sólo entonces "es" el hombre propiamente o es "propiamente" hombre.

Una máquina es tanto más perfecta cuanto más regulada se halla; en cambio, un hombre se desvía tanto más de la norma ética cuanto más regulado, cuanto mejor encaja en un tipo (de raza, de clase o de carácter), y se ajusta a un estándar.

En el campo moral, el colectivismo en el enjuiciamiento o la condenación de los hombres se traduce en el resultado de que se haga a éstos "colectivamente responsables". Se les impone la responsabilidad por algo de que no son, realmente, responsables. Lo cual vale tanto como intentar sustraerse a la responsabilidad del juicio. No cabe duda de que es mucho más cómodo enjuiciar, valorándolas o desvalorizándolas, a "razas" enteras en bloque que juzgar a cada hombre por separado para ver a cuáles de las dos únicas "razas" importantes desde el punto de vista moral pertenece: si a la "raza" de las personas decentes o a la de las que no lo son.

Libertad y responsabilidad

La responsabilidad del hombre, cuya forma de conciencia trata de facilitar el análisis de la Existencia, es una responsabilidad encuadrada dentro del carácter peculiar y singular de su existencia, como algo único y que sólo se vive una vez; el existir humanamente consiste en ser-responsable en vista de la finitud. Ahora bien, esta finitud de la vida, como finitud en el tiempo, no la priva de sentido; al contrario, ya vimos que es la muerte la que da sentido a la vida. Hemos dicho que el carácter singular la vida lo lleva consigo respecto de toda situación; la peculiaridad de la vida lleva también consigo la peculiaridad de todo destino. En términos generales, podemos decir que el destino es —al igual que la muerte—, de un modo o de otro, parte constitutiva de la vida. El hombre no puede nunca, por mucho que haga, salirse de nuevo del marco original e irrepetible de su destino. Si maldice su destino, es decir, aquello contra lo que nada puede, en lo que no tiene responsabilidad ni culpa alguna, es porque no llega a comprender el sentido del destino. Existe, evidentemente, un sentido del destino e infunde sentido a la vida, ni más ni menos que la muerte. Dentro del marco de su destino exclusivo, cada hombre es insustituible. Es lo que hace que el hombre sea responsable de la conformación de su destino. Tener un destino significa tener cada uno su destino. Con su destino peculiarísimo el individuo está, como si dijéramos, solo en todo el universo. Su destino no se repite. Nadie vendrá al mundo con las mismas posibilidades que él, ni él mismo volverá a tenerlas. Las ocasiones que se le brindan para la realización de valores creadores o vivenciales, el destino con que realmente tropieza —es decir, aquello que el hombre no puede modificar, sino que debe soportar en el sentido de los valores de actitud—: todo esto es algo único y que sólo se da una vez.

Cuán paradójico es querer rebelarse contra el destino se ve claramente cuando alguien se pregunta qué habría sido de él, cuál habría sido su vida, si no hubiese tenido el padre que realmente tiene y sido hijo de otra persona cualquiera; quien se formule tal pregunta olvida que en tal caso no sería propiamente "él", pues el portador del destino sería otra persona completamente distinta, razón por la cual no podría ya hablarse, en rigor, de "su" destino, sino del destino de otro. Por tanto, el problema de la posibilidad de tener otro destino, un destino distinto, es de por sí, imposible, contradictorio y carente de sentido.

El destino es parte del hombre, como el suelo a que le ata la ley de la gravedad, sin la cual no podría dar un paso. El hombre tiene que, en efecto, mantenerse erecto sobre su destino, como se mantiene erecto sobre el suelo que pisa y en el que tiene que afirmar el pie para saltar hacia su libertad. *Libertad sin destino es imposible; la libertad sólo puede ser libertad frente a un destino,* un comportarse con el destino. El hombre es libre, indudablemente, pero ello no quiere decir que flote, independiente, en el vacío, sino que se halla en medio de una muchedumbre de vínculos. Pero *estos vínculos son propiamente el punto de apoyo de su libertad.* La libertad presupone vínculos, tiene que contar con vínculos. El tener que contar no significa sometimiento. El suelo sobre que el hombre se planta es trascendido a cada momento en la marcha y es suelo sólo en la medida en que es trascendido y sirve de trampolín. Si quisiéramos definir *al hombre* habíamos de hacerlo como *un ser que va liberándose en cada caso de aquello que lo determina* (como tipo biológico-psicológico-sociológico); es decir, como un ser que va trascendiendo todas estas determinaciones al superarlas o conformarlas, pero también a medida que va sometiéndose a ellas.

Esta paradoja define el carácter dialéctico del hombre, uno de cuyos rasgos esenciales es el permanecer perennemente abierto y problemático para sí mismo: su realidad es siempre una posibilidad y su ser un poder: El hombre no se agota nunca en su facticidad. Ser hombre, podríamos decir, no consiste en los hechos sino en las posibilidades.

La existencia humana es ser-responsable, porque es ser-libre. Es un ser que —como dice Jaspers— decide cada vez lo que es: un "ser-que-decide". Es precisamente "Existencia" (*Dasein, da-sein,* "ser-ahí", ser concretamente "aquí y ahora"), y no está siendo simplemente, como una cosa (*Vorhandesein,* estar delante, hallarse, terminología de Heidegger). La mesa que está delante de mí es y seguirá siendo lo que es por su parte, es decir, si alguien no la hace cambiar; en tanto que la persona que está sentada en esa mesa frente a mí, decide por sí misma, cada vez lo que "es" en el momento siguiente, lo que me ha de decir u ocultar. Lo que caracteriza su Existencia como tal es la multiplicidad de posibilidades distintas, de las que su ser sólo realiza una en cada caso. (Ese ser peculiar del hombre llamado Existencia podría caracterizarse también como "el ser que yo soy".) El hombre no se sustrae en ningún momento de su vida a la forzosidad de optar entre diversas posibilidades. Sólo que puede hacer "como si" no tuviese opción ni libertad de decidirse. Este "hacer como si" forma parte de la tragicomedia del hombre.

Cuéntase del emperador Francisco I de Austria que, refiriéndose a un peticionario que se había presentado repetidas veces en audiencia con el mismo ruego y que, desairado siempre en su petición, comparecía nuevamente para insistir en ella, dijo volviéndose hacia uno de sus ayudantes: "Ya verá usted cómo este pobre diablo consigue lo que se propone". ¿Qué es lo que encontramos de cómico en esta anécdota? Sencillamente, el ver que alguien —el emperador— hace como si no fuese libre para decidir si el "pobre diablo" en cuestión ha de salirse o no con la suya.

Son muchos los chistes en que resalta la situación cómica del hombre no consciente de su esencial libertad de decisión. Uno de ellos es el del marido que explica a su mujer cuán inmoral es la humanidad moderna, ofreciéndole como ilustración lo siguiente: "Hoy, por ejemplo, me he encontrado en la calle una cartera llena de billetes; pues bien, ¿crees que me ha pasado por la cabeza entregarla en la oficina de objetos perdidos?" ¿Qué es lo cómico de la situación? El ver que alguien nos habla de su propia falta de moral como si no le cupiera responsabilidad alguna; este hombre hace como si hubiese que aceptar su falta de moral como un hecho dado, del mismo modo que la inmoralidad de los demás; como si no fuese libre y no estuviese en condiciones de decidir si debe quedarse con la cartera encontrada o entregarla en la oficina correspondiente, para que vuelva a manos de su dueño.

Ya nos hemos referido a aquel profesor de enseñanza media que definía la vida como un proceso de oxidación o de combustión. Una bujía que "está ahí" —para expresarnos, en la medida que nos permite el idioma español, en los términos de la filosofía existencialista— arde hasta consumirse, sin poder dirigir por sí misma, en modo alguno, este proceso de combustión. Por el contrario, el hombre, que "es-ahí", que es Existencia,* tiene en cada caso la posibili-

---

* De la bujía se dice en alemán *die vorhanden ist* —que está ahí—,

dad de decidir libremente acerca de su ser. Decisión que entraña, incluso, la posibilidad de destruirse a sí mismo, de "extinguirse" por su propia voluntad.

La libertad de toda decisión, lo que se llama el libre albedrío, es algo obvio para el hombre sin prejuicios; tiene experiencia directa de sí mismo como libre. Sólo puede poner seriamente en duda el libre albedrío quien se deje captar por una teoría filosófica determinista o que, padeciendo una esquizofrenia paranoica, experimente su voluntad como una voluntad no libre, "hecha". Pero el fatalismo neurótico no hace más que encubrir el libre albedrío: el nombre neurótico se cierra a sí mismo el camino hacia sus genuinas posibilidades, se interpone ante sí mismo en el camino hacia su "poder-ser". Con lo cual deforma su vida y se sustrae a la "realidad del devenir", en vez de ejecutarla (pues también el ser humano, como totalidad, puede concebirse como "realidad de ejecución"). Si como al principio decíamos, todo ser es un ser-otro, deberemos emplear ahora esta fórmula: *el ser-hombre no significa solamente ser-otro sino también poder "ser-otro"*.

A la libertad se contrapone el destino. Llamamos destino, en efecto, a lo que se sustrae esencialmente a la libertad del hombre, lo que no se halla en su poder ni es de ello responsable. Sin que olvidemos ni podamos olvidar en ningún momento que toda libertad humana implica siempre un destino, en cuanto que sólo puede desplegarse en él, contando con él.

Ahora bien, del destino forma parte, en primer lugar, todo lo pasado, pues es algo incambiable. El *factum* (lo he-

mientras del hombre se dice *der Dasein hat* —que tiene Existencia, que tiene *ser-ahí*—. Este *ser-ahí* quiere decir que lo que ha de ser lo decidirá él mismo en el momento concreto, "ahí". [T.]

cho, devenido, pasado) es, en rigor, no *sólo factum,* sino *fatum,* el hado o fatalidad. A pesar de lo cual, podemos afirmar que el hombre es todavía libre frente a su pasado y, por lo mismo, a su destino. Es cierto que el pasado hace comprensible el presente, pero no hay derecho a que el futuro se determine exclusivamente partiendo de él: es éste el error característico del fatalismo típicamente neurótico, que a la par con la comprensión de los errores cometidos en el pasado postula también el perdón de los mismos errores para el futuro, en vez de considerar los del pasado fecundo material para la plasmación de un futuro "mejor", "aprendiendo" de ellos. El hombre es, por tanto, libre de situarse ante el pasado en una actitud sencillamente fatalista o, por el contrario, de aprender de él. Nunca es demasiado tarde para aprender; nunca es tampoco demasiado temprano, lo que vale tanto como decir que "se está siempre a tiempo" para ello. Quien lo pierda de vista se parecerá a aquel borracho que, a quienes trataban de convencerlo de que dejara la bebida, les replicó que era ya demasiado tarde para ello y que, acuciado con el argumento de que nunca es demasiado tarde, añadió: "entonces, no hay por qué darse prisa".

La inmutabilidad del pasado, convertido por el simple hecho de serlo en destino, provoca precisamente a la libertad humana: el destino tiene que ser siempre un acicate para la acción responsable del hombre. Como hemos visto, se enfrenta siempre ante la vida como un ser que escoge en cada momento, de entre un cúmulo de posibilidades, una sola, desplazándola precisamente, mediante su realización, al reino del pasado, poniéndola a buen recaudo, por decirlo así. Lo pasado "queda" en el mundo del pasado —por paradójico que ello pueda parecer—, y "queda" no a pesar de ser pasado, sino precisamente porque lo es. Ya hemos dicho en otro lugar que la realidad de lo pasado queda "asumpta"* en el doble sentido hegeliano de lo que se quita y se conserva en lugar más alto, y hemos dicho también, a este propósito, que el "ser-sido" es la forma más "segura" del ser. El pasado lo salva de ser pasajero; lo pasajero son sólo las posibilidades (cfr. lo que queda dicho acerca de los valores de situación, que sólo se dan una vez, y en cuanto a la ocasión, irremisiblemente transitoria, que para su realización se ofrece): *lo que se halla a salvo de ser-pasajero es lo ya asumpto en el pasado, la realidad salvada por ser-pasado*. El instante se trueca en eternidad cuando se logra trocar las posibilidades que el presente alberga en aquellas realidades albergadas en el pasado para toda una eternidad.

Éste, y no otro, es el sentido de todo realizar. Y en este sentido, el hombre no "realiza" solamente cuando ejecuta un hecho o realiza una obra "para siempre", sino también, simplemente, cuando vive una experiencia. En el sentido que nosotros le damos y a consecuencia de este tipo de objetivismo, cabe incluso afirmar que "lo realizado" en esa experiencia o vivencia no puede llegar, en rigor, a destruirse, a hacerse desaparecer, por el hecho de que se incorpore al pasado; más aún, ni siquiera mediante la cancelación de la posibilidad de recordarlo, porque muere la persona que ha vivido los hechos de que se trata.**

---

* Hegel explica por qué emplea el verbo *aufheben* para señalar el tercer momento dialéctico: tesis, antítesis, síntesis. *Setzen* —poner— *gegensetzen* —contraponer— *aufheben* —quitar para poner más arriba. *Aufheben* es lo que hacen las amas de casa cuando retiran la vajilla de la mesa y la guardan— oculta y en un lugar superior. Empleamos la palabra *asunción* pensando en la de la Virgen.

** Como contrapartida de lo dicho, cfr. lo que exponemos más adelante sobre el subjetivismo o el "psicologismo" de un hombre que trata de

De ordinario, el hombre no ve más que el campo de rastrojos del pasado; lo que deja de percibir son los graneros henchidos del pasado. Porque en el pasado nada está irremediablemente perdido, sino que todo está guardado de manera que no se pueda perder. Nada que haya sucedido puede ser sacado del mundo; ¿no apunta todo esto, con mucha mayor razón, a que todo lo sucedido es puesto en el mundo?

La capacidad de oposición del espíritu

El destino se presenta ante el hombre, principalmente, en tres formas: *1)* como sus "disposiciones", lo que Tandler llama la *fatalidad somática* del hombre; *2)* como su "situación", como la totalidad de las circunstancias suyas de cada momento. Las disposiciones y la situación integran "la posición" de un hombre. El hombre adopta una actitud ante ella. Y esta actitud es —por oposición a la "posición" que se presenta como destino— libre.* Prueba de ello es que existe la posibilidad de dar un viraje en la vida, cambiando de posición en ella o ante ella (siempre que incluyamos en nuestro esquema la dimensión temporal, puesto que todo viraje en la vida lleva implicado un cambio de actitud en el tiempo y con el tiempo). Del cambio de posición, en este sentido, forma parte, por ejemplo, todo lo que llamamos educación, posteducación y autoeducación, y también la psicoterapia

---

adormecer su conciencia ante la desdicha, que huye a refugiarse en la "inconsciencia" de la desgracia, por ejemplo en la ebriedad o en la inconsciencia absoluta: en el suicidio.

* También el alemán juega con *Stellung* —posición— y *Einstellung,* toma de posición, actitud. Todavía *Umstellung,* cambio de la toma de posición, de actitud.

en el más amplio sentido de la palabra, y fenómenos como el de la conversión.

Las "disposiciones" representan el destino biológico del hombre mientras que la "situación" representa su destino sociológico. A estos dos factores hay que añadir, además, su destino psicológico, entendiendo por tal la actitud psíquica del hombre, en cuanto no es libre ni entraña una libre actitud espiritual. Examinaremos de inmediato por orden hasta qué punto lo biológico, lo *psicológico* y lo *sociológico,* considerados algo relacionado con el destino, *se interfieren* con *la libertad humana.*

El destino biológico

Fijémonos en aquellos casos o circunstancias en los que el hombre se enfrenta con el destino biológico, y nos veremos ante el problema del radio de acción de la libertad humana frente al acaecer orgánico, del poder de penetración de su libre albedrío en el campo de lo fisiológico. Nos acercamos así a la problemática psicofísica sin adentrarnos por eso en la interminable discusión de hasta qué punto el organismo físico del hombre depende de lo psíquico-espiritual, y viceversa. Nos limitaremos a contrarrestar entre sí, dejando que se comenten por sí solas, dos crudas realidades.

El psiquiatra Lange nos informa del caso de unos mellizos procedentes de un solo óvulo, que vivieron durante muchos años separados el uno del otro. Recibió del hermano residente en otra ciudad una carta en que se revelaba por vez primera una idea quimérica de idéntico contenido al que revestía el estado paranoico del otro hermano, al que Lange estaba tratando. La base somática de esta enfermedad común habíase manifestado con la fuerza del destino en los dos hermanos, que procedían de la misma célula germinal y poseían, por tanto, idéntica masa hereditaria.

Ahora bien, ¿podemos cruzarnos de brazos ante esta fuerza biológica del destino? ¿Vamos a faltar al respeto a las fuerzas orgánicas, a la vista de hechos como éstos, que acusan innegablemente su importancia decisiva? ¿Deberemos llegar a la conclusión de que el destino del hombre portador de ciertas disposiciones se ve forzosamente conformado por factores biológicos, o quedará algún margen para influir sobre él por la acción de la libertad del espíritu humano? Los resultados a que se llega en la investigación de la herencia patológica de ese tipo de mellizos conducen a una sugestión fatalista que es peligrosa, puesto que paraliza la voluntad de hacer frente al destino interior del hombre. En efecto, *quien considere su destino algo sellado, jamás estará en condiciones de llegar a dominarlo.*

Pasemos ahora a la segunda realidad. En la clínica de enfermedades nerviosas de Viena, Hoff y sus colaboradores hipnotizaron a ciertos sujetos experimentales para provocar en ellos determinados afectos por lo que podría llamarse un proceso de cristalización pura. En unos casos, se les sugerían vivencias gozosas, y en otros se les imbuían vivencias tristes. Pues bien, en estos experimentos se vio que la masa de aglutinación ante los bacilos del tifus era incomparablemente mayor cuando el suero sanguíneo se obtenía en el caso de la alegría que en los momentos de tristeza. Estas investigaciones arrojaron también cierta luz sobre la reducción de la capacidad de resistencia del organismo de una persona hipocondríacamente medrosa ante las infecciones, así como también sobre el hecho de que las enfermeras dotadas de un sentimiento de deber moral que prestan sus servicios en hospitales epidemiológicos o incluso en leproserías se hallan preservadas de las infecciones, hasta el punto de que algunos miran el hecho como un verdadero "milagro" mientras que otros lo consideran pura "fábula".

Es ocioso, a nuestro modo de ver, entretenerse en andar enfrentando a cada paso el "poder del espíritu" y el "poder de la naturaleza". Ya hemos dicho que ambos factores forman parte del hombre y que se completan el uno y el otro mutuamente. Al fin y al cabo, el hombre es, de alguna manera, ciudadano de varios reinos y su vida discurre, esencialmente, en una tensión, en un campo de fuerzas bipolares. Si quisiéramos comparar estas dos fuerzas, ponerlas, por decirlo así, a pelear, tendríamos lo que se llama una *carrera indecisa.* Sabido es que las carreras indecisas son las más agitadas de todas. En realidad, lo que caracteriza la vida del hombre es precisamente esa eterna lucha entre su libertad espiritual y su destino interior y exterior. Sin menospreciar en lo más mínimo lo que toca al destino, y en especial lo que se refiere al destino biológico, tenemos que llegar, como médicos psicoterapeutas a la conclusión de que todo esto no constituye, en última instancia, más que las duraderas pruebas de la libertad humana. Por razones heurísticas, cuando menos tendríamos que hacer como si los límites de las libres posibilidades del hombre frente a la fuerza ineluctable del destino estuvieran infinitamente lejos; sólo así estaremos en condiciones de llegar lo más lejos posible (Rudolf Allers).

Aun allí donde lo fisiológico guarda una íntima relación con lo psíquico, en la patología cerebral, podemos afirmar que los cambios patológicos físicos no entrañan todavía, de por sí, ningún destino definitivo e irrevocable, sino simplemente el punto de partida para una libre conformación. En este sentido, dícese que el cerebro tiene "plasticidad"; sabemos, por ejemplo, que, al resultar heridas partes extensas del cerebro, entran en función "en forma vicaria"; supliéndolas, otras partes de este órgano, con lo que, más tarde o más temprano, se restablece la función interrumpida o alterada. Dandy, un cirujano estadunidense especializado en el cerebro, ha llegado incluso a eliminar operativamente toda la corteza cerebral de la parte derecha (en los diestros), sin que se produjeran perturbaciones psíquicas permanentes de alguna consideración. Pero es ya una cuestión de por sí, si la ulterior variación permanente del organismo, consistente en una parálisis de toda la mitad izquierda del cuerpo, es aceptada por el enfermo o por su familia, cuestión que, una vez más, pone de manifiesto los últimos fundamentos ideológicos de la práctica médica.

Hoy no sabemos si no habrá partes enteras del cerebro humano que permanezcan inactivas. No existe ni siquiera la seguridad de que funcionen totalmente todas las células centrales. (Parece hablar en contra de ello el hecho de que la función de los centros lesionados sea suplida por otros, como hemos visto.) Las modernas investigaciones indican, sobre todo, que el desarrollo filogenético del cerebro se efectúa a saltos, en el sentido de que el número de las células de la sustancia gris no crece poco a poco sino que se duplica, en cada caso, de pronto. Ahora bien, ¿quién podría afirmar con toda seguridad que los hombres de hoy hayamos llegado a realizar ya todas las posibilidades que la actual organización del cerebro humano nos permite? No tendría nada de particular, en efecto, que el desarrollo real de las funciones fuese todavía inferior a las máximas posibilidades, es decir, inferior a la capacidad de rendimiento del órgano.

El destino biológico constituye el material que la libertad espiritual tiene que encargarse de plasmar y conformar en cada caso. Tal es, visto desde el hombre, su sentido último. La realidad nos enseña, en efecto, cómo el hombre lo va acomodando con sentido dentro de la trabazón histórica o biográfica de su vida. Continuamente nos encontramos con personas que han logrado de una manera ejemplar superar los entorpecimientos y limitaciones originarios a su libertad desde el lado biológico, vencer las dificultades con que en un principio tropezaba el desarrollo de su espíritu. De este modo, su forma definitiva de vida se asemeja, hasta cierto punto, a una realización artística o deportiva. A la primera, en cuanto que la materia biológica reacia es modelada por la libre voluntad del hombre; a la segunda, en el sentido en que la nación deportiva por excelencia, la nación anglosajona, tiene en su lenguaje el giro de *to do one's best,* "hacerlo lo mejor que uno pueda", habiendo convertido esta frase en una de las normas empleadas con mayor frecuencia, casi diariamente, en la vida. Pues bien, el hacerlo lo mejor que "uno" pueda, el hacer en cada caso todo lo posible, significa tener en cuenta, para juzgar una realización, la relatividad de ella, juzgar la realización teniendo en cuenta el *start,* el punto de partida, la situación concreta en que se actúa, con todas sus dificultades, esto es, con todos los obstáculos externos y los entorpecimientos interiores inherentes a ella.

Puede ocurrir que una vida entera, desde sus primeros momentos, se desarrolle bajo el signo de la lucha contra el *handicap* del destino biológico, que representa toda ella una sola gran realización, teniendo en cuenta su difícil y complicado *start* o punto de partida. Conocemos el caso de un hombre que, como consecuencia de una enfermedad cerebral adquirida ya en el claustro materno, sufría una parálisis parcial de sus cuatro extremidades, viéndose obligado a desplazarse durante toda su vida en silla de ruedas. Hasta bien entrada su juventud, fue generalmente considerado un retrasado mental, y nadie se ocupó de enseñarle a leer y escribir. Hasta que, por último, un maestro se hizo cargo de él y se dedicó a enseñarle; al cabo de cierto tiempo, nuestro paciente no sólo aprendió a leer y escribir, sino que se asimiló una notable cultura superior, en materias por las que se interesó especialmente. Una serie de prominentes hombres de ciencia y profesores de universidades se disputaron el honor de ser sus maestros particulares.

En su casa se reunía varias veces a la semana un círculo de talentos, cuyo centro social, por todos admirado, era el inválido. Bellas mujeres rivalizaban entre sí, disputándose el amor del tullido, hasta el punto de producirse entre ellas violentas escenas, escándalos y hasta suicidios. Y eso que el objeto de toda aquella admiración y de aquellas pasiones amorosas no podía ni siquiera hablar normalmente: su articulación veíase considerablemente entorpecida por una grave atetosis general, que lo hacía luchar, sudando por el esfuerzo y con el rostro convulsionado, por dar forma a cada una de sus palabras. Huelga decir qué realización tan admirable representaba, sin embargo, la vida de este hombre y qué ejemplo tan formidable nos brinda para nuestros enfermos, sobre todo si tenemos en cuenta que la mayoría de éstos presentan un *start* harto más fácil que el impuesto por el "destino" al sujeto a que nos referimos, el cual, si solamente hubiera que tomar en consideración el factor "destino", habría pasado toda su vida vegetando como un desventurado en un asilo de idiotas, hasta su último día.

El destino psicológico

Pasamos a examinar ahora lo que hemos llamado el *destino psicológico del hombre,* entendiendo por tal el conjunto de aquellos factores anímicos que se interponen ante la acción de la libertad espiritual.

Los enfermos neuróticos tienden a creer ciegamente en el destino en un sentido psicológico y constantemente se están refiriendo al supuesto carácter fatalista de la dirección o de la fuerza de sus impulsos, o de su debilidad de carácter o de voluntad. En el fatalismo que le es peculiar, el neurótico parece estar dominado por la fórmula: "Así son las cosas" (refiriéndose al ser-así) "y no pueden cambiar"; y con esta segunda parte de la fórmula lo que hace es precisamente culparse a sí mismo.

El yo "quiere". El ello "impulsa" o "hace tender".[10] Así, pues, el yo nunca es sencillamente "impulsado". El navegar a vela no consiste en que el barco se deje, simplemente, impulsar por el viento; el arte del marino que tripula un barco velero consiste, por el contrario, en saber utilizar la fuerza del viento, haciendo que empuje al barco en una determinada dirección, en saber, incluso, muchas veces, navegar en contra del viento.

Podemos afirmar que no existe una voluntad originariamente débil; el neurótico hace de la fuerza de voluntad una especie de hipóstasis, pero no se trata de algo estático, dado de una vez por todas, sino en cada caso, función, como si dijéramos, de los siguientes factores: una clara visión de la meta perseguida, una decisión honrada y un cierto adiestramiento.

Mientras una persona comete el error de empeñarse en creer, antes de intentar algo, que el intento está condenado necesariamente al fracaso y se aferre tenazmente a esa creencia, es evidente que fracasará en lo que se proponga; entre otras razones, porque nadie gusta de quitarse la razón, ni siquiera ante sí mismo. Esto hace que sea tanto más importante descartar de antemano todo aparente contraargumento facultativo en el momento de formularse interiormente el propósito que se persigue; así, por ejemplo, si alguien se propone "no beber", deberá contar de antemano con que, en el momento de llevar a la práctica su propósito, se presentarán ante su espíritu las más diversas objeciones en contra, bajo la forma de "no tendré más remedio que beber", "no podré, a pesar de todo, resistir a la tentación", etc. En cambio, si la persona de que se trata se repite a sí misma: "no hay que beber, sanseacabó, y para qué vamos a beber", no cabe duda de que llevará mucho terreno ganado.

Cuán sabia era —claro que sin saberlo ni quererlo— la respuesta que una enferma esquizofrénica daba, al preguntársele si era débil de voluntad, diciendo: "Soy débil de voluntad cuando quiero; cuando no quiero, no lo soy". Esta psicópata habría podido enseñar a muchos enfermos neuróticos, si hubiese sido capaz de desarrollar su argumento, que el hombre tiende a ocultar su propio libre albedrío detrás de su supuesta flaqueza de voluntad.

El fatalismo neurótico, sobre todo bajo la impresión de ciertas tesis de la psicología individual —tergiversándolas y abusando de ellas, ciertamente—, invoca también, no pocas veces, lo que han "hecho" de él, en su infancia, las influencias de la educación y el medio, hasta el punto de convertirse para él en un destino, etc. Se trata, simplemente, de tentativas para excusar las debilidades de carácter. Presenta estas debilidades como si se tratase de hechos "dados" e irremediables y no de "tareas" impuestas a su posteducación o autoeducación.*

Una paciente recluida en una clínica de enfermedades nerviosas después de una tentativa de suicidio, declaró, contestando a las consideraciones que el psicoterapeuta le hacía: "¿Qué quieren ustedes que haga? Soy una típica 'hija única' de ésas de que habla Alfred Adler". ¡Como si no se tratara precisamente de desembarazarse de lo que hay en uno de "típico"! El *ethos* de la psicología individual, debidamente interpretado, debiera exigir del hombre, en rigor, que se liberase de los defectos y fallas de carácter típicos que pueda haber todavía en él como resultado de este esfuerzo, que nadie vea en él al "hijo único", o lo que sea.

La "ley" (de la psicología individual), a la que se acogía (como la hija única) aquella enferma a que acabamos de referirnos, en una ley que sólo rige, en cada caso, teóricamente, para el observador; desde el punto de vista práctico, existencial, esta "ley" rige en tanto "queramos que rija".

Los defectos de la educación no deben invocarse como una disculpa, sino sencillamente corregirse mediante la autoeducación de quien los padece.

En cambio, el fatalismo neurótico constituye un huir de la responsabilidad que le imponen al hombre su peculiaridad y el carácter único e irrepetible de su existencia: es una fuga para refugiarse en lo típico, en la naturaleza aparentemente fatal del hecho de pertenecer a un tipo humano. Y en este respecto es indiferente si el tipo al que se considera esclavizado un hombre es concebido como tipo de carácter, de raza o de clase, es decir como condicionalidades psicológicas, biológicas (colectivas) o sociológicas.

* En alemán hay *gegeben* —dado—, *aufgegeben* —dado para—, *Aufgabe* es en alemán "tarea". [T.]

Donde con mayor claridad se destaca el hecho de que la actitud espiritual de un hombre dispone de un margen de libre acción, no sólo ante sus condicionalidades físicas, sino también ante las psíquicas, es decir, de que no necesita, en modo alguno, plegarse ciegamente al destino psicológico, es en los casos en que se trata de la actitud electiva ante los estados psíquicos patológicos.

Una paciente hallábase en tratamiento y hospitalizada, a causa de ciertas depresiones endógenas que la asaltaban periódicamente. En vista de las condiciones orgánicas de su enfermedad, se le prescribió una cura medicamentosa, es decir, un tratamiento apoyado en los factores somáticos. Un día la encontró su médico de cabecera en un estado de gran excitación, deshecha en llanto. Una breve conversación con la enferma llevó al médico a la conclusión de que la depresión, en aquel momento, no tenía en realidad nada de endógena, sino que se trataba de una depresión psicógena, en la que aparecían, por tanto, vista en su conjunto, ciertos componentes psíquicos. Lo que en aquel momento hacía llorar a la enferma era, precisamente, su tendencia excesiva al llanto. La depresión se había potenciado, por así decirlo. Al factor endógeno se sumaba un factor psicógeno adicional. La actual depresión recaía sobre la depresión endógena originaria; venía a ser, por tanto, una reacción al estado endógeno. A la vista de este hecho de un desarreglo temperamental reactivo, se prescribió una terapéutica adicional, un tratamiento psicoterápico a tono con los componentes psicógenos. Se ordenó a la enferma que no se abandonara a la tendencia a cavilar sobre su depresión, ya que eso la conducía, comprensible, pero injustificadamente, a verlo todo negro. Se le recomendó que dejase pasar la depresión, como una nube que momentáneamente oculta el sol a nuestra mirada, pero sin que por ello termine de existir, aunque nosotros no lo veamos; del mismo modo que siguen existiendo los valores humanos, aunque la persona momentáneamente ofuscada por un estado de depresión no los vea.

Sin embargo, en el curso de este tratamiento psicoterápico se puso de manifiesto el estado de penuria espiritual en que se hallaba la enferma: ella misma descubrió su pretendida pobreza espiritual y la supuesta falta de sentido de su existencia, sobrecargada por el destino con depresiones recurrentes. En estas condiciones, lo indicado era dar un paso más allá del tratamiento psicoterápico en el sentido estricto de la palabra, para proceder por la vía de la logoterapia, tratando de hacer comprender a la enferma hasta qué punto el hecho de los estados de depresión reincidentes como una fatalidad se presta precisamente para mover a la persona que sigue siendo libre, capaz de adoptar una actitud libre ante los procesos psíquicos, a seguir la única conducta adecuada, es decir, a realizar lo que hemos llamado *los valores de actitud*. Con el tiempo, la paciente a que nos referimos fue acostumbrándose no sólo a ver ante sí, pese a sus estados depresivos, una vida llena de problemas y tareas personales, sino incluso a ver en aquellos estados de depresión una tarea más: la de acabar con ellos como fuera y la de sobreponerse a ellos a todo trance.

Gracias a este análisis existencial —pues eso, y no otra cosa, era el tratamiento—, esta enferma pudo, a pesar de seguir expuesta a sus fases endógeno-depresivas, e incluso dentro de ellas, llevar una vida más responsable y más plena de sentido que antes del tratamiento y hasta podríamos decir que en mayor grado de lo que hubiera sido caso de no haber llegado a enfermar ni, por tanto, a necesitar de aquel tratamiento. Todo esto nos trae de nuevo al recuerdo aquella frase de Goethe que hemos citado ya y de la que, según decíamos, se deduce la mejor de las máximas para toda psicoterapia: "Si tomamos a los hombres tal y como son, sólo conseguiremos que sean peores; en cambio, si los tomamos tal y como debieran ser, haremos de ellos lo que pueden llegar a ser".

En muchos casos de enfermedades mentales, como mejor se logra la posible libre actitud espiritual ante ellas es en la forma de una reconciliación con el destino que la enfermedad representa. No pocas veces la lucha constante e infructuosa contra esos estados "fatales" es lo que conduce al enfermo a una depresión acentuada, mientras que quien sabe aceptar pacientemente los estados patológicos a que se ve inevitablemente sujeto puede ignorarlos con mayor facilidad y está en mejores condiciones para sobreponerse a ellos.

Una paciente que venía sufriendo, desde hacía varios decenios, agudísimas alucinaciones acústicas, que escuchaba o creía escuchar constantemente voces espantosas, acompañando con sarcásticas burlas todos sus actos y omisiones, fue preguntada un día cómo, a pesar de eso, estaba siempre de tan buen humor y qué era lo que tenía que decir a aquellas voces. He aquí su respuesta: "¿Sabéis lo que pienso de todo esto? Que es mejor, después de todo, escuchar estas voces, por desagradables que sean, que estar sorda como una tapia". ¡Cuánto arte de vivir y cuánto esfuerzo (en el sentido de los valores de actitud) hay detrás de esta conducta de una persona sencilla ante el espantoso destino que supone ese atormentador síntoma esquizofrénico! Pero ¿acaso esta respuesta tan divertida como inteligentísima de la paciente a que nos referimos no encierra, al mismo tiempo, una gran libertad de espíritu frente a una enfermedad mental? No cabe duda de que sí.

Ningún psiquiatra ignora cuánto puede variar —con arreglo a las distintas actitudes del espíritu— la conducta de las personas que sufren de enfermedades mentales, aunque se trate exactamente de la misma psicosis. Unos paralíticos reaccionan con gran irritabilidad y manifestando odio hacia sus semejantes; otros, en cambio —siendo la enfermedad exactamente la misma—, se muestran amables, bondadosos y dejan en nosotros, incluso, la impresión de ser personas encantadoras. Conocemos el siguiente caso. En una de las barracas de un campo de concentración había como dos docenas de reclusos, enfermos de la fiebre llamada del tabardillo. Todos deliraban, salvo uno, que se esforzaba en sustraerse a los delirios de la noche, permaneciendo despierto por un esfuerzo de voluntad; este enfermo se aprovechó de su excitación febril y de su estado emocional, agudizado por la enfermedad, para reconstruir en el transcurso de 16 noches de fiebre el manuscrito de una obra científica todavía inédita, que las autoridades del campo de concentración le habían confiscado, estampando en medio de la noche y a oscuras unas cuantas palabras taquigráficas en unos trozos diminutos de papel, para que le sirvieran de guión.

El destino sociológico

El individuo aparece siempre ante nosotros dentro de una trama social. Se halla sujeto, desde dos puntos de vista, a la acción de la comunidad: de una parte, su vida está condicionada, en mayor o menor medida, por el organismo social en su conjunto; de otra, se le educa simultáneamente con vistas a este organismo social. Podemos hablar, por tanto, en este sentido, de la causalidad social que actúa sobre el individuo y de su finalidad social. Por lo que a la causalidad social se refiere, habría que insistir una vez más en que las llamadas leyes sociológicas no determinan nunca totalmente al individuo y, por tanto, no lo despojan, en modo alguno, de su libertad. Lejos de ello, tienen que pasar necesariamente, digámoslo así, por una zona de libertad individual, antes de poder manifestarse en el individuo mismo y en su conducta. Por donde el hombre conserva frente al destino social un margen de libre posibilidad de decisión, como lo conserva frente a su destino biológico o psicológico.

Pasando ahora a lo que llamamos la finalidad social, debemos referirnos al error en que la psicología individual, sobre todo, incurre en el campo de la psicoterapia: a la equivocada concepción según la cual toda conducta valiosa del hombre no es, en último resultado, sino una conducta socialmente correcta. Este punto de vista según el cual únicamente es valioso lo que sirve o aprovecha a la comunidad resulta moralmente insostenible. Sólo puede conducir a un empobrecimiento de los valores de la existencia humana. No resulta difícil demostrar que existen en el mundo de los valores reservas individuales, en el sentido de valores cuya realización puede e incluso debe llevarse a cabo más allá de toda comunidad humana e independientemente de ella. En efecto, allí donde lo que se ventila es lo que nosotros llamamos valores de vivencia, de nada sirve, ni puede reclamar para sí vigencia alguna, la pauta de lo útil para la comunidad. La plenitud de valores que brindan al individuo, aun en su soledad, la vida artística o la vida de la naturaleza, es, sustancialmente y por principio, independiente del hecho de que la comunidad pueda, en un caso concreto, beneficiarse de ella, cosa que, por lo demás, resulta difícilmente imaginable. Sin que debamos perder de vista que existe también, por otra parte, una serie de valores de los que llamamos de vivencia, reservados, necesaria y esencialmente, a la vivencia colectiva. Unas veces, sobre una base amplia (la de la camaradería, la de la solidaridad, etc.); otras, sobre la base de una relación entre dos seres solamente, como ocurre con la comunidad amorosa.

Después de examinar, como lo hemos hecho, el factor social de la existencia humana en cuanto puede ser concebido como la base o la meta de la vida, debemos dirigir la mirada hacia lo social, como verdadero destino, es decir, como algo más o menos inmutable o ininfluenciable, como algo que escapa a la voluntad humana y la reta a combate. Tenemos que estudiar, por tanto, lo sociológico como el tercero de los campos en que el destino, lo fatal, sale al encuentro del hombre. En el capítulo siguiente examinaremos los problemas que nos plantea la conformación de la vida profesional, el problema de lo que podríamos llamar del debatirse activo del hombre con el mundo social que le rodea; en este capítulo analizamos el medio social, simplemente como un factor cuya acción pesa, en ciertas y determinadas condiciones, sobre el individuo.

Los últimos años nos han suministrado abundantes materiales en torno de la psicología de este posible padecer del hombre bajo la acción de las condiciones sociales. Después de que la primera Guerra Mundial había enriquecido la psicología del prisionero, en cuanto que las observaciones y experiencias psicopatológicas recogidas en los campos de reclusión de prisioneros de guerra permitieron trazar el cuadro patológico de la llamada enfermedad de las alambradas *(barbed wire disease),* la segunda Guerra Mundial nos ha dado a conocer las consecuencias de la "guerra de nervios". Pero también la vida de masas en los campos de concentración es lo que más ha contribuido, en estos últimos tiempos, a enriquecer las investigaciones hechas en el terreno de la psicopatología de las masas.

Psicología del campo de concentración

En los campos de concentración se deformaba la existencia del hombre. Esta deformación adquiría tales proporciones, que necesariamente cabía preguntarse si quien se dedicaba a observarla desde dentro, como un recluido más de los campos, podía conservar, en realidad, la suficiente objetividad en sus juicios. Su capacidad para enjuiciarse a sí mismo y enjuiciar a los otros tenía por fuerza que resultar también afectada, en mayor o menor medida, tanto desde el punto de vista psicológico como desde el punto de vista moral. Mientras que el observador de fuera conservaba la distancia necesaria y apenas podía sentir lo que los de dentro sentían, el que se veía "metido en el asunto" y vivía plenamente en él, carecía ya de la distancia conveniente para juzgar. Dicho en otras palabras, el problema de principio estribaba en que no se podía menos que suponer que la pauta que debía aplicarse a la realidad de vida deformada estaba a su vez desfigurada.

Pese a estos reparos, referentes, por así decirlo, a la crítica del conocimiento, una serie de especialistas, psicopatólogos y psicoterapeutas, se han encargado de suministrar el material correspondiente, tomado de su propia observación y de la ajena, la suma de sus experiencias y de sus vivencias, condensándolas en teorías de las que no hace falta descartar mucho con el veto de lo subjetivo; en lo esencial, todas las teorías concuerdan bastante entre sí, lo que abona su objetividad.

Tres fases cabe distinguir en las reacciones observadas en los individuos recluidos en campos de concentración: la fase de su entrada en el campo, la de su verdadera vida en él y la que sigue a su licenciamiento o a su liberación. La primera se caracteriza por el llamado *choque de entrada*. Esta forma de reacción a un medio no habitual, anormal, no presenta, psicológicamente, nada de nuevo o de extraordinario. El recluso recién ingresado en el campo echa una raya debajo de su vida anterior. Se le despoja de cuanto lleva encima y de todas sus cosas, sin que haya nada —fuera tal vez de las gafas, cuando se le autoriza conservarlas— que sirva de vínculo externo entre su vida anterior y la que ahora comienza. Las impresiones que se agolpan sobre él lo conmueven profundamente o lo sublevan hasta el máximo. Ante la amenaza constante que pesa sobre su vida, alguno que otro se decide a "lanzarse contra las alambradas" (cargadas con una corriente de alta tensión) o a intentar suicidarse de otro modo.

Sin embargo, esta etapa va cediendo generalmente a los pocos días o semanas de iniciarse la segunda fase, para dejar paso a una profunda apatía. Esta apatía se convierte en una especie de mecanismo con que el alma se rodea y protege a sí misma. Lo que antes, según los casos, conmovía o sublevaba al recluso, empujándolo a la indignación o a la desesperación, lo que se veía obligado a ver en torno suyo, o incluso a padecerlo con los demás, rebota a partir de ahora contra una especie de coraza protectora que, poco a poco, va revistiéndolo. Trátase de un fenómeno anímico de adaptación al medio peculiar en que se ve obligado a vivir; lo que ocurre dentro de él sólo llega a su conciencia de un modo apagado. La vida afectiva va descendiendo hasta un bajísimo nivel. Se produce lo que ciertos observadores situados en un punto de vista psicoanalítico consideran una regresión al primitivismo. Los intereses del hombre se concentran en las necesidades más elementales y más apremiantes. Parece como si todas sus aspiraciones se condensaran en un solo punto: vivir un día más, sobrevivir un día tras otro. Al anochecer, cuando los reclusos eran empujados de nuevo a las barrancas del campo, muertos de fatiga y agotados, temblando de frío y hambrientos, casi arrastrándose por los campos cubiertos de nieve, bajo el látigo de los "comandos de trabajo", se oía siempre, en todos los labios, el mismo suspiro de alivio: "¡Al fin hemos escapado de un día más!"

Todo lo que rebasa de los problemas actualísimos del puro instinto vital de la propia conservación, cuanto trasciende de la salvación de la vida —la propia y la ajena—, contada por días y por horas, es considerado necesariamente un lujo. Llega a carecer de todo valor. Y esta tendencia creciente y cada vez más extensa de desvalorización se traduce en la frase más corriente, sin duda alguna, entre cuantas se oían en los campos de concentración: "Todo es una mierda". Los intereses superiores quedan postergados durante la reclusión en el campo, exceptuando, evidentemente, los políticos condicionantes y —cosa digna de ser notada—, en ciertos casos, los intereses religiosos. Fuera de esto, el recluso va hundiéndose, culturalmente, en una especie de sueño invernal.

El primitivismo de la vida interior, en los campos de concentración, encuentra su expresión característica en los sueños típicos de los reclusos. La mayoría de ellos sueña con pan, con cigarrillos y con un buen baño caliente. Se habla también, constantemente, de comida: cuando los reclusos se juntan en los "comandos de trabajo", sin que esté cerca el centinela encargado de vigilarlos, se entretienen intercambiando recetas de cocina y describiéndose los unos a los otros los platos favoritos que se servirán cuando, después de la liberación, se inviten a comer. Los mejores de ellos ansían que llegue el día en que ya no sientan hambre, no para poder comer bien, sino para que pase de una vez aquella denigrante situación en que no puede pensarse en otra cosa que en comer.

La vida en el campo conduce, pues (con las excepciones señaladas), al primitivismo, y la subalimentación, por su parte, hace que sea precisamente el instinto de nutrición el que llega a predominar, convirtiéndose en el centro en torno del cual giran los pensamientos y los deseos. Y a la subalimentación debe atribuirse también, probablemente, el que se advierta un sorprendente desinterés por todos los temas sexuales de conversación: en los campos de concentración escasean las obscenidades.

Esta interpretación de las reacciones psíquicas a la vida de los campos de concentración, viendo en ella una regresión a la estructura primitiva de lo instintivo, no es la única que se ha dado de estos fenómenos. Emil Utitz interpreta los cambios típicos de carácter que cree observar en los reclusos de los campos como un desplazamiento del tipo de carácter ciclotímico al tipo esquizotímico. Pudo advertir que en la mayor parte de los recluidos no se manifestaba solamente la apatía, sino también una gran irritabilidad. Son éstos, en efecto, los dos estados afectivos que, combinados, corresponden perfectamente a las fases diapsíquicas fundamentales del temperamento esquizotímico, tal como lo ha estudiado Kretschmer. Prescindiendo de toda la problemática psicológica de estos cambios de carácter o de predominio caracterológico, creemos que es posible explicar de un modo más sencillo estos fenómenos —aparentes— de esquizoidismo.

La mayoría de los reclusos padecía, por una parte, de mala alimentación; por otra, de insomnios o de falta de sueño reparador, como consecuencia de la plaga de insectos que reinaba en los campos, al amparo del hacinamiento de gente. La mala alimentación hace a los hombres apáticos; la falta crónica de sueño, los hace irritables. Y a estas dos circunstancias causales venían a sumarse otras dos: la imposibilidad de recurrir a los dos alcaloides de la civilización que, en la vida normal, tienden precisamente a mitigar, en unos casos la apatía y en otros la irritabilidad: la cafeína y la nicotina. Las autoridades de los campos prohibían, en efecto, terminantemente el café y el tabaco.

Todos estos factores pueden ayudarnos a explicar, simplemente, cuáles eran las bases fisiológicas sobre las que se sustentaban los "cambios de carácter" de los reclusos. Pero a estas condiciones se une, además, un factor de orden psíquico. La mayoría de los reclusos padecían, en efecto, lo que podríamos llamar ciertos complejos. Sentíanse atormentados por un complejo de inferioridad; casi todos ellos habían sido "alguien" en la vida normal, y eran tratados ahora peor que un "don nadie". Una minoría apiñada como una pandilla y representada, concretamente, por los "capos" (nombre que se daba a los capataces, encargados de vigilar el trabajo de los reclusos), creaba lo que bien podríamos denominar un delirio de cesarismo en miniatura; este grupo de hombres, formado además mediante una selección caracterológica "negativa", tenía en sus manos un poder que desentonaba terriblemente de la falta de sentido de responsabilidad de las personas en cuestión. En los choques inevitables que a cada paso —provocados por la vida de los campos— se producían entre aquella mayoría de desclasados y esta minoría de arribistas, necesariamente tenía que estallar el estado de irritabilidad de los reclusos, ya de suyo bastante exaltado por las razones indicadas.

Pues bien, ¿qué indica todo esto sino que es el medio el que se encarga de modelar el tipo de carácter? ¿No tenemos aquí una clara confirmación de que el hombre no puede sustraerse al destino del medio social en que vive? Nuestra respuesta es clara y rotunda: no. Si fuese así, la libertad interior sería una quimera. ¿Cómo hemos de concebir, entonces, la conducta del hombre? ¿Debemos considerarla, espiritualmente, responsable de lo que, desde un punto de vista psíquico, le acaece, de lo que, en este caso concreto, "hace" de él un campo de concentración? La respuesta, para nosotros, sólo puede ser una: sí. Incluso dentro de un mundo circundante tan estrecho, tan confinado como éste, pese a todas las restricciones sociales impuestas a su libertad personal, el hombre sigue siendo dueño, en última instancia, de su libertad para estructurar la existencia, de un modo o de otro, dentro de las condiciones en que vive.

Existen numerosos ejemplos —muchos de ellos heroicos— de que, incluso en situaciones tan tremendas como éstas, el hombre puede afirmar su personalidad, de que no necesita someterse por completo a las leyes al parecer absolutas de una deformación psíquica por los campos de concentración. Se ha demostrado, por el contrario, que en todos los casos en que se asumen las cualidades caracterológicas típicas del recluso, tal como han quedado destacadas, en que, por tanto, los reclusos sucumben a la acción de las fuerzas del medio social plasmadoras del carácter, es porque de antemano sucumbieron en su actitud espiritual. No se ha perdido la libertad de adoptar una actitud ante la situación concreta, sino que hubo una entrega de ella, renunciando a luchar.[11] Por muchas y muy importantes que fuesen las cosas que en las primeras horas de su ingreso en el campo le arrebataran al hombre, *nadie podía despojarlo, hasta exhalar el último aliento, de la libertad de comportarse de tal o cual modo ante su destino.* La posibilidad de conservar "tal o cual" actitud seguía, a pesar de todo, manteniéndose en pie para él. No cabe duda de que en todos los campos de concentración había personas que sabían dominar, como fuese, su apatía y su estado de irritabilidad. Eran aquellos hombres admirables que —desentendiéndose de sus propias personas hasta la abnegación y el sacrificio de sí mismos— recorrían las barracas y las plazas de los campos pronunciando aquí una palabra de consuelo y desprendiéndose allá del último bocado, para entregarlo a un camarada.

Toda la sintomatología del campo de concentración, que en nuestras consideraciones anteriores nos hemos esforzado por explicar con base en su desarrollo aparentemente fatal e ineluctable, partiendo de las causas físicas y psíquicas de que se deriva, se muestra, pues, ante nosotros como algo susceptible de ser conformado por la acción de los factores espirituales. También a la psicopatología del campo de concentración es aplicable lo que en términos muy generales diremos en uno de los capítulos posteriores respecto de los síntomas neuróticos: *que son, en cada caso, no sólo una consecuencia de algo somático y expresión de algo psíquico, sino también un modo de la Existencia.* Este aspecto es, además, el decisivo en última instancia. Los cambios de carácter del hombre recluido en un campo de concentración son, asimismo, otras tantas consecuencias de los cambios de estado fisiológicos (del hambre, el insomnio, etc.) y expresión de hechos psicológicos (del sentimiento de inferioridad, etc.); pero son, en último extremo y sustancialmente, algo más: una actitud espiritual. El hombre conserva, en todo caso y por difíciles que sean las condiciones, la libertad y la posibilidad de optar por o contra la influencia del medio en que vive.[12] Esta libertad y esta posibilidad están siempre a su alcance, aunque en general rara vez haga uso de ellas. Están también, de un modo o de otro, al alcance del hombre en quien el medio social del campo de concentración imprime una impronta psíquica y que, por difícil y peligroso que ello resulte, puede siempre apelar a sus propias fuerzas y a su responsabilidad para sustraerse a estas influencias. Ahora bien, si nos preguntamos cuáles eran las razones que movían a estos hombres a dejarse arrastrar por las influencias somático-psíquicas del medio, a entregarse a ellas sin luchar, tendremos que decir: *se entregaban porque y cuando perdían su punto de apoyo espiritual*. Detengámonos un poco a desarrollar esta afirmación.

Ya Utitz caracterizó el tipo de existencia de los recluidos en los campos de concentración como una "existencia provisional". Esta caracterización necesita, a nuestro juicio, ser completada de un modo esencial: en efecto, esta forma de la existencia humana no sólo implicaba una provisionalidad pura y simple, sino algo más todavía: una provisionalidad "sin plazo". Antes de que los futuros reclusos entrasen en el campo, su estado de espíritu era, muchas veces, comparable solamente con el del hombre frente al más allá, de donde nadie regresa: de muchos campos, nadie había retornado tampoco todavía, ni habían trascendido siquiera a la publicidad ninguna clase de noticias o informaciones. Una vez dentro, *terminaba esta incertidumbre* (en cuanto a las condiciones reinantes en él), *pero era para dejar paso a otra incertidumbre: a la incertidumbre en cuanto al fin.* Ninguno de los reclusos sabía ni podía saber cuánto tiempo pasaría allí.

Los innumerables rumores que, día a día y hora tras hora, circulaban entre las masas humanas hacinadas, pintando siempre la perspectiva inmediata del "término", traían consigo desengaños cada vez más amargos, y a veces definitivos. La incertidumbre en cuanto al término de la reclusión suscita en el recluso el sentimiento de una reclusión prácticamente ilimitada, por no ser delimitable. Y hace que vaya formándose en él, con el tiempo, la sensación de ser ajeno al mundo que sigue viviendo fuera de las alambradas; vistos a través de las alambradas, los hombres y las cosas que se hallan al otro lado se le antojan como si no fuesen de este mundo; mejor dicho, como si él no fuese de este mundo, como si se hubiese "perdido" para el mundo de los vivos. El mundo de los hombres libres se presenta a su mirada como lo vería un muerto que lo contemplase desde el más allá: como algo irreal e inasequible, como un mundo espectral.

La falta de término que caracteriza la existencia dentro de un campo de concentración lleva al recluso a experimentar que su vida carece de futuro. Uno de aquellos infelices que desfilaban en interminables columnas hacia el campo de concentración a que iban destinados refería, con frase muy significativa, que tenía la sensación de marchar detrás de su propio cadáver. Expresaba, con ello, el sentimiento de que su vida carecía de mañana, de que era solamente ayer, pasado, una vida ya concluida, como la de un muerto.

La vida de estos "cadáveres vivientes" se torna en una existencia predominantemente retrospectiva. Sus pensamientos giran siempre, obsesivamente, en torno de los detalles de su existencia pretérita; los más nimios pormenores de lo cotidiano emergen, en medio de estas sombras, transfigurados por la luz de lo legendario.

El hombre no puede llevar lo que merece llamarse una existencia, sin un punto fijo en el horizonte del porvenir. Es el que da forma a su presente, el cual se concentra sobre él como las limaduras de hierro sobre el polo magnético. El tiempo interior, el tiempo vivencial se despoja, por el contrario, de su estructura cuando el hombre pierde "su porvenir". La vida se convierte, así, en un vegetar presentista, a la manera que Thomas Mann nos describe en su *Montaña mágica,* cuando nos pinta la vida de los tuberculosos incurables, que no conocen tampoco término ni fin. O bien se llena de aquel sentimiento vital, mejor dicho, de aquel sentimiento de vacío y de falta de sentido de la existencia que conocen tantos obreros en paro forzoso, en quienes se desintegra también la estructura de la vivencia temporal, según han demostrado las experiencias psicológicas hechas en serie sobre mineros sin trabajo.

La palabra latina *finis* tiene —lo mismo que nuestra palabra *fin*— dos acepciones: la de *término* y la de *meta.* En el momento en que al hombre no le es posible prever el término de una interinidad en el curso de su vida, no puede trazarse tampoco ninguna meta, ni proponerse ninguna misión; la vida pierde forzosamente, a sus ojos, todo contenido, toda significación. Por el contrario, cuando la mirada se dirige al "fin", a una meta proyectada en el horizonte, el hombre puede hacerse fuerte en aquel punto de apoyo espiritual de que tanto necesitaban los recluidos en los campos, pues es el único capaz de librar al hombre de capitular ante los poderes del medio social que imprimen carácter y forman el tipo caracterológico, librándole, con ello, de sucumbir. Sabemos, por ejemplo, que un recluso se esforzaba, con certero instinto, en sobreponerse a las más duras y difíciles situaciones del campo imaginándose que estaba siempre en su cátedra, ante un numeroso auditorio, hablándole precisamente de las cosas que iba viviendo. Gracias a este truco lograba verlas *quadam sub specie aeternitatis,* y ello ayudaba a soportarlas.*

El hundimiento psíquico por falta de un punto espiritual de apoyo, aquel entregarse totalmente a una apatía total, era un fenómeno tan conocido como temido entre todos los reclusos de los campos y constituía, con frecuencia, un proceso tan rápido, que en pocos días podía conducir y conducía a muchos a la catástrofe. Llegaba un momento en que estos reclusos se quedaban quietos en su sitio, en la barraca, negándose a acudir a la lista o a ocupar su puesto en los "comandos de trabajo" y, sin preocuparse en lo más mínimo de que los cargasen de cadenas, dejaban de acudir a los cuartos de aseo, y ninguna amenaza, ningún razonamiento, eran capaces de sacarlos de su apatía; nada les intimidaba ya, ni los más terribles castigos: eran seres embotados e indiferentes a todo; todo les daba igual. Quienes caían en este estado de negativismo —sin levantarse de su yacija ni siquiera para hacer sus necesidades— se jugaban la vida, no sólo desde el punto de vista disciplinario, sino desde el punto de vista directamente vital.

Esto que decimos revelábase claramente, sobre todo, en aquellos casos en que la sensación de lo "interminable" se apoderaba súbitamente del recluso. He aquí un ejemplo. Un día, uno de ellos contó a sus compañeros de campo que

---

* V. E. Frankl, *Man's Search for Meaning,* prefacio de Gordon W. Allport, 24ª ed., Washington Square Press, Nueva York, 1975.

había tenido un extraño sueño: escuchó una voz que le hablaba y le preguntaba qué era lo que deseaba, pues podía profetizarle el porvenir. Le contestó así: "Quisiera saber cuándo terminará para mí esta segunda Guerra Mundial". La voz le dijo, en sueños, lo siguiente: "El 30 de marzo de 1945". Ocurría en los primeros días de marzo. El recluso vivía, por aquel entonces, lleno de esperanza y de buen humor. Pero la fecha anunciada iba acercándose, y cada día que pasaba limitaba más y más las posibilidades de que la "voz" tuviese razón. Ya en vísperas de finalizar el plazo marcado, nuestro hombre sentíase cada vez más abatido. El 29 de marzo fue trasladado al lazareto, con fiebre muy alta y en estado delirante. El 30 de marzo, fecha tan decisiva para él —el día en que esperaba que terminasen "para él" todos aquellos sufrimientos—, perdió la conciencia. Al siguiente estaba muerto. Murió de la fiebre de tabardillo.

Ya hemos explicado que el estado de inmunidad del organismo depende de la situación afectiva del individuo y, por tanto, de cosas como el deseo de vivir o el cansancio de la vida, como consecuencia, por ejemplo, de un desengaño cualquiera, de la frustración de ciertas esperanzas. De aquí que podamos suponer, sin miedo a equivocarnos y con toda seriedad clínica, que el desengaño sufrido por aquel infeliz al convencerse de que la voz escuchada en sueños lo había engañado con su profecía, determinó el brusco derrumbamiento de las fuerzas defensivas de su organismo, poniendo a éste en condiciones de recibir la infección incubada.

Nuestro modo de concebir y exponer este caso se halla en consonancia con una observación hecha en grandes proporciones, acerca de la cual nos ha informado un médico de los campos. Los reclusos en que ejercía su ministerio habíanse entregado, casi todos ellos, a la esperanza de que pasarían en sus casas la Navidad de 1944. Pero llegaron las esperadas fiestas y las noticias de los periódicos distaban mucho de ser favorables. Pues bien, en la semana siguiente a las Navidades de aquel año prodújose en el campo a que nos referimos una mortalidad en masa nunca vista hasta entonces y que no podía tampoco explicarse por causas como el cambio de las condiciones atmosféricas, el empeoramiento de las condiciones de trabajo o la manifestación de tales o cuales enfermedades de tipo infeccioso.

No cabe duda de que cualquier intento de aplicar en los campos de concentración algún método de psicoterapia o de higiene mental sólo podía aspirar a tener éxito, en mayor o menor medida, a condición de que se orientase hacia el factor verdaderamente decisivo, es decir, hacia aquel punto espiritual de apoyo en una meta proyectada sobre el porvenir, hacia la necesidad de una vida *sub specie futuri,* desde el ángulo visual del futuro. En la "práctica", no era tan difícil, con frecuencia, enderezar a uno que otro recluso, ayudándole a orientarse hacia el porvenir. En una conversación común con dos de ellos, cuya desesperación había ido agravándose hasta conducirlos a la idea del suicidio, se descubrió el siguiente interesante paralelo: ambos se hallaban dominados por el sentimiento de que *"ya nada tenían que esperar de la vida".* Tratábase, pues, de ayudarlos a efectuar aquel viraje copernicano de que hemos hablado, es decir, de ayudarlos a comprender que no se trataba, en rigor, de preguntarse por el sentido de la vida, sino de algo muy distinto: de contestar a las preguntas, a los problemas por ella planteados, de asumir su responsabilidad ante ella. Y, *en efecto, hubo de demostrarse, a no mucho tardar, que* —más allá de lo que ambos reclusos tenían que esperar de la vida—, *le esperaban en ella, a los dos, misiones, tareas muy concretas.* Uno había publicado una serie de libros de geografía, sin haber llegado a dar cima a la obra; el otro, por su parte, tenía en el extranjero una hija que lo adoraba. A uno lo aguardaba una obra, al otro un ser humano, pendientes de ellos y de su vida. Ambos podían y debían, por tanto, hacerse fuertes en aquella unicidad e insustituibilidad capaz de infundir a la vida, pese a todos sus sufrimientos, un sentido incondicional. La vida del uno era tan insustituible para su obra científica como la del otro para el amor de la hija que lo aguardaba.

También el recluso liberado del campo requiere ciertos cuidados psíquicos. La liberación, la *súbita* salida que *descarga* de pronto al hombre de la presión psíquica, representa —desde el punto de vista psicológico— un peligro evidente. La amenaza que en el plano caracterológico envuelve esto representa, simplemente, la contrapartida psíquica de la enfermedad que se conoce con el nombre de *enfermedad de Caisson*.

Llegamos, con ello, a la tercera fase que hemos señalado en este bosquejo de psicología del hombre recluido en el campo de concentración. Por lo que se refiere a su liberación, podemos decir, en pocas palabras, lo siguiente. Al principio, todo le parece un hermoso sueño; no se atreve a creer en lo que ve; recuerda a cada paso las desilusiones tan amargas que le han causado otros sueños anteriores. ¡Tantas veces ha soñado en su liberación, en su vuelta al hogar, en que abrazaba a su mujer y estrechaba la mano de sus amigos, en que se sentaba a la mesa, entre rostros leales, contando todo lo vivido y todo lo sufrido; con cuánta fuerza había esperado largamente este instante y cuántas veces lo había visto en sueños, hasta que por fin se convertía en realidad! En medio de aquellas ensoñaciones resonaban en su oído los tres pitidos, llamándolo a levantarse antes de amanecer para ir a formarse, arrancándolo brutalmente del sueño que le pintaba engañosamente la libertad, para luego dejarlo burlado. Pero, no importa; ya llegaría el día en que todo aquello se cumpliese, en que fuese verdad.

El recluso, libre, no cree en la realidad de lo que le rodea; sigue sintiéndose dominado por un sentimiento de despersonalización. No acierta a alegrarse; a gozar; tiene que aprender de nuevo a vivir y a disfrutar; necesita hacer de nuevo el aprendizaje de la vida. Los primeros días, la libertad se le antoja un bello sueño; de pronto, un día, ha hecho tantos progresos que ya el pasado le parece una pesadilla. Ni él mismo llega a comprender cómo pudo sobrevivir a su reclusión. Se siente, ahora, dominado por la deliciosa sensación de que, después de cuanto ha vivido y sufrido, no necesita ya temer a nada en el mundo, fuera, tal vez, de su Dios. Y son muchos los que en los campos de concentración aprendieron a creer de nuevo en Él.

2. El sentido del dolor

Al tratar del problema del sentido de la vida distinguimos en términos muy generales tres posibles categorías de valores. Hablamos de valores de creación, de valores de vivencia y de valores de actitud. La primera categoría se realiza por medio de actos, la segunda mediante la acogida pasiva del universo (la naturaleza, el arte) por el yo. Por su parte, los valores que llamamos de actitud se realizan siempre que admitimos como tal algo que consideramos irremisible, fatal, como el destino. Con arreglo al modo como cada uno lo acepta se abre ante nosotros una muchedumbre inmensa de posibilidades de valor. Lo cual quiere decir que la vida del hombre no se colma solamente creando y gozando, sino también sufriendo.

Estos pensamientos no están, desde luego, al alcance de cualquier ética trivial orientada hacia el éxito. Sin embargo, basta con que recapacitemos acerca de nuestros juicios cotidianos, genuinos, sobre el valor y la dignidad de la existencia humana, para que inmediatamente se abra ante nosotros aquella profundidad de vivencia en que las cosas conservan su sentido más allá del éxito o del fracaso, independientemente de todo lo que sea resultado o efecto. Este reino de las realizaciones interiores pese a todos los fracasos externos, sólo es asequible a nosotros por medio de la visión que suele transmitirnos el arte. Para comprenderlo no tenemos más que recordar relatos por el estilo de la historia de *La muerte de Iván Ilich,* de León Tolstói. El autor pinta en esta narración la existencia burguesa de un hombre que sólo momentos antes de su muerte inesperada se da cuenta de todo el abismo de falta de sentido que ante él se abre. Inspirado por esta repentina visión de la falta de sentido de su vida, se agiganta, en sus últimas horas, por encima de sí mismo, cobra una grandeza interior que da, retrospectivamente, un sentido pleno y hermoso a su existencia pasada, pese a su aparente esterilidad. Y es que la vida puede adquirir su sentido postrero no sólo por la muerte —como la vida del héroe—, sino también en la muerte misma. Dicho en otras palabras, no es el sacrificio de la propia vida lo que da a ésta un sentido, sino que la vida puede llegar a su colmo incluso en su propio fracaso.

La falta de éxito no significa falta de sentido. Lo vemos claramente cuando consideramos el propio pasado en lo que se refiere, por ejemplo, a las experiencias amorosas. Preguntémonos sinceramente si estaríamos dispuestos a suprimir de nuestra vida las experiencias desventuradas en materia amorosa, a borrar de ella las vivencias dolorosas o desdichadas, y nos contestaremos, sin ningún género de duda, que no. La plenitud de dolor no significó, ni mucho menos, el vacío de la vida. Por el contrario, el hombre madura en el dolor y crece en él; y estas experiencias desgraciadas le dan mucho más de lo que habrían podido darle grandes éxitos amorosos.

En general, el hombre tiende a exagerar el aspecto positivo o negativo que el tono afectivo agradable o doloroso imprime a sus experiencias. La importancia que atribuye a este predominio suscita en él sus quejas injustificadas contra el destino. Ya hemos dicho en cuántos sentidos puede afirmarse que el hombre "no vive para el placer". Ya hemos visto también cómo no es, en modo alguno, el placer lo que puede dar sentido a la vida del hombre. Pues bien, si es así, llegaremos, lógicamente, a la conclusión de que tampoco la ausencia de placer es capaz de privar a la vida de sentido. De nuevo nos encontramos con que el arte nos indica, mejor que nada, que son las vidas sencillas, directas y sin prejuicios las que saben ver certeramente la realidad de las cosas. Baste pensar, para comprenderlo, cuán indiferente es en cuanto al contenido artístico de una melodía el que esté compuesta en tono mayor o en tono menor. Entre las obras de música inmortales no se cuentan solamente, como indicamos antes, las sinfonías incompletas, sino también las "patéticas".

Hemos dicho que el hombre realiza en sus obras los valores creadores, en su modo de vivir los valores vivenciales y en el sufrimiento los valores de actitud ante la vida. Pero es que, además, el sufrimiento tiene, de por sí, un sentido inmanente. Es el lenguaje quien, de un modo paradójico, nos lleva a encontrar este sentido: sufrimos de algo, decimos, porque no podemos "sufrirlo", porque no podemos soportarlo, es decir, porque no admitimos su existencia.

El debatirse del hombre con lo que el destino pone ante él es la misión más alta y la verdadera finalidad del sufrimiento. Cuando padecemos una cosa, le volvemos interiormente la espalda, ponemos cierta distancia entre nuestra persona y la cosa de que se trata. Mientras sufrimos por un estado de cosas que no debiera ser, nos hallamos bajo la tensión existente entre lo que de hecho es y lo que nosotros creemos que debe ser.

Lo decimos también, ya lo hemos visto, respecto del hombre desesperado consigo mismo: *precisamente el hecho de su desesperación hace que no tenga ya razón de ser,* puesto que solamente por ello valora la propia realidad con la pauta de un ideal, la mide por él; la circunstancia de que esta persona entrevea simplemente los valores (aunque éstos queden irrealizados) implica un cierto valor en su vida que no le da derecho a desesperar de sí mismo. En efecto mal podría erigirse en su propio juez si no poseyera de antemano la dignidad necesaria para juzgar, la dignidad del hombre que se percata de lo que debiera ser, como pauta para enjuiciar lo que de hecho es.[13] *El sufrimiento crea,* pues, en el hombre *una tensión* fecunda y hasta nos atreveríamos a decir que *revolucionaria,* haciéndole sentir como tal lo que no debe ser. A medida que se identifica, por así decirlo, con la realidad dada, elimina la distancia que le separa de ella y, con la distancia, *la fecunda tensión entre el ser y el deber ser.*

Se revela así en las emociones del hombre una profunda sabiduría situada por encima de todo lo racional y que incluso se halla en contradicción con lo que racionalmente puede considerarse útil. Fijémonos, por ejemplo, en los efectos del duelo o el arrepentimiento: juzgados desde un punto de vista utilitario, ambos tendrían que parecernos carentes de sentido. Para el "sano sentido común" el llorar lo irreparablemente perdido es algo tan inútil y tan absurdo como el arrepentirse de culpas que ya no es posible cancelar. Sin embargo, en la historia interior del hombre ambas emociones, la del duelo y la del arrepentimiento, tienen su sentido. *Cuando lloramos a un ser a quien amábamos y que hemos perdido es como si, en cierto modo, ese ser siguiese viviendo en nosotros, y el arrepentimiento del culpable hace, por decirlo así, que éste resucite liberado del peso de su culpa.* El objeto de nuestro amor o de nuestro duelo, perdido objetivamente en el plano del tiempo empírico sigue viviendo subjetivamente en el plano del tiempo interior: nuestro duelo se encarga de mantenerlo presente y vivo. Por su parte, el arrepentimiento puede, como Scheler ha puesto de manifiesto, borrar una culpa: no es que la culpa deje de pesar sobre quien ha incurrido en ella; lo que ocurre es que el culpable desaparece, en cierto modo, por obra de su renacimiento moral.

Esta posibilidad de convertir lo ya acaecido en algo fecundo para la historia interior del hombre no se halla en contradicción con su responsabilidad sino que, por el contrario, forma una unidad dialéctica. El sentirse culpable presupone, en efecto, responsabilidad. Ya la responsabilidad del hombre se manifiesta también ante el hecho de no poder revocar ninguno de los pasos que da en la vida; todas las decisiones, una vez tomadas, así las grandes como las pequeñas, son irrevocables y definitivas. Nada de cuanto el hombre hace o deja de hacer puede volatilizarse. Sin embargo, sólo quien repare superficialmente en ello, encontrará una contradicción en la posibilidad que el hombre tiene siempre de desviarse interiormente de un hecho ya consumado, mediante un acto de arrepentimiento, cancelando en cierto modo el externo con ese otro acto interior, en el plano moral, puramente espiritual.

Como es sabido, Schopenhauer sostiene amargamente que la vida del hombre oscila entre la miseria *(Not)* y el hastío. En realidad, ambas cosas encierran un sentido profundo. El hastío es un *memento* constante. ¿Qué conduce al hastío? La ociosidad. Pero *la actividad no tiene por fin librarnos del hastío, sino que éste existe para que salgamos de la pasividad y sepamos comprender el sentido de nuestra vida*. La lucha por la vida nos mantiene en "tensión", ya que su sentido se halla inseparablemente unido a la necesidad de cumplir las tareas que nos están planteadas; por tanto, esta "tensión" difiere sustancialmente de la que apetecen el sensacionalismo neurótico o la excitabilidad histérica.

También el sentido de la "miseria" o indigencia reside en una especie de *memento*. Ya en el plano puramente biológico sabemos que el dolor cumple las funciones de un aviso y una advertencia llenos de sentido. Análogas funciones desempeña en el campo anímico-espiritual. El sufrimiento tiende a salvaguardar al hombre de caer en la apatía, en la rigidez mortal del alma. Mientras sufrimos, permanece viva; más aún, el hombre, como hemos dicho, crece y madura en el sufrimiento, el dolor lo templa, lo hace más rico y más poderoso.

Hemos visto que el arrepentimiento tiene el sentido y el poder de cancelar (en lo moral) los actos exteriores en la historia interior del hombre. El duelo, por su parte, posee el sentido y la fuerza de hacer que siga existiendo, en cierto modo, lo que ha dejado de existir. Ambos sentimientos, el de arrepentimiento y el de duelo, corrigen, pues, en cierta medida, el pasado. Resuelven, con ello, un problema, al contrario del aturdimiento o la distracción: *el hombre que trata de aturdirse* o distraerse, cuando sufre alguna desgracia, no soluciona ninguna cuestión, *no borra sus desgracias, lo que borra es, simplemente, una de las consecuencias de la desgracia:* el estado afectivo que produce en quien la padece. Aquel que ante el golpe del infortunio se aturde o trata de distraerse, "no aprende nada". Trata de huir de la realidad. Va a refugiarse, tal vez, en la embriaguez. Comete, con ello, un error subjetivista y hasta psicologista al creer que, con el acto emotivo al que se silenció, por así decirlo, por medio del aturdimiento, borra también del mundo el objeto mismo de la emoción, como si lo que se arrincona en la ignorancia desapareciese, por ello, de la realidad. Ni el acto de mirar a una cosa da vida al objeto, ni el apartar la vista de él lo hace desaparecer; tampoco el hecho de reprimir una emoción de duelo anula la realidad deplorada. De aquí que la sana sensibilidad del doliente se rebele también, en muchos casos, contra la tentación de tomar, por ejemplo, hipnóticos, para no "pasarse la noche en claro, llorando"; en estos casos, la gente suele oponerse a la trivial prescripción de los remedios diciendo, con muy buen sentido, que el muerto a quien se llora no resucitará por el hecho de que los dolientes duerman mejor. La muerte —este paradigma de lo ineluctable y lo irreversible— no se borrará, por tanto, simplemente porque se la empuje al rincón de lo inconsciente; tampoco por el hecho de que quien la llora, no sabiendo sobreponerse a su dolor, vaya a refugiarse en la inconsciencia absoluta, en la inconsciencia y la irresponsabilidad de su propia muerte.*

---

* La embriaguez es algo positivo en comparación con el mero adorme-

Cuán profundamente arraigado se halla el sentido de lo emotivo nos lo revela el siguiente hecho. Hay melancolías en las que no ocupa un primer plano sintomatológico el afecto de la tristeza (como ocurre generalmente), sino, por el contrario, los pacientes se quejan precisamente de su incapacidad para sentirse tristes, para llorar, acusándose de su frialdad como si estuviesen interiormente muertos: nos referimos a los casos de la llamada *melancholia anaesthetica*. Quien ha tratado estos casos sabe bien que apenas puede concebirse mayor desesperación que la que esas personas sienten por el hecho de no poder conocer lo que es la pena. Pues bien, tal paradoja viene a demostrar, una vez más, hasta qué punto el principio del placer es, pura y simplemente, una construcción del psicoanálisis, un artefacto psicológico y no una realidad fenomenológica; la emocional *logique du coeur* hace que el hombre tienda siempre, en realidad, ya sienta una emoción de alegría o de pena, a mantenerse en todo caso anímicamente "activo", a no caer en la apatía. El hecho paradójico de que quien padece de melancolía anestésica sufra por su incapacidad de sufrir no es, en realidad, sino una paradoja psicopatológica, cuya solución nos ofrece la clave el análisis existencial. Es, en efecto, el análisis de la Existencia el que nos descubre el sentido del sufrimiento, el que nos revela que el dolor y la pena forman parte, con pleno sentido, de la vida, del mismo modo que la indigencia, el destino y la muerte. No es posible separarlos de la vida sin destruir su sentido mismo. Querer amputar la miseria y

cimiento. La esencia de la embriaguez consiste en un apartar el mundo objetivo del ser y refugiarse en la vivencia de una "disposición interna", en la vida en un mundo de apariencias. En cambio, el adormecimiento de la conciencia lleva a la inconsciencia de la desdicha, a una "dicha" en el sentido negativo de Schopenhauer, a una actitud de Nirvana.

la muerte, el destino y el sufrimiento, vale tanto como pretender quitarle a la vida su forma propia y específica. Son precisamente los golpes del destino, descargados sobre la vida en la forja ardiente del sufrimiento, los que le dan su forma y su estructura propias.

Por tanto, el destino que el hombre padece tiene como sentido, en primer lugar, el de conformarlo —cuando sea posible—, y, en segundo, el de ser soportado —si es necesario—. No debemos tampoco olvidar, por otra parte, que el hombre tiene que mantenerse siempre en guardia ante la tentación de deponer demasiado pronto las armas, de reconocer demasiado pronto una realidad como fatal e ineluctable de someterse a lo que sólo en su imaginación adquiere la fuerza inexorable del destino. Sólo cuando se cierre ante él la última posibilidad de realizar algún valor de creación, cuando realmente no esté ya en condiciones de modelar su destino, sólo entonces puede plantearse la tarea de cumplir los simples valores que llamamos de actitud, sólo entonces tiene algún sentido el echarse sobre sus hombros "la cruz" que el destino le impone. La característica sustancial de un valor de actitud reside precisamente en el modo como el hombre se somete a lo irremediable; el supuesto de toda verdadera realización de valores de actitud consiste, pues, en afrontar lo verdaderamente inexorable. Es lo que Brod llama un *noble infortunio* y que él contrapone al que llama *innoble,* es decir, que no es fatal sino algo que pudo evitarse o que (una vez producido) debe imputarse a la culpa del hombre.[14]

De un modo o de otro, toda situación nos brinda la posibilidad de una realización de valores, ya se trate de valores de creación o de simples valores de actitud. "No hay en la vida ninguna situación que el hombre no pueda ennoblecer haciendo algo o aguantando" (Goethe). Y aún podríamos afirmar, en rigor, si quisiéramos, que el padecer representa ya un "hacer"; siempre y cuando se trate de un verdadero padecer, de aguantar un destino que no puede hacerse cambiar mediante la acción o evitarse por la omisión, únicamente en estos casos de "auténtico" padecer puede hablarse de una aportación del hombre; únicamente este padecer inevitable es un padecer pleno de sentido. El carácter no escapa tampoco al sencillo sentir del hombre corriente, en la vida diaria. También él alcanza a comprender, por ejemplo, el siguiente sucedido. Hace muchos años, al distribuirse los premios por los actos más meritorios entre los *boy scouts* ingleses, fueron condecorados tres muchachos recluidos en un hospital por enfermedades incurables y que, sin embargo, no habían llegado a perder su sentido de la vida y su buen humor, soportando estoicamente sus padecimientos. Hicieron muy bien los encargados de fallar sobre los premios al reconocer aquel estoicismo como una "aportación" mucho más meritoria que las realizaciones, en el estricto sentido de la palabra, de otros exploradores.

"La vida no es algo, sino que es siempre, simplemente, la ocasión para algo." Esta sentencia de Hebbel se confirma a la vista de la alternativa de seguir uno de dos caminos: o modelar el destino (es decir, lo originario e irremisible) en el sentido de realizar valores de creación, o —cuando esto resulte imposible— comportarse conforme a los valores de actitud, a sabiendas de que también el padecer, cuando es auténtico padecer, representa una aportación humana.

Ahora bien, suena a una perogrullada decir que las enfermedades brindan al hombre la "ocasión" de "padecer". Sin embargo, si empleamos las palabras *ocasión* y *padecer* en el sentido antes señalado, la afirmación no resultará ya tan tautológica. Entre otras razones, y sobre todo, porque se hace necesario distinguir, sustancialmente, entre la enfermedad —incluyendo las mentales— y el padecer. No sólo porque el hombre puede estar enfermo y no "padecer", en el sentido propio de la palabra, sino también porque existe, por otra parte, un padecer fuera de cualquier acto de enfermedad, un padecer estrictamente humano que es precisamente aquel que forma parte esencial de la existencia del hombre, por el sentido de ésta. Puede darse, por tanto, el caso de que el método que llamamos *análisis existencial* se vea obligado a poner al hombre en *condiciones de poder sufrir,* mientras que el *psicoanálisis,* por ejemplo, sólo se propone hacer de él un ser *capaz de gozar o de ejecutar.* Hay, en efecto, situaciones en las que el hombre únicamente puede vivir su vida en el auténtico sufrimiento. Y esa "ocasión para algo" que es la vida, según Hebbel, se desperdiciará también en el caso de dejar pasar desaprovechada una ocasión de padecer auténtico, es decir, una posibilidad de realizar lo que llamamos valores de actitud. Comprendemos ahora por qué Dostoievski pudo decir aquello de que sólo tenía miedo de una cosa: de no ser digno de sus padecimientos. Y nos pone en condiciones de apreciar también cuán meritorio es el padecer de aquellos enfermos que parecen luchar por mostrarse a la altura de sus dolores.

Un hombre extraordinariamente dotado en lo espiritual se ve arrancado de pronto, en su juventud, de su intensa vida espiritual, después de habérsele presentado ciertos síntomas de parálisis en las piernas, a consecuencia de trastornos medulares provocados por una tuberculosis de la columna vertebral. Se examina la posibilidad de someterlo a una operación (a una laminectomía). Uno de los más eminentes neurocirujanos de Europa, consultado por los amigos del paciente, se manifiesta pesimista desde el punto de vista del pronóstico, y les disuade de la operación. Uno de los amigos informa de ello en carta dirigida a una amiga del enfermo, en cuya casa de campo se halla instalado. La muchacha, sin darse cuenta de lo que hace, entrega la carta a la señora de la casa en el preciso instante en que ésta se halla desayunando con el enfermo. Es el propio paciente quien se encarga de relatar lo ocurrido, en carta a un amigo, de la que tomamos los siguientes párrafos: "...Eva no pudo evitar que yo leyese la carta. De este modo, entré en conocimiento de mi propia sentencia de muerte, pues eso y no otra cosa es lo que contienen las manifestaciones del profesor. Recuerdo, a este propósito, mi querido amigo, aquella película llamada *Titanic,* que vi hace muchos años. Recuerdo, en particular, la escena en que el tullido, representado por Fritz Kortner, rezando el padrenuestro, opone a la muerte una pequeña comunidad de destino, mientras el barco se hunde y el agua va llegando, poco a poco, al cuello de los pasajeros. Recuerdo cómo salí del cine, conmovido. Parecíame que era un regalo del cielo el poder marchar conscientemente hacia la muerte. Pues bien, ese don me ha sido conferido, hoy, a mí mismo. Ha llegado la hora de demostrar lo que hay en mí de combativo; claro está que en este combate lo que de antemano se ventila no es precisamente la victoria, sino la tensión última de las energías morales, como tal; se trata, por decirlo así, de un último esfuerzo gimnástico... Haré todo lo posible por soportar los dolores, mientras pueda, sin recurrir a narcóticos... ¿Combate en una posición perdida? No, nuestra manera de concebir el mundo no admite esta frase. Lo único importante es la lucha... No existe eso que se llama posiciones perdidas de antemano... Pasamos la velada escuchando la 'Cuarta' de Bruckner, la Romántica. Sentía dentro de mí un vasto y agradable espacio lleno de sonidos. Por lo demás, trabajo diariamente en mis problemas de matemáticas y no me siento, en absoluto, sentimental".

En otras ocasiones, vemos cómo la enfermedad y la cercanía de la muerte llevan a hacerse fuertes en sus supremas energías a hombres que hasta entonces venían consumiendo su vida en una especie de "frivolidad metafísica" (Scheler), pasando de largo por delante de sus mejores posibilidades. Una señora joven, muy mimada hasta entonces por la vida, viose trasladada un día, inesperadamente, a un campo de concentración. Una vez recluida en él, cayó enferma y fue declinando día tras día. Poco antes de morir, dijo, literalmente: "En realidad, debo dar y doy gracias al destino, por haberme golpeado tan terriblemente. En mi existencia anterior, burguesa, no sabía lo que es la vida. Y puedo aseguraros que nunca llegué a tomar verdaderamente en serio mis ambiciones literarias". Aquella mujer, transformada por la adversidad, supo marchar hacia la muerte valerosamente, mirándola cara a cara. Desde el lugar del lazareto en que la habían colocado, veíase por la ventana un castaño en flor, inclinándose hacia la cabecera de la enferma, ofrecíase a nuestra vista una rama del árbol, con dos racimos de flores. "Este árbol es el único amigo en mi soledad —decía la recluida, casi moribunda—, con él charlo y me entretengo." ¿Serían alucinaciones, deliraría la enferma, cuando creía que el árbol en flor le "contestaba"? No se daba, sin embargo, ninguno de los síntomas característicos del estado delirante. ¿Qué extraño "diálogo" era aquel que la enferma sostenía con un árbol en floración? ¿Qué era lo que aquel árbol le "decía" a la moribunda? Le "decía" esto: aquí estoy, junto a ti; yo soy la vida, la vida eterna.

Viktor von Weisäcker dice en algún sitio que el enfermo, como sujeto que padece y soporta, es en cierto modo superior al médico. Y cuando uno visitaba a aquella enferma y se separaba de ella, tenía la conciencia de que era realmente así. El médico que tenga el oído lo bastante fino para percibir los factores imponderables de la situación tendrá siempre, ante un enfermo incurable o ante un moribundo, la sensación de no poder enfrentarse con aquel ser sin un poco de vergüenza. En efecto, mientras que el médico se siente impotente e incapaz, por su parte, para arrancar a la muerte su víctima, el enfermo es, en tales momentos, el hombre que hace frente al destino, sometiéndose pacientemente a él, en su sereno padecer, con lo que cumple, desde el punto de vista metafísico, una auténtica obra, a la par que el médico, en el mundo de lo físico, en el campo de las realizaciones médicas, se siente fracasado en su propia misión.

3. El sentido del trabajo

Hemos dicho que no basta con preguntar por el sentido de la vida sino que hay que responder a él respondiendo ante la vida misma. De donde se desprende que esta respuesta ha de darse, en cada caso, no con palabras, sino con hechos, con la conducta.[15] La respuesta que se dé debe responder, además, a todo lo que hay de concreto en la situación y en la persona, asumir dentro de sí, en cierto modo, esta concreción. Por eso, la respuesta adecuada será una respuesta activa y encuadrada dentro de la concreción de cada día, que es el espacio concreto del humano ser responsable.

Dentro de este marco concreto, el individuo es insustituible e irremplazable. Ya nos referimos a lo importante que es para el hombre la conciencia de su carácter único, de que su vida se vive una sola vez. Vimos también por qué razones obra el análisis de la existencia en el sentido de despertar la conciencia de ser-responsable y cómo esta conciencia se despierta y acrecienta, sobre todo, a base de una tarea concreta y personal, de lo que se llama una *misión*.

El hombre que no comprende el sentido peculiar de su propia existencia singular se sentirá necesariamente paralizado en las situaciones difíciles de la vida. Le sucedería, forzosamente, como al alpinista envuelto por la espesa niebla y que, al no tener la meta ante los ojos, se expone al peligro de que lo asalte un cansancio fatal. Al despejarse de nuevo la niebla y atalayar, por lejos que sea la cabaña o el refugio salvador, se siente otra vez animoso y lleno de energías. Ningún alpinista ignora esa vivencia típica del desmadejamiento, al encontrarse escalando una montaña escarpada, sin saber si va o no por la buena ruta o si habrá ido a dar, tal vez, por un paso falso hacia el abismo; hasta que, de pronto, divisa el lugar esperado y conocido, la piedra que le marca el camino y desde la cual lo separan unos pasos de la cumbre, con lo que siente que nuevas oleadas de energía fortalecen sus piernas, en el instante mismo en que parecía que ya iban a dejar de responderle.

Mientras los valores creadores o su realización ocupan el primer plano en la misión de vida del hombre, el campo de su realización concreta coincide, en general, con el del trabajo profesional. El trabajo puede representar, en particular, el espacio en el que la peculiaridad del individuo se enlaza con la comunidad, cobrando con ello su sentido y su valor. Sin embargo, este sentido y este valor corresponde, en cada caso, a la obra (como una obra en función de la comunidad), y no a la profesión concreta en cuanto tal. No es, por tanto, una profesión determinada la que da al hombre la posibilidad de realizarse. En este sentido, podemos decir que ninguna profesión hace al hombre feliz. Es cierto que muchas personas, sobre todo las personas neuróticas, afirman que habrían podido cumplir su misión en la vida si hubiesen tenido la suerte de abrazar otra profesión; pero, al expresarse así, tergiversan en realidad el verdadero sentido del trabajo profesional o se engañan a sí mismas. Cuando la profesión concreta que se ejerce no produce en el hombre un sentimiento de satisfacción, no debe culparse de ello a la profesión, sino al hombre mismo. No es la profesión de por sí la que hace a quien la ejerce irremplazable e insustituible; le da, simplemente, la posibilidad de ello.

Una paciente nos dijo una vez que la vida carecía de sentido para ella y que no tenía, por tanto, el menor interés en recobrar la salud; la cosa sería muy distinta, añadió, todo me resultaría bello y agradable, si hubiese sabido abrazar una profesión que pudiese realizar la misión de mi vida, por ejemplo, la profesión de médico, de enfermera o de química; para poder ser útil a la humanidad o realizar descubrimientos científicos. Había que hacer comprender a esta enferma que lo importante no es, en modo alguno, la profesión que se ejerce, sino el modo como se la ejerce; que es de nosotros mismos, y no de la profesión concreta en cuanto tal, de quienes depende el que se haga valer en nuestro trabajo ese algo personal y específico que da un carácter único e insustituible a nuestra existencia, y con ello un sentido a la vida.

En efecto, ¿qué ocurre realmente con el médico? ¿Qué es lo que presta sentido a sus actos? ¿Es el hecho de obrar conforme a las reglas del arte, el hecho de poner al enfermo, en un caso dado, esta o aquella inyección, de recetarle este o aquel medicamento? No, el arte médico no consiste, ni mucho menos, en proceder ajustándose a las reglas del arte. La profesión médica suministra a la personalidad médica simplemente un marco de posibilidades, de ocasiones para realizar una obra personal por medio de sus actos profesionales. Lo que da un sentido a su trabajo y hace insustituible, en el médico, al hombre, es lo que el médico hace en el ejercicio de su profesión y que trasciende de lo puramente profesional, es lo que en él hay de personal, de humano. En efecto, tanto da que sea él u otro cualquiera de sus colegas quien ponga inyecciones, recete, etc., *lege artis,* mientras se limite a proceder "conforme a las reglas del arte" pura y simplemente. Donde comienza de verdad a hacer algo personal, algo en que es insustituible, es allí donde trasciende de los límites de los simples preceptos profesionales.

Y ¿qué es lo que ocurre con el trabajo de la enfermera, tan envidiado por la paciente a que nos referimos? Su trabajo profesional consiste, simplemente, en hervir las jeringas de las inyecciones, en sacar del cuarto de los enfermos sus excrementos, en hacerles la cama y acostarlos, faenas todas ellas útiles, sin duda alguna, pero que, de por sí, difícilmente podrían satisfacer en lo humano a quien las realiza; sin embargo, allí donde una enfermera, más allá de sus deberes más o menos reglamentarios, hace algo verdaderamente personal, encuentra, por ejemplo, palabras de su propia cosecha para consolar al enfermo grave a quien cuida, allí es donde se le abren las posibilidades de dar un sentido personal y propio a lo meramente profesional. Pues bien, estas posibilidades las ofrece toda profesión, siempre que el trabajo sea debidamente comprendido.

Llegamos, pues, a la conclusión de que lo que hace de la vida algo insustituible e irremplazable, algo único, algo que sólo se vive una vez, depende del hombre mismo, depende de quién lo haga y de cómo lo haga, no de lo que se haga. Por otra parte, a aquella enferma que tan amargamente se lamentaba de no poder vivir su vida en la profesión que le tocó en suerte, había que hacerle comprender también que tenía, además, otro camino para hacer valer, más allá de su vida profesional, el carácter único y lo irremplazable de su existencia, para dar a ésta un sentido: el camino de su vida privada, el camino del amor, como amante y como amada, como esposa y como madre, contenidos de vida en los que debía sentirse insustituible para el esposo y para el hijo.

El vínculo natural que existe entre el hombre y su trabajo profesional, como el campo para una posible realización creadora de valores y para el cumplimiento único e insustituible de la propia vida, sufre no pocas veces una desviación por obra de las condiciones de trabajo imperantes. La gente se queja con frecuencia de que tenga que trabajar ocho o más horas al día para su patrono y al servicio de los intereses de éste, ejecutando el mismo movimiento junto a una cadena sin fin, moviendo siempre la misma palanca de la misma máquina, en un trabajo tanto más seguro y más apetecido cuanto más reglamentario y más impersonal.

Claro está que, en tales condiciones, no es posible concebir el trabajo sino como medio para un fin, como medio para ganarse el sustento indispensable para vivir. La verdadera vida del hombre, en estos casos, empieza cuando termina el trabajo profesional y comienza el tiempo libre, y el sentido de la vida del hombre obligado a desenvolverse en tales condiciones hay que buscarlo en el modo libre y personal como acierta a moldearla. Sin que debamos olvidar, naturalmente, que hay hombres cuyo trabajo profesional los agota de tal modo que vuelven a su casa, por las tardes, muertos de cansancio, sin saber ni poder hacer otra cosa que tenderse en la cama; los condenados a vivir de este modo sólo pueden modelar su tiempo libre como tiempo de descanso; no es posible hacer nada mejor, nada más racional, que dormir.

El propio patrono, el propio empresario no se siente siempre, tampoco, "libre" en su tiempo libre; tampoco él se halla siempre a salvo de las tergiversaciones que el régimen de trabajo imperante introduce en las relaciones naturales entre el trabajo y el hombre. Todos conocemos bien ese tipo absorbido por el afán de acumular dinero y más dinero, y a quien el lucro como medio de vida lo lleva a perder de vista la vida misma como un fin en sí. Este tipo de hombre posee mucho dinero, *dinero que sabe cómo y en qué invertir, pero su vida carece de sentido y finalidad*. La vida lucrativa les va matando la vida verdadera; fuera del lucro no hay, para ellos, ninguna otra cosa en la vida, ni el arte, ni siquiera el deporte, y si se entregan al juego es simplemente como adiestramiento, como tensión, o incluso por la relación que esta actividad guarda también con el lucro, en los casinos, en los que la verdadera finalidad del juego es el dinero que se juega.

La neurosis de la desocupación

Se comprende mejor la importancia existencial de la profesión cuando se pierde totalmente el trabajo profesional, es decir, cuando se produce una situación de paro forzoso. Las observaciones psicológicas hechas en los desempleados han conducido al concepto *neurosis de la desocupación*.* Es cu-

---

* V. E. Frankl, "Wirtschaftskrise und Seelenleben vom Standpunkt des Jugendberaters", *Seelenärztliche Rundschau* 43, 1933.

rioso que entre sus síntomas ocupe el primer lugar, no un estado depresivo, como podría pensarse, sino un estado de apatía. En el hombre desempleado va aumentando progresivamente la falta de interés y decae poco a poco la iniciativa. La apatía del desocupado no deja de ser, ciertamente, peligrosa. Estos hombres van sintiéndose cada vez más incapaces de estrechar la mano que se alarga hacia ellos brindándoles ayuda para salir del pozo en que están metidos.

El desocupado experimenta la vaciedad de su tiempo como vacío interno, como vacío de su consciencia. Se siente inútil, al carecer de trabajo, de ocupación. Por el hecho de no tener nada que hacer, considera que su vida carece de sentido. Sabido es que existen, en el campo biológico, las llamadas *perturbaciones por vacancia*. En el campo psicológico se dan también fenómenos análogos. La desocupación se convierte así en terreno abonado para los procesos neuróticos. La vacancia del espíritu lleva al hombre a una especie de *"neurosis dominical" permanente*.

Ahora bien, la apatía como el síntoma más saliente de la neurosis de la desocupación no expresa solamente una frustración psíquica; es, además —como lo es, a nuestro juicio, todo síntoma neurótico—, corolario o fenómeno concomitante de un estado físico y, en este caso concreto, corolario de un estado de subalimentación, que en la mayoría de los casos acompaña al paro forzoso. Es también, en ciertos casos —como lo son, en general, los síntomas neuróticos—, un medio para un fin. Sobre todo, en las personas en quienes se daba ya un estado de neurosis, exacerbada o reiterada por la que podemos llamar desocupación recurrente, observamos que el hecho del paro se incorpora a la neurosis como elemento material, por decirlo así, pasa a formar parte de la neurosis como contenido de ella, es "elaborado neuróticamente". En estos casos, la desocupación constituye, para el neurótico, un medio grato que le permite disculparse ante sí mismo de todos sus fracasos en la vida (no sólo en la vida profesional, sino en la vida toda). Es una especie de chivo expiatorio al que se cargan todas las culpas de una vida frustrada. Los propios errores se presentan como otras tantas consecuencias fatales de la desocupación. "¡Ah, si no estuviese sin trabajo, todo sería de otro modo, todo sería bueno y hermoso!", haría esto y lo otro: así nos aseguran estos tipos neuróticos. La vida del desocupado justifica, a sus ojos, el vivir la vida como algo provisional, les lleva a caer en una *modalidad provisional de la Existencia*. Creen que nadie puede exigirles nada. Ellos, por su parte, nada exigen de sí mismos. Entienden que el destino del desempleado les descarga de responsabilidad ante los demás y ante sí mismos, exime a su vida de toda responsabilidad. Sus fracasos, en cualquier campo de la existencia en que se den, son atribuibles a este destino. Parece como si el hombre, en esas condiciones, se consolara creyendo que el zapato sólo le aprieta en un sitio. Explicándolo todo con base en un solo punto y viendo, además, en este punto una contingencia aparentemente fortuita, fatal, se cree, lo cual es una gran ventaja, descargado de todo deber, sin necesitar hacer otra cosa que aguardar a que llegue el momento imaginario en que todos los males se curen al curar este foco del que, aparentemente, todos irradian.

Por lo tanto, la neurosis de la desocupación es, al igual que todo síntoma neurótico, consecuencia, expresión y medio; hay, pues, razones para esperar que, en una concepción última y decisiva, se nos revele también, lo mismo que toda otra neurosis, como un *modus* de la Existencia, como una actitud espiritual, como una decisión existencial. La neurosis de la desocupación no constituye, en efecto, ni mucho menos, aquel destino incondicional que el neurótico se empeña en hacer de ella. También en este respecto se revela, por el contrario, que el hombre "puede obrar de otro modo", optar por entregarse a las fuerzas del destino social o luchar contra ellas.

Hay ejemplos sobrados en apoyo de la tesis de que la desocupación no forma y acuña fatal e irremediablemente el carácter del hombre. El tipo neurótico que acabamos de presentar no es, ni mucho menos, el único tipo de desocupado que conocemos. Hay otro, que se recluta entre los hombres obligados a vivir en las mismas condiciones económicas desfavorables que quienes sufren la neurosis del paro forzoso y que, sin embargo, saben mantenerse libres de ella, sin caer en la apatía ni en la depresión, sino conservando, incluso, hasta cierto punto, un sano optimismo.

¿A qué puede deberse? Si nos fijamos un poco, vemos enseguida que estas personas saben encontrar otras ocupaciones fuera del área puramente profesional. Trabajan, por ejemplo, voluntaria y desinteresadamente en tales o cuales organizaciones, desempeñan funciones puramente honorarias en institutos de educación popular, son colaboradores sin sueldo en clubes juveniles; acuden a escuchar conferencias y conciertos, leen mucho y discuten con sus camaradas lo que han leído. Saben emplear racionalmente el tiempo excesivo de que disponen y dan, con ello, una plenitud de contenido a su conciencia, a su tiempo y a su vida.

De vez en cuando, sienten que se rebela su estómago, ni más ni menos que los representantes del otro tipo, del neurótico, pero no es obstáculo para que afirmen el sentido de su vida, sin dejarse llevar de un sentimiento de desesperación. Saben dar a su vida un sentido y un contenido. Han comprendido que el sentido de la vida del hombre no se reduce, en modo alguno, al trabajo profesional, que puede quedarse sin trabajo sin que por eso se vea obligado a reconocer que su existencia carece de todo sentido. No se confunde, para ellos, con el hecho de una ocupación profesional.

Lo que, por tanto, hace apático al desempleado neurótico, lo que en última instancia provoca y determina la neurosis de la desocupación es la falsa concepción de que lo único que da sentido a la vida es el trabajo profesional. La falsa identificación de dos cosas en rigor distintas, a saber: la profesión y la misión del hombre en la vida, es lo que lleva y tiene necesariamente que llevar al desocupado al doloroso sentimiento de que es un ser inútil y superfluo —ocioso— en el mundo.

Todo esto demuestra que la reacción psíquica ante el hecho del paro forzoso no debe ser considerada fatal, que también en este punto queda amplio margen para la libertad espiritual del hombre. En el horizonte de ese análisis existencialista de la neurosis de la desocupación en que estamos empeñados se ve claramente que la misma situación desgraciada se afronta de un modo distinto por los diversos hombres; o, para decirlo más exactamente, que mientras unos se dejan formar y moldear psíquica y caracterológicamente por el destino social, el tipo no neurótico se esfuerza, por el contrario, en imprimir al destino social la huella de su propio carácter. Es decir, que cada individuo colocado en esta situación de paro forzoso puede decidir por sí, en cada caso, a qué tipo de hombre parado quiere pertenecer, si al que se mantiene interiormente erguido, a pesar de todo, o al que se deja llevar de la apatía.

Podemos, por lo tanto, afirmar que la neurosis de la desocupación no es, de por sí, un efecto inmediato de la desocupación misma. En ciertos casos, comprobamos incluso lo contrario, a saber: que es la desocupación un efecto de la neurosis. No cabe duda de que todo estado neurótico repercute necesariamente sobre el destino social y la situación económica de quien lo padece. *Ceteris paribus,* puede afirmarse que el desocupado que sabe mantenerse interiormente erguido tiene, en la lucha de la concurrencia, mejores perspectivas que el parado apático y saldrá triunfante sobre él en la pugna por un nuevo empleo.

Las repercusiones de la neurosis de la desocupación no solamente son económicas, sino también vitales. *La estructura que cobra la vida espiritual gracias a su carácter de misión, repercute además en lo biológico.* De otra parte, la súbita pérdida de la estructura interior a que conduce la vivencia de la falta de sentido y contenido de la vida, se traduce, no pocas veces, en manifestaciones de decadencia orgánica. La psiquiatría conoce, por ejemplo, el típico descenso psicofísico bajo la forma de los signos de vejez que se presentan rápidamente en las personas jubiladas. Y hasta entre los animales se dan casos análogos: los animales amaestrados para el circo a quienes asignan determinadas tareas o "misiones" alcanzan, por término medio, una vida más larga que otros ejemplares de la misma especie recluidos en parques zoológicos sin que se les asigne ninguna "tarea".

El hecho de que la neurosis de la desocupación no se halla fatalmente aparejada a la desocupación misma lleva consigo la posibilidad de un tratamiento terapéutico.

Y quien opine desdeñosamente que es una quimera querer abordar por esta vía el problema psicológico del paro forzoso, se convencerá de que está equivocado con sólo reflexionar un poco acerca de estas palabras, que es tan frecuente escuchar en labios de ciertos jóvenes desempleados:

"Lo que nosotros queremos no es dinero, sino que nuestra vida tenga algo dentro".

De donde se desprende, al mismo tiempo, que en estos casos sería ineficaz pretender aplicar una psicoterapia en el sentido estricto de la palabra, por ejemplo, una "psicología profunda", en contraposición a una logoterapia.

Lo indicado, en tales casos, es, sencillamente, un análisis de la Existencia que señale al desempleado el camino hacia su libertad interior, luchando incluso contra su destino social, y le conduzca a aquella conciencia de la responsabilidad a base de la cual podrá infundir un contenido y un sentido a su vida, por difíciles que sean las condiciones en que se desenvuelva.

Como hemos visto, tanto la desocupación como el trabajo profesional pueden emplearse abusivamente como medios para un fin neurótico. De este empleo neurótico como medio para un fin debe distinguirse, evidentemente, aquella certera actitud consistente en velar por que el trabajo sea lo que realmente debe ser, un medio enderezado al fin de una vida plena de sentido. La dignidad del hombre veda, en efecto, el convertirlo en un medio, el degradarlo para hacer de él un simple instrumento del proceso de trabajo, un simple medio de producción.

La capacidad de trabajo no es todo, ni razón suficiente y necesaria para infundir sentido a la vida del hombre. Puede el hombre tener capacidad de trabajo y, sin embargo, llevar una vida carente de sentido; del mismo modo que puede muy bien darse el caso contrario, el del hombre que sabe dar un sentido a su vida, aun hallándose incapacitado para trabajar. Otro tanto es posible decir, en términos generales, de la capacidad del hombre para el goce. También se comprende, sin más, que el hombre busque el sentido de su vida, predominantemente, en un determinado campo de acción, aun a trueque de restringirla en una medida mayor o menor; lo único que cabe preguntarse es si semejante limitación que el hombre se impone a sí mismo responde, en cada circunstancia, a una justificación objetiva o si, como ocurre en los casos de neurosis, no será realmente innecesaria. En tales casos se suele renunciar innecesariamente a la capacidad de goce en favor de la capacidad para trabajar, o a la inversa. A estas personas neuróticas habría que ponerles ante los ojos aquella frase que hemos leído en una novela cuya protagonista es una doctora (*No vengo a cenar*, de Alice Lyttkens): "Cuando falta el amor, el trabajo se convierte en sustituto; cuando falta el trabajo, el amor se convierte en opio".

La neurosis dominical

No debe confundirse la plenitud de trabajo profesional con la plenitud de sentido de la vida creadora; algunas veces, el neurótico procura, incluso, huir de la vida pura y simple, de la vida grande y entera, refugiándose en el trabajo profesional. El verdadero vacío y la gran pobreza de sentido de su vida se revelan inmediatamente tan pronto como su ajetreo profesional se paraliza por unos instantes: al llegar el domingo. Todos conocemos el desamparo inocultable que se pinta en la expresión del rostro de estos hombres cuando, el domingo, se ven obligados a descansar de su diario trajín, sin saber qué hacer al dejarles, por decirlo así, en la estaca, cuando, por ejemplo, no llega a efectuarse la cita concertada o no consiguen entrada para el cine. Caen en el vacío más profundo, al faltarles el "opio". Fijémonos, por ejemplo, en la actitud deportiva de "fin de semana" con el que tratan de aturdir su vacío interior. Este ajetreo es necesario para el hombre que no hace otra cosa que trabajar, que es un hombre de trabajo, y nada más eso. Al llegar el domingo y detenerse el ritmo de toda la semana, queda al desnudo la pobreza de sentido de la vida cotidiana en las grandes ciudades. Tiene uno la impresión de que el hombre, sin saber dar a su vida una meta, corre y se afana con velocidad más y más acelerada, precisamente para no caer en la cuenta de que no marcha a ningún sitio. Como si intentase, al mismo tiempo, huir de sí mismo; sin conseguirlo, naturalmente, pues al llegar el domingo, es decir, al detenerse por 24 horas el curso ajetreado de su existencia, ve claramente ante sí toda la vacuidad, la carencia de sentido, de contenido y de meta de su vida.

Para escapar a esta vivencia, el hombre recurre a todos los medios posibles. Huyendo de sí mismo, se mete en un salón de baile. El estrépito de la música lo exime del deber de hablar, pues en los bailes de hoy ya no se escuchan ni siquiera las "conversaciones de baile" de otros tiempos. Se ve relevado, incluso, de la molestia de pensar; toda la atención se concentra en el baile mismo. Otro de los "asilos de fin de semana" a que van a refugiarse los que sufren de "neurosis dominical", es el deporte. Allí, perdido entre la muchedumbre, es posible entregarse a la ilusión de creer que no hay, en aquel momento, nada más importante en el mundo que saber cuál de los dos equipos queda vencedor. Veintidós futbolistas juegan, y miles de personas miran. En las peleas de boxeo intervienen solamente dos —claro está que el combate, en el *ring*, es mucho más intenso—, y a la contemplación del espectador inactivo se une, en este caso, una dosis de sadismo. No queremos, con esto, ni mucho menos, despreciar en lo más mínimo todo lo que el deporte, cuando es sano, tiene de bueno. Cabe únicamente preguntar, desde un punto de vista crítico, qué lugar interior ocupa el valor deporte. La respuesta no es siempre la misma. Fijémonos, por ejemplo, en la actitud deportiva de un alpinista. El alpinismo presupone siempre una participación activa; todo lo que sea contemplación pasiva está de más. Sus realizaciones son auténticas realizaciones: por lo que a la capacidad física de rendimiento se refiere, el alpinista se ve, en ciertas circunstancias (aquellas en que se juega la vida), obligado a recurrir a sus últimas y supremas fuerzas; desde el punto de vista anímico, este ejercicio entraña también verdaderas "realizaciones", y quien lo practica se ve en la necesidad de vencer sus fallas y flaquezas morales, el miedo, el vértigo de la altura, etc. Debiendo tenerse en cuenta, para comprenderlo, que el alpinista —como ya hubo de señalar E. Strauss— no busca el peligro (por el peligro mismo), sino que, simplemente, lo llega a conocer. Por otra parte, la rivalidad que en los otros deportes conduce al afán de los récords, reviste en el alpinismo la forma de una "rivalidad consigo mismo". Otro de los aspectos positivos de este ejercicio físico, un aspecto social, lo ofrece la vivencia de la camaradería de quienes penden de la misma cuerda.

Sin embargo, todavía en el afán de conquistar récords, por malsano que sea, es posible destacar un rasgo verdaderamente humano, por cuanto representa, en cierto modo, una forma o modalidad de la profunda tendencia a ser el único, a realizar algo que no admite repetición. Lo mismo diríamos, por lo demás, de otros fenómenos psicológicos de masa, como la moda. El hombre, y sobre todo la mujer, buscan en ella ser originales a todo trance; lo que ocurre es que el carácter peculiar e irrepetible del hombre está aquí reducido a sus aspectos más exteriores.

Pero, no sólo del deporte puede abusarse neuróticamente; también del arte. Mientras que el arte verdadero o una vida de auténtico artista enriquece al hombre y lo conduce a sus más genuinas posibilidades, el "arte" del que se abusa neuróticamente no hace más que desviar al hombre de sí mismo. Es, simplemente, una posibilidad y una ocasión para embriagarse y aturdirse. Cuando el hombre quiere huir de sí mismo, de la vivencia de su vacío existencial, echa mano, por ejemplo, de una novela policiaca que la mantenga en tensión. Con la tensión busca, en definitiva, su relajación, aquel placer negativo de deshacerse de algo desagradable, que Schopenhauer considera, erróneamente, el único placer posible. Ya hemos dicho anteriormente que el deseo, la tensión, la lucha no existen, pura y simplemente, para experimentar un placer negativo por el hecho de desembarazarse de ellos; en realidad, no nos entregamos a la lucha por la vida con el fin de experimentar nuevas sensaciones; es, por el contrario, algo "intencional" y que, por serlo, se halla lleno de sentido y da un sentido a la vida.

No hay sensación comparable a la que para el hombre sediento de emociones representa la muerte, tanto en el campo del arte como en el de la vida real. El buen burgués que lee el periódico a la hora de desayunar necesita, para emocionarse, un reportaje en que entren como ingredientes la muerte y la desventura. No le bastan, sin embargo, la desventura de las masas ni la muerte de masas de hombres: la masa anónima se le antoja demasiado abstracta. Nada tendría de particular que este mismo individuo sintiese, antes de que terminara el día, la necesidad de ir al cine para asistir a una película de gánsters o bandidos. Le pasa lo que a todo vicioso: el afán de sensaciones necesita del cosquilleo nervioso y éste a su vez, provoca una nueva y creciente hambre de sensaciones y trae consigo el aumento de la dosis.

Pero lo que en última instancia importa es el delicioso contraste basado en el hecho de que, al parecer, sean siempre los otros los que mueren. Es, por tanto, como si este tipo de personas huyese de lo que más le empavorece, de la certeza de la propia muerte, es decir, de aquello que le hace tan insoportable su vacío existencial. La certeza de la muerte sólo produce espanto a quien abriga una mala conciencia de su vida. La muerte como final del tiempo que se vive sólo puede causar pavor a quien no sabe llenar el tiempo que le es dado vivir. Éste y sólo éste es el que no sabe mirar a la muerte cara a cara. En vez de dedicarse a realizar el tiempo limitado de su vida y realizarse, por tanto, a sí mismo, se refugia en una especie de quimera de indulto, como el condenado a muerte, obsesionado en sus horas postreras con la idea de que habrán de perdonarle la vida. El tipo de hombre a que nos referimos se refugia en la quimera de que a él no le sucederá nada, de que la muerte y las catástrofes son cosas hechas para "los demás".

La evasión neurótica al mundo de las novelas, el mundo de sus "héroes", con los que el neurótico se identifica de un modo o de otro, le facilita además otra posibilidad. Mientras que el deportista de quien se apodera la obsesión del récord gustaría de poder dormir, cuando menos, sobre sus propios laureles, estos lectores de novelas se contentan con que algunos, aunque no sean ellos y aunque sean figuras puramente ficticias, cumplan con su deber y realicen grandes hazañas. Ahora bien, lo que importa en la vida es no dormir sobre ninguna clase de laureles, no contentarse con lo ya alcanzado; la vida, con sus preguntas incesantes, no nos deja nunca en paz. Sólo aturdiéndonos podremos tornarnos insensibles a aquel eterno aguijón que se clava en nuestra conciencia con sus exigencias interminables. Quien se detiene en el camino es sobrepasado por el que viene detrás; quien se da por satisfecho consigo mismo, se pierde. En consecuencia, no debemos darnos por contentos con lo ya alcanzado, ni en los valores de creación ni en los de vivencia; cada día, cada hora, plantea la necesidad de nuevos hechos y abre la posibilidad de nuevas vivencias.

4. El sentido del amor

Ya hemos visto cómo el sentido de la existencia humana tiene su fundamento en el carácter único —peculiar— de la persona y en el hecho de que su vida se viva solamente una vez —singularidad—. Hemos visto asimismo que los valores de creación se realizan bajo la forma de aportaciones, que guardan siempre una relación más o menos grande con la comunidad. Y con ello, que la comunidad, que tiende a la creación y la actividad humanas, es lo que confiere un sentido existencial a la singularidad y peculiaridad de su vida. La comunidad puede ser también la meta hacia la que se encamina la existencia. Principalmente, la comunidad entre dos seres, la comunidad íntima de un yo con un tú. Si prescindimos del amor en un sentido más o menos figurado, para concebir el amor en el sentido de lo que es el *eros,* vemos que es el campo en el que los valores de vivencia se realizan de un modo especial: el amor es, exactamente, la vivencia de otro ser humano, en todo lo que su vida tiene de peculiar y singular.

El carácter único de la propia persona y el carácter de su vida como lo que sólo se vive una vez puede hacerse valer por medio de la realización de valores creadores, es decir, de un modo más o menos activo; pero hay, además, otro camino, en cierto modo pasivo, por el que todo aquello que el ser humano tiene que conquistar, en general, mediante sus actos, le cae por sí mismo en el regazo, por decirlo así. Es el camino del amor o, mejor dicho, el camino del ser amado. La persona consigue, de este modo, sin que se preocupe de hacer nada por su cuenta, sin "mérito" alguno —graciosamente, ésa es la palabra—, la realización de lo que va implícito en su persona y en su vida, por el carácter único de una y otra. En el amor, el ser amado es concebido como un *ser peculiar y singular en su ser-así-y-no-de-otro-modo;* es concebido como un tú y acogido como tal por otro yo. Como figura humana, es insustituible e irremplazable para quien lo ama, sin que, por ello, necesite hacer nada de su parte. El que es amado no puede impedir que, al ser amado, realice lo que su persona tiene de peculiar y singular, es decir, el valor de su personalidad. El amor no es ningún "mérito", sino sencillamente una "gracia".

No solamente gracia, sino también encanto. Para el amante, el amor hechiza el mundo, lo transfigura, lo dota de un valor adicional. El amor aumenta y afina en quien ama la resonancia humana para la plenitud de los valores. Abre el espíritu al mundo en su plenitud de valor, a la "totalidad de los valores". De este modo, por su entrega al tú, el yo, el amante, adquiere una riqueza interior que trasciende del tú, del ser amado: el cosmos entero gana, para él, en extensión y en profundidad de valor, resplandece bajo la luz brillante de aquellos valores que sólo el enamorado acierta a ver, pues el amor no hace al hombre ciego, como a veces se piensa, sino que, por el contrario, le abre los ojos y le aguza la mirada para percibir los valores.

Y como tercer factor, aparte de la gracia del ser amado y del encanto del amor mismo, hay que destacar lo que podemos llamar el *portento del amor*. En efecto, por medio de él, se logra algo que es, en cierto modo, inconcebible: dar vida —mediante lo biológico— a un nuevo ser, el hijo, lleno a su vez del misterio del carácter peculiar y singular de su existencia.

Sexualidad, erotismo y amor

Repetidas veces hemos hablado ya de la articulación y de la estratificación del ser humano. Repetidas veces señalamos que hay que concebir al hombre como una totalidad de cuerpo, alma y espíritu. Y, en lo que a la psicoterapia se refiere, postulamos que esa totalidad se conciba como tal, es decir, que al lado de lo físico se vea también, en el hombre, y se tome como punto de partida para el tratamiento terapéutico, no sólo lo psíquico, sino además, lo espiritual.

Veamos ahora cómo el ser humano puede comportarse y se comporta de diversos modos frente a la estructura estratificada de la persona, en cuanto sujeto amoroso, en cuanto ser que vive el amor y que en el amor, al mismo tiempo, vive a otro ser. A las tres capas de la persona humana corresponden, en efecto, tres posibles formas de situarse ante ellas, tres posibles actitudes.

La actitud más primitiva es la que se refiere a la capa externa: la actitud sexual. De la estampa física de una persona emana el encanto sexual que hace nacer el mismo impulso en la otra persona sexualmente predispuesta, afectando por tanto a esta persona en su corporalidad.

La forma inmediatamente superior de posible actitud ante la otra parte es la erótica, estableciendo, por razones heurísticas, una contraposición entre *lo erótico y lo sexual.* El hombre orientado eróticamente, en el sentido estricto de la palabra, no es solamente un ser sexualmente afectado, sino algo más que una persona que siente excitado su apetito sexual. Su actitud no la dicta, en rigor, el impulso sexual, ni es provocada exclusivamente por la otra parte, como pareja sexual suya. Si concebimos la corporalidad de la otra parte como su capa más externa, cabe decir que el otro ser orientado eróticamente hacia él penetra, por decirlo así, más profundamente que el que mantiene una actitud meramente sexual, cala hasta la capa inmediata, hasta la textura anímica del otro ser. Esta forma de actitud ante la otra parte, considerada fase de la relación con él es la que solemos llamar *enamoramiento.* Las cualidades físicas de la otra parte producen en nosotros una excitación sexual; de sus cualidades anímicas, en cambio, nos "enamoramos". Por tanto, el enamorado no se siente ya excitado en su propia corporalidad, sino conmovido en su emotividad psíquica; comovido por la psique original (pero no por su peculiaridad única) de la otra parte, por determinados rasgos de carácter que se manifiestan en ella.

Por tanto, la actitud puramente sexual tiene como meta la corporalidad de la otra parte y su *intentio* no trasciende, por decirlo así, de esta capa. Por el contrario, la actitud erótica, la actitud del enamoramiento, se orienta hacia lo psíquico; pero tampoco ella penetra hasta el verdadero meollo de la otra persona. Esto lo hace solamente la tercera forma, la tercera posible actitud: la del verdadero y auténtico *amor.*

El amor (en el sentido estricto de la palabra) es la más alta forma posible de lo erótico (en el sentido más amplio del término), como la más profunda penetración posible en la textura personal de la otra parte, la vinculación con algo espiritual. La relación directa con lo espiritual en la otra parte constituye, por tanto, la más alta forma posible de emparejamiento. Quien ama en este sentido no se ve tampoco excitado en su propia corporalidad, ni conmovido en su propia emotividad, sino afectado en lo más hondo de su espíritu por el portador espiritual de lo que en el ser amado hay de corpóreo y de emocional, por su meollo personal.

El amor es, por tanto, la orientación directa hacia la persona espiritual del ser amado, en cuanto algo único e irrepetible (rasgos que hacen de ella una persona espiritual). Como persona espiritual, es el centro espiritual de las otras dos capas, la portadora de aquellas cualidades anímicas y físicas hacia las que se orienta —*intendere*— el que sólo busca lo erótico (en sentido estricto) o lo sexual; es como persona espiritual, lo que se halla detrás de aquellas apariciones sexuales, e incluso puramente psíquicas, hasta las que penetran respectivamente, la actitud sexual y la actitud de lo que se llama *enamoramiento;* como persona espiritual, es lo que se manifiesta en los fenómenos corporales o anímicos, que son, por así decirlo, el "ropaje" exterior o interior que la persona espiritual "viste". Mientras que a la persona orientada sexualmente o a la persona enamorada le llama la atención, en el ser amado, un rasgo corporal o una cualidad anímica, es decir, algo que el ser amado "tiene", el que verdaderamente ama no ama, precisamente, algo "en" el ser amado, sino que lo ama a él mismo; no ama, por tanto, algo que el ser amado "tiene", sino lo que él "es". Quien de verdad ama ve, por decirlo así, a través del "ropaje" físico y psíquico de la persona espiritual, para poner los ojos en esta persona. No ve, por tanto, un "tipo" de cuerpo capaz de excitarlo, ni tampoco un tipo de alma capaz de conmoverlo, sino que ve al mismo ser humano, a la persona misma a quien ama como un ser incomparable, e insustituible.

El psicoanálisis, como es sabido, presenta como tendencias "entorpecidas en su fin" las que nos salen al paso en el estado de lo que llamamos *enamoramiento* y que no son, de por sí, de carácter sexual. El psicoanálisis, al concebirlas de esa manera, tiene razón, sin duda, aunque en sentido cabalmente contrario. En efecto, considera aquellas tendencias "entorpecidas en su fin" por referencia al supuesto fin instintivo sexual-genital. A nuestro juicio, las tendencias a que nos referimos aparecen "entorpecidas en su fin" en un sentido inverso, esto es en su orientación hacia la forma inmediatamente superior (respecto del enamoramiento) de actitud, en su orientación hacia el verdadero y auténtico amor, es decir, hacia la capa inmediatamente más profunda de la persona de la otra parte, hacia su meollo espiritual.

Lo peculiar e irrepetible

El amor es un fenómeno específicamente humano, es algo propio del hombre, esto es, que no se puede reducir sin más a fenómenos subhumanos o deducir de ellos. Como "fenómeno original", que en cuanto tal no se puede reducir a algo que "propiamente" esté detrás de él, el amor es un acto que caracteriza como humana a la existencia humana; en otras palabras, es un acto existencial. Más que eso: es el acto coexistencial *cat' exojen,* por excelencia; porque el amor es aquella relación de persona a persona que nos hace capaces de descubrir toda la peculiaridad e irrepetibilidad de la persona amada. En una palabra, el amor se caracteriza por su carácter de encuentro, y el encuentro significa siempre que se trata de una relación de persona a persona.

El amor no es sólo un fenómeno *propio* del hombre, sino que es además un fenómeno *originalmente* humano, y por tanto no un mero epifenómeno. Pero sería un mero epifenómeno si se le interpretara, por ejemplo, como una sublimación de la sexualidad en el sentido de las doctrinas psicoanalíticas y psicodinámicas. Sin embargo, el amor no puede ser una mera sublimación de la sexualidad, por la misma sencilla razón de que es condición, presupuesto de un proceso sin cuyo marco no es siquiera pensable nada que se parezca a una sublimación: la progresiva integración de la sexualidad en el curso del desarrollo y de la maduración de la persona.

El desarrollo y la maduración de la sexualidad parten de un mero *impulso sexual* que, para conservar la terminología introducida por Freud, no conoce la *meta* ni *el objeto al que tiende*. Posteriormente se forma el instinto sexual en el sentido estricto. El *instinto sexual* tiene ya una meta: la relación sexual. Pero todavía le falta y carece de un objeto al que tender, en el sentido de un auténtico compañero sobre el cual esté concentrado: esta dirección y ordenación a una persona determinada, a la persona amada, caracteriza la tercera fase y tercer estadio del desarrollo y la maduración sexual, la *tendencia sexual*. De aquí se sigue, pues, que la capacidad de amar es condición y presupuesto para la integración de la sexualidad. O, como suelo decir, que *solamente el yo que tiende* (intendit) *a un tú puede integrar el propio ello*.

Hasta a la persona de vivencias sencillas se le puede explicar con claridad que el hombre, cuando ama verdaderamente y en el grado en que lo haga, busca siempre en el amor lo que en la persona espiritual de su compañero hay de único e irrepetible. Imaginémonos que la persona de que se trata ama a un determinado ser y que lo pierde, porque muera o, sencillamente, porque se aleje del sitio en que vive, o se separe de ella para siempre o por mucho tiempo; imaginémonos esto y que se le ofrece, por así decirlo, un "doble" del ser amado, es decir, otra persona que se le parezca, psicofísicamente, hasta el punto de confundirse con ella. Preguntémosle si podría trasladar su amor a este otro ser, y nos contestará, podemos estar seguros, que jamás sería capaz de hacerlo. Es que semejante "transferencia" de un auténtico amor es sencillamente inconcebible. En su amor, quien verdaderamente lo siente, no "tiene en mientes" —mentar, *intendere*— jamás esas o las otras cualidades psíquicas o físicas que puedan darse "en" la persona amada, este o aquel modo de ser que la persona "tenga", sino lo que el ser amado "es", como algo único en el mundo. Por serlo, precisamente, no es nunca, ni en modo alguno, sustituible por ninguna especie de "doble". Esta combinación, en cambio, serviría perfectamente para el simple "enamorado", ya que su estado de enamoramiento se orienta simplemente hacia el carácter anímico que la otra parte "tiene", pero no se dirige hacia la persona espiritual que "es".

La persona espiritual, como objeto del verdadero y auténtico amor, es, por tanto, insustituible e irremplazable para el ser que verdaderamente ama, por ser un ser único y que se da solamente una vez. De donde se desprende, al mismo tiempo, que el auténtico amor garantiza ya por sí mismo su duración en el tiempo, su perpetuidad. En efecto, los estados corpóreos desaparecen y tampoco los estados de ánimo tienden a sostenerse; los corpóreos, creados por la excitación sexual, son siempre transitorios: el impulso sexual propende, incluso, a desaparecer una vez satisfecho; ni suelen ser duraderos aquellos estados de ánimo a que damos el nombre de enamoramiento. En cambio, el acto espiritual en que captamos "intencionalmente" —*intentio*— a una persona espiritual, se sobrevive en cierto modo a sí mismo: cuando su contenido tiene verdadera validez, la conserva de una vez para siempre.

Por donde el auténtico amor se mantiene como el hecho de percatarse de la existencia de un tú en su ser-así-y-no-de-otro-modo, a salvo de aquella temporalidad que pesa sobre los simples estados de sexualidad corporal o de erotismo anímico.

El amor es algo más que un estado emotivo: un acto "intencional". Tiene en mientes —*intendere*— el ser así de otra persona. Este ser-así —la esencia de esta otra persona— es (como de todo ser-así), en última instancia, independiente de la existencia; en efecto, la "esencia" no depende de la "existencia" y se halla, consiguientemente, por encima. Así y solamente así puede comprenderse que el amor sea capaz de sobreponerse a la muerte del ser amado, de sobrevivir; solamente así se comprende que el amor pueda ser "más fuerte" que la muerte, es decir, que la destrucción de la existencia del ser amado. La muerte puede, en efecto, anular la existencia del ser amado, pero no borra del mundo su ser-así. Su esencia única es, como todas las esencias genuinas, algo sustraído al tiempo y, en este sentido, imperecedero. La "idea" de una persona —que es precisamente lo que ve de ella quien la ama— forma parte de un mundo sustraído a la acción del tiempo. No se crea que estas reflexiones, obligadas a remontarse a pensamientos escolásticos o platónicos, se alejan demasiado de la manera lisa y llana de ver las cosas en la realidad vivida, cuya dignidad cognoscitiva no podemos desconocer. Para comprobarlo, basta con que posemos la vista en el siguiente relato de una persona que estuvo recluida en un campo de concentración.

"Cuantos estábamos en el campo, tanto mis camaradas como yo, nos dábamos clara cuenta de que ninguna felicidad sobre la tierra podría compensar en el futuro todo lo sufrido por nosotros durante nuestra reclusión. Si hubiésemos levantado un balance de la dicha, sólo habría arrojado este saldo favorable: estrellarnos 'contra las alambradas', es decir, quitarnos la vida. Los que no lo hacíamos, nos absteníamos de hacerlo llevados por profundo sentimiento de cualquier obligación. En cuanto a mí, sentíame obligado hacia mi madre a no arrebatarme la vida. Nos queríamos el uno al otro más que a nada en el mundo. Esto hacía que mi vida alcanzara —a pesar de todo— un sentido. Tenía, sin embargo, que contar diariamente y a todas horas con mi muerte, con la posibilidad de morir. También mi muerte debía adquirir, como fuese, un sentido, lo mismo que todos los sufrimientos que me esperaban antes de llegar a ella. Llevado de estas reflexiones, sellé un pacto con el cielo: si tenía que morir, mi muerte alargaría la vida de mi madre, y lo que yo tuviese que sufrir hasta llegar la hora también daría a mi madre, en la suya, una muerte dulce. Sólo así, concebida como un sacrificio, me parecía soportable toda mi existencia atormentadora. Sólo me sentía capaz de vivir mi vida a condición de que ésta tuviese algún sentido; pero tampoco quería padecer mis torturas y morir mi muerte más que si mi muerte y mis sufrimientos tenían algún sentido."

En su narración autobiográfica, la persona de que se trata sigue informando y nos dice cómo, siempre que se lo consentían el tiempo y su situación en el campo, se entregaba interiormente a la figura espiritual del ser a quien tanto amaba.

Podemos, pues, decir que este hombre, allí donde su situación de vida concreta no le permitía pensar en la realización de valores de creación, sentía enriquecerse y realizarse interiormente su existencia por la entrega del amor, por la contemplación amorosa, por la vivencia del amor, fuente de realización de valores vivenciales. Consideramos muy interesante y digna de ser transcrita la continuación del relato:

"No sabía, sin embargo, si mi madre vivía aún o ya había muerto. Todo el tiempo estuvimos sin noticias el uno del otro. Me di cuenta de que el hecho de ignorar yo si mi madre vivía o no, no estorbaba en lo más mínimo aquellas frecuentes pláticas que mantenía en espíritu con ella". Es decir, que esta persona no sabía en absoluto si el ser amado por él existía aún físicamente o no y, sin embargo, no le estorbaba para nada; tan poco le estorbaba, que sólo *a posteriori* y de pasada tropezaba con el problema de la "existencia", pero sin estrellarse contra él, ni darle tampoco gran importancia.

Y es que el amor entraña esencialmente el ser-así de una persona, hasta el punto de que su existencia apenas si tiene importancia. Dicho en otros términos: el ser que siente verdadero amor se halla tan poseído por la esencia del ser amado, que su realidad pasa, en cierto modo, a segundo plano. Por tanto, el amor no tiene nada que ver con la corporalidad del ser amado, hasta el punto de que puede sobrevivir a su muerte y mantenerse vivo hasta la muerte del ser que ama. Por lo demás, para quien verdaderamente ama no es nunca realmente concebible la muerte del ser amado. No puede llegar a "concebirla", como no puede llegar a "concebir" nunca su propia muerte. Sabido es, en efecto, que el hecho de la propia muerte no puede llegar a experimentarse nunca como vivencia y es, en última instancia, algo tan impensable como el no-haber-sido-todavía previo al propio nacimiento. *Quien cree realmente o trata de hacernos creer que puede concebir la muerte de un hombre, se engaña en cierto modo a sí mismo:* Tan inconcebible es, en última instancia, lo que él cree y trata de hacer creer a otros, a saber: que un ser personal, por el hecho de que el organismo en que encarnaba se convierta en un cadáver, desaparezca de un modo absoluto del mundo, es decir, que ya no le corresponde ninguna forma de ser.

En un estudio póstumo sobre este problema de la "pervivencia" de la persona después de la muerte (del cuerpo), señala Scheler que, durante su vida, de la persona se "nos da" siempre —siempre que "mentemos" realmente la persona— bastante más que unos cuantos rasgos sensibles referentes a su cuerpo, que es lo único que, en realidad, echamos de menos después de su muerte. Lo cual no significa que la persona misma no exista ya; podríamos afirmar, a lo sumo, que no puede ya manifestarse, pues requiere ciertos procesos físicos o fisiológicos de expresión, como el lenguaje, etc. A la luz de esto, podemos comprender más claramente por qué razón y en qué sentido es la auténtica *intentio* amorosa, es decir, la *intentio* que apunta a otra persona en cuanto tal, independientemente de su persona corporal, más aún, de toda corporalidad.

No significa, en modo alguno, que el amor no quiera encarnar. Quiere afirmarse, únicamente, que es independiente de toda corporalidad, por cuanto no se halla sujeto a ella. Hasta en el amor entre los sexos no es lo corporal, lo sexual, un factor primario, un fin en sí, sino simplemente un medio de expresión. El amor puede existir, sustancialmente, aun sin necesidad de eso. Donde sea posible, lo querrá y lo buscará; pero, cuando se imponga la renuncia, el amor no se enfriará ni se extinguirá.

La persona espiritual cobra forma allí donde conforma sus modos de manifestación psíquica y corporal. En la totalidad centrada en torno de un núcleo personal, las capas exteriores cobran, así, un valor de expresión en cuanto a las interiores. De un modo o de otro, no cabe duda de que los rasgos corporales de una persona pueden expresar su carácter (como algo anímico), y que el carácter, a su vez, puede servir de medio de expresión de la persona (como algo espiritual). Lo espiritual se expresa —y reclama expresión— en lo corporal y en lo anímico. De este modo, la presencia corporal del ser amado se convierte para el amante en un símbolo, en el signo de algo que hay detrás y que se manifiesta en lo externo, pero no se agota en ello.

El amor auténtico no necesita, en sí, de lo corporal ni para despertar ni para realizarse, pero se sirve de ello para ambas cosas. Se sirve para nacer, en el sentido de que el hombre de instinto seguro se deja influir por la figura corporal del ser amado, pero sin que esto quiera decir que es lo corporal a lo que se endereza; lo que ocurre es lo corporal de la otra parte; como expresión que es de la espiritualidad de una persona, hace que, por las circunstancias, esa persona entre en la elección estrecha del amante, que la prefiere entre todas por indicación de su seguro instinto. Son ciertas propiedades corporales o ciertos rasgos psíquicos del carácter los que conducen al amante por el camino que le lleva hacia una determinada —"determinada para él"— persona. Así pues, mientras las personas "superficiales" se detienen en la "superficie" de la persona amada, sin preocuparse de penetrar en su fondo, para las personas "profundas" la superficie no es más que la simple expresión del "fondo" y, en cuanto tal expresión, nada esencial ni decisivo, aunque siempre importante. En este sentido el amor se vale de lo corporal, para nacer. Pero hemos dicho que también se sirve de ello para realizarse. No cabe duda de que todo ser físicamente maduro que ame a otro se sentirá acuciado, en general, por la necesidad de unirse físicamente con él. Sin embargo, para quien de veras ame, la relación física, sexual, no es sino un medio de expresión de lo que constituye el verdadero amor, es decir, de la relación espiritual, y, como medio de expresión, recibe su consagración humana, precisamente, del amor, del acto espiritual al que sirve de exponente. Podemos, por tanto, afirmar lo siguiente: así como para quien verdaderamente ama el cuerpo del ser amado es la expresión de su persona espiritual, así también el acto sexual es, para el auténtico amor, la expresión de una *intentio* espiritual.

La impresión externa de la apariencia física de una persona es, por tanto, relativamente indiferente en cuanto a la posibilidad de que se la ame. Es el amor y solamente él lo que infunde dignidad erótica a los rasgos individuales psicosomáticos, lo que los convierte en cualidades "dignas de ser amadas" (en portadores de una psicofisis concreta). Esto debe llevarnos a una actitud de retraimiento en lo que respecta a afeites y cosméticos. En efecto, hasta los lunares y los defectos de la belleza forman parte integrante e inseparable de la persona a quien se ama. Cuando algo externo produce un efecto, no lo produce de por sí, sino precisamente en el ser amado. Sabemos, por ejemplo, de una paciente que abrigaba la intención de embellecer su busto mediante una operación plástica de reducción del pecho, creyendo que con ello se aseguraría mejor el amor de su esposo. El médico a quien pidió consejo la disuadió de hacerlo; entendió que si su marido la quería de verdad, como al parecer era el caso, la quería, indudablemente, tal como era, y no de otro modo. Tampoco los vestidos de noche impresionan al hombre "de por sí", sino solamente puestos "en" la mujer amada que los viste. Por último, la mujer de nuestro caso, inquieta, pidió su parecer al propio marido. Y éste le dio a entender, en efecto, con toda claridad, que el resultado de aquella operación sólo traería consecuencias perturbadoras, pues lo llevaría, tal vez, a pensar: "Ésta no es ya mi mujer; me la han cambiado".

Psicológicamente, es comprensible que las personas poco atractivas por su exterior se esfuercen en conseguir por todos los medios, artificialmente, lo que a las personas exteriormente agradables les ha dado espontáneamente la naturaleza. Las personas feas tienden a exagerar la importancia de la vida amorosa, con tanta mayor fuerza cuanto más negativas sean sus experiencias en materia de amor. Lo cierto es que el amor no es sino una de tantas posibilidades como al hombre se le ofrecen para dar un sentido a la vida, y no la más importante de ellas, ni mucho menos. Bien triste sería para nuestra existencia y bien pobre habría que considerar la vida humana si todo su sentido dependiera de que llegáramos o no a ser afortunados en el amor.

No, la vida es muy rica en oportunidades de valor. Basta pensar en la primacía de la realización de valores de creación. Por tanto, también quien no sea amado ni se sienta capaz de amar podrá dar a su vida un sentido extraordinariamente grande. Cabrá preguntarse si aquella incapacidad significa en realidad un destino o deberá considerarse una incapacidad neurótica. En lo que se refiere a los valores vivenciales del amor vale —por analogía a la renuncia a la realización de valores creadores para abrazar los valores de actitud— aquello de que la renuncia no debe ser innecesaria ni prematura. En este terreno, fácilmente se cae en una resignación antes de tiempo. En efecto, los hombres tienden, por lo general, a olvidar cuán relativamente pequeña es la importancia de los atractivos externos y cómo lo que importa, en la vida amorosa, es, fundamentalmente, la personalidad. Todos conocemos claros —y consoladores— ejemplos de cómo personas exteriormente poco atractivas e incluso insignificantes, triunfan en la vida amorosa, gracias a la fuerza de su personalidad y a su encanto. Basta recordar el caso aquel del tullido que, en las más adversas condiciones de vida que quepa imaginarse, supo afirmar su personalidad, no sólo en el terreno espiritual, sino también en el erótico.

Por lo tanto, la resignación de la persona poco atractiva exteriormente no tiene, en realidad, ninguna razón de ser. Se traduce, en cambio, en un resultado incurable: el resentimiento. El hombre neurótico que no acierta a realizarse en una determinada especie de valores, sigue uno de dos caminos: o va a refugiarse a la sobreestimación de sí mismo, o se consuela pensando que el campo de vida en que ha fracasado no tiene ningún valor. Por cualquiera de estos caminos va mal, obra injustamente y se precipita al infortunio. La tendencia neuróticamente convulsiva a la "dicha" en el amor conduce ya de suyo a la "desgracia", aunque sólo sea por su neurótico convulsionismo. Quien se halla fijado a la erótica, exagerando su valor, suele empujar aquella "puerta hacia la dicha" de la que ya sabemos por Kierkegaard que "se abre hacia afuera", y por lo mismo, queda cerrada para el hombre ansioso. Quien se halle, por otra parte, fijado a la vida amorosa en un sentido negativo, restándole toda importancia y procurando, así, encajar la pérdida de lo que no alcanzó y llegó a considerar, equivocadamente, inasequible, también se cerrará por sí mismo el camino hacia la dicha en el amor. Por donde el amargor por la necesidad real o aparente de renunciar conduce a idéntico resultado que la rebeldía y la protesta contra el destino: ambos tipos de hombre desaprovechan las oportunidades que la vida les brinda. En cambio, la actitud suelta, libre de resentimiento, "sintónica" de quien renuncia honradamente, pero no de un modo irrevocable, hace que brille más claro el valor de su personalidad y le brinda aquella última oportunidad dada a la persona que sabe atenerse a la vieja máxima de *abstinendo obtinere,* "obtener absteniéndose".

La acentuación de la apariencia externa lleva a exagerar, en general, la importancia de la "belleza" física en el campo de lo erótico. A la par con ello, se rebaja en cierta medida el valor de lo humano. Cuando decimos, por ejemplo, que una mujer es "bonita" este juicio envuelve, en rigor, una humillación para la persona de que se trata. ¿Qué quiere decir, en última instancia, sino que quien lo emite prefiere, por caridad, no hablar, respecto de la persona en cuestión, de otros valores, de los valores espirituales, supongamos? El hecho de que el juicio haga hincapié positivamente en este campo de valores relativamente bajos despierta necesariamente la sospecha de que se trata de silenciar un juicio negativo referente a un campo superior de valores. Pero la acentuación de los juicios valorativos erótico-estéticos no entraña solamente la desvaloración de la persona así enjuiciada, sino también la de la persona que emite esta clase de juicios. En efecto, cuando hablamos exclusivamente de la belleza de una persona, no sólo damos a entender que no queremos referirnos a su espiritualidad, sino, además, que no nos interesamos por ella, sencillamente porque no le concedemos el menor valor.

El horizonte de la "posesión"

Lo que se llama el *flirteo* y, en general, las relaciones eróticas superficiales tan corrientes en las grandes ciudades, pasan también de largo, inconscientemente, por delante de la personalidad espiritual de la persona de que se trata. No ven o no se fijan para nada en lo que la personalidad del otro tiene de único, de algo que sólo se da una vez, sencillamente porque no tienen el menor interés en percibirlo y apreciarlo. Esas relaciones eróticas huyen de todo lo que tiene de vínculo absorbente el auténtico amor, del sentimiento de verdadera compenetración con la otra parte y de la responsabilidad que los lazos imponen siempre a quien los contrae. Se evaden hacia lo colectivo: hacia el "tipo" que en cada caso se prefiere y cuya representación más o menos fortuita tiene su exponente. No es una persona determinada y concreta la que se elige, sino un determinado "tipo". La *intentio* amorosa se adhiere a una manifestación externa, indudablemente típica, pero impersonal.

El tipo femenino así preferido es la mujer impersonal, la mujer reducida al mínimo posible de personalidad, con la que no es posible mantener una relación particular e íntima, con la que es posible mantener una relación que a nada obliga; es, para decirlo en otros términos, la mujer que se puede "tener" sin necesidad de "amarla", una especie de propiedad sin fisonomía propia, sin valor propio. Sólo puede sentirse amor por una persona, en cuanto tal; hacia lo que es la negación de la persona no cabe sentir amor. Ni tampoco fidelidad, pues a lo que es la negación de la persona corresponde la negación de la fidelidad. En esta clase de relaciones eróticas, la infidelidad, más que posible, es, podríamos decir, necesaria. Allí donde falta la calidad de la dicha amorosa tiene que compensarse necesariamente con la cantidad de los placeres sexuales: cuanto menos "feliz" se siente una persona, más necesita su impulso el ser "satisfecho".

El flirteo es semejante a una variante mezquina del amor. La existencia, en el lenguaje corriente, de expresiones como las de "esa mujer ha sido *mía*" descubren hasta el fondo de esta forma erótica inferior. Lo que es de uno, lo que se posee, puede cambiarse, canjearse; el hombre puede cambiar, como otro objeto cualquiera, la mujer "poseída" por él, puede, incluso, si lo quiere "comprar" otra. Pero no se crea que esta categoría "posesiva" de lo erótico no se da también por parte de la mujer. Esta relación erótica *superficial* en el más pleno sentido de la palabra —puesto que no pasa de la *superficie* de la otra parte, de su manifestación puramente externa, corporal— se halla también por parte de la mujer bajo el horizonte de la "posesión". Considerada la situación desde este punto de vista, no importa lo que la persona "es", sino solamente el que (como posible pareja del acto sexual) tenga o no *sex appeal*. Lo que uno posee puede cambiarse, alterarse, y el aspecto externo de una mujer, lo que la mujer "tiene" en su figura o en su apariencia, es posible cambiarlo a fuerza de maquillaje. A la actitud del hombre que acabamos de caracterizar corresponde, pues, otra análoga por parte de la mujer. Ésta tiende, generalmente, a ocultar con todo cuidado cuanto haya en ella de personal para no agobiar con ello al hombre, para no ser para el hombre más que lo que éste busca en ella: el tipo por él preferido. La mujer corriente vive entregada a los cuidados en torno de su figura, a su apariencia; se preocupa únicamente de "encontrar" a alguien que se fije en ella, aunque no la tome en serio, aunque no la quiera realmente tal como es, como un ser único e insustituible, pues esto no le preocupa.

Ese tipo de mujer quiere que los hombres se fijen en ella simplemente como un ser genérico; de aquí que se preocupe siempre por destacar en primer plano su corporalidad, lo que tiene de no específico; de ser impersonal y de representar un tipo cualquiera, el que está de moda, el que más alto se cotiza en la feria de las vanidades eróticas. Trata de imitarlo con la mayor fidelidad posible aun al costo de ser, con ello, infiel a sí misma, a su propio yo.

Lo toma, por ejemplo, del mundo del cine. Se compara constantemente con este tipo de mujer —que representa el ideal femenino de ella misma o de su novio—, hasta que acaba acoplándose a él lo más posible. Hace ya mucho tiempo que no siente ninguna ambición de ser incomparable y único, cualidades inseparables de todo auténtico ser humano. No experimenta siquiera la ambición de crear por sí misma un nuevo tipo de mujer, de "marcar" la moda. Se contenta con representarlo. Gusta de presentar al hombre, espontáneamente, el "tipo" que él prefiere. Jamás se da a sí misma ni entrega amorosamente su propio yo.

Por ese camino falso, la mujer va desviándose cada vez más de la auténtica vivencia amorosa, de la realización del verdadero amor. Cuando el hombre la busca aparentemente a ella, buscando en realidad el "tipo" que representa, no se dirige a ella misma. Sumisa a los deseos del hombre le da lo que él necesita de ella, lo que quiere "poseer". Ambos salen chasqueados y no puede ser de otro modo. En vez de buscarse el uno al otro, se repelen en realidad, pues para poder encontrarse es necesario que cada cual busque en el otro *lo que tiene de único, lo que sólo se da una vez en la vida, es decir, lo que verdaderamente puede hacer de él un ser digno de ser amado, lo que hace digna de ser amada la vida propia.*

En su obra de creación, el ser humano se esfuerza siempre por destacar lo que hay en él de único e insustituible; en el amor, en cambio, busca y absorbe dentro de sí lo que hay de único e insustituible en el ser amado. En la entrega recíproca del amor, en este mutuo dar y tomar, se impone simultáneamente la personalidad propia de cada uno de los dos amantes. *La auténtica* intentio *amorosa penetra hasta aquella zona profunda del ser en la que el ser humano no representa ya un "tipo", sino un individuo único, el único ejemplar incomparable e insustituible, dotado con toda la dignidad de lo que es único en el mundo.* Es la dignidad de aquellos ángeles de quienes algunos escolásticos dicen que no se hallan sujetos al *principium individuationis,* que no ejemplifican una clase o una categoría sino que, lejos de ello, es como si cada clase o categoría estuviese representada por un solo ejemplar.

Cuando la auténtica actitud amorosa representa la orientación de una personalidad espiritual hacia otra, esa actitud es la única garantía de la fidelidad en el amor. El amor en cuanto tal garantiza entonces, a la vez, su duración en el tiempo empírico. Traducido al tiempo de vivencia, arroja un resultado todavía más alto, mucho más alto: el de la vivencia de la "eternidad" de un amor. El amor sólo puede vivirse *sub specie aeternitatis.* El verdadero amante, en el momento de su amor, en la entrega a este momento y al objeto de su amor, no puede imaginarse en modo alguno que su sentimiento llegue a cambiar algún día. Se comprende con sólo tener en cuenta que sus sentimientos no son "de estado", sino "intencionales". Su *intentio* va dirigida a la esencia del ser amado y su valor, lo mismo que ocurre en cualquier otro acto espiritual, lo mismo que en el conocimiento o reconocimiento de un valor es captado el valor o la esencia. Cuando comprendemos que 2 × 2 = 4, lo hemos comprendido de una vez por todas, y "ya no hay quien lo mueva". Cuando en verdad hemos llegado a captar la esencia de otro ser, contemplándolo en el amor, tampoco hay quien mueva esta verdad y nada podrá apartarnos ya de este amor, ni apartar a este amor de nosotros. Cuando vivimos un auténtico amor lo vivimos como para siempre, del mismo modo que reconocemos como "verdades eternas" aquéllas a las que concedemos el valor de tales. He aquí por qué el amor, mientras dura en el plano del tiempo empírico, es vivido necesariamente como si fuese un "amor eterno". Sin embargo, en su búsqueda de la verdad el hombre puede equivocarse. También en el amor puede engañarse el individuo. Claro está que, de antemano, nunca consideramos una verdad subjetiva como "puramente subjetiva", como un posible error; sólo en un momento posterior es posible descubrir que es un error lo que creíamos una verdad. Pues bien, lo mismo ocurre con el amor: el hombre no puede amar "temporalmente", es decir, de una manera provisional, ni proponerse lo provisional como tal, ni "proponerse" la finitud temporal del amor; puede, a lo sumo, enamorarse "corriendo el riesgo" de que el objeto de su amor se revele más tarde como indigno de él y de que, por tanto, el amor "se extinga" tan pronto como el valor de la persona amada desaparezca a los ojos de quien ama.

Todo lo que es mera posesión se halla sujeto a cambio. Pero, desde el momento en que la auténtica *intentio* amorosa no se refiere a lo que puede "poseerse" del otro, a lo que el otro "tiene", sino siempre, exclusivamente, a lo que el otro "es", vemos que el auténtico amor, y sólo él, conduce a la unión monogámica. La actitud monogámica presupone, en efecto, que el otro cónyuge sea concebido como un ser único, insustituible e irremplazable, es decir, en su valor genuinamente espiritual y, por tanto, más allá de todas sus cualidades corporales o anímicas, pues desde el punto de vista de éstas toda persona puede ser representada y sustituida por otra adornada de cualidades parejas.

Basta con lo dicho para llegar a la conclusión de que el simple enamoramiento, como un "estado de ánimo" que es, esencialmente, más o menos fugaz, debiera considerarse casi una contraindicación del matrimonio. Lo cual no quiere decir que en el auténtico amor deba verse, en cambio, una indicación positiva. El matrimonio es algo más que un asunto exclusivo de la vida privada. Es algo mucho más complejo: una institución de la vida social legalizada por el Estado y, en su caso, bendecida por la Iglesia, con lo que está dicho que trasciende también al mundo de lo colectivo. Ello hace que, desde este punto de vista, deban cumplirse ciertas condiciones antes de casarse. Únanse a esto los factores y circunstancias de orden biológico que, en el caso concreto, pueden hacer aconsejable o no un matrimonio. Existen, desde luego, lo que podríamos llamar las *contraindicaciones eugenésicas*. El amor, como tal, no peligrará nunca o casi nunca, evidentemente, por esta clase de impedimentos. En todo caso, el matrimonio sólo será de aconsejar cuando ambas partes se propongan, con él, crear una comunidad espiritual de vida, y no simplemente asegurar la "descendencia" común de dos individuos biológicos.

Cuando, por el contrario, se aduzcan en pro del matrimonio motivos ajenos de antemano al campo de la auténtica vivencia amorosa, es casi seguro que estos motivos entrarán dentro del marco de aquellas relaciones eróticas de las que hemos dicho que se hallan bajo la categoría dominante de la "posesión". Tal es lo que acaece, sobre todo, cuando, en la línea del materialismo, de la voluntad de posesión, se conciertan matrimonios inspirados principalmente en razones económicas.

El auténtico amor constituye, ya en sí mismo, el factor que da el carácter definitivo a la relación monogámica. Pero en esta relación entra además un segundo factor, el de la exclusividad (Oswald Schwartz).

El amor es siempre un sentimiento de íntima compenetración; la unión monogámica bajo la forma del matrimonio representa el vínculo externo. Mantenerlo en pie de un modo definitivo es lo que llamamos *fidelidad conyugal*. Sin embargo, el carácter exclusivo de la unión requiere que quien entre en ella contraiga la unión "adecuada"; que, además de vincularse él, sepa a quién se vincula. Presupone, en quien se casa, la capacidad necesaria para optar por una determinada persona como cónyuge.

La madurez erótica, concebida como la capacidad interior para contraer una unión monogámica, entraña, pues, un doble postulado: el de la capacidad para decidirse (con carácter exclusivo) en favor de una determinada persona y el de la capacidad para guardarle (definitivamente) fidelidad. Si vemos en la juventud, incluso desde el punto de vista erótico, lo que es, a saber: un periodo de preparación para la vida, incluyendo la amorosa, se desprende de aquí la necesidad de educarla para que se forme en ella la capacidad para encontrar a la persona adecuada como compañera y, al mismo tiempo, para que los jóvenes "aprendan" a su debido tiempo a guardar fidelidad al ser elegido.

Sin embargo, este doble postulado no deja de encerrar cierta antinomia. En efecto, si se quiere educar al joven en el sentido que marca el postulado de la capacidad para elegir, no cabe duda de que hay que cultivar en él un cierto conocimiento erótico de las personas, ayudarlo a adquirir cierta rutina erótica. En cambio, el postulado de la fidelidad lo lleva a sobreponerse a los simples estados de ánimo para fijarse en una sola persona y mantener en pie firmemente las relaciones que a ella le unen. Puede darse, por lo tanto, el caso de que no sepa si debe abandonar una relación concreta para contraer otras muchas y las más variadas, hasta que opte, en definitiva, por la mejor de todas, o si, por el contrario, es mejor que cultive solamente, apurándola, la relación ya contraída, para aprender en ella lo antes posible la virtud de la fidelidad. En la práctica, es aconsejable que el joven o la joven situados ante este dilema se formulen el problema, en caso de duda, de un modo negativo. Es decir, que se pregunte si acaso no querrá "verse libre" de una relación concreta valiosa desde todos los puntos de vista, sencillamente porque teme los compromisos y trata de huir de la responsabilidad, o bien, en el caso contrario, si no se aferrará, tal vez, tenazmente, a una relación ya cuarteada simplemente por el temor de verse empujado a la soledad por un par de semanas o de meses. Si, de este modo, se esfuerza en indagar los móviles no objetivos que pueden impulsarle, es casi seguro que llegará a una decisión aplomada y objetiva.

Valor y placer

Scheler define el amor como un movimiento espiritual que busca el más alto valor de la persona amada, como un acto espiritual en que se capta este valor, el más alto de todos, que Scheler llama "la salvación" de una persona. Algo parecido sostiene también Spranger, al afirmar que el amor conoce las posibilidades de valor de la persona amada. Por su parte, V. Hattingberg, expresándose en términos diferentes, dice que el amor ve al hombre tal como Dios "lo ha pensado".

Nosotros diríamos que el amor nos permite contemplar la imagen del valor de una persona. Lleva a cabo, así, una obra cabalmente metafísica. La imagen del valor que en cada caso contemplamos al ejecutar el acto amoroso espiritual, es, esencialmente, la "imagen" de algo invisible, irreal e irrealizado. En el acto espiritual del amor, por tanto, no sólo captamos lo que la persona "es" en su peculiaridad y singularidad, lo que podríamos llamar la *haecceitas* de la terminología escolástica, sino también lo que puede llegar a ser, en ésa su peculiaridad y singularidad única, es decir, la *entelequia*.

Baste recordar la paradójica definición de la realidad del hombre como una posibilidad: posibilidad de realización de valores, posibilidad de autorrealización. Por tanto, de lo que el amor se percata es ni más ni menos de esta "posibilidad" de un ser humano. Añadiremos, de pasada, que lo mismo debe hacer toda psicoterapia siempre y cuando se halle animada por el espíritu de *Eros paidagogos* (Prinzhorn): también ella tiene que esforzarse por llegar a ver en sus más genuinas posibilidades a la persona de que se trata, es decir, por anticipar las posibilidades más valiosas del hombre.

Uno de los misterios metafísicos del acto espiritual que llamamos amor es precisamente que, en él, podemos descifrar la imagen del valor del ser amado, partiendo de los rasgos de su imagen esencial. El anticiparse a las posibilidades del valor con base en la realidad esencial de una persona no constituye ninguna operación de cálculo. Lo único que cabe calcular son las realidades; las posibilidades, en cuanto tales, escapan a todo cálculo. Hemos dicho que el hombre sólo comienza realmente a serlo cuando ya no es algo calculable partiendo de la realidad dada y de la vinculación natural; es decir, cuando representa una posibilidad puesta en sus manos. Por eso debe considerarse inexacta la afirmación tan corriente de que los hombres movidos por sus impulsos son incalculables. En este caso podría decirse lo contrario: partiendo de la naturaleza de los impulsos es como podemos calcular al hombre. Y también puede ser reducido a cálculo el simple hombre de razón, la mera construcción de un "ser racional", llamado hombre, o el tipo psicológico del hombre "calculador". El "verdadero" hombre, el hombre de carne y huesos es *eo ipso* incalculable: la Existencia no puede reducirse a la facticidad ni derivarse de ella.

La captación de valores sólo puede servir para enriquecer al hombre. A veces este enriquecimiento interior constituye, incluso, el sentido mismo de su vida, como hemos visto al tratar de los valores de vivencia. Por eso el amor enriquece siempre, necesariamente, a quien ama. No existen, por tanto, ni pueden existir, amores "desgraciados"; esa frase de *amor desgraciado* envuelve una contradicción consigo misma. Una de dos: o amamos de verdad, en cuyo caso nos sentiremos necesariamente enriquecidos, lo mismo si somos correspondidos que si somos rechazados; o no amamos real y verdaderamente, no "mentamos" propiamente la persona de otro ser, sino algunas cualidades físicas, corporales que "en ella" vemos o algún rasgo (anímico) de carácter que "posee"; en este caso, sí podemos sentirnos desgraciados pero lo que ocurre es que no es el nuestro un verdadero amor.

No cabe duda de que el simple enamoramiento ciega en cierto modo al enamorado; el verdadero amor, en cambio, aguza la mirada. Permite captar con mayor agudeza la personalidad espiritual del ser amado, así en cuanto a su realidad esencial como en cuanto a sus posibilidades de valor. El amor nos hace vivir al ser amado como a un mundo para sí, dilatando con ello los confines de nuestro propio universo. A la par que nos enriquece y nos hace dichosos, estimula también al ser amado, encaminándolo hacia aquella posibilidad de valor que el amor y solamente el amor puede anticipar. El amor ayuda al ser amado a convertir en realidad lo que el amante se adelanta a ver, a intuir. Se comprende que así sea, pues se esfuerza siempre en ser cada vez más digno del amante o de su amor asemejándose más de cerca a la imagen que el amante se forma, pareciéndose a "como Dios lo pensó y quiso". Así pues, siendo cierto que hasta los amores "desgraciados", es decir, los amores no correspondidos, nos enriquecen y hacen felices, podemos afirmar que los amores "afortunados", es decir, correspondidos, encierran una virtud manifiestamente creadora. En los amores mutuos, en los que cada cual quiere llegar a ser digno del otro, ser tal como el otro se lo imagina se desarrolla en cierto modo un proceso dialéctico, en el que los amantes rivalizan el uno con el otro, podríamos decir, en la realización de sus respectivas posibilidades.

La mera satisfacción del impulso sexual produce placer; las relaciones eróticas del enamoramiento causan alegría; el verdadero amor depara al hombre la dicha. En esta escala de resultados se revela una creciente intencionalidad. El placer es, simplemente, un estado afectivo; la alegría implica ya algo intencional, se dirige hacia algo. La dicha se endereza en una dirección determinada: la propia realización. La dicha adquiere de este modo, un carácter de realización (*beatitudo ipsa virtus,* dice Spinoza). La dicha no es simplemente intencional, sino que es también "productiva". Sólo así cabe comprender la posibilidad de que el hombre "se realice" en su dicha. Y así es también como únicamente podemos llegar a comprender la analogía que, en última instancia, existe entre la dicha y el sufrimiento. Al estudiar el "sentido" que el sufrimiento tiene, hemos visto que también en él puede llegar a realizarse el hombre. Del mismo modo hemos aquilatado el sufrimiento como una realización humana. Podemos distinguir, en términos generales, entre los sentimientos intencionales y los efectos "productivos", de una parte, y de otra los simples estados de ánimo "improductivos". Así, al duelo, a cuyo sentido intencional y a cuya aportación creadora nos hemos referido ya, cabe oponer el enojo estéril (que una pérdida cualquiera nos produce) y que es un simple estado de ánimo reactivo. De aquí que el lenguaje usual distinga, muy sutilmente, entre lo que se llama la justa "cólera", como sentimiento intencional lleno de sentido ético, y el odio "ciego", simple estado afectivo.

La frase *amor desgraciado* entraña, como hemos visto, una contradicción lógica; pero, psicológicamente considerada, esta frase expresa una especie de despecho. Se exagera, en lo que representa para el contenido de la vivencia, la tónica de placer o de dolor, la señal de agradable o desagradable. En ningún otro campo es tan injustificado el punto de vista del hedonismo como en el de las relaciones amorosas. En la realidad de la vida le ocurre al actor algo parecido a lo que al espectador en el teatro; los dramas son, en general, vivencias más profundas que las comedias. Las experiencias "desdichadas" de la vida amorosa no sólo nos enriquecen, sino que nos ahondan; más aún, es precisamente en ellas donde más crece y madura el hombre. Claro está que el enriquecimiento interior que el hombre experimenta en el amor no está libre de conflictos interiores. El neurótico adulto lo teme y huye. Y lo que en él representa un caso patológico, se da también, de un modo más o menos fisiológico, en el hombre joven. En ambos casos vemos que la experiencia de unos "amores desgraciados" acaba convirtiéndose en un medio para un fin, que es el de proteger al niño quemado una vez del fuego de Eros. Esta clase de personas se parapetan detrás de una primera o única experiencia desdichada para no caer en otras.

Por donde la frase *amores desgraciados* no es solamente expresión de un estado de despecho, sino también un medio a que el hombre recurre para complacerse en su dolor. Los pensamientos del enamorado no correspondido giran de un modo casi masoquista, obsesivamente, en torno de su desgracia. El amante desgraciado se atrinchera detrás de su primer —o último— fracaso, para no quemarse de nuevo los dedos en la hoguera. Se esconde detrás de su desgraciada experiencia amorosa; va a refugiarse en la desgracia pasada, huyendo de las posibilidades de dicha futuras. En vez de seguir buscando hasta "encontrar" renuncia a toda búsqueda. En vez de abrir su espíritu a la riqueza de posibilidades de la vida amorosa, se cierra a cal y canto contra ellas. Clava su mirada fascinada en lo ya vivido, para no tener que mirar a la vida. Le importa más la seguridad que la disposición del espíritu. No acierta a desembarazarse del fardo de una experiencia desgraciada, por su empeño en no exponerse a otra, tal vez venturosa. A esta clase de seres hay que reeducarlos en una constante actitud de espíritu abierto y dispuesto a la variedad de las posibilidades. Aun desde el punto de vista del cálculo de probabilidades es posible que, en la vida del hombre medio, quepa admitir que sólo se dé una posibilidad venturosa por nueve desgraciadas. Debe esperarla y luchar por ella, pero no cerrarle neciamente el camino, yendo paradójicamente a refugiarse en la desgracia para no caer en la dicha.

La psicoterapia de los que se llaman amores desgraciados sólo puede consistir en poner al descubierto la tendencia de evasión, haciendo hincapié en el carácter de misión de la vida amorosa, como de la vida toda, en general. De nada servirá, en cambio, para remediar estos casos, la ilusión tan corriente como bien intencionada a "otras madres" que "tienen también hijas bonitas", pues cuando alguien se encapricha por una determinada hija de una determinada madre, comienza el enamoramiento o, quizás, el verdadero amor.

Tampoco los amores afortunados, es decir, los amores correspondidos, están siempre libres de sentimientos de "desventura", sobre todo cuando la dicha amorosa se ve enturbiada por los tormentos de los celos que son otra de las manifestaciones de aquel materialismo erótico a que nos hemos referido anteriormente. Traslucen la tendencia a considerar el objeto amado como de propiedad exclusiva del amante. El celoso trata al ser a quien dice y cree amar como un objeto patrimonial: lo degrada al plano de cosa poseída. Quiere tenerlo "solamente para sí", con lo que demuestra que su comportamiento se halla encuadrado, precisamente, en la categoría del "tener" y no en la del "ser".

Una auténtica relación amorosa no deja nunca cabida para los celos que no tienen razón de ser, por cuanto el verdadero amor presupone al ser amado como único e irremplazable, lo que elimina sustancialmente toda posibilidad de compararlo con ningún otro. La rivalidad, tan temida por los amantes celosos, incluye la posibilidad de ser comparado con un competidor cualquiera en cuanto ser amado. Ahora bien, el hecho de ser amado, cuando verdaderamente se es, no admite rivalidad ni concurrencia alguna, ya que, para estos efectos, cada ser es incomparable y se halla, digámoslo así, fuera de concurso a los ojos de quien lo ama.

Existe además, como es sabido, una clase de celos que se extienden al pasado de la otra parte, que recaen sobre sus "antecesores" en el amor que ahora disfruta el celoso. Las personas atormentadas por esta clase de celos quieren ser siempre "las primeras". Más modestas son, en cambio, aquellas que se contentan con ser "las últimas". Sin embargo, bien mirados los hechos resulta que no son las más modestas, sino por el contrario, las más ambiciosas. Pretenden, en realidad, no la prioridad, sino la superioridad respecto de sus antecesores y a los posibles sucesores. Unos y otros olvidan lo fundamental, que es el hecho de que todo hombre, por principio, es un ser único e incomparable. Quien se compara con otro, es injusto con este otro o consigo mismo, no solamente en la vida amorosa. Cada cual tiene, en términos deportivos, ya lo hemos dicho, su propio *start;* a quien arranca más tarde, por pesar sobre él una suerte más dura, hay que reconocerle, *ceteris paribus,* una aportación relativamente más meritoria. Y como quiera que la situación del destino no puede calibrarse nunca en todos sus detalles, resulta que carecemos de toda base y de toda pauta para comparar las aportaciones de unos y de otros.

Bien podría decirse que los celos envuelven, desde el punto de vista tácito, una dinámica peligrosa. El celoso acaba provocando aquello que teme: el desengaño amoroso. Del mismo modo que la fe no sólo emana de la fortaleza interior, sino que se traduce, además, en una fuerza creciente, la duda, brotando por sí misma de los fracasos, acarrea nuevos fracasos sobre la cabeza de quien la abriga. El amante celoso duda de poder "conservar" el amor de aquel a quien ama y puede, en verdad, llegar a perderlo a fuerza de empujar hacia la infidelidad a aquel de cuya fidelidad duda, obligándolo casi a echarse en brazos de otro. Acaba haciendo que sea verdad lo que cree.

No cabe duda de que la fidelidad es siempre una exigencia del verdadero amor; pero solamente se la puede plantear el amante mismo, nunca a la persona amada. Como una exigencia acaba convirtiéndose necesariamente en reto. La empuja a una actitud de protesta, de la que brota tal vez, más tarde o más temprano, la infidelidad.

La fe en el otro, lo mismo que la fe en sí mismo, le hace a uno sentirse seguro de sí, por donde esta fe acaba, por lo general, teniendo razón. Lo mismo ocurre con la fe en la fidelidad. A esta fe corresponde, por parte del ser amado, una actitud de honradez. Así como la fe tiene su propia dialéctica, la cual hace que acabe siendo verdad aquello en que se cree, la honradez posee su paradoja: el hombre puede mentir con la verdad en los labios, por el contrario, decir la verdad con una mentira y hasta "hacer de la mentira verdad". Ilustraremos esto con un ejemplo, familiar a cualquier médico. Cuando tomamos la presión arterial de un enfermo y la encontramos ligeramente alta, ocurre muchas veces que, al comunicar al paciente, según sus deseos, la verdad del resultado sólo conseguimos que, aterrado al conocer la verdad, suba más la presión, es decir, que sea más alta de lo que hemos dicho; en cambio, si se lo ocultamos indicando una cifra más baja que la registrada, lo tranquilizaremos, con lo que le bajará y nuestra mentira aparente (mentira piadosa) resultará en fin de cuentas, verdad.

Ahora bien, las consecuencias a que conduce la infidelidad de la otra parte varían según los casos. La diferencia entre las "actitudes" que ante la infidelidad ya consumada pueden adoptarse brinda, entre otras cosas, la posibilidad de que la persona engañada siga el camino de realizar los que llamamos *valores de actitud*. Según los casos, la parte defraudada se sobrepondrá a esta vivencia desentendiéndose de quien la ha engañado, o bien se aferrará a ella, perdonándola y llegando a una reconciliación; la tercera posibilidad es la que consiste en decidir e intentar reconquistar al culpable de la infidelidad, recobrando su cariño.

El materialismo erótico, no contento con hacer de la otra parte de la relación amorosa un objeto patrimonial, convierte la relación amorosa en una mercancía. Así se revela claramente en el fenómeno de la prostitución. Como problema psicológico, no cabe duda de que la prostitución no es imputable tanto a las prostituidas como a los "consumidores" de este mercado. La psicología de la prostituta no plantea grandes problemas, pues se reduce, en realidad, a la psicopatología de un tipo de mujer. El análisis sociológico de cada caso no nos hace avanzar gran cosa. También aquí se confirma lo que ya hubimos de decir en otra ocasión, a saber: que la situación económica de penuria, por sí sola, no impone a nadie un determinado comportamiento ni obliga, por tanto, a una mujer inferior o mediocre normal a abrazar la prostitución. Antes al contrario, lo que causa asombro, en la mayoría de los casos, es la fuerza admirable con que la mujer resiste la tentación de vender su cuerpo, aun a costa de desafiar la más tremenda miseria. A la mayoría de las mujeres que atraviesan una situación económicamente dura no se les pasa siquiera por las mientes la idea de recurrir a este medio para salir a flote, sin que den a esto mayor importancia de la que la típica prostituida suele dar al hecho de escoger el otro camino.

Por lo que al consumidor del mercado de la prostitución se refiere, diremos que es el hombre que busca aquella forma impersonal y sin compromiso de "vida amorosa" que corresponde cabalmente a la actitud de la persona ante una mercancía, ante una cosa. Ahora bien, la prostitución es tan peligrosa, si no más, desde el punto de vista de la higiene psíquica como desde el punto de vista de la higiene física. Los peligros psíquicos que envuelve son, desde luego, más difíciles de prevenir que los otros. El más importante de todos consiste en que el joven que se desvía por el camino de la prostitución se habitúa, y hasta diríamos que se amaestra, a una actitud ante los problemas del sexo que repugnan directamente toda pedagogía sexual racional. Se acostumbra, concretamente, a ver en la sexualidad un simple medio para la obtención de un placer.

Donde más claramente se ve el peligro de desviarse hacia la prostitución, es decir, hacia la perversión de la sexualidad en la simple satisfacción de los impulsos, con la consiguiente degradación de la otra parte en simple objeto o juguete de ellos, es en los casos en que se cierra el camino hacia la auténtica relación amorosa, para la que el acto sexual es la expresión, y no la coronación, del amor. En ocasiones, el esclavizamiento del joven al goce sexual como fin en sí proyecta su sombra sobre toda su vida matrimonial futura. Cuando le llega el momento de amar de verdad, ya no puede retroceder; mejor dicho, no sabe encontrar el camino hacia adelante, es incapaz de avanzar hacia la actitud normal del amante ante lo sexual. Para quien ama de veras, el acto sexual no es sino la expresión física de los vínculos anímico-espirituales que le unen al ser amado. En cambio, cuando se ha llegado a ver en la sexualidad no un simple medio de expresión, sino un fin en sí, se establece la tan conocida e incurable separación entre el llamado tipo de virgen y el de prostituta que desde siempre ha dado tanto quehacer al psicoterapeuta.

También de parte de la mujer se dan situaciones típicas que entorpecen aquel desarrollo normal que culmina en la vivencia de la sexualidad como la expresión del amor. Y estos daños son, con frecuencia, muy difíciles de reparar *a posteriori* por los métodos psicoterápicos. Conocemos, por ejemplo, un caso en que una muchacha empezó sosteniendo relaciones "platónicas" con un amigo; se negaba, sin embargo, a convertirlas en relaciones sexuales, sencillamente porque no sentía ningún deseo de hacerlo. Un día, su novio insistió más que de costumbre y dejó caer en los oídos de la muchacha, en vista de que no lograba vencer su resistencia, estas palabras: "Me parece que eres una mujer frígida", que hicieron gran mella en la muchacha. Obsesionada, llegó a pensar si no estaría su novio en lo cierto cuando la acusaba de no ser "una mujer entera y verdadera", hasta que un día tomó la decisión de entregarse a él, simplemente para demostrarle, y demostrarse a sí misma, que no tenía razón. Como es natural, el resultado de este experimento sólo podía ser uno: la incapacitación de la muchacha para el goce. No había germinado aún en ella el impulso, ni espontáneamente ni despertado desde el exterior, y, en vez de aguardar a que el apetito sexual se manifestara gradualmente, se entregó de un modo especulativo al hombre que, en realidad la había amedrentado, sin otro fin que poner a prueba su capacidad para gozar, pero al mismo tiempo, con el secreto temor de que su incapacidad quedase al descubierto. El solo esfuerzo de observarse a sí misma[16] bastaba para entorpecer e inhibir la reacción de su impulso sexual. En tales condiciones, no debía extrañarse la pobre muchacha de si aquel esfuerzo angustioso de observarse a sí misma no dejaba margen para que, al mismo tiempo, pudiera disfrutar del goce de la entrega. Estas decepciones pueden muy bien repercutir sobre la futura vida conyugal o amorosa de la mujer con efectos funestos, traduciéndose en una frigidez psicógena del tipo de la neurosis sexual de *angustia expectante*.

Perturbaciones sexuales de origen neurótico

Como es sabido, el psicoterapeuta se encuentra a cada paso con el "mecanismo" de las denominadas *angustias de expectación*. La observación de todo acto automáticamente regulado cuando es normal y discurre sin que la conciencia lo vigile, produce ya de suyo, generalmente, un efecto perturbador. La persona que propende a la tartamudez observa sus palabras, en vez de fijarse en lo que se propone decir; atiende al *cómo* en vez de atender al *qué*. Se entorpece, con ello, a sí misma, como un motor en el que intentara meter los dedos, en vez de ponerlo en marcha y dejarlo marchar por sí solo. Muchas veces, basta con hacer comprender al tartamudo que debe preocuparse simplemente de pensar en voz alta y dejar que la boca hable por sí misma seguro de que hablará con tanta mayor fluidez cuanto menos la vigile y la observe; si conseguimos que se percate de esto, habremos dado el paso psicoterapéutico más importante para su curación.

Por vías análogas discurre también, como es sabido, la psicoterapia de las perturbaciones que impiden, a veces, conciliar el sueño. Si, falsamente, se convierte en la meta de una intención, de un esfuerzo, si la persona "se propone" ahincadamente dormirse, se crea una tensión interior que necesariamente hace que se frustre el efecto buscado. El miedo al insomnio, una de las formas de la neurosis de angustia expectante, impide conciliar el sueño, y el insomnio que así se provoca sólo sirve para confirmar y fortalecer la neurosis, dando como resultado, a fin de cuentas, un círculo vicioso.

Pues bien, algo parecido les ocurre a todas las personas que se sienten inseguras de su sexualidad. Esta inseguridad intensifica la autoobservación y su angustiosa expectación acarrea la frustración del acto sexual. El neurótico sexual no piensa para nada, desde hace ya mucho tiempo, en la otra persona que compartirá con él el goce (como piensa el amante); está, simplemente, obsesionado con el acto sexual en sí, lo que frustra el acto, y necesariamente tiene que frustrarlo, ya que no se efectúa lisa y llanamente, como algo "natural" y "obvio", sino como algo "buscado" y "querido".

La misión esencial que a la psicoterapia se le plantea, en estos casos, consiste en romper el fatal círculo vicioso de la expectación angustiosa, eliminando toda *intentio* del acto mismo, del acto en cuanto tal. El camino es instruir al paciente para que no se deje nunca llevar al acto sexual como si estuviese obligado a consumarlo. Debe evitarse, con este objeto, cuanto pueda representar para el paciente una especie de *coacción a la sexualidad*. Esta coacción puede provenir de la mujer (como ocurre en los casos de mujeres muy "temperamentales", es decir, con grandes exigencias sexuales) o del propio yo (como cuando el hombre se traza, por así decirlo, un "programa", proponiéndose ejecutar el acto sexual tal o cual día, a una hora determinada, etcétera), y puede también, por último, venir impuesta por una situación (por la búsqueda de un hotel de paso, etcétera).

A la par de la eliminación de todas estas formas de coacción, que podrían impresionar al neurótico sexual y llevarlo a la inhibición, conviene educarlo también para la improvisación; y paralelamente, dirigirlo de un modo discreto, conducirlo de nuevo gradualmente, al modo sano y normal de abordar esta clase de actos, como algo espontáneo y evidente por sí mismo. Sin embargo, esta clase de psicoterapia deberá hacerse preceder del intento encaminado a poner de manifiesto ante el paciente lo que su comportamiento "enfermizo" tiene, a pesar de todo, de comprensible y de humano, apartando la sensación de que padece una perturbación patológica fatal. En otros términos, inculcarle la comprensión de que la influencia nefasta de la angustia expectante y el círculo vicioso en que se mueve son un modo general de comportamiento humano.

Un joven fue a consultar a su médico, alarmado ante un caso de impotencia repentina. Se averiguó que, tras varios años de porfía, había logrado, por fin, convencer a su novia para que se le "entregara". La muchacha le prometió que sería suya "para la Pascua". La promesa fue hecha dos semanas antes de la fecha anunciada. El pobre hombre se pasó las dos semanas enteras sin poder dormir apenas, con el sobresalto de la espera. Al llegar las fiestas, hicieron los dos una excursión de Pascua que había de durar dos días, pernoctando en una hostería de montaña. Por la noche, cuando el hombre subió las escaleras que conducían al cuarto que habían tomado para los dos, estaba tan excitado —por su expectante angustia, no por la excitación sexual— que según él mismo declaró después, apenas podía andar, por los temblores y palpitaciones del corazón. En aquellas condiciones, ¿cuándo se suponía que debía ser potente?. El médico hubo de hacerle comprender que tenía necesariamente que ocurrir lo que ocurrió, dada la situación exterior e interior creada, y que el modo en que el paciente reaccionó fue tan comprensible como humano, sin que se representase, por sí solo, en modo alguno, nada patológico. El paciente, ante los razonamientos del médico, acabó convenciéndose de que no había ningún motivo para hablar de una impotencia, en el sentido en que él lo había tenido (llegando casi a convertirlo en objeto de una neurosis de angustia expectante y a desembocar en el círculo fatal). Bastó con esto para devolver a un hombre que empezaba a sentirse sexualmente inseguro la necesaria seguridad en sí mismo; se dio clara cuenta de que no es necesario que una persona esté realmente enferma por el hecho de no poder realizar, al mismo tiempo, estas dos cosas: entregarse en un impulso amoroso a otra (lo que es el supuesto previo para la capacidad sexual de goce y realización) y observarse a sí mismo, en expectante angustia.

Constantemente se revela, en este campo de la vida sexual, en su psicología y patología, cuán falsa es toda tendencia del hombre a la dicha y cómo la aspiración humana a ser dichoso a todo trance, la aspiración al goce en cuanto tal, se halla necesariamente condenada al fracaso. Dijimos en otra parte de este estudio que, en realidad, el hombre no tiende a la dicha, que no busca, en general, el placer. Lo importante para el hombre no es el placer en sí y por sí mismo, sino *tener causa de placer*. *Ahora bien, en la medida en que el placer se convierte realmente en contenido de su intención y, posiblemente, en objeto de su reflexión, el hombre pierde de vista la causa de placer, y, por eso mismo, el placer se viene abajo.* Dice Kant que el hombre *quiere ser* dichoso, pero que *debe* aspirar a ser "digno de la dicha". Nosotros pensamos de otro modo, a saber: que el hombre, en el fondo, no quiere ser dichoso, sino tener fundamento para serlo. Lo que equivale a decir que toda desviación de su empeño del objeto de la *intentio* a esta misma, de la meta del empeño (que es el "fundamento" para ser feliz) al placer (a la felicidad misma, a lo que es ya el resultado de la consecución de la meta), representa ya un modo desviado del empeño humano.

A esta modalidad torcida le falta el carácter inmediato, que constituye, precisamente, una de las características de toda vivencia neurótica. Ya hemos visto hasta qué punto puede, por sí solo, conducir a perturbaciones neuróticas, y en especial a perturbaciones sexuales. La inmediatez, y por tanto la autenticidad, de la *intentio* sexual constituye un supuesto previo inexcusable, principalmente en lo que se refiere a la potencia genética del hombre.

En relación con la patología sexual, Oswald Schwarz ha acuñado el término *ejemplaridad* para expresar el carácter de autenticidad de una *intentio*. Tratase de una especie de combinación de dos elementos, la autenticidad y la consecuencia, de los que uno, la autenticidad, se asemeja a la ejemplaridad vista en corte transversal, mientras que el otro, la consecuencia, nos la presenta, continuando el mismo símil, en corte longitudinal.

Rasgo típico del hombre "ejemplar" es, entre otros, el no caer fácilmente "en la perplejidad": con una seguridad instintiva característica, procura evitar todas las situaciones a las que no está en condiciones de hacer frente, y rehúye todo medio en el que no "cuadra" o que no le "cuadra". Un comportamiento típicamente "no ejemplar" sería, en cambio, el del hombre de fina sensibilidad que se deja arrastrar por la tentación de ir a un prostíbulo y que, en este medio ajeno a él, se revela impotente. Semejante comportamiento no es patológico de por sí ni puede ser tampoco calificado de neurótico, a menos que haya otros elementos. Lejos de ello, la impotencia revelada en tales condiciones debe considerarse, casi, natural y hasta conveniente, por parte de una persona de cierto nivel cultural. Lo que revela que esta persona no es lo que llamamos individuo "ejemplar" es el hecho de que se deje arrastrar a semejante situación, de que entre en una situación en la que se expone necesariamente a un "fracaso", en la que este "fracaso" es, incluso, la única salida posible al atolladero en que se ha metido. Podríamos también formularlo diciendo que es "ejemplar" aquel comportamiento en que lo espiritual se halla interiormente en consonancia con lo psicológico y lo biológico. Por donde llegamos a la conclusión de que el concepto de lo *ejemplar*, en el plano existencial, expresa lo mismo que en el plano psicológico cuando decimos que algo "no es neurótico".

Las perturbaciones psicosexuales no se pueden comprender si no se parte de un hecho fundamental de la existencia humana: el hecho de que, ya desde un principio, la vida sexual *del hombre* es más que una *mera* vida sexual, en cuanto que es expresión de una tendencia amorosa. Pero en cuanto la sexualidad deja de ser, en este sentido, un medio de expresarse, y *se pone al servicio del propio prestigio* o incluso *al servicio* exclusivo *del goce,* aparecen las perturbaciones sexuales. Porque *cuanto* más se olvide *el paciente* de la persona amada y *más se concentre exclusivamente en el placer, tanto más le escapa éste,* y las consecuencias son trastornos de la potencia y del orgasmo. Por este motivo la prevención de los trastornos sexuales de carácter neurótico se basa en la educación para que el individuo sea capaz de amor y entrega. Y así, también de las perturbaciones sexuales y de su tratamiento vale el dicho de Paracelso: "En la base de la medicina está el amor".

Pero no sólo existe la frustración sexual, sino también la existencial. Incluso puede suceder que el paciente trate de adormecer la frustración existencial mediante una compensación sexual. La *fuga* de la frustración existencial hacia la compensación sexual conduce a la *caza* del placer. Pero cuanto más esté un individuo a la *caza* del placer, tanto más lo espanta y ahuyenta por ese mismo hecho. Y entonces, ese sentimiento de vaciedad que suelo llamar *el vacío existencial* conduce a una inflación de la sexualidad. *¡Solamente en el vacío existencial prolifera la libido sexual!*

La maduración psicosexual

Después de exponer, en páginas anteriores, los problemas que se refieren a la naturaleza y al valor de las relaciones amorosas, pasamos a tratar ahora del proceso de formación del amor. En el periodo de madurez, lo sexual (en el verdadero y estricto sentido de la palabra) se revela de un modo tan súbito a la conciencia del hombre que bien podríamos hablar —por analogía con las fórmulas que Schilder emplea respecto de lo psicótico— de una "irrupción de lo orgánico en lo psíquico". En este periodo de irrupción en la órbita personal del individuo púber, lo sexual no es todavía, en rigor, algo que podamos llamar psicológico.

Esta sexualidad determinada desde el campo de lo fisiológico es, originariamente, amorfa, no se halla todavía plasmada por la personalidad. Dicho en otras palabras: no se encuentra aún "integrada". Es en el transcurso del proceso de maduración psicosexual, a medida que éste crece, cuando lo sexual va viéndose organizado y asimilado gradualmente por lo personal. Pero, al principio, no representa todavía ninguna tendencia personal, sino que constituye un mero impulso, sin meta ni dirección alguna. En su evolución ulterior, a medida que el proceso de madurez va desarrollándose, cobra una dirección cada vez más clara y definida, va ganando en intencionalidad con lo que la sexualidad se acerca más y más a la órbita del yo y entra en el campo de acción de las tendencias personales o propiamente psíquicas (en cuanto intencionales).

Primeramente, el impulso sexual se proyecta hacia una meta: la descarga (detumescencia) del estado de tensión, mediante la *contrectación* (A. Moll) con un individuo (con cualquier individuo) del sexo contrario. Con ello, el impulso sexual carente de meta se convierte en un verdadero instinto sexual, proyectado ya, como tal, sobre un blanco definido. Más tarde, se añade a este factor otro, que define todavía más la dirección: el instinto sexual se orienta hacia una persona determinada y concreta, hacia un representante concreto del otro sexo, hacia una determinada persona, con lo que el impulso cobra ya un objeto específico. Por tanto, después de convertirse de impulso sin meta en un instinto dirigido sobre un blanco, dando un paso más se convierte en una verdadera tendencia orientada hacia una persona. A la meta no específica del instinto (una meta de tipo genital-sexual) se suma ahora el objeto específico sobre el que el instinto se proyecta: la persona —amada— del individuo de sexo contrario.

Impulso sexual, instinto sexual y tendencia sexual representan otras tantas fases en la vía del proceso de maduración psicosexual, que caracterizan aquella línea ascendente de intencionalidad (de orientación dirigida primeramente al coito con cualquiera y luego a la unión sexual con una determinada persona), gracias a la cual la sexualidad va adquiriendo, en el proceso de maduración del individuo, un carácter cada vez mayor de expresión de la personalidad.

Ahora bien, ¿de dónde proviene lo que marca la dirección a este proceso? ¿Qué es lo que dicta al instinto su orientación hacia una determinada persona? Este algo no puede residir, en modo alguno, en el instinto mismo. No cabe duda de que el instinto, la sexualidad en general, tiene que recibir su intencionalidad de una tendencia sustancialmente distinta de origen propio (que no brota por vía de sublimación): de una tendencia erótica inmanente. Podemos calificarla de "inmanente", puesto que cabe revelar siempre su presencia, aunque muy oculta: aun en los casos en que no se tiene conciencia de ella, encontraríamos gérmenes suyos en el pasado. Podemos llamarla tendencia "erótica", porque se halla en cierta relativa contraposición con todas las sexuales; en el adolescente, por ejemplo, se presenta bajo la forma de un anhelo de camaradería, de ternura, de intimidad y mutua comprensión. Es el anhelo de los muchachos a la amistad con un sentido anímico-espiritual; la tendencia que llamamos erótica es, por tanto, *erótica* en el sentido estricto de la palabra. Es algo primario y que no puede derivarse, en modo alguno, de lo sexual.

No cabe duda de que hasta el hombre que al parecer vive entregado por entero a los goces sexuales ha experimentado alguna vez en su vida aquellas delicadas emociones que Freud califica de tendencias entorpecedoras de la meta y que, a nuestro juicio, como tendencias verdaderamente eróticas que son, alcanzan la meta de la verdadera satisfacción mejor que el simple impulso sexual. No cabe duda de que hasta el que vive entregado por entero a la mera satisfacción de sus instintos sexuales ha sentido alguna vez en su vida el anhelo de que la otra parte de su unión sexual respondiera a aspiraciones de un orden más elevado.

Estas emociones y estas aspiraciones se revelan, incluso, a veces, soterradas entre los escombros de la degeneración sexual y bajo el ropaje del filisteísmo. Así y solamente así hay que interpretar, en efecto, lo que una prostituta contaba que era muy típico que los hombres borrachos le propusieran hacer como si fuesen un hombre y una mujer casados y felices, como si el marido acabase de llegar del trabajo y la mujer lo recibiese amorosamente en sus brazos.

Se manifiesta aquí al exterior algo que hasta entonces había permanecido recatado: el amor, en estos casos, había sido reprimido; la tendencia erótica relegada a último plano por el impulso sexual. Y hasta bajo estas formas tan mezquinas y bajas de la vida erótica como las que representa la unión fugaz entre una prostituta y un borracho, se abre paso aquel anhelo congénito de una forma superior de vida erótica.

La tendencia erótica inmanente se nos revela, pues, en conclusión, como lo que encauza la sexualidad desde el campo de los impulsos puramente físicos, por la vía de los instintos situados ya en el campo psíquico hacia el plano de las tendencias situadas en el plano espiritual y que emanan de la propia persona, orientándose hacia otra persona distinta. De este modo, en el curso normal o ideal de la maduración psicosexual nos encontramos con una creciente convergencia de las tendencias sexuales y las eróticas, hasta que, por último, lo sexual se funde y confunde con lo erótico, dándose una congruencia perfecta de contenido entre ambas corrientes. Se llega, por este camino, a una venturosa síntesis de lo erótico y lo sexual. El instinto, que recibe de la tendencia erótica su meta, su orientación hacia una persona determinada, se encuentra luego vinculado a esta persona, a quien "se siente unido" el individuo que la ama.

Es así como este proceso de maduración conduce automáticamente a las uniones monogámicas. La tendencia sexual se orienta sólo hacia aquella persona única que la tendencia erótica le dicta. Por tanto, el individuo en verdad maduro sólo podrá apetecer sexualmente, en rigor, a la persona a quien ame; sólo aspirará a aquella unión sexual en que la sexualidad sea expresión de una relación amorosa. En este sentido, debemos considerar la capacidad interior del hombre para contraer una unión monogámica como el verdadero criterio de la madurez erótico-sexual de un individuo. La actitud monogámica es, por lo tanto, la etapa última del desarrollo sexual, la meta superior de la pedagogía sexual y el ideal de la ética sexual.

Como ideal, rara vez se consigue, en términos generales, y en la mayoría de los casos sólo de un modo asintótico. Como todo ideal, es una norma puramente regulativa: "es algo así como lo negro de la diana, en el blanco, hacia lo que hay que mirar siempre, aunque no siempre pongamos el tiro en él" (Goethe). Del mismo modo que el hombre corriente rara vez es capaz de sentir un auténtico amor, rara vez logra remontarse a la etapa más alta del desarrollo de la vida erótica madura. Claro está que, en última instancia, toda tarea o misión humana es "eterna" y todo progreso humano es un progreso indefinido, un progreso hacia el infinito, hacia una meta inasequible. También en este caso se trata simplemente de los avances del individuo en su historia puramente personal, en el campo personal e individual de cada uno. La existencia de un verdadero "progreso" dentro de la historia de la humanidad, el que este progreso exista y en qué sentido, constituye algo muy problemático; lo único que podemos registrar como seguro es la existencia de un progreso técnico, que tal vez se imponga a nuestro respeto como el progreso por antonomasia pura y simplemente porque vivimos en la era de la técnica. A la mujer le resulta más fácil que al hombre marchar derechamente por el camino que conduce a esta meta ideal del proceso normal de maduración, en las relaciones sexuales, tal como la hemos caracterizado en páginas anteriores. La conservación de la virginidad hasta llegar a la unión física con el hombre real y definitivamente amado le facilita a la mujer la orientación monogámica hacia él, en el sentido de que así —después de entrar en relaciones sexuales con el marido— se entrelaza casi automáticamente a la persona de la otra parte tanto lo erótico como lo sexual, lo que hace que la sexualidad de la mujer sea despertada casi como un reflejo condicionado exclusivamente por "su" marido.

El proceso normal de maduración psicosexual puede experimentar, sin embargo, diversas perturbaciones. Entre las formas que acusan la alteración de este proceso cabe distinguir tres típicas, cada una de las cuales corresponde, simultáneamente, a un tipo de hombre sexualmente neurótico. El primer tipo aparece representado por el individuo joven que marchaba ya por el mejor de los caminos para llegar desde el impulso sexual aún no diferenciado, pasando por el instinto sexual proyectado hacia una meta, hasta la tendencia erótica dirigida hacia una persona y de alcanzar así, mediante formas eróticas cada vez más altas, una orientación cada vez más profunda hacia la otra parte, hasta que, por último, su instinto sexual encontrase su meta inalienable, y su aspiración erótica su objeto insustituible: la persona amada. Pero al llegar a esta última fase del proceso sobrevino un retroceso, un salto atrás, provocado tal vez por una decepción. Una experiencia amorosa traducida en un desengaño puede desanimar a un joven de este tipo hasta el punto de interrumpir su desarrollo normal hacia una vida amorosa ideal, haciéndolo retroceder en el camino ya recorrido. En estas condiciones, no acierta a creer que pueda existir la persona a quien llegue a respetar espiritualmente y, al mismo tiempo, apetecer sexualmente. Empujado por esta decepción amorosa, se entrega al goce puramente sexual; se hunde en la borrachera sexual, tratando de olvidar en ella su decepción erótica. Se empeña en suplir la calidad de una profunda realización de la dicha en el amor con la cantidad de los goces sexuales y de la satisfacción de sus instintos. La sexualidad se convierte en "medio de gozar", en un simple medio para el fin de obtener placer. El acento se desplaza, así, de lo erótico a lo sexual. En estas condiciones, el instinto sexual que hasta entonces, con frecuencia, no había sido satisfecho, ni reclamaba incondicionalmente serlo, exige de manera súbita su presa y acucia a este tipo de individuos a que le den la mayor satisfacción posible, saliéndose de su cauce, por decirlo así. Con lo cual van alejándose más y más de la meta del proceso de madurez psicosexual y encontrándose en peores condiciones para llegar a realizar y dominar la síntesis de lo erótico y lo sexual. La decepción amorosa sufrida los empuja de nuevo al plano inferior de la simple sexualidad, los hace retroceder a una fase anterior del proceso. Considerando que este tipo de perturbación del proceso de maduración psicosexual tiene como punto de partida un desengaño y la huella que deja en el sujeto, llamaremos a este tipo de perturbación el *tipo resentido*.

Conocemos el diario de un gánster juvenil, en el que se pinta con colores muy vivos el proceso interior de esta categoría humana que llamamos el *tipo resentido*. Trátase de un joven arrastrado a orgías desde los años de su adolescencia. En ellas, había sido utilizado también para uniones homosexuales. (La falta de meta del impulso sexual, que es, como hemos dicho, una de las características esenciales de esta fase de desarrollo psicosexual, explica que se acepten, con frecuencia, metas y objetos perversos para satisfacer los impulsos.) Este joven solía andar, además, en las peores compañías, metido entre delincuentes, que no lo eran solamente en el sentido sexual; hasta que, un buen día, fue introducido por casualidad en una asociación de jóvenes animados por ideales políticos y entregados al deporte del alpinismo. En este medio nuevo, conoció a una muchacha, de la que se enamoró. A partir de este instante cambió toda su vida, y muy especialmente, su vida sexual. Desde el primer momento sintió hacia quien amaba anhelos que no eran propiamente sexuales. El acento habíase desplazado bruscamente de lo sexual a lo erótico. No mantenía relaciones sexuales con aquella muchacha, ni sentía tampoco la necesidad de mantenerlas. A pesar de haberse despertado prematuramente en él la sexualidad, habíase desarrollado ahora, de manera progresiva, hacia una erótica asexual. Hasta que llegó el día en que la muchacha en cuestión lo desengañó en sus aspiraciones y se precipitó de nuevo a su vida anterior, dominada por el apetito de goce sexual, reincidiendo en sus anteriores excesos tanto desde el punto de vista sexual como desde el punto de vista social. Las palabras que este joven estampa en su diario, imaginariamente dirigidas, como un grito angustioso, a la muchacha que no aceptó su amor, no dejan de tener cierto patetismo: "¿Qué es lo que te propones? ¿Que vuelva a ser el de antes, que me hunda en mi vida anterior, rodando todas las noches por los cabarets y los prostíbulos, borracho y en brazos de rameras?"

El segundo tipo representativo de esta alteración del proceso de madurez psicosexual se caracteriza por el hecho de que los individuos se quedan de antemano a mitad del camino, sin llegar hasta la actitud o la relación verdaderamente erótica. Este tipo de hombres se repliega desde el primer momento en lo puramente sexual. No aborda siquiera la posibilidad de llegar a una síntesis de las apetencias sexuales y los anhelos eróticos (en el sentido estricto de la palabra y así concebidas, en una cierta contraposición relativa con aquéllas). Renuncia de antemano a la posibilidad de llegar a respetar y amar a la otra parte. No considera en modo alguno posible que la vida le depare una auténtica experiencia amorosa, no tiene confianza de conocer un verdadero amor o de poder despertarlo. Renuncia a la tarea de lograr una síntesis de lo amoroso y lo sexual. Por oposición al tipo del resentido, llamaremos, a este tipo, el *tipo renunciador*. Como no cree en la posibilidad del amor para su propia persona, niega la posibilidad del amor en general y duda de su realidad. Considera el amor, simplemente, una ilusión. En la realidad de la vida todo es, según él, sexualidad. El amor, nos dice, sólo se da en las novelas y es un ideal que jamás puede llegar a realizarse.

A este tipo pertenece también el llamado tipo del Don Juan. Se impone a las personas sencillas como un héroe erótico. En realidad, es un debilucho que no se atreve ni se atreverá nunca a remontarse hasta las alturas de una vida amorosa que representa una verdadera realización. La enorme cantidad de placeres sexuales y de mujeres que acumulan en su historia no impiden que su vida sea, en el fondo, vacía. Su mundo es más vacuo que el de quien ama de verdad, y su vida constituye un amargo fracaso.

El tercero y último tipo es el que llamaremos el *tipo inactivo*. El resentido y el renunciador coinciden en que se detienen lo sexual. El inactivo no llega siquiera hasta esta fase, en el sentido del contacto sexual con la otra parte. Mientras que el resentido vive, por lo menos al principio, transitoriamente, una cierta vivencia erótica, y el renunciador, por lo menos, una vivencia sexual, el inactivo no llega a contraer relación, las rehúye todas. No es activo en lo erótico ni en lo sexual. Se encuentra aislado con su impulso sexual, y la expresión de esta soledad, sin pareja, es el onanismo.

La sexualidad es vivida, aquí, como un puro "estado"; el acto onanista es la negación de toda intencionalidad, de toda dirección que trascienda a otra persona. Es cierto que el onanismo no es una enfermedad ni una causa de enfermedad, sino un signo de una perturbación en el desarrollo psicosexual o de una actitud falsa ante la vida amorosa; las ideas hipocondríacas acompañantes acerca de las consecuencias patológicas de esta práctica viciosa carecen, por tanto, de todo fundamento. Sin embargo, esa especie de amargura que, en general, suele seguir al acto onanista tiene su raíz profunda, más allá de las ideas hipocondríacas e independientemente de ellas, en aquel sentimiento de culpabilidad que necesariamente asalta al hombre siempre que huye de la vivencia intencional para caer en las vivencias de estado. Es la misma falsa modalidad del comportamiento humano que, al estudiar la embriaguez, señalamos como la verdadera esencia del fenómeno. Y es notable también que en uno y otro caso tengamos el estado de amargura que sigue el acto.

Pertenecen al que llamamos *tipo inactivo,* aun independientemente de la válvula de seguridad de la masturbación, los jóvenes que sufren de la llamada *indigencia sexual,* la cual debe ser considerada siempre expresión de una indigencia o miseria general anímica. Debemos interpretarla como la indigencia del ser humano que se siente "solo" ante su instinto y que, por eso y solamente por eso, lo experimenta como una miseria. Cuando lo erótico es la nota dominante —como ocurre en los casos de desarrollo normal—, no se experimenta como un conflicto interior su contraposición relativa respecto de lo sexual.

Los conflictos y los estados de tensión psíquica que provocan la llamada *indigencia sexual* sólo surgen como consecuencia de un desarrollo perturbado, cuando, como vimos, se desplaza el acento de lo erótico a lo sexual. La expresión *indigencia sexual (Sexualnot)* induce a error, por cuanto puede hacernos creer que la indigencia radica en la insatisfacción del impulso sexual, es decir, en algo que va fatalmente unido al hecho de la abstinencia sexual. En realidad, el hecho de la abstinencia no es sinónimo de indigencia sexual. Esto que decimos se refiere solamente —ya tendremos ocasión de volver sobre ello— al individuo joven, en la fase de la pubertad, y no al adulto. Por tanto, cuando una persona joven sufre de lo que se llama indigencia sexual, debe verse un indicio de que su impulso sexual no se halla todavía (o no se halla más) supeditado a una tendencia erótica y entrelazado, así, con las tendencias personales del sujeto.

El tópico de la indigencia sexual se emplea, a veces, abusivamente, al servicio de una especie de propaganda sexual, aprovechándose de que una falsa concepción y una interpretación vulgar del psicoanálisis ha hecho creer a muchos que el impulso sexual insatisfecho —y no precisamente el impulso sexual desafortunadamente reprimido— conduce a la neurosis. Dejándose llevar de estas falsas consideraciones, se predica a la juventud la conveniencia de huir de la abstinencia sexual como de algo nocivo, con lo que sólo se consigue causar daños reales, ya que estas prédicas no hacen más que crear la neurosis sexual de angustia expectante. De este modo, se preconiza un comercio sexual "a todo trance", aun entre muchachos, en vez de dejarlos madurar tranquilamente y progresar por sus pasos contados hacia aquellas relaciones eróticas sanas y valiosas, las únicas dignas del ser humano, en las que lo sexual es siempre la expresión y el remate de una relación auténticamente amorosa. A estas relaciones eróticas debe preceder la relación del amor. El joven que entra prematuramente en una relación exclusivamente sexual jamás encontrará el camino que conduce a la síntesis armónica de lo sexual y lo erótico.

Directrices de pedagogía sexual

Veamos ahora cuáles son las posibilidades terapéuticas que se ofrecen para combatir este fenómeno de la llamada indigencia sexual de la juventud. El problema es importante, entre otras cosas, porque una posible psicoterapia de la indigencia sexual *ex iuvantibus* permite deducir conclusiones retrospectivas en cuanto a la psicogénesis. La terapéutica aconsejable en estos casos es la más simple que podamos imaginarnos. Basta con situar al joven en la compañía o la sociedad de otros jóvenes de uno y otro sexos, de hacerlo convivir con ellos. Acabará, más tarde o más temprano, "enamorándose", es decir, encontrará su pareja, en el sentido erótico concretamente, y no en el sexual. Logrado esto, la indigencia sexual desaparecerá como por ensalmo. Son jóvenes que declaran con frecuencia que se han "olvidado" literalmente, por ejemplo, de masturbarse. Sienten, más allá de toda actitud sexual, la necesidad de estar cerca de la muchacha a la que aman. Lo toscamente sexual, con sus exigencias insatisfechas o a pesar de ellas, pasa automáticamente a segundo plano, en los jóvenes, en el momento mismo en que se sienten enamorados y ocupando el primer plano lo erótico. Se produce, así, un brusco desplazamiento de lo sexual a lo erótico, un predominio abrupto de la aspiración erótica sobre el impulso sexual, ya que en los jóvenes existe cierto antagonismo entre las dos tendencias. Pues bien, debemos apoyarnos, para la terapéutica de estos jóvenes que sufren de *miseria sexual,* en la relación mutua, en el equilibrio entre lo sexual y lo erótico; su consecuencia en los jóvenes es la normal disminución y desaparición de la tortura que representa el impulso sexual insatisfecho, pese a la persistente abstinencia sexual. Esta normalidad ha sido puesta de manifiesto por extensas experiencias con base en los datos facilitados por los centros de consejo y orientación para los problemas de los jóvenes, al igual que las discusiones y charlas sostenidas con numerosos miembros de organizaciones juveniles, con motivo de conferencias en torno de temas de pedagogía social, desarrolladas en sus locales. Entre muchos miles de casos consultados, no ha habido ni uno solo que no confirmase plenamente lo que dejamos dicho acerca de los efectos en que se traduce el desplazamiento del centro de gravedad de lo sexual a lo erótico.

El problema no se plantea de igual modo para el adulto, para el hombre maduro. En el adulto, las tendencias eróticas van siempre aparejadas a las tendencias sexuales, como corresponde a su grado de madurez psicosexual, en que, al consumarse la síntesis de lo sexual con lo erótico, lo primero pasa a ser la forma de expresión de lo segundo. No obstante, tampoco en el adulto conduce la abstinencia sexual necesariamente a fenómenos neuróticos. Cuando en un adulto que practica la abstinencia sexual se dan síntomas reales de neurosis, lo más probable es que debemos considerarlos, en general, no como una consecuencia directa de la abstinencia sexual, sino como algo coordinado con ella. En tales casos, la misma abstinencia suele ser simplemente un síntoma denunciador, con otros, de una neurosis que sirve de base común a todos ellos.

También en los jóvenes curados de su indigencia sexual gracias a aquel desplazamiento de lo sexual a lo erótico se manifiesta, de nuevo, más tarde o más temprano, de un modo natural —y respondiendo precisamente a la creciente síntesis de lo sexual y lo erótico—, el impulso sexual, haciendo valer sus naturales exigencias. Lo único que, por tanto, se ha hecho al relegarlo a segundo plano —transitoriamente— ha sido aplazar el problema de la satisfacción del impulso sexual. Con este aplazamiento se ha logrado, sin embargo, algo muy esencial: que el joven madure lo suficiente para que —bajo el predominio de la aspiración erótica— sea capaz de contraer una relación amorosa dentro de cuyo marco no pueda haber nada miserable, esto es, una relación que tenga al propio tiempo un contenido sexual. Lo que ahora existe es una relación amorosa en la que el vínculo sexual ocupa el lugar que le corresponde: el de un simple medio de expresión (era lo que nos proponíamos conseguir). Pero no es todo. Durante ese tiempo, el sentido de la responsabilidad del joven se ha desarrollado lo suficiente para que esté en condiciones de decidir, por su propia responsabilidad y la de la persona a quien ama, si deben contraer, y cuándo, una relación sexual seria. Podemos así, encomendarle tranquilamente la decisión acerca de este importante problema y estar seguros de una cosa: de que si, en tales circunstancias, llega a establecerse una relación sexual seria, la sexualidad desempeñará en ella el papel que le corresponde: la forma corporal de expresión de un contenido anímico-espiritual, de expresión del amor.[17]

Si, resumiendo lo expuesto, nos preguntamos qué actitud deberá adoptar el médico cuando se enfrente con el problema del trato sexual entre jóvenes, es decir, si nos preguntamos cuál deberá ser la "indicación" respecto del comercio o a la abstinencia sexual entre esta clase de personas, podremos establecer las siguientes líneas generales, a manera de orientación. En primer lugar, desde el punto de vista médico-somático, no existe indicación ni contraindicación; siempre, naturalmente, dando por supuesta una madurez. Dicho en otras palabras, el médico como tal deberá mantener una actitud perfectamente neutral, en la seguridad de que, desde el punto de vista físico, ni las relaciones sexuales ni la abstinencia sexual son causa de ninguna clase de trastornos.

La situación cambia cuando el problema se plantea desde el punto de vista psicohigiénico. Aquí ya debemos adoptar una actitud en los casos en que, por razones psicohigiénicas, nos creamos obligados a pronunciarnos en un sentido negativo, haciendo uso de un derecho de veto, como debemos hacerlo, en todos aquellos casos en que se apetezca el trato sexual sin que exista todavía una verdadera relación amorosa que pugne por expresarse de ese modo. En este caso (pero solamente en éste) deberá pronunciarse una indicación negativa; el trato sexual entre jóvenes como seres maduros sexualmente, pero no maduros aún en lo psicosexual, deberá considerarse contraindicado.

En cambio, no podrá darse nunca ni bajo ningún concepto una indicación de tipo positivo. Ello equivaldría a que el médico echase sobre sus hombros o permitiese que cayera sobre otros una responsabilidad centrada en la última zona posible del planteamiento de la cuestión (situada más allá de lo corporal y lo anímico): en la zona de lo espiritual. Un tercer punto de vista para enjuiciar el problema del trato sexual entre jóvenes —aparte del médico somático y del psicohigiénico— es el ético-sexual. Enfocado el problema desde este punto de vista, no existe jamás para el médico la posibilidad de decir "sí", de aconsejar directamente el trato sexual en el caso concreto. Al llegar aquí termina toda posibilidad de consejo médico. El médico, en cuanto consejero, no tiene por misión descargar de su responsabilidad a quien solicita su consejo; por el contrario, debe precisamente educar en él el sentido de la responsabilidad que debe indicarle al joven que acude al médico en busca de consejo cuál es el camino a seguir. Por tanto, el problema de si un joven que de veras ama a otra persona debe mantener, además, comercio sexual con ella, queda descartado de antemano como tal problema para el médico y consejero, pues se trata ya de un problema personal de orden moral, que tiene que resolverse sin ayuda de nadie. Lo único que puede hacer el médico es llamar la atención de quien acude en busca de consejo hacia el hecho de que no debe tenerle miedo a la abstinencia en caso de que opte libremente por ella y quiera abrazarla voluntariamente, por cualquier razón (tal vez porque la considere un sacrificio necesario en aras de su amor).

La responsabilidad hacia la que el consejero debe guiar al joven, o en la que ha de educar cuidadosamente a quien acuda en busca de consejo no se refiere solamente a la persona de su pareja, sino que trasciende al campo de lo social, de lo económico y, en última instancia, abarca también el campo de lo eugenésico. Y esto que decimos se refiere al problema de si una relación monogámica debe o no convertirse en matrimonio.

Ya en otro lugar de este estudio se nos ha revelado el matrimonio como una categoría especial, que pertenece a varios campos autónomos al mismo tiempo y que trasciende de lo puramente psíquico. Sin embargo, el psicoterapeuta no ha de preocuparse más que de lo psíquico, razón por la cual sólo puede exigir y estimular una cosa: la capacidad interior del individuo para contraer relaciones monogámicas, para adoptar una actitud monogámica ante el problema del sexo y del amor.

Por lo que respecta a la gente joven, se la debe animar a que afronte valientemente todas las dificultades que le impone la juventud, como un periodo de iniciación erótica. El joven debe tener la valentía y la decisión necesarias para enamorarse y desenamorarse, "hacer la corte", vivir en la soledad, etc. Pero, allí donde lo sexual intente interponerse ante lo erótico y amenace con obrar por su cuenta, tiránicamente, la psicoterapia o la pedagogía sexual deben levantar su voz admonitoria.

Una estadística psicológica de grandes proporciones, organizada por la Escuela de Charlotte Bühler, ha revelado que las relaciones sexuales serias de muchachas muy jóvenes —en las que no hay, por tanto, motivos para suponer la existencia de relaciones amorosas verdaderamente eróticas— conduce a una clara limitación del círculo de intereses generales, del horizonte espiritual, por cuanto el impulso sexual, al moverse dentro de la totalidad en agraz de la personalidad de las jóvenes sometidas a prueba, absorbe los demás afanes y preocupaciones, bajo la fascinación de un placer logrado a poca costa y con un apetito vehemente de satisfacción. No cabe duda de que, bajo la acción de este proceso desviado, tiene que sufrir rudos golpes la preparación interior para el ideal del matrimonio, reconocido por todos y tan valioso desde el punto de vista cultural. La dicha conyugal y la estabilidad matrimonial sólo se hallan garantizadas por la consecución de la meta ideal de un desarrollo normal y sano: la aptitud para contraer relaciones monogámicas, mediante la venturosa síntesis y congruencia de la sexualidad y el amor.

La existencia humana en cuanto tal y como un todo se sustenta esencialmente sobre la responsabilidad. El consejero, el médico, tiene una responsabilidad en cierto modo potenciada: es corresponsable por su paciente, por quien acude a él en busca de consejo. Y su responsabilidad se acrecienta más todavía cuando se trata de aconsejar en asuntos sexuales. Esta responsabilidad trasciende del presente, para extenderse en cada caso al destino de una generación.

La pedagogía sexual del periodo de la pubertad debe sentir claramente esta plenitud de responsabilidad. No podrá sustraerse a los puntos de vista generales de una pedagogía de la pubertad, y los tendrá en cuenta cuando —sostenida por su triple responsabilidad— se oriente hacia el logro de una triple confianza. La primera de todas es la del joven en sus educadores, en los padres o en los maestros, en el dirigente juvenil o en el médico de la familia, en el consejero, en general. Todos deben esforzarse en ganarse la confianza del joven y en conservarla. Es especialmente importante por lo que se refiere al tan discutido haz de problemas de la llamada iniciación sexual. Lo único que podemos decir aquí es lo siguiente: las explicaciones encaminadas a iniciar a la juventud en los asuntos sexuales no deben darse nunca colectivamente. Si se dan a un conjunto de muchachos en bloque se incurrirá en el peligro de que la explicación sea, para algunos, demasiado prematura y los deje perplejos, y que para otros, en cambio, sea demasiado atrasada, poniéndose con ello en ridículo. El método racional y recomendable es el individual. Mas, para que dé resultado, tiene que basarse precisamente en la confianza que el joven sienta por el encargado de educarlo y que hace que el joven le exponga los problemas sexuales que se le plantean en el momento mismo en que se le presentan, ni antes ni después.

La segunda clase de confianza que la pedagogía de la pubertad debe cultivar es la del joven en sí mismo, pues le impedirá caer en el abatimiento cuando escale el escarpado sendero que lleva al hombre a la personalidad madura. La tercera clase, por último, es la que nosotros debemos depositar en el joven mismo, como el medio más adecuado para que él sienta confianza en sí y en nosotros. Este tipo de confianza, esta confianza nuestra en él, evita que el joven pierda su independencia personal en el modo de pensar y de proceder y le ayuda, consecuentemente, en el camino hacia su libertad interior y hacia su responsabilidad.

B. ANÁLISIS EXISTENCIAL ESPECIAL

En los capítulos anteriores pudimos ver repetidas veces, a la luz de una serie de casos neuróticos, en qué consiste el método de examen y de tratamiento al que damos el nombre de análisis existencial. Sin proceder sistemáticamente en el sentido de una teoría de la neurosis, nuestras observaciones en torno de la llamada *neurosis dominical* o a algunas formas especiales de la neurosis sexual, mostraron la posibilidad de aplicar el análisis de la Existencia como método logoterápico.

Tampoco en esta segunda parte de nuestro estudio nos proponemos proceder sistemáticamente, pero sí intentamos aportar algunas contribuciones coherentes al análisis existencial específico de las neurosis y las psicosis, tomando en consideración el material de casos a nuestra disposición.

Veremos si se nos ofrecen, por este camino, algunos puntos de apoyo para construir una logoterapia de las neurosis y, por tanto, una terapéutica que "parte de lo espiritual", como la hemos postulado y tratamos luego de esbozar bajo la forma de un análisis de la Existencia.

A manera de introducción permítanseme algunas consideraciones psicológicas y patogénicas de orden muy general.

En distintos lugares hemos indicado que todo síntoma neurótico tiene cuatro raíces, cada una de las cuales brota de una de las cuatro capas esencialmente distintas del ser humano. Así la neurosis se presenta al mismo tiempo como el resultado de algo físico, como la expresión de algo psíquico, como un medio dentro del campo de fuerzas social y, finalmente, como un modo de la Existencia. Este último aspecto es el que puede servir de punto de partida para el proceder analítico-existencial.

Los fundamentos psicológicos de la neurosis son de diverso tipo, y en caso concreto se destaca especialmente tan pronto uno como otro. Se toman en consideración, principalmente, los constitucionales (la disposición hereditaria) y los condicionales. Cuéntase entre los constitucionales la inestabilidad vegetativa y la estigmatización endocrina. Como fundamentos condicionales del origen de la neurosis podríamos considerar, por ejemplo, los siguientes: la convalecencia después de una enfermedad corporal grave y la resonancia afectiva prolongada del organismo, después de una violenta sacudida de miedo. Los factores condicionales son mucho más raros que los otros y, en los pocos casos en que se dan, presentan siempre la significación de factores que desencadenan la neurosis; es extraordinariamente probable que no exista ninguna auténtica neurosis en sentido clínico a la que sean totalmente ajenos los fundamentos constitucionales, es decir, en última instancia, los biológicos.

Dondequiera que un síntoma neurótico puede ser interpretado como "expresión" y como "medio", hay que ver en él, en primer término, una expresión directa* y sólo en segundo término un medio para un fin. De aquí que la llamada *finalidad de un síntoma neurótico* no explique nunca el nacimiento de una neurosis, sino solamente la fijación del síntoma de que se trate. La finalidad no explica, por tanto, por qué el paciente ha llegado a contraer la neurosis, sino, a lo sumo, por qué no puede desembarazarse de un síntoma. Resalta claramente la contraposición con el modo de ver propio de la psicología individual. Ésta entiende que la neurosis tiene, primordialmente, la "misión" de desviar al hombre de la misión de su vida. El análisis existencial no cree en esta función final de la neurosis, pero, no obstante, considera su propia misión terapéutica ayudar al individuo a cumplir su misión en la vida, llamándole la atención hacia ella, convencido de que, de este modo, se librará antes y más fácilmente de la neurosis. A esta "libertad de" (la neurosis) tiene que preceder en lo posible la "libertad para", la "decisión en pro" de la misión de vida; cuanto más entrelacemos de antemano este movimiento positivo (logoterápico) con el negativo (psicoterápico), más rápida y seguramente alcanzaremos la meta terapéutica propuesta.

Fue de nuevo el psicólogo estadunidense más importante de la actualidad, Gordon W. Allport, de la Universidad de Harvard, quien tuvo el valor de declarar: "Como sabemos, la mejor definición de las verdaderas neurosis consiste

---

* Cfr. V. E. Frankl, "Die Neurose als Ausdruck und Mittel", Tercer Congreso Internacional de Psicología Individual, Düsseldorf, 1926.

en describirlas como un terco autocentrismo. Ningún terapeuta puede curar una fobia, obsesión, prejuicio u hostilidad mediante la eliminación de algo. Lo que puede hacer es ayudar al paciente a lograr un sistema de valores y una perspectiva que cubra y absorba el factor que lo está perturbando" (*Personality and Social Encounter*, Beacon Press, Boston, 1960).

1. Psicología de la neurosis de angustia

Expondremos a continuación, basándonos en una selección de casos, la estructura psicológica de la neurosis de angustia y veremos, a la luz de algunos ejemplos, hasta qué punto la neurosis tiene también sus raíces en capas que no son propiamente psíquicas.

Partiremos de un caso concreto de eritrofobia. La base fisiológica de esta neurosis reside en un trastorno de regulación vasovegetativa. Este trastorno no representa todavía, por sí mismo, una neurosis en el verdadero sentido de la palabra; tiene que añadirse, como factor patógeno en sentido estricto, el elemento psicógeno. Este factor psíquico se presenta, en la mayoría de los casos, dentro de la etiología de la neurosis bajo la forma de un "trauma" psíquico cualquiera. En el caso de eritrofobia a que nos referimos, las cosas ocurrieron del siguiente modo. El joven sujeto del caso, entró un día de invierno de la calle fría a la sala caliente de un café. Ya esto solo bastaba para explicar que aquel hombre sintiera enrojecérsele la cara. Una vez dentro del café, avanzó hacia la mesa en que solía sentarse y se presentó delante de los amigos de su tertulia. Uno de éstos tuvo la desgraciada ocurrencia de llamar la atención de los demás y del recién llegado hacia los arrebatados colores de su cara, bromeando a cuenta de ello. En aquel momento quedaron sentadas las bases para una auténtica neurosis. A la simple predisposición neurótica vegetativa, a la que no había que atribuir más importancia que la de una "predisposición somática", se sumaba ahora la angustia expectante: nuestro paciente empezó a sentirse aterrado, pensando que la próxima vez, en situación análoga, volvería a ocurrirle lo mismo, y con este temor sólo conseguía, en realidad, provocar directamente el enrojecimiento de su cara, aun sin necesidad de que mediase un cambio brusco de temperatura, es decir, sin ninguna causa ocasional. Este "mecanismo" de la angustia expectante, una vez puesto en marcha, sigue funcionando progresivamente, de un modo inexorable: el miedo provoca el síntoma y éste, a su vez, fomenta el miedo, cerrándose así el círculo fatal, hasta que la terapéutica se encarga de romperlo. En principio, podría conseguirse también esta finalidad por medio de un tratamiento medicamentoso* (y no precisamente en el sentido de una sugestión larvada); pero, en general, lo mejor y lo más sencillo es recurrir a los métodos de la psicoterapia.

Lo primero consiste en hacer comprender "humanamente" al paciente el fenómeno de la angustia expectante, de tal modo que ya no le impresione como si se tratara de algo verdaderamente "patológico" y, por tanto, fatal. Tan pronto como se dé cuenta de que esa angustia, tan fácil de comprender, no tiene más remedio que fomentar el síntoma, dejará de exagerar su importancia y de temerlo hasta que, por último, cese el síntoma mismo, rompiéndose con

---

* Cfr. V. E. Frankl, "Zur medikamentösen Unterstützung der Psychotherapie bei Neurosen", *Schweizer Archiv für Psychiatrie* 43, 1, 1939.

ello el círculo fatal. Al quitarle al paciente el miedo al síntoma como una especie de hecho patológico que se produce inevitablemente por sí mismo, va cediendo también aquella tensión obsesiva que lo sigue por todas partes, que clava la atención del paciente en el síntoma, lo que constituye, en realidad, la razón de su fijación.

En otros casos —conforme a nuestro esquema de los posibles factores patógenos—, aparecerá como fundamento orgánico de la neurosis de angustia un trastorno de regulación endocrina. En los casos de agorafobia, nos ha llamado siempre la atención el hecho de que se manifiesten claros síntomas coincidentes de hipertiroidismo. En todo caso, el hipertiroidismo o la *simpaticotonía* lleva ya consigo una cierta "predisposición a la angustia" (Wexberg). Sobre esa base disposicional puede surgir perfectamente una de estas fobias a que nos referimos. Por lo que respecta, concretamente, a la agorafobia, se descubrirán además, muchas veces, ciertas vivencias "traumáticas" como los factores causales que echan a rodar la bola de nieve de la angustia expectante. Además de las agorafobias detrás de las cuales se esconde un hipertiroidismo, hay también claustrofobias que ocultan un tétanos latente y síntomas de despersonalización o síndromes psicoadinámicos detrás de los cuales se esconde una insuficiencia de las glándulas suprarrenales.

Además de explicar y resolver la angustia expectante, es muy conveniente lograr que el paciente se distancie de la angustia. El modo más fácil consiste en ayudarle a objetivar el síntoma, por así decirlo. Pero únicamente lo logrará de verdad si sabe ponerse en ridículo a sí mismo, reírse de sí mismo. La distanciación y objetivación del síntoma tiene por finalidad, en efecto, facilitar al paciente el objetivo, ayudarlo a situarse "al lado" o "por encima" de su sensación de medrosa angustia.* Y nada se presta mejor para poner de por medio esta distancia que el sentido del humor.

Debemos ser lo bastante audaces para poner a contribución este hecho, desviando el viento que sopla en las velas del angustioso miedo neurótico: por ejemplo, si un enfermo de agorafobia nos dice que, al salir de casa, siente angustia, por miedo a que "le dé un ataque" en plena calle, debemos invitarlo a que, en el momento de abandonar su casa, "se concentre", decidido a no derrumbarse en la calle si le "da el ataque".** Y, para llevar su temor totalmente *ad absurdum*, deberá decirse, además, algo como esto: "Ya me ha ocurrido muchas veces el caer en medio de la calle, asaltado por el ataque; pues bien, hoy volverá a sucederme otra vez". En este momento, se dará clara cuenta de que su angustia no tiene nada de real, de que es una angustia puramente neurótica; con ello, dará un paso más hacia la meta de la distanciación.

El paciente aprenderá, así, progresivamente, a ir colocándose cada vez más "por encima" del síntoma, y el humorismo a que le invitamos de este modo y en que debemos, literalmente, ensayarlo, le facilitará extraordinariamente esta actitud, ya que el humorismo ayuda siempre al hombre, como es sabido, a colocarse "por encima" de una situación. Sonriamos tranquilos ante esta forma de hacer que el paciente se ataque y sitie a sí mismo haciendo frente a su síntoma; él mismo reirá también, ¡y con ello habremos ganado su juego!***

---

* En alemán *Angst* significa a la vez miedo y angustia. [T.]

** Allers dijo una vez: "Quien renuncia a la victoria está tan poco amenazado y tiene tan poco que temer como el que desprecia la derrota como algo que está excluido".

*** Cfr. Gordon W. Allport: "El neurótico que aprende a reírse de sí mismo posiblemente está en el camino al control de sí mismo, tal vez a su curación".

El paciente que tiene una neurosis de angustia no sólo aprenderá a hacer algo a pesar de la angustia que siente, sino también a hacer precisamente aquello de lo que tiene miedo, es decir, buscar precisamente esas situaciones en las que suele sentir angustia. La angustia irá "cediendo", a medida que no consiga nada, puesto que sólo es, en realidad, una reacción biológica de alarmismo encaminada a sabotear, por así decirlo, una acción o a rehuir una situación que, "a los ojos de la angustia", es una situación peligrosa. Tan pronto como el enfermo se acostumbra a "pasar de largo" por delante de ella, sin abstenerse de obrar, el pavor va cediendo paulatinamente, como si fuera víctima de una atrofia por inactividad. Este "pasar de largo y de prisa" por delante de la angustia constituye, en cierto modo, la meta negativa de nuestra psicoterapia en el sentido estricto de la palabra, meta que este tratamiento puede alcanzar antes de que la logoterapia o el análisis existencial llegue a la meta positiva de inculcar al espíritu del paciente la necesidad de "vivir para algo".

Al lado de las seudoneurosis somatógenas hay no sólo las psicógenas, sino también las neurosis noógenas que ya he descrito. Un ejemplo de este tipo lo tenemos en el caso de un joven a quien atormentaba el miedo constante a morir de un carcinoma. El análisis existencial de este caso puso de manifiesto que el paciente vivía obsesionado por el problema de la clase de muerte que le habría de tocar y totalmente desinteresado de todo lo referente a la clase de vida que tenía que vivir; su angustia por la muerte era, en el fondo, angustia de la conciencia, la angustia que necesariamente siente ante la idea de la muerte el hombre que desaprovecha las posibilidades de su vida —en vez de realizarlas— y que, por lo mismo, tiene que considerar, por fuerza, que toda su existencia anterior carece de sentido. A aquel estado de desinterés, que llevaba a nuestro paciente a pasar de largo ante sus más propias y peculiares posibilidades, correspondía, como equivalente neurótico, su interés vivo y exclusivo por el problema de la muerte. *Con su carcinofobia trataba de justificar, por decirlo así, su "frivolidad metafísica"* (Scheler). *Lo que se esconde, por tanto, detrás de esta clase de angustia neurótica es una angustia existencial.* El síntoma de la fobia no hace, en cierto modo, más que especificar dicha angustia. La angustia existencial *cristaliza en una fobia hipocondriaca* cuando *la angustia radical por la muerte* (= angustia de la conciencia) *se concentra en una determinada enfermedad mortal.* Debemos considerar, pues, la neurosis hipocondriaca una rama o derivación de la angustia existencial, la proyección de ésta sobre un órgano concreto. *El temor a la muerte nacido en una conciencia culpable es reprimido y en su lugar se teme la enfermedad de un órgano.*

La condensación de la angustia existencial, la angustia ante la muerte y, al mismo tiempo, ante la vida en su conjunto, son fenómenos que se nos presentan constantemente en los procesos neuróticos. La angustia total, busca, al parecer, un contenido concreto, un representante objetivo de la "muerte" o la "vida", un representante de la "situación límite" (Jaspers), una representación simbólica (E. Strauss). Esta "función representativa" la asume, por ejemplo, en el caso de la agorafobia, "la calle", o en el caso de la llamada *fiebre de las candilejas,* "la escena". Las palabras con que los mismos enfermos describen sus síntomas y exponen sus quejas, y que, al parecer, sólo tienen en sus labios un significado figurado, metafórico, nos descubren con frecuencia la pista que nos conduce al verdadero fundamento, al fundamento existencial de la neurosis. Por ejemplo, una paciente aquejada de agorafobia describía su sensación de angustia con estas palabras: "Tengo la sensación de flotar en el aire", palabras que pintaban, en realidad, del modo más certero la situación en que se encontraba. En efecto, toda su neurosis no era, en última instancia y esencialmente, sino la expresión anímica de este estado de espíritu. Así pues, la sensación de angustia y de vértigo que la solía acometer en la calle, en forma paroxística, debe ser concebida, desde el punto de vista del análisis existencial, como lo que podríamos llamar la *expresión "vestibular" de la situación de su existencia;* y de manera análoga deben ser interpretadas, por ejemplo, las palabras con que expresaba sus vivencias angustiosas una actriz atacada por la fiebre de las candilejas. "Todo cobra formas superdimensionales, todo parece correr detrás de mí, y siento miedo de perder la vida."

Otra enferma pintaba su sensación de agorafobia literalmente y sin influencia de nadie, en los siguientes términos: "Veo abrirse en el espacio, delante de mí, un gran vacío, lo mismo que me acontece en lo espiritual... No sé siquiera de dónde vengo ni a dónde voy".

Cuando la fobia neurótica no es sólo la expresión anímica directa de la "angustia de la vida", sino también, en el caso concreto, un medio para un fin, sólo de un modo secundario ha ido convirtiéndose en esto.* No siempre se halla —y cuando éste es el caso, en un plano secundario— al servicio de tendencias tiránicas frente a uno u otro miembro de la familia o sirve como una "enfermedad justificativa", para justificarse ante los demás o ante sí mismo, como

---

* Cfr. V. E. Frankl, "Die Neurose als Ausdruck und Mittel", Tercer Congreso Internacional de Psicología Individual, Düsseldorf, 1926.

la psicología individual se esfuerza constantemente en demostrarlo.

Antes y a la par de este empleo "mediato" de la angustia —"mediato", en el doble sentido de empleo "secundario" y de empleo como "medio"—, es decir, antes y a la par de este carácter de *arrangement* de la angustia neurótica, posee siempre, primariamente, un carácter inmediato de expresión. Freud habla con razón de la "ganancia de la enfermedad" como "motivo secundario (¡!) de ella". Pero, aun en los casos en que media realmente este motivo secundario de la enfermedad, no es aconsejable decirle al enfermo "a la cara" que lo que sus síntomas se proponen es, en realidad, retener a su esposa, dominar a su hermana, etc. Con este modo de proceder sólo conseguiremos una cosa, generalmente: provocar las protestas del enfermo. O bien ejerceremos sobre él una especie de chantaje, convenciéndolo una y otra vez de que su síntoma es un arma que le sirve para aterrorizar a su familia, hasta que, por último, lo obligamos a apelar a las últimas reservas de sus energías morales y a vencer sus síntomas como sea, para que no sigan gravitando sobre él aquellos reproches. A estos métodos poco limpios se debe, probablemente, no pocas veces, el éxito de ciertos tratamientos psicoterápicos. A nosotros nos parece que, en vez de arrancar, por medio de esta especie de chantaje, el "sacrificio" del síntoma, imponiendo con ello una curación a la fuerza, es mucho más aconsejable aguardar a que el enfermo, psíquicamente quebrantado y en crisis, se dé cuenta por sí mismo de que explota el síntoma y abusa de él como medio para un fin al servicio de su voluntad, para imponerse a su medio social o a su familia. Si lo hacemos así, nos apoyaremos, en cada caso, en la espontaneidad de la propia persuasión y de la confesión del paciente, dejando que sea ella la que produzca el efecto terapéutico apatecido.*

Cuando el análisis existencial de un caso de neurosis de angustia llega, en último término, al resultado de que estamos frente a un *modus* de la Existencia, frente a un modo humano de situarse ante la vida y adoptar decisiones espirituales, tenemos ya el punto de partida para recurrir a la logoterapia, como la terapéutica adecuada y específica.

Tenemos por ejemplo el caso de una neurosis climatérica de angustia. Independientemente del trastorno endócrino del equilibrio orgánico como infraestructura somatógena de la enfermedad, la verdadera raíz habría que buscarla en la dimensión espiritual, existencial: en la vivencia de la crisis de vida como una crisis existencial, en la amenaza por un balance de vida espiritualmente negativo. Tratábase de una paciente a quien la sociedad había mimado, como mujer hermosa, en sus buenos tiempos y que ahora se veía obligada a hacer frente a ese periodo de la vida en que la cotización erótica desaparece, en el que hay que afrontar la vida, pese al ocaso de la belleza. La mujer de nuestro caso sentíase desarmada eróticamente; de pronto, la vida dejó de tener, para ella, un fin, un sentido y un contenido. "Por las mañanas, me levanto —confesó, literalmente— y me pregunto: ¿qué me ofrece el día de hoy?, y tengo que contestarme: nada." Hasta que se apoderó de ella la angustia. Y como su vida carecía de contenido, como no podía ya construir una vida llena de contenidos, no tenía más remedio que injertar su angustia en su vida, como parte integrante.

* Cfr. V. E. Frankl, "Zur medikamentösen Unterstützung der Psychotherapie bei Neurosen", *Schweizer Archiv für Psychiatrie* 43, 1, 1939.

Tratábase de encontrar un contenido a la vida, de descubrir su sentido, de centrarla, centrando a la vez al propio yo y sus posibilidades interiores, más allá del éxito en el amor y de la cotización social. Tratábase de apartar a la paciente de su angustia, y de entregarla a las tareas de la vida. Ya hemos dicho que esta segunda finalidad, la positiva de la logoterapia analítico-existencial, puede alcanzarse antes de la finalidad negativa de toda psicoterapia en sentido estricto; más aún, en ciertas y determinadas circunstancias, la consecución de la finalidad positiva libra de por sí al enfermo de su angustia neurótica, haciendo desaparecer la base existencial sobre que ésta descansa. En efecto, la angustia neurótica, en cuanto angustia existencial, carece de objeto tan pronto como vuelve a descubrirse la plenitud de sentido de la vida, sin que haya sitio o lugar para la angustia, o, como espontáneamente reconocía la paciente de nuestro ejemplo, "sin que haya tiempo para pensar en estas cosas".

De lo que se trataba, en este caso concreto, era de lo siguiente: de guiar a este individuo concreto y en esta situación concreta hacia la misión única e insustituible de su vida. Tratábase de hacer que esta persona concreta "comprendiese lo que era", para actuar en consecuencia; también ella tenía ante sus ojos "la imagen de lo que debía llegar a ser", y mientras no llegara a serlo no "disfrutaría de verdadera paz", para decirlo con Rückert. Era necesario convertir aquella crisis climatérica en un renacimiento crítico "animado por el espíritu", y el lograrlo constituía, en el caso concreto de que hablamos, *la misión propia de la logoterapia,* en la que el médico había de desempeñar *el papel del comadrón socrático.* Habría constituido, en efecto, como más adelante veremos, un error táctico tratar de imponer al paciente tales o cuales tareas. Lejos de ello, al análisis existencial incumbe, como hemos visto, el conducir al interesado hacia el sentimiento de su propia responsabilidad.

Pues bien, también en nuestro caso pudo la paciente encontrar "su" misión de vida. Con su entrega completa al nuevo contenido de su vida, al nuevo sentido que su vida cobró y a la vivencia de su propia realización, no sólo renació un ser nuevo, sino que desaparecieron, al mismo tiempo, todos los síntomas neuróticos. Desaparecieron, a pesar de que persistía la base climatérica, todas las sensaciones funcionales del corazón, la sensación de inquietud en la zona cardiaca y las palpitaciones que la enferma padecía. Y hubo de demostrarse, así, cómo esta vivencia neurótico-cardiaca de la "inquietud" no era, en última instancia, sino la expresión de una inquietud espiritual, de la "irresolución" total de esta persona. *Inquietum est cor nostrum...* Inquieto está nuestro corazón, dice san Agustín. El corazón de nuestra paciente vivía, en efecto, sumido en la inquietud, y así siguió hasta que pudo descansar y encontrar la paz en la conciencia de la responsabilidad y del deber ante la misión específica de su vida.

2. Psicología de la neurosis compulsiva

Hasta investigadores como Wexberg y otros, orientados de suyo hacia la psicogénesis que hacia la psicoterapia, atribuyen a la neurosis compulsiva, en último resultado, una infraestructura somática. La experiencia ha revelado, en efecto, la existencia de procesos patológicos posencefalíticos en los que llama la atención, al mismo tiempo, una analogía con los síndromes de la neurosis compulsiva.

Ante estos fenómenos, se cometió el error de confundir la semejanza puramente formal con la identidad sustancial.

Y, dando un paso más por el mismo camino, se llegó, incluso, a atribuir como base de la neurosis compulsiva, no sólo un factor constitucional, sino también un factor progresivo. Parecía confirmar la hipótesis de este fundamento el conocimiento de aquellos casos cuyo curso presentaba en absoluto las características de un desarrollo progresivo, con las fases de un proceso.

No está descartada, sin embargo, la posibilidad de que, en los primeros casos, se trate simplemente de esquizofrenias encubiertas y, en los segundos, de melancolías larvadas. Pero, aun en aquellos casos en que no se consideraban los procesos psicóticos la base orgánica de los síntomas neurótico-compulsivos, seguía colocándose en primer plano lo fatal, aunque en un sentido distinto, en el de una psicopatía constitucional. Se hablaba de un "síndrome anancástico", como expresión de una psicopatía anancástica. Veíase en ella el elemento hereditario de la neurosis compulsiva; se le atribuía también un significado radical propio en la biología de la herencia, con una trayectoria hereditaria especial y dominante. Por último, se proponía cambiar el nombre de neurosis compulsiva por el de *enfermedad compulsiva,* acentuando así el carácter fatal de la dolencia.

Desde el punto de vista terapéutico, consideramos relativamente poco importantes todas estas diversas concepciones; opinamos, en particular, que tampoco el hacer hincapié en lo fatal, entre los fundamentos de la neurosis compulsiva, releva a la psicoterapia de sus obligaciones ni la priva de sus posibilidades. En efecto, la psicopatía anancástica no significa otra cosa que una predisposición a ciertas particularidades caracterológicas, como la pedantería, un amor exagerado por el orden, el fanatismo de la limpieza o la tendencia a exagerar los escrúpulos. Estas cualidades características no van en detrimento de quien las posee ni de aquellos que le rodean. Son, simplemente, el terreno en que puede brotar una verdadera neurosis compulsiva, pero en que no es necesario que brote. Cuando sobre la base de este tipo de constitución, se produzca realmente una neurosis, es que se arriba ya a las costas de la libertad humana: la actitud del hombre, su comportamiento ante la disposición psicopática es, aquí, esencialmente libre, deja de ser, por tanto, algo fatal —como lo son las disposiciones—, o algo "criatural" para emplear la expresión de Erwin Strauss.

Por tanto, si la causa primaria de una neurosis compulsiva no es nada psíquico, si la neurosis compulsiva no tiene carácter psicógeno, es que se trata pura y simplemente de una predisposición, y no de una enfermedad en el sentido propio de la palabra. Esta predisposición es, de por sí, algo puramente formal; a ella vienen a sumarse, en el caso de una neurosis compulsiva manifiesta, aquellas otras determinaciones concretas que sí son de carácter psicógeno. Lo cual no quiere decir, ni mucho menos, que el descubrimiento de la psicogenia de los contenidos concretos deba ser considerado algo eficaz, o simplemente indicado. Por el contrario, sabemos demasiado bien qué peligro encierra la tendencia a entrar a indagar el contenido que en cada caso pueden tener los síntomas.

El tratamiento de cada síntoma nos parece contraindicado, en los casos de neurosis compulsiva. Así como el intento de aplicar, por ejemplo, un tratamiento hipnótico a los esquizofrénicos puede provocar en ellos la sensación de que se trata de influirlos, o en los melancólicos el tratamiento psicológico-individual, con sus reproches en el sentido de que explotan los afectos como un recurso para atemorizar a sus parientes, no hace más que llevar agua a los molinos del disgusto de estos pacientes consigo mismos, un tratamiento a fondo de los síntomas, en los neuróticos compulsivos, sólo serviría para hundirlos todavía más en el pozo de su angustia.

De este tratamiento sintomático, orientado hacia los síntomas, debe distinguirse cuidadosamente el tratamiento paliativo por medio de la logoterapia, que no se propone atacar el síntoma aislado o la enfermedad en cuanto tal, sino el yo del neurótico, la actitud de éste ante la neurosis compulsiva. Es esta actitud, en efecto, y no otra cosa, lo que ha convertido un trastorno constitutivo en el síntoma clínico de una enfermedad. Y esta actitud es perfectamente corregible, por lo menos en los casos leves o en la fase incipiente. Por tanto, allí donde la actitud a que nos referimos no ha cobrado aún aquella rigidez típica de la neurosis compulsiva, donde no se halla todavía infiltrada, digámoslo así, por el trastorno básico, necesariamente tiene que ser posible aún cambiar la situación.

En la neurosis compulsiva, la psicoterapia en sentido estricto cumple la misión de operar un viraje en la actitud del paciente ante la neurosis, vista en conjunto. Este viraje general tiene que desarrollarse por cauces semejantes a los que hemos visto a propósito de la neurosis de angustia. También en este caso hay que ayudar al enfermo a "distanciarse del síntoma". Lo mismo que en el tratamiento de las fobias, también en el de las neurosis compulsivas deben las medidas terapéuticas tender a aflojar, por así decirlo, la tirantez del paciente y a desacalambrar su actitud ante la neurosis. Es bien sabido que la acalambrada lucha de estos pacientes contra sus ideas obsesivas no sirve más que para acentuar la obsesión. La presión provoca siempre otra presión en contrario; cuanto más se encabrita el paciente contra sus ideas obsesivas y topa contra ellas, más fuertes se vuelven y más poderosas tienen que parecerle. Lo que estos enfermos necesitan más que nada, como ya ha hecho ver Erwin Strauss, es tranquilidad *(Gelassenheit)* y buen humor. Para aplicar ambos remedios juntos, hay que recurrir a nuestro tratamiento psicoterápico. Con el mismo humorismo que recomendábamos al neurótico angustioso que se riera de sí mismo, debe el neurótico compulsivo enfrentarse con sus obsesivos temores.

Sabemos, por ejemplo, de un enfermo que vivía bajo el constante temor de haber estafado sin darse cuenta unos centavos al cobrador de tranvía o al tendero. Hasta que se acostumbró a combatir aquella obsesión, tomándola por el lado grotesco y diciéndose: "¿Cómo? ¿Qué he estafado a esas pobres personas sólo por un par de centavos? Pues en lo sucesivo las estafaré, y tal vez las haya estafado ya, por miles de marcos, y no sólo a ellas, sino a miles de personas más".

Ahora bien, el no luchar contra las obsesiones requiere, como supuesto esencial, que el enfermo no les tenga miedo. Sin embargo, los pacientes tienden con frecuencia a exagerar sus síntomas obsesivos, viendo en ellos los signos precursores o incluso las manifestaciones de una enfermedad psicopática. En estas condiciones, necesariamente tienen que sentir miedo de sus ideas obsesivas. En tales casos, lo primero y lo más urgente será, por tanto, ayudarlos a superar este miedo a la psicosis de que se creen amenazados y que, en ocasiones, puede arrastrarlos, evidentemente, al agudizarse, a una manifiesta psicotofobia. Lo primero que hay que lograr, para obtener aquella distanciación y aquella objetivación tan necesarias de que hemos hablado, es arrancar al paciente ese respeto exagerado a su neurosis obsesiva. Sólo de este modo, cuando consigamos quitarle importancia, pondremos al enfermo en condiciones de ignorarla o de mostrarse indiferente ante ella.

En estos casos, es decir, cuando tropezamos con el temor a la psicosis, es aconsejable a analizarlo serena y objetivamente; no hay ningún inconveniente en remitir al enfermo, por ejemplo, a estudios como los de Pilez y Stengel, de los que se deduce, incluso, la existencia de un cierto antagonismo entre las neurosis compulsivas y las enfermedades psicóticas, tratando de conseguir, por este medio, que el neurótico compulsivo se sienta, pese a sus compulsivas obsesiones o, mejor dicho, precisamente por razón de ellas, inmune a toda psicosis. Debemos hacerle comprender tranquilamente que "el paso de la neurosis compulsiva a la psicosis", ese paso tan temido por el enfermo, apareció una vez como sección especial en una estadística sobre la evolución de las neurosis compulsivas, acompañando a una ponencia presentada en un congreso de psicoterapia, y que debajo de esta sección estaba un rotundo y convincente cero.

Le preguntamos al paciente si siempre ha tenido la costumbre de verificar una y otra vez si la llave del gas y la puerta de la casa están cerradas con ciento por ciento de seguridad. Y cuando el paciente, admirado, contesta que sí a nuestra pregunta, le explicamos con el rostro más serio posible, como si fuéramos a anunciarle su sentencia de muerte espiritual: "Verá usted, todo hombre puede llegar a ser enfermo mental; hay solamente un grupo de personas que está excluido, que es inmune contra las enfermedades mentales, y es el de las personas que tienen un carácter neurótico compulsivo, que tienden a diversos temores compulsivos, o que incluso padecen de ellos. Y lo que usted acaba de indicar —nosotros lo llamamos *compulsión repetitiva* o *de verificación*— son típicos temores compulsivos. Así pues, le tengo que quitar su ilusión: ¡usted no puede volverse loco, aunque se pusiera de cabeza! ¡Usted, en concreto, no!" Cuando hablamos de esta manera con el paciente, *nos parece escuchar cómo caen los pesos que le estamos quitando de encima.*

Sin embargo, esta clase de neuróticos no sufren solamente del temor de que su neurosis compulsiva pueda llegar a convertirse en una psicosis, sino que los tortura también el miedo de que, por ejemplo, puedan llegar, tal vez, a poner en práctica las compulsiones de suicidio o de homicidio que los asaltan, si es que no se les coloca en condiciones de luchar contra ellas. En tales casos, es necesario rechazar de frente, objetivamente, semejante temor, para cerrar el paso a esa lucha insidiosa contra los impulsos obsesivos.

Por el solo hecho de quitarle al paciente el miedo injustificado a una psicosis, lograremos "descargarle de una presión" psíquica considerable; ya no necesitará el yo ejercer aquella contrapresión que engendraba, precisamente, la presión compulsiva. Con el fin de lograr esa descarga de presión, objeto que debe preceder a toda ulterior psicoterapia, e incluso a toda logoterapia, es importante, con frecuencia, conseguir que el paciente cambie radicalmente de actitud ante su enfermedad. En efecto, mientras su enfermedad tenga, por así decirlo, un núcleo fatal e irremisible, el paciente tiene por fuerza que aceptar también como algo fatal su neurosis compulsiva, precisamente para evitar que en torno del núcleo psicopático-constitucional ya se vaya amontonando una capa inútil de padecimiento psicógeno. El paciente debe adoptar, para evitar esto, una actitud afirmativa ante el *minimum* de su predisposición caracterológica realmente influible por medios piscoterápicos. Cuanto más sepamos educarlo, así, en una especie de *amor fati,* más insignificante se hará el residuo de síntomas fatales e ininfluibles que se mantengan en pie.

Conocemos el caso de un paciente aquejado por espacio de 15 años de una grave forma de neurosis compulsiva y que, para someterse a tratamiento, se trasladó por algunos meses desde su tierra a la capital. Se sometió aquí a un psicoanálisis que resultó infructuoso, entre otras razones, probablemente por la brevedad del plazo con que contaba. Disponíase a regresar a su tierra, pero sólo para ordenar sus asuntos de familia y sus negocios, con el propósito de poner fin a su vida inmediatamente después; tan grande era su desesperación ante el hecho de que su mal no tuviera, al parecer, posibilidades de ser vencido terapéuticamente. Pocos días antes de partir, acuciado por sus amigos, fue a consultar a otro médico. Teniendo en cuenta, entre otras cosas, el poco tiempo disponible, este segundo médico hubo de renunciar de antemano a todo análisis para limitarse a una revisión de la actitud del enfermo ante su enfermedad compulsiva. Intentó lograr que el paciente se reconciliase con su enfermedad. Partió del hecho de que tenía ante sí un hombre de convicciones profundamente religiosas. Considerando esto, lo convenció de que debía ver en su enfermedad la obra de la "voluntad de Dios", algo fatal, impuesto por el destino, con lo que no tenía para qué seguir cavilando, sino esforzarse para pasarlo por alto, aceptándolo como lo era y procurando llevar, a pesar de todo, una vida grata a Dios. El cambio radical de actitud interior que determinó produjo efectos asombrosos, que sorprendieron al propio médico: después de haber reconocido el paciente, al terminar la segunda sesión psicoterápica, que por primera vez desde hacía 10 años se había visto por espacio de una hora entera libre de su obsesión, informó por carta a su médico, ya de regreso en su tierra, puesto que el viaje de retorno había sido inaplazable, que se sentía extraordinariamente mejorado, al punto de poder considerarse, prácticamente, curado por completo.

El tratamiento encaminado a corregir aquella falsa actitud anímica que consiste en luchar desesperadamente contra las ideas obsesivas, debe esclarecer al enfermo, simultáneamente, dos cosas: en primer lugar, que no es él el responsable de sus "ocurrencias" neurótico-obsesivas, y en segundo lugar que sí lo es, en cambio, de la actitud que ante ellas adopte. Esa actitud, y sólo ella, es la que hace que esas "ocurrencias" le resulten tan penosas, por el solo hecho de "debatirse" interiormente con ellas, de seguir cavilando en torno de ellas, o de luchar continuamente contra ellas, por el miedo que le infunden. También en este punto hay que agregar a los componentes negativos del tratamiento, componentes psicoterápicos en el estricto sentido de la palabra, un componente logoterápico positivo. Así orientado, el enfermo se acostumbrará, a la postre, a seguir viviendo sin preocuparse para nada de su neurosis compulsiva y a llevar, a pesar de ella, una vida plena de sentido. No cabe duda de que, al entregarse a su misión concreta de vida, se apartará de los pensamientos que le obsesionan.

Análisis fenomenológico de las vivencias del neurótico compulsivo

Aparte de ésta que podemos llamar *logoterapia general,* existe ante la neurosis compulsiva una *logoterapia especial,* que se propone abordar, concretamente, la curación mental específica del neurótico compulsivo y corregir aquella concepción del mundo característica a que esa clase de neuróticos propenden típicamente y que en seguida estudiaremos. El análisis especial de la Existencia, en los casos de neurosis compulsiva, nos ayuda a comprender esta concepción del mundo a que nos referimos. Para ello, debemos partir de un análisis fenomenológico imparcial de las vivencias de esta clase de neuróticos.

¿Qué es lo que sucede en la mente de un neurótico obsesivo cuando, por ejemplo, se siente torturado por la manía de la duda? Al hacer cuentas, supongamos, se dice $2 \times 2 = 4$. En el caso concreto sometido a estudio, se demuestra que el paciente, antes de que las dudas lo atormentasen, sabía perfectamente, por lo que fuese, que el cálculo era correcto; no obstante, apunta enseguida la duda. "Tengo que rectificar las cuentas —suelen decirse esta clase de enfermos—, a pesar de que estoy seguro de que no hay ningún error." Afectivamente, el sujeto se siente torturado por la sensación de que queda algún residuo sin aclarar. Mientras el hombre normal se satisface en general del resultado de sus actos mentales, en el sentido de que no experimenta la necesidad de seguir indagando, el neurótico obsesivo echa de menos ese sentimiento tan sencillo y aquietador que sigue al acto mental y que, en nuestro ejemplo del simple cálculo matemático "$2 \times 2 = 4$", podría expresarse de este modo: "y así es, en efecto". La sensación del hombre normal es la evidencia, y el sentimiento normal de evidencia es el que se echa de menos en el proceso mental del neurótico obsesivo. Podemos, pues, hablar de una insuficiencia del sentimiento de evidencia en esta clase de neuróticos. Mientras el hombre normal descarta en cierto modo, incluso en operaciones más difíciles de cálculo o cualesquier otros actos mentales complicados, aquel residuo irracional que va adherido de un modo o de otro a todos los resultados del pensamiento, el neurótico compulsivo no acierta a amortiguar este residuo irracional y a seguir pensando tranquilamente, pasando por encima de él: a aquel insuficiente sentimiento de evidencia corresponde una actitud de intolerancia ante el residuo irracional. El neurótico compulsivo no logra descartarlo, como el hombre normal.

Ahora bien, ¿cómo reacciona el neurótico compulsivo al residuo irracional? Intenta superarlo con un nuevo esfuerzo mental, pero sin llegar nunca, naturalmente, a eliminarlo por entero. Eso hace que se sienta continuamente obligado a realizar nuevos actos mentales para llegar a extirpar por completo el residuo irracional, pero sin conseguir nunca lo que se propone. Este juego se asemeja a la función de una bomba aspirante, la cual tiene, como es sabido, un "espacio muerto", lo que hace que no se logre nunca el vacío, sino simplemente reducir en un determinado porcentaje la cantidad de aire contenida en el vaso o espacio que se trata de vaciar: el primer golpe de la palanca reduce el contenido de aire, supongamos, a la décima parte, el golpe siguiente a la centésima parte, y así sucesivamente. Pues bien, los últimos e infructuosos esfuerzos con la palanca de la bomba aspirante simbolizan, si vale el símil, los esfuerzos obsesivos del neurótico por repetir su proceso mental. Después de revisar un resultado mental, el neurótico compulsivo se siente ya un poco más seguro de la situación; pero queda siempre, y quedará por la fuerza, a pesar de ello, un residuo de inseguridad, por mucho que el neurótico se esfuerce por eliminarlo, llevado de su compulsión de repetir el acto una y otra vez. Reiterará el esfuerzo, obsesivamente, hasta sentirse agotado y hasta que su agotamiento, apelando a sus últimas fuerzas, lo empuje a un vago *credo* y a una absolución global, saltando por encima de sus cavilaciones (hasta sentirse asaltado por las siguientes).

A la alteración de esto que llamamos el *sentimiento de la evidencia,* como uno de los factores del fundamental trastorno neurótico-obsesivo en lo tocante al conocer, corresponde, en cuanto a las decisiones, una alteración de la seguridad instintiva. Si seguimos analizando fenomenológicamente las vivencias del neurótico compulsivo, vemos que aparece trastornada aquella seguridad instintiva que acompaña en la vida diaria al hombre normal y que lo descarga, en cierto modo, de la tarea de tener que tomar decisiones hasta en las cosas más triviales. *La seguridad instintiva del hombre normal lo ayuda a reservar la conciencia de su responsabilidad para las grandes horas de la vida, para las encrucijadas, y hasta en estos casos decisivos actúa, en cierto modo, bajo una forma irracional: como conciencia.* En cambio, el neurótico compulsivo se ve obligado a compensar con una exaltación de su consciencia y de su conciencia los dos defectos timopsíquicos de que adolece, a saber: la alteración del sentimiento de evidencia y de la seguridad instintiva. Su exceso de conciencia y de consciencia se revelan por tanto, como sensaciones noopsíquicas (para emplear los conocidos términos antitéticos de *noopsique* y *timopsique,* propuestos por Stransky).

La alteración de la propia seguridad instintiva en el conocer y en las decisiones conduce, en esta clase de neuróticos, a un control forzado de sí mismo. Provoca, por ley de compensación, la voluntad de llegar a una seguridad absoluta en sus conocimientos y sus decisiones, la obsesión de conocer las cosas de un modo absolutamente seguro y de tomar decisiones absolutamente morales. Con la misma consciencia y conciencia profundas, del mismo modo meticuloso y concienzudo que el hombre normal pone, a lo sumo, en elegir una profesión o la persona con quien ha de casarse, se empeña el neurótico, obsesivamente, en echar una carta al correo o en comprobar todas las noches si está bien cerrada la puerta de su casa. Es bien sabido que este exceso de consciencia y de autoobservación tiene por fuerza producir efectos perturbadores. Los neuróticos compulsivos carecen, por razón de la hipertrofia concienzuda que los caracteriza y acompaña a todos sus conocimientos y decisiones, de aquel "estilo fluido" de vida con que sabe vivir, pensar y obrar el hombre normal. El caminante tropezará indefectiblemente en cuanto se fije demasiado en los obstáculos del camino en vez de fijarse en la meta. El hombre torturado por el exceso de consciencia puede, a lo sumo, iniciar un acto, pero no ejecutarlo limpiamente sin perturbarlo.

Así pues, el exceso de consciencia y la conciencia exagerada del neurótico compulsivo representa dos características típicas suyas, cuya raíz podemos seguir hasta la infraestructura timopsíquica de la personalidad. De donde se sigue que uno de los problemas terapéuticos que aquí se plantean consiste en *ayudar al neurótico a que encuentre de nuevo las fuentes soterradas de su sentimiento de evidencia y de su seguridad instintiva, fuentes que manan de las profundas capas emotivas del hombre,* reeducándolo, por ejemplo, a fuerza de adiestramiento, y basándose en aquellos restos del sentimiento de evidencia y de angustia instintiva que podemos descubrir hasta en el neurótico compulsivo.

El neurótico compulsivo se tortura, como hemos visto, buscando la absoluta seguridad en el conocer y en las decisiones. Aspira a todo trance a lo total, al ciento por ciento. Busca por todas partes lo absoluto, lo que nunca falla. Erwin Strauss ha señalado, a este propósito, que el neurótico compulsivo cree enfrentarse siempre al "mundo como totalidad". A lo que podríamos añadir: se siente abrumado, como Atlas, bajo el peso del mundo. El neurótico compulsivo padece profundamente ante la perplejidad en que nos dejan todos los conocimientos humanos y ante el carácter problemático de las decisiones del hombre.

Y el mismo Strauss ha hecho notar que —por oposición al neurótico compulsivo— el hombre sano ve siempre lo particular, enfoca el mundo en perspectiva. También a esto queremos añadir algo: los valores tienen siempre una vigencia personal, pero por eso mismo resultan obligatorios. Sin embargo, en la imagen que del mundo se forma el neurótico compulsivo todo lo concreto cae en un punto ciego. En lo que diferimos de Erwin Strauss es en creer que esta ceguera puede, a pesar de todo, iluminarse. Pronto hemos de ver hasta qué punto una logoterapia específica alcanza a corregir, con argumentos objetivos y recursos espirituales, esa "concepción del mundo ciento por ciento típica del neurótico compulsivo".

Finalmente, el propio Strauss apunta otro rasgo característico de estos enfermos, al decir que no saben vivir al modo "provisional" en que tiene que vivir el hombre. Añadiremos que el neurótico compulsivo se siente siempre atenazado por una impaciencia específica. Lo caracteriza una cierta intolerancia, no sólo en lo que se refiere al residuo irracional del pensamiento, sino también en lo tocante al inevitable *conflicto entre el ser y el deber ser*. Tal vez sea eso lo que determina aquel "querer igualarse a Dios" de que habla Alfred Adler, en que podemos ver el reverso de la idea de la imperfección de toda criatura. A esta idea corresponde el conocimiento de la tensión existente entre el ser y el deber ser, tensión en la que el hombre se halla inmerso.

La tesis de Strauss según la cual el neurótico compulsivo no acierta a vivir en la provisionalidad necesita ser completada, a nuestro juicio, con otras: no sabe tampoco pensar de una manera indeterminada. *Huye de lo provisional para buscar lo definitivo; rehúye lo indeterminado para aspirar a lo definido.* A su deseo totalitario del ciento por ciento en el aspecto pragmático lo acompaña una tendencia igual en lo cognoscitivo.

Ante esta visión analítico-existencial, la esencia de la neurosis compulsiva se nos revela, en última instancia, como la distorsión caricaturesca de un afán fáustico. El enfermo, arrastrado por esta voluntad absolutista, por este empeño de buscar en todo el ciento por ciento, es una especie de Fausto frustrado, "trágico" en lo que tiene de humano y "triste" en lo que tiene de enfermizo.

Al estudiar la neurosis de angustia veíamos que la llamada *angustia cósmica* se condensaba, patológicamente, en el síntoma de la fobia. Pues bien, la neurosis compulsiva nos ofrece cierta analogía: ante la imposibilidad de ver cumplidas íntegramente sus ambiciones totalitarias, el neurótico compulsivo no tiene más remedio que concentrarlas en un campo especial de la vida. Como la totalidad no puede realizarse siempre y dondequiera, se circunscribe y se constriñe a un determinado campo, en el que se considera ya asequible (por ejemplo, en la obsesión de la limpieza, en el empeño obsesivo de tener siempre las manos limpias). El campo en que el neurótico compulsivo logra imponer a medias su voluntad de lo incondicional es, por ejemplo, para la mujer de su casa el orden doméstico; para el intelectual el orden de su mesa de escritorio; para *l'homme à petit papier,* el empeño en tomar nota de todos sus planes y todas sus ideas, y de registrar por escrito cuanto le sucede; para el tipo burocrático la puntualidad meticulosa y absoluta, etcétera.

El neurótico compulsivo se circunscribe, pues, en cada caso, a un determinado sector de la existencia e intenta realizar dentro de él[18] —como *pars pro toto*— su ambición totalitaria. Así como en la fobia, la angustia (del hombre de tipo pasivo) ante el universo como un todo cobra un contenido concreto y se ciñe a un solo objeto, así también en el síntoma de la neurosis compulsiva la voluntad (del hombre de tipo activo) de plasmar el mundo a su imagen y semejanza se orienta hacia un determinado campo de vida. Pero el neurótico compulsivo, en el primer caso, no logra realizar su ambición totalitaria más que de un modo fragmentario o puramente ficticio, y siempre a costa de su naturalidad, de lo que el hombre tiene de "criatura". En este sentido se ha dicho que todas sus aspiraciones tienen algo de inhumano. Este tipo de hombre se sustrae a la "realidad del devenir" (Strauss), desprecia la realidad, que es para el hombre normal el trampolín de la libertad existencial (Walder); anticipa bajo una forma ficticia la realización de lo que constituye la misión de la vida.

Tanto la neurosis compulsiva como la neurosis de angustia se caracterizan igualmente porque su tendencia a la certeza está, por así decirlo, torcida, doblada hacia atrás, es refleja, y tiene un cierto rasgo subjetivista, por no decir psicologista. Pero, para que podamos comprender mejor esto, debemos partir de la tendencia a la certeza en la persona normal. De ésta se puede decir que su contenido es la certeza *en cuanto tal*. En cambio, la tendencia a la certeza en el hombre neurótico no se conforma de ninguna manera con esa seguridad, con esa *vaga* certeza propia de todo ser creado. El neurótico está en cierto modo "espantado", por tanto su tendencia a la certeza es forzada. Por esto aparece en él la voluntad de una certeza *absoluta*. En el hombre que tiene una neurosis de angustia, esa voluntad está dirigida a la seguridad de que no sucederá una catástrofe. Pero, como no es posible esa seguridad absoluta, el hombre con neurosis de angustia tiene que limitarse al *sentimiento* de seguridad. Con esto se aparta del mundo de los *objetos y realidades físicas* y se vuelve a lo *subjetivo,* a lo que está relacionado con sus *situaciones internas.* El lugar donde se desarrolla la existencia del neurótico angustiado ya no está en el mundo, que le da al hombre común su tranquilidad cotidiana, esa tranquilidad que se da por satisfecha con la sola improbabilidad relativa de una catástrofe; el hombre que tiene neurosis de angustia quiere la absoluta imposibilidad de una catástrofe. Pero esta voluntad de seguridad absoluta lo obliga a celebrar una especie de culto al sentimiento de seguridad; porque el apartamiento del mundo, que le sirve de base, constituye una especie de pecado original y provoca por tanto, en cierta manera, una mala conciencia que, a su vez, impulsa a una compensación, que el enfermo sólo puede buscar en adelante en una exageración inhumana de su tendencia, refleja y subjetivista, a la seguridad.

Mientras el hombre que tiene una neurosis de angustia se preocupa por la seguridad absoluta de que no va a ocurrir ninguna catástrofe —que se vio obligado a torcer y convertir en una tendencia forzada el mero *sentimiento* de seguridad— el neurótico compulsivo se concentra en la seguridad de sus conocimientos y decisiones. Pero tampoco en él está arraigada esa tendencia a la seguridad en el carácter incidental y provisional de la existencia propia de la "creatura", sino que, más bien, su tendencia a la certeza tiene, asimismo, un cariz subjetivista, y termina en una tendencia convulsiva al mero *sentimiento* de una certeza "de ciento por ciento". Pero en su caso se manifiesta la trágica inutilidad de sus esfuerzos: porque si su misma tendencia "fáustica" a la certeza absoluta está en sí misma condenada al fracaso, necesariamente pasa lo mismo con su tendencia al *sentimiento* de certeza absoluta. Porque en el mismo momento en que pretenda este sentimiento en cuanto tal (en lugar de que se presente como simple consecuencia de un proceso objetivo completo), en ese mismo momento estará ya siendo exagerado.

Nuestro hombre no tendrá ni una sola certeza absoluta, ni en este ni en otro aspecto; pero menos que nada conseguirá ese mismo *sentimiento* de certeza absoluta que el neurótico compulsivo trata tan convulsivamente de crear. Resumiendo, podemos decir lo siguiente: El hombre normal quiere estar en un mundo seguro *a medias,* mientras que el neurótico busca un *sentimiento de absoluta* seguridad. El hombre normal quiere entregarse a un tú que él ama, mientras que el neurótico sexual pretende afanosamente el orgasmo, tiende a él en cuanto tal y por esa misma razón tiene trastornos de potencia. El hombre normal quiere conocer "provisionalmente" un pedazo del mundo, mientras que el neurótico compulsivo quiere tener sentimiento de evidencia, tiende a él en cuanto tal y por eso mismo se mete en un *progressus in infinitum.* Finalmente, el normal quiere ser responsable existencialmente de su existencia concreta, mientras que el escrupuloso que tiene una neurosis compulsiva sólo quisiera tener el *sentimiento,* aunque *absoluto,* de una buena conciencia: por tanto, quiere demasiado, desde el punto de vista de lo que se puede desear humanamente, y simultáneamente bastante poco, desde el punto de vista de lo que se puede realizar humanamente.

La neurosis compulsiva se nos revela, así, como algo muy ejemplar de lo que es el juego de la libertad, y la vinculación dentro de la neurosis en general. En su estudio sobre la psicología de la neurosis compulsiva, Erwin Strauss presenta el carácter neurótico-compulsivo como algo propio de la "criatura" fatal. No podemos estar de acuerdo con ese modo de enfocar el problema; para nosotros, la evolución caracterológica hacia la neurosis compulsiva manifiesta no constituye algo inexorable y fatal. Lejos de ello, consideramos perfectamente posible una *especie de ortopedia psíquica*. Ya hemos visto cuán necesario es un tratamiento de esta clase, a la manera de una psicagógica que eduque al neurótico en las cualidades de carácter de las que tan esencialmente carece: el humorismo y la tranquilidad.

Erwin Strauss tiene el mérito de haber sido uno de los primeros que siguieron la trayectoria de la neurosis compulsiva hasta remontarse a lo existencial; no reconoce, sin embargo, la posibilidad de tratarla partiendo de factores espirituales.

La actitud que el enfermo adopte ante la neurosis compulsiva sigue siendo, de algún modo, una actitud libre. Y por "actitud" entendemos, en este caso, un comportarse del sujeto ante lo psicopático.

Pues bien, la actitud de la persona ante la enfermedad psíquica que le aqueja es el punto de partida de la logoterapia. En páginas anteriores hemos intentado exponer la logoterapia general de la neurosis compulsiva (cambio radical de actitud de la persona ante su enfermedad mental), así como el análisis especial de la Existencia en lo tocante a esta clase de neurosis (su interpretación como caricatura del hombre fáustico). Abordaremos ahora la logoterapia especial de la neurosis compulsiva, es decir, el tratamiento logoterápico encaminado a corregir la "concepción del mundo neurótico-compulsiva".

La neurosis compulsiva "arrastra" a quien la padece a una concepción que caracterizábamos más arriba como una concepción del ciento por ciento del universo. Mientras que Strauss sólo ve en la concepción neurótica-compulsiva del mundo un síntoma psíquico, lo que a nosotros nos preocupa es la posibilidad de hacer de la concepción del mundo de estos neuróticos un instrumento terapéutico, es decir, un arma que pueda emplearse contra la neurosis compulsiva y, por tanto, contra su característica concepción del mundo. Vamos a examinar ahora esta posibilidad a la luz de un caso en que la concepción neurótico-compulsiva del mundo se presentaba *in statu nascendi*. Tratábase de una persona joven en la última fase de la pubertad. Bajo el hálito del periodo inicial de la madurez, hízose ostensible el "nacimiento" de una concepción neurótico-compulsiva del universo pero, a la par, la posibilidad de una contrarregulación logoterápica.

Esta persona joven a que nos referimos sentíase animada por una sed fáustica de conocer. "Quiero —eran sus palabras— remontarme al origen de las cosas; quiero tener pruebas de todo, incluso de aquello que es evidente por sí mismo, por ejemplo, el hecho de que vivo." Ya sabemos que el neurótico obsesivo adolece siempre de un insuficiente sentimiento de evidencia; pero también el sentimiento de evidencia del hombre normal representa, a nuestro juicio, una auténtica "realidad de ejecución". Como tal, se sustrae esencialmente al manejo intencional: si, en el plano de la teoría del conocimiento, intentamos confiarnos exclusivamente a nuestro sentimiento de evidencia, caeremos en un lógico *progressus in infinitum*. A él corresponde —en el plano psicopatológico— la obsesión de repetición del neurótico compulsivo, o bien su obsesión caviladora. No debemos tener miedo a someter esta obsesión caviladora a una crítica inmanente.

El último o, si se quiere, el primer problema del escepticismo radical es el que versa sobre "el sentido del ser". Sin embargo, el preguntarse por el sentido del ser carece de sentido, por cuanto el "ser" es anterior al "sentido" de él. El ser del sentido va presupuesto en el problema del ser. El ser es, por decirlo así, la muralla que no podemos atravesar por mucho que preguntemos. Sin embargo, nuestro paciente pretendía probar datos intuibles inmediatos, el ser. Fue necesario hacerle comprender que el "demostrar" tales cosas era de por sí no sólo imposible, sino además, innecesario, puesto que como datos intuibles eran de suyo evidentes. Su objeción de que, a pesar de todo, seguía dudando, carecía en realidad de objeto, pues a la imposibilidad lógica de la duda ante el ser, intuitivamente evidente, dado de modo inmediato, corresponde una irrealidad psicológica, ya que semejantes dudas no pasan de ser una cháchara vacua. El escéptico más radical se comporta, en realidad, no sólo en sus actos, sino también en sus pensamientos, exactamente lo mismo que quien reconoce las leyes de la realidad y las del pensamiento.

Arthur Kronfeld opina (en su libro sobre psicoterapia) que el escepticismo se destruye a sí mismo,* es una manera de pensar bastante corriente, por lo demás; pero nosotros la reputamos inexacta. La tesis expresada en las palabras "dudo de todo" excluye del "todo", evidentemente, la tesis que se afirma. No se vuelve, pues, contra sí misma, ni se contradice en modo alguno consigo misma. Cuando Sócrates decía:

---

* A la autodestrucción del escepticismo correspondería la autofundamentación del racionalismo (véase más adelante).

"sólo sé que no sé nada", lo que quería decir era, exactamente, esto: "sé que no sé nada fuera de que no sé nada".

El escepticismo neurótico-compulsivo se esfuerza, al igual que todo escepticismo epistemológico, en encontrar el punto de Arquímedes, es decir, una base absolutamente segura de la que pueda partir y sobre la cual edificar para construir, con una voluntad incondicional de verdad y con coherencia lógica, una concepción del mundo. El hombre se lanza en este caso a la búsqueda de un punto de partida radical. El ideal de semejante *philosophia prima* sería, como su *prima sententia,* una tesis que se justificase epistemológicamente a sí misma. A esta exigencia sólo podría ajustarse, comprensiblemente, una tesis que tuviese por propio contenido la inexcusable necesidad de servirse del pensamiento conceptual con todo lo que tiene de problemático y a pesar de ello; es decir, de un pensamiento que se sustenta a sí mismo en cuanto tiene precisamente por contenido la necesidad del pensamiento de atenerse a conceptos (y, por tanto, a algo que no son las intuiciones evidentes).

Pues bien, este racionalismo que lleva en sí su propia fundamentación equivale a su propia destrucción. Y, en este sentido, el tratamiento logoterápico de aquel paciente debía encaminarse a lograr que se destruya a sí mismo, por la vía racional, su exagerado racionalismo, que pese a todo, se hallaba en la base misma de su escepticismo, como de todo escepticismo en general. El camino racional es, para estos efectos, el "puente de oro", que debemos tender al escéptico, para ofrecerle con él la salida salvadora. Tal vez no haya ninguna tesis mejor para servir de "puente de oro", en estos casos, que aquella de que *lo más razonable es no empeñarse en razonar demasiado.*[19] En todas sus cavilaciones y dudas filosóficas o seudofilosóficas, nuestro paciente debe tener presentes las conocidas palabras de Goethe: "Un escepticismo activo es aquel que se esfuerza incansablemente en superarse a sí mismo". La logoterapia especial indicada para combatir su concepción del mundo inspirada en un escepticismo neurótico-compulsivo deberá ayudarle a abrazar y practicar ese tipo de escepticismo, y no otro. Y, en efecto, las armas espirituales puestas en sus manos por la logoterapia permitieron al paciente de nuestro ejemplo ir escapando a las garras de aquella concepción del mundo típicamente neurótica. Empleando medios racionales, fue remontándose, poco a poco, hasta el reconocimiento del fondo irreductiblemente irracional de la existencia humana. Por este camino acabó transformándose a sus ojos la problemática originaria. Mientras que al principio el problema de un punto de partida radical en el pensamiento se refería a un axioma teórico, al término de todo un proceso de convencimiento, ese problema planteábase de otro modo: su solución iba a buscarse a una esfera sustancialmente anterior a todo pensamiento científico e incluso a todo pensamiento filosófico, a una esfera de la que arrancan todos los actos y todos los sentimientos del hombre; la esfera existencial. Aquí, todo gira en torno de lo que Eucken llamó *el hecho axiomático*.

A la lucha con medios racionales contra el propio racionalismo, tan característico del neurótico-compulsivo, y a la victoria sobre él, debe seguir, para que el tratamiento sea completo, la contrapartida pragmática. El neurótico compulsivo, con su concepción totalitaria del mundo, no busca la seguridad absoluta solamente en el conocer, sino también en las decisiones. Su exceso de conciencia representa un *handicap* en la acción, ni más ni menos que su exceso de convicción racional. A su escepticismo teórico corresponde el escepticismo ético, a sus dudas en cuanto a la validez lógica de sus pensamientos corresponden las dudas en cuanto a la validez moral de sus actos.

Resultado de esto es la indecisión característica del neurótico obsesivo. Así, por ejemplo, una neurótica de esta clase veíase torturada continuamente por la duda de lo que en cada caso debía hacer. Estas dudas fueron aumentando de tal modo con el tiempo que, a la postre, la paciente encontrábase incapacitada para todo. No sabía decidirse por nada; no sabía nunca, ni en las cosas triviales, por qué optar. No acertaba a decidir, por ejemplo, si ir a un concierto o a dar un paseo por el parque, y acababa quedándose en casa, después de haber agotado en aquellos interminables debates interiores con sus dudas el tiempo de que disponía para una cosa o para la otra.

Por tanto, esta indecisión típica caracteriza al neurótico obsesivo, no sólo cuando se trata de tomar decisiones importantes, sino también en los casos más triviales. Pero la logoterapia especial permite combatir el exceso de conciencia del neurótico obsesivo, al igual que su racionalismo exagerado, por la misma vía, es decir, haciendo que se destruya a sí mismo. Bien dice la frase de Goethe: "No es quien obra quien tiene conciencia, sino quien observa". También al neurótico obsesivo devorado por los escrúpulos podemos ofrecerle un "puente de oro". Basta con que lo convenzamos de lo siguiente: de que si es cierto que, a veces, puede ir contra la conciencia el obrar de tal o de cual modo, lo más contrario a la conciencia es, evidentemente, no obrar de modo alguno. El hombre que no sabe decidirse a nada, que es incapaz de tomar una decisión, toma, sin duda, con su pasividad, la más reprobable de las decisiones.

La técnica logoterapéutica de la intención paradójica

En el contexto de la logoterapia, el *logos* (palabra) significa espíritu y, además, sentido. El término *espíritu* debe entenderse como la dimensión de los fenómenos específicamente humanos y, en contraposición con el reduccionismo, la logoterapia renuncia desde un principio a reducirlos a cualesquier fenómenos subhumanos, o a deducirlos de estos últimos.

Ahora bien, en la dimensión de lo específicamente humano tendríamos que localizar, entre otros fenómenos, el de la autotrascendencia de la existencia hacia el *logos*. De hecho, la existencia humana siempre está saliendo de sí misma, apuntando siempre hacia un sentido. Con esta perspectiva, de lo que se trata para el hombre en su existencia no es del placer o del poder, ni tampoco de la autorrealización, sino más bien de cumplir con el sentido. En la logoterapia hablamos de una voluntad de sentido. Y así el sentido, junto con el espíritu, es uno de los dos focos de la logoterapia, que los envuelve como una elipse.

Al lado de la *autotrascendencia* del hombre está, como contrapartida, su *autodistanciamiento*. Esta capacidad suya caracteriza y constituye al hombre en cuanto tal.

La antropología pandeterminista excluye la capacidad, esencialmente humana, de distanciarse de sí mismo. En tanto mayor grado aprovecha esta capacidad el método que he desarrollado de la intención (en el sentido de la *intentio* latina) paradójica. Esta técnica logoterapéutica se basa en el saludable influjo del intento que puede hacer un paciente que sufre de fobia, de desear lo que tanto teme. De esta manera se le quita el viento a las velas de su angustia.

El temor vuelve realidad, por sí solo, lo que teme: el deseo demasiado intenso hace, por sí solo, imposible lo que tanto está deseando. La logoterapia se aprovecha de esto en cuanto que trata de llevar al paciente a proponerse, aunque desde luego sólo momentáneamente, aquello mismo de lo que hasta entonces había tenido miedo: "Hoy voy a salir para que me dé un ataque", debe decirse, por ejemplo, un paciente que sufre de agorafobia.

Cómo suceden las cosas en lo concreto, puede ilustrarse con los siguientes casos:

Después de presentar el método de la intención paradójica en una conferencia clínica, recibí la carta de una de las mujeres que habían asistido, en que me contaba los hechos siguientes: había sufrido de una tremorfobia que se presentaba siempre que el profesor de anatomía entraba en la sala de autopsias, y de hecho la joven colega había comenzado a temblar en todas esas ocasiones. Habiendo oído durante mi conferencia de un caso de tremorfobia, había intentado aplicarse a sí misma, por propia iniciativa, la misma terapéutica. Ahora, cada vez que entraba el profesor para estar presente en las disecciones, se decía mentalmente: "¡Ahora voy a ponerme a temblar: que vea él qué bien sé temblar!" Inmediatamente había desaparecido tanto la tremorfobia como el temblor mismo, como me decía ella en su carta.

En lugar del temor había entrado el deseo, el saludable deseo. Claro está que ese deseo no es en serio ni definitivo, sino que de lo que se trata es simplemente de que la persona lo acaricie durante un instante; el paciente ríe para sí, por lo menos internamente, en ese mismo momento, y con ello tiene ganado el juego. Porque esa risa, como todo humorismo, crea distanciamiento, hace que el paciente se distancie de su neurosis. Y nada es tan capaz de poner al hombre en posición de crear una distancia entre sí mismo y algo, como puede hacerlo el humorismo.

El efecto terapéutico de la intención paradójica depende totalmente de que también el médico tenga el valor de hacer ante el paciente una representación del procedimiento. Al principio el paciente va a sonreír; pero después tendrá que hacerlo él mismo aplicando la intención paradójica en la situación concreta de un ataque de angustia, y finalmente aprenderá a reírse en la propia cara del temor y, de esta manera, cada vez se irá distanciando más de él. Gordon W. Allport, el psicólogo de Harvard, fue quien dijo una vez, de pasada, que el neurótico que lograra una vez reírse a gusto de sí mismo, por ese mismo hecho estaría ya en vías de curación. Tengo casi la impresión de que en el método de la intención paradójica tuviéramos la verificación clínica de esta tesis resumida de Allport.

Nada podría darle un carácter tan saludable a esta transformación ante los condicionamientos y situaciones humanas, como el humorismo. Una anécdota puede ilustrar la significación de la actitud, atendiendo especialmente a la problemática de la angustia. En la primera Guerra Mundial estaban sentados juntos un oficial de alto rango y un médico militar judío, durante un bombardeo. El primero le lanzó una pulla al segundo, diciéndole en broma: "Aquí también vemos la superioridad de la raza aria sobre la semita: usted está comenzando a tener bastante miedo, doctor, ¿no es cierto?" A lo que replicó el médico militar judío: "Claro que tengo miedo; pero ¿dónde está la superioridad? Si usted, mi coronel, tuviere el miedo que yo tengo, ya hace mucho que se habría escapado". En este "caso" se trata de un temor real; en cambio en nuestros casos nos enfrentamos a una predisposición neurótica al temor. Pero el punto en ambos casos está en la actitud, o en la modificación terapéutica de esa actitud.

La intención paradójica requiere de lo que nosotros denominamos facultad de oposición del espíritu.* Pero ésta no sólo se puede aplicar en un sentido *heroico,* sino también en sentido *irónico.*

Puesto que el humor se presenta temáticamente, puede ser lo más indicado como método, y por esto es muy oportuno citar una anécdota que caracteriza plástica, aunque drásticamente, *la inversión de la intención,* que es tan típica de la intención paradójica. Un estudiante llega bastante tarde a la escuela y se disculpa diciendo: "En la calle había un hielo tan tremendamente resbaloso, que siempre que daba un paso hacia adelante, me resbalaba dos pasos hacia atrás". A lo que el maestro replicó triunfante: "Si así *hubiera sido realmente,* ¿cómo habrías podido llegar a la escuela?" Pero a nuestro joven mentiroso sólo le habían demostrado que mentía, no lo habían confundido: "Muy sencillo: me di vuelta y caminé hacia mi casa…"

Mis colaboradores Eva Niebauer-Kozdera y Kurt Kocourek** lograron, con ayuda de la intención paradójica, mejorar tanto en breve tiempo incluso a pacientes ancianos con inveteradas neurosis compulsivas, que pudieron ponerlos de nuevo en condiciones de trabajar. El profesor Dietfried Müller-Hegemann, director de la Clínica Neuropsiquiátrica de la Universidad Karl Marx de Leipzig, considera

* Viktor E. Frankl, *Teoría y terapia de las neurosis,* Gredos, Madrid, y Ferrer, Buenos Aires, 1964.

** "Ergebnisse der klinischen Anwendung der Logotherapie", en *Handbuch der Neurosenlehre und Psychotherapie,* editado por Viktor E. Frankl, Victor E. Frhr. V. Gebsattel y J. H. Schultz, vol. 3, Urban & Schwarzenberg, Múnich y Berlín, 1959.

este medio de tratamiento psicoterapéutico como una técnica muy meritoria, como se lo han demostrado los resultados favorables que ha observado en los últimos años en casos de fobias.*

El doctor Hans O. Gerz,** director clínico del Connecticut State Hospital en los Estados Unidos, cuenta con una extensa serie de casos estudiados. Veinticuatro pacientes que sufrían de fobias o de neurosis compulsivas o de angustias, y cuyas enfermedades habían durado de dos semanas a más de 24 años, fueron tratados mediante la intención paradójica. Basándose en años de experiencia clínica, el doctor Gerz ve en la intención paradójica una técnica eficaz y casi específica para los casos de fobia o de neurosis compulsiva o de angustia. Cree que aun en los casos graves de neurosis compulsiva se puede lograr con este método, por lo menos, un notable alivio de los pacientes. Opina que en los casos agudos constituye un señalado tratamiento corto. "Como pude comprobar, esta técnica logoterapéutica se puede aplicar con éxito aun en los casos crónicos graves de neurosis de fobia. Las siguientes historias clínicas pueden demostrarlo" *(loc. cit.)*.

A. V., de 45 años, casada, madre de un hijo de 16 años, muestra una historia clínica de 24 años (¡!) de duración, periodo durante el cual sufrió de un síndrome fóbico sumamen-

---

* "Methodologic Approaches in Psychotherapy", *American Journal of Psychotherapy* 17, 554, 1963.

** Sobre el tratamiento de síndromes fóbicos y neurótico-compulsivos con ayuda de la "Intención Paradójica" de Frankl, véase *Z. Psychother. med. Psychol.* 12, 145, 1962. Se trata de una traducción compendiada de un artículo aparecido en inglés en los Estados Unidos bajo el título de "The Treatment of the Phobic and the Obsessive-Compulsive Patient Using Paradoxical Intention sec. Viktor E. Frankl", *Journal of Neuropsychiatry* 3, 375, 1962.

te grave, que consistía en claustrofobia, agorafobia, miedo a las alturas, a los ascensores, a atravesar puentes y otras fobias más. Por causa de todos estos achaques había sido tratada durante 24 años enteros por diversos psiquiatras, en repetidas ocasiones en el sentido de los análisis manifiestamente langstreckianos, entre otros. Además de eso, varias veces había sido internada, y en esas oportunidades había recibido numerosos electrochoques, y finalmente fue propuesta una leucotomía. Tuvo que pasar los últimos cuatro años en una institución, y ¡durante todo ese tiempo estuvo en un pabellón bullicioso! Sin embargo, ni los electrochoques ni un tratamiento intensivo con barbitúricos, fenotiazinas, inhibidores de la monoamidooxidasa y preparados de anfetaminas produjeron ningún efecto. La paciente no podía permanecer fuera de un perímetro determinado alrededor de su cama. Pese a todos los tranquilizantes que estaba recibiendo, de continuo estaba sumamente excitada. Asimismo quedó sin resultado alguno un tratamiento psicoanalítico intensivo, de año y medio de duración, suministrado por un analista experimentado, durante su estancia en ese hospital. El primero de marzo de 1959, el doctor Gerz se hizo cargo del tratamiento, en que aplicó el método de la intención paradójica. Se suprimieron de inmediato todos los medicamentos, y no obstante fue posible ir eliminando, por el camino emprendido, un síntoma tras otro, una fobia tras otra. Primero se le indicó a la paciente que *deseara* tener un colapso y que *se propusiera* ponerse tan asustada como fuera posible. Sólo hicieron falta unas pocas semanas para que la paciente lograra hacer todo aquello de lo que antes no había sido capaz: salir del pabellón, subir y bajar en el ascensor y otras cosas análogas, y todo esto con el propósito firme de perder el sentido, de desvanecerse y "de mostrarle de una buena vez (al doctor Gerz) que era capaz de quedarse paralizada por el miedo pánico". Por ejemplo, en el ascensor dijo: "Verá usted, doctor, me esfuerzo todo lo que puedo por desplomarme y tener miedo, y todo es inútil: sencillamente ya no lo puedo hacer". Y entonces comenzó, por primera vez después de largos años, a pasear fuera del sanatorio, con la intención de asustarse, pero sin lograrlo *(constantly trying hard to become panicky and paralyzed)*. Meses después, la paciente se había liberado de todos los síntomas. Por primera vez, *después de la friolera de 24 años,* se encontró libre de todo temor cuando regresó a su casa durante un fin de semana. O, más bien, todavía no: sólo pasar un puente le había causado dificultades, por lo cual, a su regreso al sanatorio, esa misma noche, fue llevada en el auto del doctor Gerz hasta un puente, para que caminara por él. "¡Trate usted de asustarse, de asustarse todo lo que pueda!" Eso dijo el doctor. "Es inútil, no me da miedo; es inútil, doctor." Ésa fue su reacción. Poco después salió del hospital. Han pasado desde entonces cuatro años y medio, en que lleva una vida normal y dichosa en el círculo de su familia. Dos veces al año visita al doctor Gerz, pero sólo para expresarle su gratitud.

D. F., de 41 años, casado, padre de dos muchachas, padecía de un típico "vacío existencial". Además de eso, no era capaz de escribir en la presencia de otros, al punto que comenzaba inmediatamente a temblar. Esto se convirtió en una terrible desventaja en su vida profesional, tanto más cuanto que tampoco era capaz de hacer trabajos de pequeña mecánica en la presencia de otros. Estando en sociedad, tampoco podía, por ejemplo, levantar un vaso lleno, y mucho menos ofrecer fuego a algún fumador. Se le indicó como tratamiento "demostrarles (a su círculo de conocidos) de una buena vez lo tembloroso que era". ¡Muéstreles qué nervioso se puede poner y cuánto café es capaz de derramar! Pues bien, al cabo de tres sesiones ya ni siquiera podía temblar: "¡Simplemente no me sucede, ya no puedo temblar! ¡Ni tampoco me puede dar miedo de que me pase! ¡Por más que me esfuerce!" Éstas fueron sus palabras. Por último, también fue posible tratar con éxito el vacío existencial, que precisamente era la causa de la neurosis noógena.

A. S., de 30 años, madre de cuatro niños, sufría de situaciones sumamente graves de miedo pánico, pero sobre todo de una constante angustia ante la muerte. En este contexto no podemos entrar en los detalles del caso; digamos solamente que la instrucción que se le dio al ser tratada mediante la intención paradójica fue que se repitiera: "¡De ahora en adelante voy a morir por lo menos tres veces cada día de un ataque cardiaco!" Lo notable en este caso es que en la base de la neurosis estaba un agudo conflicto matrimonial. Pero después de que un tratamiento breve con ayuda de la intención paradójica produjo un rápido alivio, la paciente fue inmediatamente capaz de eliminar el conflicto matrimonial en el curso de un tratamiento psicoterapéutico. *"Con esto no se puede decir que el ataque mediante la intención paradójica excluya la comprensión y el estudio a fondo de toda clase de conflictos neuróticos.* Es evidente que lo cierto es que esta clase de conflictos debe analizarse en el sentido de la psicoterapia tradicional o en el sentido de la logoterapia, aun en los casos en que la intención paradójica produjo buenos resultados" *(loc. cit.).*

W. S., de 35 años, casado, padre de tres hijos. Su médico de cabecera le indicó acudir con el doctor Gerz por causa de que padecía del temor de morir de un ataque cardiaco, y precisamente en relación temporal y causal con un contacto sexual. El paciente fue sometido a un minucioso examen orgánico, y el resultado (incluyendo el electrocardiograma) fue normal. Cuando el doctor Gerz lo vio por primera vez estaba angustiado, tenso y muy deprimido. Pudo explicarle al doctor que, aunque siempre había sido nervioso y había estado preocupado y angustiado, nunca había experimentado un estado como el que tenía en ese momento. Le dijo luego que, una noche, inmediatamente después del coito había ido al cuarto de baño a lavarse, y que, al hacerlo, se había inclinado sobre la tina de baño. De inmediato había sentido un fuerte dolor en la región del corazón, lo que había provocado en él un sentimiento de pánico, a lo que se añadía que se acordaba de que su hermana, a los 24 años, y su madre, a los 50, habían muerto ambas de padecimientos cardiacos. Algo parecido le sucedería en ese momento. Comenzó enseguida a sudar fuertemente, y pensó que había llegado su fin. A partir de esa noche se observaba constantemente el pulso. La angustia causó, obviamente, que repetidas veces tuviera palpitaciones que le hacían pensar en un ataque cardiaco. Fue inútil que su médico de cabecera le asegurara que estaba sano. Lo que había pasado era, aparentemente, una distensión muscular intercurrente en la caja torácica, provocada por su inclinación sobre la tina de baño. Ése fue el factor precipitante, que puso en movimiento el círculo vicioso de la angustia de expectación. En el curso de un tratamiento logoterapéutico fue discutido todo esto, y se le instó a hacer todo lo posible para acelerar el ataque cardiaco, más aún, para "morir, ahí mismo, de un ataque cardiaco". A lo que el paciente, riendo ahora, reaccionó con la respuesta: "Doctor, lo intento, pero no resulta". Se le invitó a proceder de manera análoga siempre que lo fuera a sobrecoger la angustia de expectación. Finalmente, salió de la consulta con la indicación de "poner todo de su parte para perecer por lo menos tres veces cada día de un ataque al corazón". Tres días más tarde apareció de nuevo..., sin ningún síntoma. Había logrado aplicar con éxito la intención paradójica. En total, sólo tuvo que presentarse tres veces a tratamiento. De ahí en adelante no ha tenido molestia.

P. K., de 38 años, casado, padre de dos adolescentes, sufre desde hace más de 21 años (¡!) una serie de graves síntomas de neurosis compulsiva y de angustia. En el primer plano está el temor de volverse homosexual y de no poder volver a presentarse nunca en sociedad por agarrar los genitales de algún individuo masculino que se encuentre en un momento dado en su cercanía. Desde el punto de vista psiquiátrico, ya se había diagnosticado esquizofrenia. Durante años el señor K. fue tratado psicoanalíticamente. Además de eso había sido sometido a una intensa farmacoterapia y también a tratamiento por electrochoques. Pero nada le había producido un alivio significativo. Cuando el señor K. visitó por primera vez al doctor Gerz, estaba tenso, muy agitado y estalló en lágrimas. "¡Durante más de 20 años he pasado por un verdadero infierno! Todo lo he guardado, sin contarle a nadie: sólo mi mujer lo sabe; pero le puedo asegurar que el único alivio que tengo es cuando duermo". El temor de tomar el pene de alguien le sobrevenía, por ejemplo, con máxima fuerza cuando iba a la peluquería. En todas esas ocasiones comenzaba de inmediato a imaginarse que no sólo quedaba anulado para la sociedad, sino que además perdía su puesto. No podemos exponer en este momento la docena de otros temores compulsivos que hacían de su vida un infierno. En todo caso, la desventaja que le imponían era tan inmensa que el paciente no podía, por ejemplo, ir de vacaciones a ningún lado. Entonces tuvo dos sesiones logoterapéuticas a la semana durante seis meses. De nuevo en este caso, fue eliminado síntoma por síntoma. Para hacer resaltar solamente el detalle más importante, cuando se le dio al paciente el "consejo" de que aprovechara cada ocasión que se le presentara, en la calle, en restaurantes o en cualquier otro sitio, de tomar el pene de alguna persona, el señor K. se echó a reír —también se rió de sus temores compulsivos— y no pasó mucho tiempo hasta que cesaron totalmente de molestarlo. Pero lo más impresionante fue el relato que hizo de su primer viaje en avión en toda su vida, viaje que prontamente fue capaz de emprender: al regreso de sus vacaciones en Florida (¡era la primera vez, después de largos años, que se animaba a salir de vacaciones!). Le contó al doctor Gerz cómo se "había esforzado directamente" por quedar sobrecogido por un miedo pánico y, ante todo, "correr por toda la cabina de pasajeros y tocarle el pene a uno tras otro". Y ¿el resultado? De miedo ni hablar; por el contrario, el viaje y las vacaciones fueron una cadena ininterrumpida de experiencias agradables. El paciente está totalmente libre de molestias y está satisfecho, en todos los aspectos, de su vida, que también se ha normalizado por completo.

A. A., de 31 años, casada, sufre desde hace nueve años de diversas fobias, entre las que, en primer plano, está una agorafobia grave. Finalmente la situación se volvió tan pesada que la paciente no podía salir de su casa para nada. Una y otra vez fue tratada en clínicas psiquiátricas y hospitales universitarios, tanto mediante *psicoanálisis* como mediante electrochoques y farmacoterapia. No sólo no la pudieron ayudar, sino que el pronóstico era desfavorable. "En este caso, uno de mis ayudantes llevó a cabo el tratamiento logoterapéutico, o la aplicación de la intención paradójica, después de que yo lo instruí en la técnica de Frankl, y duró en total no más de seis semanas. Terminado el tratamiento, la paciente pudo salir de nuestra clínica, totalmente libre de cualquier síntoma, y así ha estado durante los tres años transcurridos desde entonces" *(loc. cit.).*

S. H., de 31 años, era un caso muy parecido al anterior. Sólo que su neurosis ya había durado 12 años (¿?). Admitida repetidas veces en clínicas y sanatorios, todas las formas de tratamiento a que fue sometida no produjeron ningún resultado. Finalmente, en 1954 se recurrió a una *leucotomía,* que tampoco tuvo éxito. En cambio, al aplicar la intención paradójica, su estado mejoró en seis semanas. "La paciente fue dada de alta de nuestra clínica y durante los tres años y medio que han transcurrido desde entonces no ha tenido para nada ningún síntoma ni molestia".

En el simposio sobre logoterapia celebrado durante el Sexto Congreso Internacional de Psicoterapia, el doctor Gerz refirió las dos siguientes historias clínicas:

La señora R. W. tiene 29 años de edad y es madre de tres niños. Debido a la fobia que ha tenido desde hace 10 años, ya ha sido sometida a diversos tratamientos psiquiátricos. Hace cinco años tuvo que ser internada en un sanatorio, donde fue tratada a base de electrochoques. Dos años antes de que el doctor Gerz se hiciera cargo de su tratamiento, tuvo que ser internada en el Connecticut State Hospital. Al salir del hospital, la paciente acudió a otro colega, quien prosiguió el psicoanálisis durante otros dos años. El resultado fue que la paciente logró interpretar psicodinámicamente su neurosis, pero no deshacerse de ella. Cuando visitó al doctor Gerz sufría de múltiples fobias: temor a las alturas, a estar sola, a los platillos de los restaurantes e incluso temor de vomitar o ser presa de pánico; temor de entrar en los supermercados, de viajar en el metro, de interactuar con la gente, de viajar sola en automóvil, de tener que detenerse ante una luz roja; temor de ponerse a dar gritos o a maldecir en la iglesia durante la misa, etc. El doctor Gerz le prescribió que deseara precisamente todo aquello de lo que antes había tenido miedo. Podía proponerse, por ejemplo, salir con su esposo y sus amigos, durante la cena "vomitarle en el rostro" a la gente, sin ningún empacho, y hacerles "la mayor cochinada imaginable". De hecho, la paciente comenzó de inmediato a ir en su automóvil a los supermercados, al peinador, al banco, "para tratar de quedar presa de todo el miedo que le fuera posible"; finalmente le contó al doctor cómo había tenido ya éxito en todo esto. Seis semanas más tarde el esposo de la paciente opinaba que ella salía demasiado de casa. Poco después fue sola en su automóvil hasta la casa del doctor Gerz, en un trayecto de 80 km entre ida y vuelta. "Ya voy totalmente sola en el auto a todas partes", dijo con orgullo. Cuatro meses después de iniciado el tratamiento con la intención paradójica, fue en su automóvil hasta Nueva York, a 160 km de distancia, atravesó el Puente George Washington, el Túnel Lincoln, recorrió todo Nueva York en autobuses y en el metro y, para terminar, culminó su obra maestra de vencerse a sí misma y de liberarse de todas sus fobias subiendo en el elevador hasta la cúspide del edificio más alto del mundo, el Empire State Building. "Fue sencillamente maravilloso", explicó después. Su esposo le aseguró al doctor Gerz: "Mi esposa se ha vuelto otra persona, y ahora puede tener satisfacción al entregarse en el acto sexual". Entretanto, la paciente tuvo su cuarto hijo y vive una vida normal con su familia. Ha quedado libre de toda molestia desde hace dos años. El tratamiento psicoterapéutico fue apoyado durante un tiempo mediante dosis de 25 mg de valium al día.

Y ahora el caso de un paciente neurótico compulsivo: el señor M. P. es un abogado de 56 años, casado, padre de un estudiante universitario de 18 años. Hace 17 años le sobrevino "de repente, como un rayo del cielo sereno, la espantosa idea compulsiva" de que tal vez había subestimado en 300 dólares sus impuestos sobre la renta y que había engañado así al Estado, a pesar de que había preparado su declaración de impuestos a conciencia. "Ya no podía deshacerme de esta idea, por más que me esforzara", le dijo al doctor Gerz. Ya se veía perseguido judicialmente por su fraude, puesto en prisión, los periódicos llenos de artículos sobre él, y su posición profesional dada al traste. Acudió a un sanatorio psiquiátrico, donde fue sometido primero a un tratamiento psicoterapéutico y recibió después 25 electrochoques, sin ningún resultado. Entretanto, su estado empeoró, tanto que tuvo que cerrar su bufete. En sus noches insomnes tenía que luchar contra sus ideas compulsivas, que día en día iban en aumento. "Apenas me libraba de una, ya se estaba formando otra", le dijo al doctor Gerz. Comenzó a revisar todo, hasta los neumáticos de su automóvil. En particular, le angustiaba la idea compulsiva de que tal vez se hubieran vencido sus diversos contratos de seguro, sin que él se hubiera dado cuenta. Tenía que revisarlos una y otra vez, y volver a guardarlos luego en una caja fuerte especial de acero, después de atar cada contrato muchas veces. Finalmente, firmó con Lloyds de Londres un seguro elaborado especialmente para él, que lo protegía de las consecuencias de cualquier error inconsciente e impremeditado en que pudiera incurrir en el curso de su práctica judicial. Pero pronto se acabó también su práctica judicial; porque la compulsión repetitiva empeoró tanto que el paciente tuvo que ser admitido en la Clínica Psiquiátrica de Middletown.

Pero ahora el doctor Gerz inició su tratamiento mediante la intención paradójica. Durante cuatro meses enteros lo asistió con logoterapia tres veces por semana. Una y otra vez le indicó que utilizara las siguientes fórmulas de intención paradójica: "Todo esto me importa un bledo. ¡Al diablo el perfeccionismo! Todo me da igual; que me metan en la cárcel por mi propia iniciativa. ¡Cuanto antes mejor! ¿Tener miedo de las consecuencias de un error que se me pueda escapar? ¡Mejor que me pongan en prisión! —tres veces cada día. Por lo menos así recupero mi dinero, el hermoso dinero que les entregué a los señores de Londres…" Y comenzó entonces, en el sentido de la intención paradójica, a desear haber cometido los más errores posibles, y a proponerse hacer todavía más errores, enredar todo su trabajo y demostrarles a sus secretarias que él era "el que más equivocaciones cometía en todo el mundo". Y el doctor Gerz no duda de que colaboró también a la total falta de preocupación de su parte (despreocupación que debía manifestarse en todas sus instrucciones), para que el paciente pudiera después no sólo tener intenciones paradójicas, sino también formularlas de la manera más cómica posible, a lo que, claro está, tuvo que contribuir el doctor Gerz, por ejemplo saludándolo con estas palabras cuando acudía a su consulta: "¡Por Dios!, ¡¿Qué pasó?! ¿Todavía está usted libre? Yo pensaba que hace mucho ya estaba usted tras las rejas, y ya leí los periódicos para ver si todavía no hablan del gran escándalo que ha causado usted". Con esto el paciente solía estallar en carcajadas —y, cada vez más, adoptaba él mismo esta actitud irónica, y se reía de sí mismo y de su neurosis— diciendo: "Me importa un comino si me encarcelan; a lo más, quiebra la compañía de seguros". Hace ahora más de un año que terminó el tratamiento. "Esas fórmulas que usted llama intención paradójica, doctor, tuvieron buen resultado conmigo; actuaron como un milagro, ¡se lo aseguro! En cuatro meses usted logró hacer de mí otro hombre. Es cierto que, de cuando en cuando, me viene uno de esos viejos temores estúpidos; pero, mire, ahora puedo deshacerme de ellos inmediatamente: ¡ahora sé cómo debo tratarme a mí mismo!" Y, riendo, añade: "Y una cosa ante todo, doctor: no hay nada más hermoso que ir alguna vez a parar a la cárcel con todas las de la ley…"

Que la logoterapia puede llevarse a cabo en un tiempo relativamente breve, se deduce de una relación de Eva Niebauer-Kozdera* sobre los resultados estadísticos del tratamiento psicoterapéutico deambulante según los principios de la logoterapia-análisis existencial, que ella ha realizado: muestra 75.7% de curaciones y mejorías (mejorías al grado que resultaba inútil seguir el tratamiento) con un promedio de ocho sesiones. H. O. Gerz explica: "El número de las sesiones necesarias depende en algo de cuánto tiempo haya estado enfermo el paciente. Los casos agudos que sólo llevan unas semanas o meses desde su inicio se pueden curar, según mi experiencia, en cuatro a 12 sesiones. Los pacientes que tienen una anámnesis de varios años necesitan en promedio dos sesiones semanales y un total de seis a 12 meses para quedar curados. Nunca se insistirá demasiado en cuánto depende todo de una especie de arraigar en el paciente al patrón de conducta que acaba de aprender, es decir, de la transformación de la actitud en el sentido de la intención paradójica. ¿Y no sabemos, hasta la saciedad por la teoría conductista del aprendizaje, que toda transformación que tiene por objeto

---

* Actas Oficiales de la Sociedad Médica de Viena, *Wien, klin. Wschr.* 67, 152, 1955.

desarraigar un reflejo condicionado, tiene primero que arraigarse ella misma? Para esto hace falta, precisamente, cierto entrenamiento" *(loc cit.)*.

En el simposio sobre la logoterapia que se efectuó en Londres, el doctor Gerz recalcó que el psicoterapeuta que quiera emplear la intención paradójica tiene que ser paciente y tenaz, si desea tener éxito por este camino. El éxito de un tratamiento mediante la intención paradójica depende de que el terapeuta domine realmente la técnica: conocía él a un colega que le remitió a una paciente a la que ya había sometido durante un año y medio al tratamiento de la intención paradójica, por su agorafobia y claustrofobia. Al doctor Gerz le bastaron cuatro sesiones para poner a la enferma en posición de salir de casa, ir de compras y recorrer 30 km para ir a las consultas. Finalmente, el doctor Gerz pudo exponer los siguientes resultados estadísticos:

Durante los últimos seis años trató con ayuda de la intención paradójica 29 pacientes fóbicos y seis pacientes neurótico-compulsivos. De los fóbicos, 22 quedaron curados, cinco considerablemente mejorados y dos quedaron sin ningún efecto. Por otro lado, en estos dos últimos casos se trataba de un aumento secundario de la enfermedad. De los seis neuróticos compulsivos, cuatro quedaron curados, y los otros dos mejoraron al punto que durante todo el espacio de los tres años que han transcurrido han sido de nuevo capaces de trabajar. En este contexto debemos indicar también que la mayoría de estos casos era en crónicos: ¡uno de los pacientes había tenido su neurosis desde hacía 24 años!; y ya habían sido tratados con todas las terapéuticas comunes.

Una y otra vez se expresan dudas sobre la durabilidad de los resultados de la intención paradójica. Ahora bien, este escepticismo es infundado; puesto que, prescindiendo de los casos tratados mediante la internación paradójica y observados posteriormente durante años y aun decenios, sin que se produjera ninguna clase de recaída, ha quedado demostrado, en conexión con la psicoterapia conductista propagada recientemente por H. J. Eysenck, que la noción de que a una psicoterapia del tipo denominado sintomático deben seguir, más pronto o más tarde, otros síntomas, porque no se cura la neurosis misma, no es más que un prejuicio. Eysenck dice a este respecto: "La noción fue aceptada sin pruebas para comenzar, y posteriormente se perpetuó por adoctrinamiento".* Eysenck prosigue: "El hecho de que se pueden realizar curaciones de las llamadas sintomáticas que duran largo tiempo y que no producen otros síntomas distintos, arguye fuertemente contra la hipótesis freudiana" (*loc. cit.,* p. 82).

Incluso una psicoterapia de orientación no psicoanalítica tiene que registrar éxitos. Esto vale en forma particular de la escuela reflejológica. Claro está que esos éxitos pueden potenciarse cuando se tiene el valor de penetrar en la dimensión espiritual, es decir en la propiamente humana. "Se sigue una ventaja imponderable del hecho de que los síntomas neuróticos y enfermizos no sean tratados en su mismo plan, sino en el plano superior, el personal, al que el primero está subordinado."**

No se puede decir que los autores de orientación psicológico-experimental inspirados por Eysenck tengan una actitud acrítica respecto de sus resultados. Ni el mismo Ey-

* *Behaviour Therapy and the Neuroses,* Pergamon Press, Nueva York, p. 82.

** N. Petrilowitsch, "Logotherapie und Psychiatrie", en *Symposium on Logotherapy,* Sexto Congreso Internacional de Psicoterapia, celebrado en Londres.

senck ni los seguidores de su sensato enfoque investigativo desconocen o niegan lo que es característico, la predisposición constitucional a las enfermedades neuróticas: "Los síntomas neuróticos tienden a aparecer con mayor frecuencia en personas de las que se puede suponer que genéticamente están dotados de un sistema autónomo que reacciona excesivamente" (*loc. cit.,* p. 463). Dada la base constitucional de las enfermedades neuróticas, la psicoterapia no puede ser, desde un principio, sino de naturaleza sintomática: "El tratamiento de naturaleza psicológica sólo puede ser sintomático, puesto que el tratamiento de la predisposición tiene que efectuarse, en último término, por medios genéticos o químicos" (*loc. cit.,* p. 24). Con tanto mayor razón queda comprobada la tesis logoterapéutica de la importancia de romper los mecanismos secundarios de círculo vicioso, por los trabajos de los psicólogos de orientación experimental publicados por Eysenck.

Sólo que el trasfondo conductista no sólo se manifiesta activamente en la teoría, sino también en la práctica. De aquí que procedimientos como el método de la praxis negativa (K. Dunlap) o la técnica de la inhibición recíproca (Josef Wolpe), puestos en relieve por estos autores, sirven relativamente de poco cuando está en juego la angustia, mientras que la intención paradójica festeja con tanta justicia sus triunfos en casos de fobia, incluso en casos graves y crónicos. Ahora bien, la explicación de este hecho no es demasiado difícil: la teoría que adopta la psicoterapia conductista no llega más allá del plano de lo psicológico, hasta la dimensión propiamente humana, hasta la esfera de lo noológico, sino que se queda en la imagen del hombre, parodiada por Allport como *machine model* o *rat model* (modelo de máquinas o de ratas), de la psicología de procedimientos unilateralmente experimentales y orientación conductista.

De aquí se sigue que una actitud a la que sólo el hombre tiene acceso y de la que sólo él dispone, como el humorismo —ningún animal puede reír— no se proyecta en la dimensión correspondiente a la psicología subhumana, sino que aparece sólo en el espacio espiritual de los fenómenos específicamente humanos.

Frente a la *deconditioning therapy* (terapéutica descondicionadora) presentada por Wolpe, han señalado Bjarne Kvilhaug* y N. Petrilowitsch** que la logoterapia trasciende el plano de los procesos de aprendizaje y de los reflejos condicionados —¡y hace que lo trascienda el paciente!— en cuanto que no ataca los síntomas de la neurosis en su mismo plano, sino desde la dimensión de los fenómenos propiamente humanos, por ejemplo, en la dirección de la intención paradójica, movilizando la tan esencialmente humana capacidad de distanciarse de la propia neurosis, para atacarla. Precisamente lo que se moviliza en el contexto de la intención paradójica es esa capacidad de humor que caracteriza al hombre.

De una o de otra forma, puesta en marcha con ayuda de la praxis negativa, de la inhibición recíproca o de la intención paradójica, la psicoterapia produce sus efectos en el sentido de un rompimiento de los llamados *feedback mechanisms* (mecanismos de retroalimentación). Nosotros mismos hemos adjuntado a estos mecanismos ciertos tipos determi-

---

* "Klinische Erfahrungen mit der paradoxen Intention", Conferencia pronunciada ante la Sociedad Médica Austriaca de Psicoterapia el 18 de julio de 1963.

** "Über die Stellung der Logotherapie in der klinischen Psychotherapie", *Die medizinische Welt* 2790-2794, 1964.

nados de reacción neurótica, que hemos designado y descrito como *patrón de comportamiento neurótico de angustia, neurótico compulsivo y neurótico sexual*, que se caracterizan respectivamente por la *fuga de la angustia, la lucha contra la compulsión y la lucha por el placer.** A este propósito, no hemos dejado de señalar que el paso (en último término definitivo) por encima de la intención paradójica sólo es posible cuando ésta culmina en lo que en la logoterapia se llama *desreflexión*, hasta tal punto que la superación de la neurosis se logra sólo en la medida en que *sean esclarecidas y ahondadas analíticamente* las posibilidades concretas de sentido, que apelan personalmente y urgen existencialmente al paciente a que las cumpla y realice. Recordemos la sabia advertencia de Ernst Kretschmer: "Hay que dar a la vida una fuerte corriente positiva hacia objetivos que estén de acuerdo con la personalidad. En el agua estancada es donde más proliferan los complejos: una fuerte corriente de agua fresca los arrastra consigo".**

"Es evidente que estudiamos a fondo terapéuticamente los rasgos generales de la vida del paciente y su posible situación conflictiva. Porque la intención paradójica o, en general, la logoterapia no pretende suplantar la psicoterapia tradicional, sino más bien completarla."*** "No considero

---

* V. E. Frankl, Grundriß der "Existenzanalyse und Logotherapie," en *Handbuch der Neurosenlehre und Psychotherapie*, editado por Viktor E. Frankl, Victor E. Frhr. V. Gebsattel y J. H. Schultz, vol. 3, Urban Schwarzenberg, Múnich y Berlín, 1959.

** "Hypnose und Tiefenperson", *Z. Psychother. med. Psychol.* 11, 207, 1961.

*** Hans O. Gerz, "Zur Behandlung phobischer und zwangsneurotischer Syndrome mit der 'paradoxen Intention' nach Frankl", *Z. Psychother. med. Psychol.* 12, 145, 1962.

adecuado establecer una oposición entre el psicoanálisis y la logoterapia. Porque también se pueden entender e interpretar a partir del psicoanálisis los resultados buscados por la técnica de la intención paradójica. Edith Joelson fue la primera en intentar esa interpretación. En cualquier caso, se podría decir que las fobias, que se pueden interpretar como producto de agresiones reprimidas, pueden, por lo tanto, ser vencidas si le decimos al paciente, precisamente en la dirección de la intención paradójica, que haga aquello de lo que tanto suele apartarlo su miedo; en otras palabras, que agote toda la fuerza de sus agresiones, por lo menos simbólicamente" *(loc. cit.).** "A pesar de esto, podemos entender que los psiquiatras que han dedicado años a formarse psicoanalíticamente no pueden vencer sino muy raras veces su *prejuicio* contra la técnica de Frankl, y convencerse de la eficacia del método logoterapéutico experimentándolo personalmente. Sin embargo, el espíritu académico nos ordena verificar sin prejuicios todas las posibilidades terapéuticas que se puedan presentar. Esto vale con mayor razón del método de la logoterapia, y sobre todo de la intención paradójica, en cuanto que no fueron pensados en un principio como sustitutos, sino como complementos de la psicoterapia tradicional" *(loc. cit.).*

---

* El doctor Glenn G. Golloway de la Clínica Psiquiátrica de Ypsilanti, Michigan, Estados Unidos, dijo una vez: "La intención paradójica tiene por objeto manipular las defensas, y no resolver el conflicto subyacente. Es una estrategia perfectamente honorable y una psicoterapia excelente. No es ningún insulto para la cirugía el no curar la vesícula biliar enferma que le quita al paciente. Éste mejora sin ella. Análogamente, las diversas explicaciones sobre cómo actúa la intención paradójica no redundan en detrimento de la intención paradójica en cuanto técnica que da buenos resultados".

El que está preocupado por la angustiada expectativa de una noche de insomnio, querrá dormir; pero precisamente este deseo mismo no lo deja descansar y, por esto, no podrá dormir, porque ningún otro presupuesto es tan importante para iniciar el sueño como la relajación. Pero el paciente no la logra. Así pues, también aquí, en la psicoterapia de los trastornos del sueño, es necesario romper el círculo vicioso de la angustia de expectación. Y, de nuevo, la forma más rápida y sencilla de lograrlo es acudiendo a una intención paradójica que le quite el viento a las velas de la angustia expectante específica de la persona que tiene dificultades para dormir. Para esto lo único que haría falta es que el enfermo se proponga directamente, en lugar de dormir, hacer, por ejemplo, un ejercicio de relajamiento. Tenemos que darle tanta confianza en su propio organismo, que esté convencido de que el organismo, que requiere sueño, también necesariamente consigue dormir.

El doctor Hans Joachim Vorbusch, de la Clínica Psiquiátrica de la Universidad Vanderbilt, de Nashville, Tennessee, Estados Unidos, hizo una relación, en una sesión de la Sociedad Austriaca de Médicos Psicoterapeutas, sobre sus experiencias con la intención paradójica en perturbaciones graves y crónicas del sueño. En un solo año pudo normalizar el sueño en 33 de 38 casos en que los pacientes habían padecido hasta 10 años de perturbaciones del sueño; el tratamiento duró en promedio una semana. Además, estos pacientes ya habían sido tratados, sin éxito, repetidas veces, y en la mitad de los casos entraba como factor una declarada manía por los medicamentos. De los casos estudiados por el doctor Vorbusch vamos a reproducir los siguientes:

En el primer caso se trataba de un periodista de 41 años que era alcohólico desde hacía 20 y lo era debido a sus problemas para dormir, como uno de los factores y no el menos importante. Repetidas veces tuvo que ser hospitalizado debido a su *delirium tremens*. En los últimos tres años ya no había podido ejercer su profesión. Al ser admitido en el hospital, reaccionó con una resonante carcajada a la primera insinuación de intención paradójica; le dijo al doctor Vorbusch que estaba loco y mostró agresividad hacia él. En final de cuentas se decidió a ensayarlo *(to give it a trial)*, pero no ocultó su convicción de que, sin medicamentos, iba a ser inútil. Se le instruyó que durante las noches paseara por los corredores y por el jardín de la clínica de Nashville, o que trabajara, es decir, que escribiera artículos. Pasada una semana escasa, el paciente pudo, por primera vez en muchos años, dormir tres horas, y dentro de las tres semanas siguientes se normalizó su sueño. Más tarde, en el curso de un tratamiento psicoterapéutico a fondo, que se efectuó en seguida y que, obviamente, fue más allá de la perturbación del sueño sólo sintomática, el paciente comentó una vez de pasada que había dudado tan seriamente de la capacidad médica del doctor Vorbusch, que ya había pensado aprovechar sus conexiones políticas y utilizar toda su influencia para quitarlo de su puesto de director de la clínica de Nashville. Entretanto la normalización de su sueño lo había impresionado tanto, que durante el resto de su estancia en la clínica, que debía prolongarse debido a su alcoholismo, se convirtió en el más celoso propagandista de la intención paradójica entre los demás pacientes y llegó a ser una figura clave dentro del grupo de alcohólicos en tratamiento psicoterapéutico.

El segundo caso es el de un trabajador de 49 años que había tenido que ser sometido dos veces a una traqueotomía por causa de un espasmo psicógeno de la laringe. En cuanto le retiraron la cánula después de la primera traqueotomía, el paciente fue presa de tal angustia pánica de expectación, que fue necesario repetir la traqueotomía. Debido a la depresión reactiva y a las ideas de suicidio que tuvo después, fue internado en la clínica de Nashville. La cánula tenía que ser retirada en un ambiente clínico. Pero de hecho, mientras la cánula todavía estaba *in situ*, tuvo una serie de ataques de asfixia, y aumentó la angustia. Entonces se inició una ofensiva en el sentido de la intención paradójica. Fue retirada la cánula, el paciente recibió la orden del doctor Vorbusch de producir "un buen ataque de asfixia", y este procedimiento fue repetido dos veces. No tardaron en presentarse los resultados. Pasados apenas unos cuantos días, fue posible retirar la cánula definitivamente. Se atacó entonces la perturbación crónica grave del sueño, asimismo mediante la intención paradójica. A los pocos días también se obtuvo éxito en este capítulo. Tras haber sido el paciente durante más de un año incapaz de trabajar, pudo comenzar de nuevo a retomar su profesión al salir de la clínica, y quedó libre de todo síntoma, como lo manifestaron repetidas consultas de vigilancia.

R. Volhard y D. Langen* disponen de experiencias especiales con el método de la intención paradójica: "La intención paradójica fue aplicada con buenos resultados sobre todo en situaciones de fobia, en angustias expectantes y en impotencias sexuales". También el profesor doctor Hans Joachim Prill** relata en los casos correspondientes de la Clínica Universitaria de Wurzburg para Mujeres "la intención paradójica fue útil". En un caso observado, una paciente no había dejado la cama durante cuatro meses con la intención de quedar embarazada. Su actitud en el punto de la concep-

---

* *Z. Psychotherap. med. Psychol.* 3, 1, 1953.
** *Loc cit.*, 5, 215, 1955.

ción se había vuelto tan obstinada, que el profesor Prill* "le dijo, en el sentido de una intención paradójica modificada, que la noche siguiente le iba a sobrevenir la infecundidad y que por ese medio ella iba a llegar a su mejor forma corporal. Tenía que suprimir totalmente sus deseos incumplidos de tener un niño. Después de una fuerte reacción afectiva, salió de viaje para recuperarse, y después de dos semanas y media informó que había quedado encinta".

Para concluir, quisiera mencionar el siguiente caso, por su gracia: en su disertación "Etiología y terapéutica de la tartamudez, en relación especial con el método de la intención paradójica de V. E. Frankl" (Psychiatrische und Nervenklinik der Universität Freiburg im Breisgau, 1960), Manfred Eisenmann cita "un ejemplo impresionante de la aplicación involuntaria de la intención paradójica", que encontró en Goppert: "Un paciente tartamudo narró una vez que, estando en sociedad, quiso contar un chiste de tartamudos. Pero, al imitar al tartamudo, comenzó de repente a hablar con fluidez, por lo que uno de los huéspedes presentes lo interrumpió con la observación: ¡Fíjese, ya no puede tartamudear!"

La siguiente comunicación personal, que le debo al director de la Clínica Universitaria de Maguncia para Enfermedades Nerviosas, doctor Heinrich Kranz, pienso que no es menos notable: "Hace años, cuando todavía practicaba en Fráncfort, mucho antes de que usted y su intención paradójica fueran ni siquiera un concepto, vino a verme durante mis horas de consulta un estudiante de segunda enseñanza (más o menos de tercero) que tartamudeaba mucho. Eso no

---

* *Psychosomatische Gynäkologie,* Urban & Schwarzenberg, Múnich y Berlín, 1964, p. 160.

tiene nada de especial. Lo hermoso fue que el joven me declaró que una sola vez no había podido tartamudear, por más que quisiera. El grupo de sus compañeros de clase estaba preparando una representación de teatro para una noche dedicada a sus padres, y entre los personajes había un tartamudo. Obviamente todos pensaron que él era el hombre indicado para ese papel y él… 'fracasó' totalmente; en varios ensayos recitó su papel sin ningún tropiezo. ¡Hubo que darle el papel a otro estudiante!"

3. Psicología de la melancolía

También las psicosis endógenas pueden ser objeto de un tratamiento logoterápico. Claro está que en estos casos el tratamiento no recae sobre los componentes endógenos, sino sobre aquellos componentes reactivos, psicógenos, que puedan entrar en juego. Ya al tratar de la libre actitud espiritual del hombre ante el destino psíquico que se presenta en forma de una psicosis, nos hemos referido al factor "patoplástico" que, por oposición al patogénico, debe concebirse como resultado de la plasmación de la enfermedad psíquica.

Citábamos el ejemplo de un estado de depresión originariamente endógeno en el que, teniendo en cuenta el factor psicógeno, no sólo era posible aplicar un tratamiento psicoterápico, en combinación con el medicamentoso, sino que quedaba margen además —por encima de los otros dos— para un tratamiento marcadamente logoterápico. Este tratamiento perseguía la finalidad de que la paciente cambiase totalmente de actitud ante la enfermedad como destino, que cambiase por completo su manera de enfrentarse a la vida, como misión.

Es evidente que la "patoplástica", una vez efectuada, implica un cambio de ese tipo, aun antes de que se lleve a cabo cualquier otro logoterápico en la actitud espiritual de una persona ante el proceso psicopático que en ella se desarrolla. En ese sentido, no cabe duda de que la conducta manifiesta del enfermo psicótico representa ya, en cada caso concreto, algo más que el simple resultado de una afección fatal, propio de la "criatura"; es, al mismo tiempo, expresión de su actitud espiritual. Esta actitud es libre y sujeta, como tal, a la exigencia de ser, o, en su caso, de llegar a ser, una actitud correcta.

En ese sentido podemos afirmar que la propia psicosis representa, en última instancia, algo así como una prueba para la afirmación del hombre; de lo que hay de verdaderamente humano en quien padece la psicosis. La patoplástica a que se somete lo psicótico desde el lado humano constituye una prueba de este aspecto humano. El resto de libertad que aún se mantiene en pie en la psicosis, en la libre actitud del enfermo ante ella, le permite, en cada caso, la realización de una clase de valores: los de actitud. La logoterapia se remite a la libertad que pueda quedar. Aun dentro de la psicosis y a pesar de ella, cabe siempre hacer ver al enfermo la posibilidad de una realización de valores, aunque se reduzcan a los que llamamos *valores de actitud*.

A nuestro juicio, la existencia psicótica tiene todavía un grado de libertad. En realidad, el hombre que sufre de una depresión endógena puede oponerse también a su depresión. Permítaseme ilustrar esto con la ayuda de un resumen de la historia clínica de un enfermo, que considero que es un *document humain*. La paciente era carmelita, y en su diario exponía el curso de su enfermedad y de su tratamiento. Hay que observar bien esto: el tratamiento era también farmacoterapéutico, y no sólo logoterapéutico. Me voy a reducir a citar un trozo de ese diario: "La tristeza es mi compañera constante. Cualquier cosa que yo haga, ahí está, como un peso de plomo sobre mi alma. ¿Dónde están mis ideales, todo lo grande, lo hermoso, todo lo bueno a lo que una vez dediqué todos mis esfuerzos? De mi corazón se ha apoderado solamente un tedio adormecido. Vivo como arrojada al vacío. Porque hay momentos en que aun el mismo dolor me es negado". Tenemos, pues, los indicios de una melancolía anestética. La paciente prosigue su descripción: "En este tormento, clamo a Dios, padre de todos. Pero también Él calla. Por eso, ya sólo quisiera una cosa: morir —hoy mismo, si fuera posible". Viene ahora una vuelta en redondo: "Si no tuviera la conciencia creyente de que yo no soy dueña de mi vida, ya me hubiera deshecho de ella muchas veces". Prosigue triunfante: "En esta fe comienza a transformarse toda la amargura del sufrimiento. Porque quien diga que la vida del hombre debe ser un caminar de triunfo en triunfo, se parece a un idiota que, de pie ante una construcción, sacude la cabeza y se pregunta qué está soterrado allá en lo más hondo, si lo que van a construir es una catedral. Dios se construye un templo con cada alma humana. Conmigo, está precisamente en el momento de excavar para poner los cimientos. Mi tarea es sólo ofrecerme gustosa a los golpes de su azadón".

Intentaremos, en estas páginas, comprender la depresión endógena desde el punto de vista del análisis existencial como un *modus* de la Existencia. El análisis existencial específico de la depresión endógena encuentra, como el primero de sus síntomas, como aquel que aparece en primer plano, la angustia. Desde el punto de vista somático, la melancolía representa un descenso vital; nada menos que eso, pero tampoco más. La baja blanda por la que se ve afectado el organismo del endógeno-depresivo no basta para explicar todo el cuadro de los síntomas —propios de la melancolía—, ni siquiera la angustia melancólica.

La del endógeno-depresivo es, predominantemente, la angustia de la muerte y la angustia de la conciencia. Sin embargo, no podremos comprender el sentimiento angustioso del melancólico y su sensación de culpa más que considerándolos una manera del ser-hombre, una modalidad de la Existencia. Jamás podremos comprenderlos fijándonos simplemente en la baja vital, ya que, como es sabido, ni siquiera ella misma se halla, hasta hoy, explicada.

La vivencia melancólica es posible, ante todo, por un algo transmórbido: *es lo humano lo que hace* del simple morbo, de una baja que empieza siendo puramente vital, *la modalidad melancólica de la vivencia, que es, precisamente, un modo de ser-hombre.* Mientras que el simple morbo de una melancolía se traduce exclusivamente en síntomas como los trastornos psicomotores o de las secreciones, la vivencia melancólica es el *resultado del debate entre lo que hay de humano en el hombre y lo que en él hay de patológico.* Así se explica que, pudiendo muy bien imaginarnos que se den también en los animales, con base en una baja orgánica, ciertos estados de depresión (acompañados, incluso, de una excitación angustiosa), los síntomas característicos de la verdadera melancolía en el hombre, los sentimientos patognómicos de culpabilidad, de reproches y las acusaciones que el melancólico se hace a sí mismo, no sean en modo alguno concebibles en los animales. El "síntoma" de la angustia de conciencia del endógeno-depresivo no es nunca un producto de la depresión endógena como enfermedad producida por causas físicas, orgánicas, sino que representa ya una "contribución" del hombre. *La angustia melancólica de la concien-*

cia sólo es comprensible como la angustia de un hombre en cuanto tal, como angustia existencial.

Lo único que el descenso vital, como base fisiológica de la melancolía, crea, es un sentimiento de insuficiencia. Pero el hecho de que ese sentimiento de insuficiencia sea experimentado, vivido, como el sentimiento de insuficiencia del hombre para cumplir con su misión, es algo que trasciende esencialmente de lo endógeno de la enfermedad. Angustia puede sentirla también un animal, pero sólo el hombre en cuanto tal, es decir, como un ente a quien la responsabilidad de su ser enfrenta ante un deber ser, puede sentir la angustia de la conciencia o el sentimiento de culpabilidad. Las psicosis por las que el hombre pasa son totalmente inconcebibles en los animales, lo que quiere decir que necesariamente en ellas ha de tener una participación esencial lo humano, lo existencial. En efecto, el acaecer orgánicamente condicionado que sirve de base a la psicosis es transpuesto siempre a lo genuinamente humano, para que pueda convertirse en una vivencia psicótica; para ello tiene necesariamente que convertirse en tema humano.

Ahora bien, en el caso de la depresión endógena, la insuficiencia psicofísica es vivida al modo único y exclusivo del hombre, a saber: como una tensión entre el propio ser y el propio deber. El endógeno-depresivo vive, naturalmente, como supradimensional la distancia que media entre su persona y su ideal. El descenso vital no hace otra cosa que acentuar la tensión existencial propia de la Existencia en cuanto tal. *La distancia entre el ser y el deber ser* se acrecienta en la depresión endógena, en virtud de la vivencia de insuficiencia. *La distancia entre el ser y el deber ser se convierte, para el endógeno-depresivo, en un abismo.* Pero, en el fondo de este abismo que así se abre, debemos percibir siempre lo que en el fondo de todo ser-hombre como ser responsable yace: la conciencia. Por donde la angustia de conciencia del ser melancólico debe concebirse como algo que brota, como una vivencia auténticamente humana, de la vivencia de esta tensión acentuada entre la necesidad que el hombre siente de cumplir y la posibilidad de conseguirlo.

Esta vivencia melancólica de la insuficiencia radical, de un no estar a la altura de una misión, se presenta bajo diversas especificaciones. En la angustia melancólica por el empobrecimiento del típico burgués premórbido, este sentimiento de insuficiencia recae sobre la misión de ganar dinero. Si, con Schopenhauer, distinguimos entre "lo que uno es, lo que uno tiene y lo que uno aparenta", diremos que la angustia de conciencia y el sentimiento de culpabilidad de este tipo de hombre, cuando se ve aquejado de depresión endógena, acentúa, como corresponde a la tendencia premórbida, "lo que uno tiene". En el miedo a la muerte del hombre premórbidamente inseguro de su vida, el sentimiento melancólico de insuficiencia versa, en cambio, sobre la misión de conservar la vida. Finalmente, en las angustias de conciencia del hombre premórbidamente consciente de su culpabilidad, o simplemente escrupuloso, se proyecta sobre la misión de la justificación moral.

Cuando ese vital trastorno básico de la melancolía exalta hasta lo sobrehumano la tensión existencial del hombre melancólico, necesariamente tiene que representársele como inasequible la meta de su vida. Hace que pierda la sensación de la meta, del fin, del porvenir. "Mi vida estaba hecha de recuerdos —dice una paciente melancólica—; el presente había desaparecido ante mis ojos, y me perdía en la vida retrospectiva." Cuando se pierde la sensación del futuro, cuando se vive "sin mañana", uno tiene la impresión de que la vida ha terminado, de que el tiempo se ha consumado. "Veía el mundo con otros ojos —expresa una paciente—; no veía a la gente como de ayer o de hoy, sino a cada persona en el día de su muerte, al borde de la tumba, ya se tratase de ancianos o de niños. Había dejado de vivir yo misma en el tiempo presente." Podríamos caracterizar el estado de ánimo de estos casos de depresión endógena de estado de ánimo propio "del día del Juicio Final", del *dies irae*. Kronfeld caracterizaba la vivencia existencial del esquizofrénico como la vivencia de la "muerte anticipada"; de la melancolía podríamos decir que es la vivencia de un "*dies irae* permanente".

Al sentimiento de duelo en el melancólico corresponde, en el maniaco, el sentimiento de alegría. A la vivencia de la angustia melancólica corresponde la vivencia de la euforia maniaca. Mientras el melancólico siente que el poder no está a la altura del deber, el maniaco, por el contrario, tiende a considerar el poder como superior al deber. La sensación maniaca de poder es, así, la correlación de la sensación melancólica de deber. Y así como la angustia melancólica es, en particular, la angustia ante el porvenir —y, como angustia catastrófica, el pavor ante un futuro catastrófico—, el hombre maniaco vive, precisamente, sumido en el futuro: traza programas, forja planes, anticipa el futuro, se adelanta a sus posibilidades tomándolas por realidades, vive "entregado al porvenir".

Llevado del sentimiento de su propia insuficiencia, el endógeno-depresivo es, por fuerza, ciego a los valores que en sí mismo se encierran. Esta ceguera se extiende más tarde a lo que le rodea. Así, la ceguera a los valores del melancólico es una ceguera central, en cuanto empieza afectando solamente a su yo, y puede desarrollarse luego en un sentido centrífugo, conduciendo a una desintegración de los matices de valor del no-yo. Ahora bien, cuando sólo se desvaloriza el propio yo, tiene que producirse necesariamente un descenso de su valor respecto del universo. De aquí nace el sentimiento de inferioridad característico del endógeno-depresivo que se considera a sí mismo insignificante y estima su vida carente de sentido: de aquí la propensión al suicidio.

La obsesión nihilista de la depresión endógena abre una nueva etapa en el proceso: con los valores se escamotean las cosas mismas, los exponentes de ellos; se niega, incluso, el sustrato de una posible valoración. También en este caso se empieza negando el propio yo, en una especie de despersonalización. "No soy persona —decía uno de estos enfermos—; no soy nadie; soy una basura; no existo en el mundo." Más tarde, el nihilismo se hace extensivo al mundo y se convierte en una forma de desrealización. Un paciente, al serle presentado un médico, declaró: "No hay médicos, no ha habido nunca ninguno".

Cotard describe un síndrome melancólico, en el que se descubren "ideas de condenación, de no existir y de no poder morir". Las "ideas de condenación" del melancólico son fáciles de explicar, y la despersonalización nihilista ha sido explicada hace un momento; la idea del no poder morir, la quimera de que se es inmortal, se nos presenta también aisladamente en ciertas formas de la depresión endógena. Podríamos dar a estas imágenes patológicas el nombre de *melancolías de Ahsaverus*. Pero ¿cómo interpretar este tipo de enfermedad, desde el punto de vista del análisis existencial?

El sentimiento de culpabilidad del endógeno-depresivo ahondado por la vivencia de la tensión existencial exaltada, puede llegar a ser tan grande que sienta su culpa como irreparable; la misión que, llevado de su sentimiento de insuficiencia, se cree incapacitado para cumplir, se le antoja irrealizable aunque viviera interminablemente. Así, y solamente así, podremos explicarnos manifestaciones de algunos enfermos, como la siguiente: "Tendré que vivir eternamente, para poder expiar mi culpa. Esta vida se me antoja como la antesala del infierno".

En esa clase de endógeno-depresivos, el carácter de misión que tiene la vida se acrecienta en proporciones gigantescas: "Tengo que cargar sobre mis hombros con el mundo entero", dijo una vez uno de estos enfermos: "lo único que vive ya en mí es, realmente, la conciencia. Todo se me hace demasiado abrumador. Todo lo que hay de temporal en torno mío ha desaparecido para mí; sólo veo el más allá. Pesa sobre mí la inmensa tarea de crear el mundo entero, y no puedo. Tengo que reponer los mares y las montañas, tengo que reponerlo todo, pero no poseo dinero. No puedo horadar una mina ni volver a la vida a los pueblos ya desaparecidos, y, sin embargo, no hay más remedio. Todo tiene que perecer, ahora".

La desvaloración, no sólo de sí mismo, sino del universo entero, crea en el melancólico una misantropía general. Se siente asqueado de sí mismo, y también de los otros. Ningún valor prevalece a sus ojos. "Cuanto existe es digno de perecer." Esta sentencia mefistofélica nos ayuda a explicarnos las ideas de desaparición del universo como sentimiento vital de la angustia catastrófica, como sentimiento cósmico del endógeno-depresivo se decanta en forma catatímico-quimérica. Sin embargo, la grandeza sobrehumana en que necesariamente se le revela la misión de vida (deformada por el sentimiento de la insuficiencia) nos permite comprender, desde el punto de vista del análisis existencial, aquel sentimiento de culpabilidad, cuyas proporciones superdimensionales sólo pueden expresarse en manifestaciones por el estilo de la siguiente: "Todo desaparecerá; tendré que crearlo yo de nuevo, pero no puedo. Tengo que hacerlo yo. Pero ¿de dónde voy a sacar el dinero, de una eternidad a otra eternidad? No puedo crear los potros, y los bueyes, y los cerdos, que existen desde que existe el mundo".

Así como el vértigo se manifiesta en movimientos aparentes, la angustia —que Kierkegaard nos enseñó a comprender como el vértigo de las alturas de la libertad— se traduce en una especie de aparentes movimientos espirituales, que en el caso de la melancolía, es decir, cuando se siente la distancia entre el ser y el deber como un abismo, provoca en el hombre el sentimiento de que se hunden y desaparecen en él el yo y el universo, de que ese abismo se traga las esencias y los valores.

En el sentido de una psicoterapia apuntada a la depresión endógena,* debemos atender a que la psicoterapia utilizada no se convierta ella misma en daño iatrógeno, como sucede fácilmente en esos casos. Ante todo está equivocado totalmente cualquier *intento de apelar* al paciente a que se modere y se calme; lo recomendable es orientar al paciente a que tome la depresión precisamente como endógena, en pocas palabras, a que la objetive y, de esa manera, se distancie de ella, en la medida de lo posible —y en los casos leves y medianamente graves ¡sí es posible! Le indicamos que no "se contenga", sino que soporte con resignación su psicosis, a sabiendas de que su misma ceguera ante los valores, su

---

* V. E. Frankl, "Pshychagogische Betreuung endogen Depressiver", en *Handbuch der Neurosenlehre und Psychotherapie,* editado por Viktor E. Frankl, Victor E. Frhr. V. Gebsattel y J. H. Schultz, vol. 4, Urban & Schwarzenberg, Múnich y Berlín, 1959.

misma incapacidad para hallar en él mismo un valor y en la vida un sentido, pertenece a la enfermedad, le explicamos claramente que mientras dure su enfermedad no tiene ninguna obligación, o que tiene sólo dos obligaciones: primero, confiar en el médico y en la prognosis médica (le podemos asegurar que, por lo menos, al terminar la fase de que se trate va a salir como el hombre que era antes) y, segundo, a tenerse paciencia (hasta el día en que quede curado).

4. Psicología de la esquizofrenia

En las siguientes acotaciones psicológicas de carácter general sobre la esquizofrenia, encaminadas a facilitar su comprensión desde el punto de vista de su análisis existencial, partiremos de algunas observaciones clínicas.

Repetidas veces hemos tenido ocasión de observar, en una serie de pacientes esquizofrénicos, un hecho muy peculiar. Estos enfermos declaran, con frecuencia, que tienen, a veces, la sensación de que los están filmando. Y, hechas las exploraciones del caso, se llega al notable resultado de que esta sensación no responde a un mecanismo alucinatorio: los pacientes, en efecto, no creen haber oído las vueltas de la manivela de la máquina de filmar, ni el ruido característico del disparo de la cámara fotográfica, cuando su sensación es la de ser fotografiados. Ni creen tampoco, en el aspecto óptico, haber visto al *cameraman* o al fotógrafo. Ni logran descubrirse estas o las otras ideas paranoicas, con base en las cuales puedan explicarse las aseveraciones de los pacientes en el sentido de una ilusión secundariamente racionalizadora. Hay, entre estos casos, evidentemente, algunos que presentan, de hecho, una base quimérica; algunos aseguran, por ejemplo, que se han visto retratados en el noticiero cinematográfico, y otros dicen, muy serios, que sus enemigos o perseguidores sólo han podido identificarlos por medio de fotografías tomadas secretamente. Ahora bien, estos casos en los que se manifiesta una base paranoica deben ser eliminados de antemano de las investigaciones en torno de la esquizofrenia y así lo hemos hecho nosotros. El enfermo no vive directamente la sensación de ser filmado o fotografiado, sino que la construye e inserta luego en el pasado.

Desde el punto de vista puramente fenomenológico y descriptivo, podríamos caracterizar como *ilusión fílmica* los casos restantes después de hacer la indicada selección. Esta ilusión representa una auténtica "alucinación del saber", en el sentido que Jaspers da a esta expresión; podríamos, sin embargo, incluirla entre los "sentimientos primariamente ilusorios", siguiendo la terminología de Gruhle. Preguntada una enferma cómo podía creer que había sido filmada, cuando no había oído ni visto nada que le pudiera llevar a esa conclusión, dio esta respuesta, muy característica: "Estoy segura de ello, aunque no sé cómo".

Hay también casos que podríamos llamar de transición entre el característico cuadro patológico de la ilusión fílmica y otros cuadros análogos. Algunos pacientes, por ejemplo, se empeñan en creer que su voz ha sido registrada en discos. Es, sencillamente, el paralelo acústico del caso de la ilusión fílmica. Otros sostienen que alguien los está "escuchando" detrás de la puerta o en un rincón. Finalmente, creemos que son también casos de esta misma naturaleza los de quienes aseguran que tienen la clara sensación de que los están "buscando" o la certeza, igualmente difícil de justificar, de que alguien está "pensando" en ellos.

Ahora bien, ¿qué es lo que estos casos tienen de común? He aquí nuestra respuesta: el que una persona se viva a sí misma como objeto, como objeto del objetivo, de una cámara de filmar, en la "ilusión fílmica", o de una cámara fotográfica, o bien de un aparato de grabación de discos, y en los otros casos, análogamente, como objeto de quien se halla "a la escucha" o "espiando", o finalmente, como objeto de las "búsquedas" o los "pensamientos" de otros; es decir, agrupando y resumiendo estos tipos de vivencias, como objeto de los más diversos actos intencionales de otras personas. En todos los casos agrupados, el paciente tiene la sensación de ser objeto de las actividades psíquicas de otros; los aparatos de que hablan los pacientes de los primeros casos no son otra cosa que la ampliación "maquinal" de una actividad psíquica, una especie de prolongación "técnica" de los actos intencionales consistentes en ver y en escuchar. (Así se explica también que esta clase de aparatos envuelvan, para el esquizofrénico, una especie de intencionalidad mítica.) Todos los casos de esquizofrenia que hemos señalado entrañan, pues, un sentimiento primariamente ilusorio, que podríamos calificar como la *vivencia del puro ser objeto*. Y, partiendo de esta base, podemos representarnos ya como simples formas específicas de aquella vivencia general del ser-objeto todo eso que conocemos como sensación de "ser influido", manía persecutoria, de ser espiado, etc. Bajo estas formas especiales, el esquizofrénico tiene, en efecto, la sensación de ser objeto de las "intenciones" —*intendere*— de alguien que trata de influir en él, que lo observa o lo persigue.

Esta vivencia de que se es, puramente, un objeto, podríamos considerarla una faceta de aquel trastorno central del yo que Gruhle señala como uno de los "síntomas primarios" de la esquizofrenia. Queremos decir con ello que así como una grieta geológica permite descubrir la estructura de los estratos pétreos más profundos, los síntomas primarios (que constituyen, digamos, la superficie sintomatológica) nos dan la pista para encontrar el "trastorno fundamental" esquizofrénico. En realidad, las distintas formas y maneras de manifestarse aquella sensación que el paciente tiene de ser un simple objeto puede reducirse a una ley única y uniforme, por la que se rigen todos los casos de esquizofrenia: el esquizofrénico se vive a sí mismo como si él —el sujeto— se hubiera convertido en un objeto. Vive sus actos psíquicos como si, invirtiéndose los términos, se hubiesen trocado en algo puramente pasivo. Mientras el hombre normal tiene la sensación de que es él quien piensa y de cómo piensa, observa, influye, escucha, mira, busca y persigue, toma fotos o películas, etc., el esquizofrénico vive todos estos actos e intencionalidades, estas funciones psíquicas, como vueltas por pasiva: él "es" observado, él "es" en lo que se piensa. En una palabra, la esquizofrenia es la "pasivación" vivida de las funciones psíquicas. Para nosotros, esto constituye un principio fundamental de la psicología del esquizofrénico.

Es interesante ver cómo esa "pasivación" vivida lleva al enfermo que la vive a emplear las correspondientes formas gramaticales transitivas en casos en que normalmente estarían indicadas las intransitivas de locución. Así, una paciente esquizofrénica se quejaba de que, por las mañanas, al salir de su sueño, tenía la sensación no de "despertar", sino de que "la despertaban". Y es también esta *tendencia de pasivación de la vivencia esquizofrénica* y, como consecuencia de su manera gramatical de expresarse, lo que explica la conocida dicción típica que, desdeñando el verbo, recurre de preferencia a construcciones sustantivadas, no pocas veces forzadísimas ("comer-ición", y otras por el estilo); como que el verbo es aquella parte de la oración que expresa, esencialmente, la "acción", es decir, que presupone y expresa, sustancialmente, vivencias de actividad.

El lenguaje típico del esquizofrénico, por lo menos del esquizofrénico autístico —es decir, del que presenta una insuficiencia de "actividad" respecto del mundo exterior— se caracteriza, además, por otro rasgo, a saber: por el predominio de la función expresiva en detrimento de la representativa. Así se explican y hasta llegan a veces a comprenderse realmente las llamadas maneras artificiosas de hablar de ciertos esquizofrénicos; por medio de estos "lenguajes" artificiales podemos, a veces, llegar a entendernos con quienes los crean, limitándonos también nosotros a locuciones puramente expresivas y hablando con el paciente a la manera como "hablamos", por ejemplo, con los perros, es decir, fijándonos exclusivamente en el rintintin de las palabras, y no en su significación.

La teoría de la esquizofrenia mantenida por Berze se acerca mucho a la interpretación del modo vivencial esquizofrénico como la vivida pasivación de la actividad psíquica. El síntoma fundamental consiste, según él, en la "hipotonía de la conciencia". Poniendo esta hipotonía de la conciencia vivencial, podemos llegar a la siguiente fórmula, desde el punto de vista de un análisis existencial específico de la esquizofrenia:

El ser-yo es, como ser-consciente, "hipotónico" y es "vivido", como ser-responsable, "como si" también estuviese afectado. El esquizofrénico se vive a sí mismo limitado de tal modo en todo su ser-hombre, que no acierta a sentirse "existente". Podemos, ahora, comprender, en todo su alcance, aquella interpretación que Kronfeld hace de la vivencia esquizofrénica, cuando dice que es una especie de "muerte anticipada".

Desde que Berze ha distinguido entre los síntomas procesales y los síntomas defectivos de la esquizofrenia, sabemos que toda interpretación psicológico-fenomenológica de la vivencia esquizofrénica, y también por lo tanto, la interpretación analítico-existencial, debe referirse solamente a los síntomas de la primera clase. Ahora bien, a nuestro juicio, entre dos vivencias del hombre normal, la de adormilarse y la de soñar, media una diferencia análoga a la que existe entre los síntomas procesales y defectivos del esquizofrénico. Creemos que C. Schneider tiene razón cuando, en su estudio sobre la psicología de la esquizofrenia, "a la luz del pensamiento adormilado" —el pensamiento que fluye, cuando estamos a punto de dormirnos—, toma como modelo para su análisis precisamente este pensamiento, y no el onírico, como hace, por ejemplo Carl G. Jung, quien define al esquizofrénico como quien "sueña despierto".

Para comprender cómo realmente la vivencia normal del hombre al dormirse imita la modalidad esquizofrénica de vivencia, basta fijarse en que, al adormilarnos, se produce también en nosotros una hipotonía de la conciencia, o un *abaissement mentale,* para decirlo con las palabras de Janet. Ya Löwy llamaba la atención hacia lo que él designa los "productos a medio fabricar del pensamiento", y Mayer-Gross, por su parte, nos habla de "cáscaras de pensamiento vacías"; pues bien, todos estos fenómenos se revelan tanto en el pensamiento adormilado del hombre normal como en el pensamiento deformado del esquizofrénico. La escuela de Karl Bühler, orientada hacia la psicología del pensamiento, habla del "esquema de pensamientos" y del "carácter de formulario en blanco" del pensar, lo que traduce una cierta coincidencia en cuanto a los resultados de la investigación de los tres autores citados. En efecto, aceptando la fórmula de Karl Bühler, podríamos decir que al dormirnos lo hacemos sobre el formulario en blanco de los pensamientos, en vez de llenarlo. Así se comprende por qué en el pensamiento adormilado —situación que no ocurre nunca normalmente— se pone de manifiesto intuitivamente el formulario en blanco de un acto mental.

El pensamiento onírico se halla en oposición con el adormilado, por cuanto que en los sueños predomina siempre el lenguaje de las imágenes. En efecto, mientras que, al adormilarse el hombre, el nivel de su conciencia se desplaza a un grado inferior —de acuerdo con la hipotonía de la conciencia—, el nivel ínfimo de conciencia se alcanza cuando el hombre dormido empieza a soñar; los sueños se desarrollan ya sobre este nivel ínfimo. Y de acuerdo con el cambio funcional que se opera en el tránsito de la vigilia al sueño, el que sueña "regresa" al lenguaje simbólico primitivo de los sueños.

Dejemos a un lado la esencial distinción entre los síntomas procesales y los síntomas defectivos de la esquizofrenia, y preguntémonos qué otros síntomas esquizofrénicos que los señalados (es decir, la perturbación del yo y la del pensamiento) se pueden aclarar, partiendo del principio explicativo por nosotros establecido, es decir, la pasivación vivida de los procesos psíquicos que, según nuestro modo de ver, se dan en todos y cada uno de los casos de esquizofrenia.

No entraremos a examinar hasta qué punto el aspecto motor del esquizofrénico se acomoda al marco de la pasivación —la aplicación de nuestro principio interpretativo es fácil respecto de los fenómenos catatónicos y catalépticos—, para limitarnos al problema psicológico de las alucinaciones acústicas, de la sensación esquizofrénica de escuchar voces. Si partimos del fenómeno de la expresión en alta voz de los pensamientos vemos que el principio de la pasivación nos ofrece la clave para una explicación: aquellos elementos acústicos que en el hombre sano acompañan obligadamente al pensamiento (de un modo más o menos consciente), bajo la forma de lo que se llama el *lenguaje interior,* son vividos pasivamente por el esquizofrénico; los vive como si fuesen algo ajeno a él, como si viniesen del exterior, según el esquema de las percepciones. Ahora bien, el hecho de experimentar lo propio e interior como si fuese algo ajeno y venido de fuera, como si se tratase de una percepción, no es otra cosa que alucinarse.

El principio de la pasividad vivida de las funciones psíquicas, como criterio de interpretación de la psicología del esquizofrénico, no encuentra, ciertamente, posibilidad alguna de aplicación práctica en el campo terapéutico, pero sí puede encontrar en él una confirmación empírica. Sabemos, por ejemplo, de un caso en que logró tratar psicoterápicamente a un joven con una acusada manía sensitiva de creerse observado. Se le entrenó en el sentido de no hacer caso alguno de la observación de que se creía sujeto, en el sentido de no observar —*à la "persécuteur persécute"*— a sus supuestos observadores. (La cuestión de si tenía o no razón cuando se creía observado por otros, fue dejada a un lado en las discusiones desde el primer momento.) La sensación de que era observado desapareció tan pronto como el paciente se acostumbró o no seguir observando a quienes lo rodeaban, como venía haciéndolo hasta entonces, es decir, para espiar la observación de que él mismo pudiera ser objeto. *Al renunciar a la propia observación, terminó también la corres-*

pondiente vivencia pasiva, la sensación de ser observado. Pues bien, el hecho de que, al poner fin a la observación activa —resultado conseguido por la vía psicoterápica— desapareciese también, en el paciente, la sensación de verse observado sólo puede explicarse, a nuestro juicio, por la hipótesis de que la alteración fundamental había conducido a una inversión de la vivencia de observar, volviéndola pasiva.

El análisis existencial específico de la esquizofrenia no tiene por qué atenerse incondicionalmente a los casos que se hallen a salvo de toda objeción desde el punto de vista nosológico; las vivencias esquizofrénicas pueden esclarecerse, por el contrario, por el análisis de aquellos casos patológicos situados en la periferia del círculo de las formas esquizofrénicas, como el que acabamos de referir. Por eso queremos detenernos, siquiera sea brevemente, en aquellas formas de la psicopatía esquizoide que, en su tiempo, solían agruparse bajo la imagen de la llamada psicastenia. La vivencia de esta clase de enfermos describíase, como es sabido, como un *sentiment de vide,* una "sensación de vacío"; señalábase, al mismo tiempo, como otro de los rasgos la ausencia del *sentiment de réalité,* de la "sensación de realidad". Uno de nuestros pacientes intentaba expresar sus vivencias comparándose con un "violín que no tuviese caja de resonancia"; tenía una sensación "como si" fuese simplemente "su propia sombra". La falta de "resonancia" para el mundo en torno, de que se quejaba, engendraba en él una vivencia marcada de despersonalización.

Ya Haug señala, en su monografía, que la observación forzada de uno mismo puede provocar una sensación de despersonalización. Querríamos nosotros añadir algunas observaciones. El saber es siempre no sólo un saber de algo sino también un saber este saber; y, además, un saber que es del yo de quien arranca. El acto primario reflejado en el acto secundario, reflexivo, se da a sí mismo como psíquico, es calificado como psíquico; la cualidad vivencial "psíquica" se constituye, pues, *en* y *a través* de la reflexión.

Tratemos ahora de poner de manifiesto todas estas conexiones a la luz de un ejemplo biológico. Imaginémonos que al acto psíquico primario corresponda, en un símil biológico, el pseudópodo de una amiba que, partiendo de su centro celular, se extienda a un objeto cualquiera. Al acto secundario, reflexivo, correspondería, así, un segundo pseudópodo, más pequeño, que "se vuelve" sobre el que se extendió primero. Podemos perfectamente imaginarnos que este pseudópodo "reflexivo", al "extenderse demasiado" pierda su conexión sincitiaria con el plasma de la célula de la amiba. Nos brindaría así, el modelo biológico perfecto para comprender la vivencia de despersonalización de quien se empeña en observarse exageradamente a sí mismo. En efecto, al "estirarse demasiado" lo que se ha llamado *arco intencional* —es decir, al forzarse la observación de sí mismo—, tiene que producirse necesariamente la vivencia de la alterada conexión de las funciones psíquicas (que, de este modo, se viven como "automatizadas") con el yo. El forzado acto reflexivo de la propia observación pierde, así, la conexión vivencial con el acto primario y con el yo activo. De donde se sigue necesariamente la pérdida de la sensación de actividad y del sentimiento de personalidad, es decir, la alteración del yo en forma de una despersonalización.

No perdamos de vista que mediante la reflexión concomitante de un acto psíquico se da a sí mismo como puente entre el sujeto y el objeto y, además, el sujeto se da a sí mismo como portador de toda la actividad psíquica. Cuando digo que "tengo algo", tengo, además del "algo", el "tener" mismo, y al yo como "mi yo". "Mi yo" es, por tanto, el yo que ha cobrado conciencia de sí mismo. Esta conciencia que cobramos por la vía de la propia reflexión puede ilustrarse por medio de un símil biológico, que es la filogénesis del telencéfalo: *la corteza cerebral* —el correlato anatómico de la conciencia reflexiva— *se halla como replegada en torno de los centros subcorticales* —sustrato orgánico de los impulsos inconscientes— *del mismo modo que la función entorpecedora de la conciencia se "refleja" sobre las reacciones instintivas de los centros diencefálicos.*

Como hemos visto, el arco intencional del acto reflexivo se "estira" tanto, en el caso de la despersonalización, que puede llegar a desprenderse; por medio de esta imagen hemos intentado explicar la alteración del sentimiento del yo, cuando se fuerza excesivamente la autoobservación. Vemos, ahora, claramente por qué la hipotonía de la conciencia, en la esquizofrenia, puede o debe conducir al mismo resultado de una alteración del yo que la hipertonía de la conciencia en los casos de psicastenia, es decir, en los psicópatas esquizoides, y que la observación forzada de sí mismo en los psicópatas neurótico-compulsivos. La diferencia entre la alteración esquizofrénica del yo y la despersonalización psicopática estriba, simplemente, en que en el primer caso —como corresponde a la hipotonía de la conciencia— el acto intencional se deja demasiado flojo, mientras que en el segundo —conforme a la hipertonía de la conciencia— se estira demasiado, hasta que se "desgaja".

El bajo nivel de conciencia a que el hombre, como queda dicho, se ve retrotraído al dormirse, lleva consigo una hipotonía fisiológica, es decir, no patológica, de la conciencia. Ahora bien, cabe esperar que esta hipotonía se traduzca también en un descenso de la tendencia a la reflexión. Podemos suponer, en efecto, que en el soñar la rama reflexiva del acto de pensamiento se retraiga, más o menos. Y ello se manifiesta en el resultado de que los elementos instintivos de las "representaciones que ascienden libremente" puedan desarrollar su juego alucinatorio sin verse perturbadas por ninguna clase de correcciones reflexivas.

Resumiendo para terminar, los resultados del análisis especial de la Existencia respecto de las diferencias esenciales que median entre los tipos de vivencia neurótico-compulsiva y esquizofrénica, podemos condensarlos y delimitarlos en los términos siguientes.

El neurótico compulsivo padece de insuficiencia de una función amortiguadora y del consiguiente exceso de conciencia. El esquizofrénico padece de "hipotonía de la conciencia", por efecto de una "insuficiencia de la actividad psíquica". Pero en parte realmente y en parte en el plano de la vivencia, la esquizofrenia trae consigo, no sólo una limitación del yo en cuanto ser consciente, sino también en cuanto ser-responsable, en cuanto ser-sujeto-responsable (vivencia del ser puramente objeto, o principio de la pasivación).

No obstante, el esquizofrénico sigue conservando, a pesar de todas sus limitaciones, aquel resto de libertad frente al destino y frente a la misma enfermedad que es inseparable del hombre en cuanto tal y que sigue acompañándole, aun como enfermo, en todas las situaciones y en todos los momentos de su vida, hasta que exhala el último suspiro.

III. DE LA CONFESIÓN SECULAR A LA "CURA DE ALMAS" MÉDICA

Saluti et solatio aegrorum

INTENTAMOS poner de manifiesto en el capítulo primero de este estudio hasta qué punto la psicoterapia, tal como ha venido practicándose hasta aquí, necesita en principio un complemento, refiriéndonos con ello a la necesidad de incorporar lo espiritual en el tratamiento. En este capítulo, al final, trataremos la "posibilidad" de llevar a cabo esto que hemos preconizado.

La base sentada en el capítulo primero de esta obra es la logoterapia. Al llegar a un determinado punto, la logoterapia se trocó en análisis existencial. Se plantea ahora el problema de saber si el psicoterapeuta tiene el derecho o el deber de dar un paso más allá de esta raya.

La importancia psicoterapéutica de la confesión ha sido puesta de relieve repetidas veces y desde diversos puntos de vista. A cada paso tenemos ocasión de comprobar que la simple confesión en cuanto tal tiene una esencial eficacia terapéutica. Lo que en páginas anteriores dijimos a propósito de la terapéutica de la neurosis de angustia y la compulsión, acerca de los efectos de la objetivación del síntoma y de la distanciación del paciente, es aplicable a toda confesión en general y, en particular, a las confesiones que versan sobre la indigencia psíquica. Que el hablar con otro alivia y descarga la conciencia, es un hecho bien conocido. *La pena comunicada es ya una pena "compartida".*

¿Qué pretendía ser la psicoterapia, especialmente el psicoanálisis? Una confesión secular. ¿Qué pretende ser la logoterapia, especialmente el análisis existencial? Una "cura de almas" médica.

Hay que poner buen cuidado en no tergiversar el sentido de esta afirmación. La "cura de almas" médica no trata de ofrecer ningún sustitutivo de la religión; no trata siquiera de ofrecer ningún sustitutivo de la psicoterapia, tal como ha venido practicándose hasta aquí, sino que se propone, simplemente —ya lo hemos dicho—, complementarla. Al hombre de espíritu religioso, que se sabe guarecido en las reconditeces de la metafísica,[1] no tenemos nada que decirle, ni podríamos ofrecerle nada. Problema distinto es el de saber qué ha de hacerse con el hombre que no teniendo, de hecho, un espíritu religioso, acude al médico sediento de una respuesta a los problemas que lo conmueven y lo torturan en lo más profundo de su entraña.

A quienes ven esta cura de almas médica como un sustitutivo de la religión, podemos decirles que nada más lejos de la verdad. El médico que abraza la logoterapia o el análisis existencial sigue siendo médico, y no se propone, ni remotamente, dejar de serlo. No piensa ni por asomo en hacerle la competencia al sacerdote. Lo que ocurre es que trata de ensanchar su círculo de acción y de agotar las posibilidades de la acción médica. Que estas posibilidades existen y cómo deben ser realizadas, es precisamente lo que ahora nos proponemos demostrar.

La cura de almas médica y sacerdotal

Es evidente que la cura de almas médica no sustituye de ninguna manera a la auténtica cura de almas, que es y lo será siempre la sacerdotal; sin embargo, no es una situación de emergencia la que le exige al médico proporcionar cura de almas médica. "Los pacientes son los que nos imponen esta tarea" (Gustav Bally). "Con suma frecuencia se le pide a la psicoterapia que desemboque en cura de almas" (W. Schulte); porque "la psicoterapia [...] es también ineludiblemente, aun donde no lo sabe ni quiere saberlo, una cierta forma de cura de almas [...] Con frecuencia tiene que adoptar expresamente... formas de ataque que son una cura de almas" (Gorres).*

"Lo quiera o no lo quiera, en los grandes problemas cuando el paciente no está encamado, la tarea de aconsejarlo recae hoy con mucha frecuencia en el médico, en lugar del sacerdote", y "no se puede evitar que hoy los hombres que tienen un gran problema no busquen, en su mayoría, al sacerdote, sino al médico, como quien tiene experiencia de la vida" (H. J. Weitbrecht); pues lo que Victor E. V. Gebsattel denomina *la emigración de la humanidad occidental del pastor de almas al médico psiquiatra* es un hecho al que no se puede cerrar el pastor de almas, y una exigencia a la que no se puede negar el médico psicoterapeuta. No se solaza farisaicamente en el mal ajeno cuando ve que el paciente no acude al sacerdote. Sería farisaico que, viendo la necesidad anímica y espiritual de un no creyente, se alegrara del mal ajeno y pensara para sí: si fuera creyente, este hombre habría acudido al sacerdote.

En principio, la existencia religiosa y la irreligiosa son para la logoterapia fenómenos coexistentes; en otras palabras, la logoterapia tiene ante los dos fenómenos una actitud neutral; porque la logoterapia es un enfoque de la psi-

---

* *Jahrbuch für Psychologie und Psychotherapie* 6, 200, 1958.

coterapia y (al menos según la ley médica austriaca) la psicoterapia sólo puede ser ejercida por médicos. Y, aunque no fuera por ninguna otra razón, en virtud del juramento hipocrático que prestó como médico, el logoterapeuta debe preocuparse de que sus métodos y técnicas logoterapéuticos sean aplicables a *cualquier* enfermo, sea creyente o no, y que sean aplicables por *cualquier* médico, independientemente de cuál sea su cosmovisión personal. La religión es un fenómeno que se presenta en el hombre, en el paciente, un fenómeno entre otros fenómenos que se encuentra la logoterapia. Para la logoterapia la religión es, y sólo puede ser, un objeto y no un punto de partida.

Habiendo establecido así la posición de la logoterapia dentro de la medicina, volvamos de nuevo a su delimitación con la teología, que, en nuestra opinión, puede caracterizarse así:* el objetivo de la psicoterapia es la curación del alma, y el fin de la religión es, en cambio, la salvación del alma. Lo diversos que son los dos fines se puede colegir del hecho de que, por la salvación del alma de un creyente, el sacerdote, en algunas circunstancias, va a luchar con plena conciencia del peligro de arrojar al paciente, de esa manera, a tensiones emocionales todavía más grandes: no se las va a evitar. Porque primordial y originalmente está lejos del sacerdote cualquier motivo psicohigiénico. Pero hay que hacer una observación: no obstante la religión, según su intención primordial, se ocupe y preocupe muy poco por cosas como la curación o la prevención de enfermedades del alma, a pesar de eso tiene eficacia psicohigiénica, e incluso psicoterapéutica *per efectum* (y no *per intentionem*), por el hecho de que le da al hombre una seguridad y una base firme que no hallaría en

* Viktor E. Frankl, *La idea psicológica del hombre,* Rialp, Madrid, 1965.

ningún otro lado: la seguridad y la firme base de la trascendencia, del absoluto. Ahora bien, también del lado de la psicoterapia podemos señalar un efecto secundario no intencional: cuando en casos aislados, inspirados, dichosos, vemos cómo el paciente, en el curso de la psicoterapia, encuentra de nuevo el camino a las fuentes, largo tiempo cegadas, de una fe original, inconsciente, reprimida.* Pero en ningún caso en que esto suceda podría deberse a la legítima intención del médico, a no ser que el médico pisara el mismo terreno confesional y actuara a partir de una especie de unión personal —pero entonces, en principio, no estaría tratando a su paciente en cuanto médico—.**

Es evidente que la situación no es como si los fines de la psicoterapia y de la religión estuvieran en el mismo plano del ser, como si tuvieran el mismo rango de valor. Más bien el rango de la salud del alma es distinto del de la salvación del alma. Es decir que la dimensión en que ataca el hombre religioso es superior o, lo que es igual, abarca más que la dimensión en que se desarrolla la psicoterapia. Y la irrupción en la dimensión superior no ocurre en su saber, sino en la fe.

Ahora bien, por lo que respecta al paso dado en la fe a la dimensión divina, es decir, ultrahumana, no es algo que se pueda forzar, y mucho menos a través de la psicoterapia. Ya estamos satisfechos si la puerta a lo ultrahumano no queda bloqueada por el reduccionismo, a la zaga de un psicoanáli-

---

* Cfr. V. E. Frankl, *La psicoterapia en la práctica médica,* Buenos Aires, 1955-1966.

** R. C. Leslie, *Jesus and Logotherapy: The Ministry of Jesus as Interpreted Through the Psychotherapy of Viktor Frankl,* Nueva York, 1965; D. F. Tweedie, *Logotherapy and the Christian Faith: An Evaluation of Frankl's Existential Approach to Psychotherapy,* Grand Rapids, 1961, y *An Introduction to Christian Logotherapy,* Grand Rapids, 1963.

sis mal comprendido e interpretado vulgarmente y transferido junto con él al paciente. Estamos satisfechos si ya no se presenta a Dios como "no más que" una imagen paterna y a la religión como "no más que" una neurosis humana y de esa manera se les desprestigia a los ojos del paciente.

Por más que la religión no sea para la logoterapia "más que" un objeto, como dijimos al principio, por lo menos, sin embargo le es un objeto muy querido, y esto por una razón sencilla: porque en conexión con la logoterapia, logos significa espíritu y, además, sentido. En la medida en que podemos definir el ser-hombre como ser-responsable, el hombre es responsable de realizar un sentido. En contraposición con la pregunta "para qué", la psicoterapia debe dejar sin responder la pregunta "ante quién" somos responsables.

Debe dejarse al paciente la decisión sobre cómo interpretar su responsabilidad: como responsabilidad ante la sociedad, ante la humanidad, ante su conciencia o simplemente no ante algo, sino ante alguien, ante la Divinidad.*

Ahora bien, se podría objetar que no debe dejarse sin responder la pregunta sobre el "ante quién" de la responsabilidad. Que, más bien, la respuesta fue dada hace ya mucho tiempo, en la forma de la revelación; pero la prueba tiene un defecto: se reduce a una petición de principio; porque, para que yo pueda en absoluto reconocer la revelación en cuanto tal, se presupone de antemano una decisión de fe. No sirve, pues, absolutamente de nada que se le indique a

---

* Sólo resta la pregunta de si es posible en absoluto hablar de Dios, y no más bien únicamente hablarle a Dios. La frase de Ludwig Wittgenstein, *whereof one cannot speak, thereof one must be silent* —"de lo que no se puede hablar, se debe callar"— no sólo se puede traducir del inglés al español, sino también del lenguaje agnóstico al teísta: *debemos orar a aquel del que no se puede hablar.*

un incrédulo que existe una revelación: si lo fuera para él, ya sería creyente desde antes.

Por consiguiente, la psicoterapia debe moverse de este lado de la fe en la revelación y responder a la pregunta sobre el sentido de este lado de la bifurcación entre la concepción teísta del mundo, por un lado, y la ateísta, por el otro. Si considera así el fenómeno de la fe, no como una fe en Dios, sino como una fe más amplia en el sentido, entonces es totalmente legítimo que se ocupe y trate del fenómeno de la fe. Entonces está de acuerdo con Albert Einstein, para quien plantear la pregunta sobre el sentido de la vida es ser religioso.

El sentido es un muro más atrás del cual ya no podemos retroceder, sino que tenemos que aceptar: tenemos que aceptar este sentido último porque más atrás de él ya no podemos hacer una nueva pregunta, y no podemos hacerla precisamente porque en la tentativa de responder a la pregunta por el sentido del ser ya está presupuesto el ser del sentido. En pocas palabras, la fe del hombre en el sentido es, en la aceptación de Kant, una categoría trascendental. De la misma manera que sabemos, con Kant, que en cierta manera carece de sentido preguntar qué está más allá de categorías como el espacio y el tiempo, simplemente porque no podemos pensar, y por tanto tampoco preguntar, sin presuponer el espacio y el tiempo, de esa misma manera el ser humano siempre es un ser orientado al sentido, por más que pueda conocer mal este hecho: hay aquí una especie de preconocimiento del sentido, y un barrunto del sentido está también en la base de lo que se denomina en la logoterapia "voluntad de sentido". Quiéralo o no, se percate de ello o no, el hombre cree en un sentido mientras respire. Hasta el suicida cree en un sentido, si no el de la vida, el de seguir viviendo, por lo menos el de la muerte. Si realmente no creyera en ningún sentido, en ninguna clase de sentido, entonces no podría propiamente mover un dedo ni, por tanto, proceder al suicidio.

He visto morir ateos convencidos de que durante toda su vida hubieran rechazado rotundamente creer en "un ser superior" o algo por el estilo, en un sentido de la vida que fuera dimensionalmente superior; pero en su lecho de muerte, "a la hora de su muerte", manifestaron con su muerte a los testigos lo que durante décadas no habían podido manifestar a nadie con su vida: algo oculto que no sólo se mofaba de su concepción del mundo, sino que tampoco era posible intelectualizar y racionalizar. *De profundis* brota algo, irrumpe algo, sale a la luz una confianza ilimitada, que no sabe hacia quién se dirige, ni en qué confía, y que sin embargo se opone al conocimiento de la infausta prognosis.[2]

La relación manipulada y el encuentro de confrontación

En su libro sobre la logoterapia, Donald F. Tweedie* presenta un aforismo para caracterizar la diferencia entre el psicoanálisis y la logoterapia: "En el psicoanálisis el paciente se recuesta en un diván y le cuenta al analista cosas que son desagradables de oír, mientras que en la logoterapia el paciente se sienta en una silla y escucha cosas que son desagradables de oír". Evidentemente se trata de una caricatura de la situación real, dice Tweedie; no obstante, añade, indica el papel más activo que desempeña el logoterapeuta. Ahora

* *Logotherapy and the Christian Faith: An Evaluation of Frankl's Existential Approach to Psychotherapy,* Baker Book House, Grand Rapids, Michigan, 1961.

bien, a nosotros nos parece que en este símil el "contar" o decir y el "escuchar" se complementan mutuamente de tal manera que sólo después de esa complementación se constituye la reciprocidad que está en la base del encuentro entre médico y enfermo.

Preguntémonos ahora en este contexto en qué consiste el paso más allá de Freud que dio, desde Scheler y Heidegger, la psicoterapia de orientación personal o existencial, en conformidad con su *intención antropológica:** tendríamos que partir de la contribución fundamental de Freud a la psicoterapia, de la realización propia del psicoanálisis, y verla en una "conciencia" *(Besinnung)* de la neurosis: a partir de Freud se interpreta la neurosis, de una u otra manera, como algo que tiene sentido; pero donde la búsqueda psicoanalítica del sentido no llega a encontrar uno, se conforma con darlo, y va tan lejos en esta línea que, para decirlo con Boss,** construye la hipótesis, o mejor dicho la hipóstasis, "de la instancia del yo o del ello, una instancia del inconsciente y otra del superyo", "y al fondo utiliza la antigua técnica del cuento infantil. Porque también éste suele aislar de otras posibilidades el comportamiento de la madre, por ejemplo deseado y querido por el niño, solidificándolo y convirtiéndolo en la representación de una instancia independiente, en una hada madrina; en cambio, las formas de comportamiento desagradables, aquellas de las que el niño no quiere saber nada, las que teme, las suele personificar en

---

* Paul Polak, "Existenz und Liebe: Ein kritischer Beitrag zur ontologischen Grundlegung der medizinischen Anthropologie durch die 'Daseinsanalyse' Binswangers und die 'Existenzanalyse' Frankls", *Jahrbuch für Psychologie und Psychotherapie* 1, 355, 1953.

** *Schweizerische Zeitschrift für Psychologie und ihre Anwendungen* 19, 199, 1960.

la idea de una bruja. Y así como no se puede sostener mucho la fe en estas figuras de cuento, se puede suponer que tampoco las representaciones psicológicas de las instancias se podrán mantener en todo el tiempo futuro". Para completar podríamos decir que en la medida en que el psicoanálisis "personifica las instancias" mencionadas, despersonaliza al paciente. En último análisis, en el marco de esa imagen del hombre el hombre queda reificado.

Sólo que el hecho de que el hombre sea reificado, es decir que de una "persona" se haga una "cosa", para hacer una alusión a la antítesis personalista de William Stern,* no es más que uno de los dos aspectos de un proceso cuyo otro aspecto puede formularse de la siguiente manera: el hombre es manipulado, en otras palabras, no sólo se le convierte en cosa, sino que además se le convierte en mero medio para un fin.

¿Cómo actúa en la relación humana entre médico y enfermo, en su mutuo encuentro, esa tendencia inherente al psicoanálisis a la reificación y, sobre todo, a la manipulación de todo lo humano? Como es sabido, de ella brota la "transferencia"; y ésta es *siempre* "manipulada": en Robert W. White,** por ejemplo, hallamos expresiones como *manipulating the transference relationship* y *the manipulation of the transference* ("Manipulando la relación de transferencia" y "la manipulación de la transferencia"). Rudolf Dreikurs,*** sin embargo, nos "previene" contra la teoría de la transferencia explicando que: *"The assumption of transference as the basic therapeutic agent puts the therapist in a superior position,*

---

* *Allgemeine Psychologie auf personalistischer Grundlage,* 2ª ed., Nijhoff, La Haya, 1950.
** *The Abnormal Personality,* 2ª ed., Ronald Press, Nueva York, 1956.
*** "The Current Dilemma in Psychotherapy", *Journal of Existential Psychiatry* 1, 187, 1960.

manipulating the patient according to his training and therapeutic schemes" ("El supuesto de la transferencia como el agente terapéutico fundamental pone al terapeuta en una posición superior desde la que manipula al paciente según su adiestramiento y sus métodos terapéuticos"). Pero también Boss* afirma que el analista que procede en la línea de la "analítica de la existencia" que él propugna, "no podrá seguir a Freud en la aplicación que éste hace de la 'transferencia'. Sino que más bien el terapeuta de la línea del análisis de la existencia hace valer el amor de transferencia como la auténtica relación humana que atañe inmediatamente al analista, relación que es experimentada en esta forma por el mismo analizado".

Ahora bien, si el psicoanálisis destruyó la "relación humana" que él mismo había fundado, en cuanto que, precisamente en la línea de transferencia manipula esa relación fue mérito del "análisis de la existencia" *(Binswanger)* y de la analítica de la existencia haber vuelto a colocar el carácter de encuentro de la relación psicoterapéutica en el lugar que le correspondía. De esta manera se conserva el carácter existencial del encuentro, y existencial significa adecuado al ser humano. Sin embargo, todavía no se ha incluido en la relación psicoterapéutica la siguiente dimensión, aquella en la que se trasciende el ser humano haciendo referencia a un sentido, en la que la existencia se enfrenta con el logos.

A partir de Karl Bühler** sabemos lo que significa para el lenguaje humano su relación con el objeto. El lenguaje humano puede considerarse desde tres lados: visto desde el punto de vista del que habla, es expresión; con relación a

---

* "Die Bedeutung der Daseinsanalyse für die psychoanalytische Praxis", *Zeitschrift für Psycho-somatische Medizin* 7, 162, 1961.

** *Sprachtheorie: Die Darstellungsfunktion der Sprache,* 1934.

aquel a quien se habla, es apelación, y visto desde el objeto del que se habla, es exposición. Sin embargo, el lenguaje humano en cuanto tal, en cuanto humano, no es pensable sin su relación con el objeto. Análogamente, la relación psicoterapéutica no es un mero diálogo intersubjetivo, como tampoco mero monólogo intrasubjetivo. El diálogo psicoterapéutico que no esté "abierto" a un sentido, que no rompa pues su marco, se queda en *diálogo sin logos.*

En el camino que lleva de la logoterapia, pasando por el análisis existencial, a la cura de almas médica, nos sale al paso, en proporciones cada vez mayores, aquella problemática espiritual que toda psicoterapia, de un modo o de otro, lleva consigo.

Lo cual entraña por una necesidad esencial, el problema y el peligro de una transgresión de límites. Mientras que en el primer capítulo lo estudiábamos esforzándonos tan sólo en salvaguardar *las leyes propias de lo espiritual —saliendo al paso del peligro del psicologismo—,* de lo que se trata, ahora, es de *asegurar la legitimidad y el derecho de lo espiritual concreto, de lo personalmente espiritual.* Debemos, pues, formular el problema del siguiente modo: *¿qué debemos exigir, desde el punto de vista de tales garantías,* de la logoterapia o del análisis existencial, o bien *de esta pretendida "cura de almas" médica,* preconizada por nosotros? También podríamos precisar nuestro problema de este otro modo, por analogía con la formulación histórica de Kant preguntarnos si y cómo es posible una psicoterapia como valoradora. O, variando el título de la obra kantiana, esforzarse por escribir los "Prolegómenos para una psicoterapia del porvenir que pueda presentarse como valoradora".

Pero, en todo esto, debemos tener siempre muy presente la *quaestio iuris,* en vez de deslizarnos hacia la *quaestio facti*. De hecho, todo médico aplica, una y otra vez, criterios valoradores y no sólo el psicoterapeuta. No hay ningún acto médico que no presuponga el valor de la salud o el valor de la curación. Ya hemos dicho más arriba que la problemática espiritual o axiológica de la acción médica surge ya en toda su amplitud cuando se plantea el problema de la eutanasia, el de la salvación de la vida de un suicida o el de emprender operaciones quirúrgicas especialmente arriesgadas; es decir, en aquellos casos en que se ventila, en su conjunto, el problema de la existencia humana. Podemos, sin embargo, afirmar que ningún acto de la práctica médica se halla de antemano al margen del problema valorativo o libre de todo supuesto de carácter ético.

Y la psicoterapia sobre todo ha recurrido siempre, en la práctica, a métodos logoterápicos y, por tanto, a la cura de almas médica, por cuanto que el psicoterapeuta —en una unidad de acción—, por decirlo así, ha entrelazado siempre aquellos campos dispares y cuya separación heurística juzgábamos tan conveniente en el capítulo primero de este estudio (para salir al paso del psicologismo).

Lo que ahora tenemos ante nosotros, sin embargo, es el problema que se refiere a la legitimidad teórica del valor, la cuestión de "la instancia en cuyo nombre" (Prinzhorn) penetramos en el campo de las concepciones del mundo, de lo espiritual, en el campo de los valores. Es éste un problema de juego limpio ideológico y de limpieza metodológica. Para el médico educado en la crítica del conocimiento, la cosa es clara: la causa de la cura médica de almas triunfará o será derrotada según que logremos o no dar una respuesta al problema planteado.

Dice Hipócrates que el médico que sea a la vez filósofo se asemeja a los *dioses;* nosotros, sin embargo, en nuestros esfuerzos por infundir a la acción del médico ciertos criterios ideológicos, no queremos *equipararlo ni siquiera al sacerdote.* Pretendemos, únicamente, agotar hasta el extremo las últimas posibilidades del ser-médico. Y no hay más remedio que atreverse a ello, aunque corramos el riego de que este audaz intento sea interpretado como una aventura prometeica. No hay más remedio que hacerlo, ya que *el médico se ve obligado, en su consulta, a enfrentarse a cada paso con decisiones del enfermo que envuelven verdaderos problemas filosóficos; no puede, discretamente, pasar de largo ante ellos;* se ve constantemente en la necesidad de abordarlos y de tomar, ante ellos, una posición.

Ahora bien, ¿incumbe al médico el derecho, tiene incluso el deber, de tomar una posición ante esta clase de problemas? ¿O está justificado y es, incluso, obligado, que los rehúya cuando le salgan al paso? ¿Tiene derecho a inmiscuirse en las decisiones de su paciente? ¿No se entromete, al hacerlo, en la órbita privada, personal, de su espíritu? *¿No transfiere, de este modo, sin darse cuenta o despreocupadamente, su modo privativo de concebir el mundo a la mente de su enfermo?* Es cierto que Hipócrates dijo que "es necesario llevar la filosofía a la medicina y la medicina a la filosofía", pero, a la vista de esta frase, cabe preguntarse: ¿no llevará, con ello, el médico al tratamiento algo que no tiene nada que ver con él? *¿No impondrá una determinada concepción* del mundo al paciente que a él se confía o le está confiado?

La cosa es fácil para el sacerdote, a quien el solo hecho de serlo confiere títulos para entrar a discutir problemas de esta clase, como lo es también para aquellos médicos que, en una especie de unión personal y fortuita, por coincidir en ellos la personalidad del médico y la del hombre religioso,[3] pueden perfectamente tratar con el paciente, de ideas religiosas coincidentes con las suyas, toda clase de problemas filosóficos o axiológicos; y lo es también para el médico vinculado de antemano a sus valores por cuanto que ha recibido un mandato del Estado para la defensa de los intereses de éste. *Cualquier otro médico, en cambio, se verá siempre, en estos casos, ante un dilema,* sobre todo el psicoterapeuta: de una parte, se presentará ante él *la necesidad de valorar dentro de la psicoterapia;* de otra parte, tropezará con la *necesidad de evitar toda imposición por otra parte del psicoterapeuta.*

Existe, sin embargo, una solución a este dilema, pero sólo una, concreta y determinada. Para comprenderla, nos basta con remontarnos a aquel hecho antropológico originario, a aquel hecho fundamental de la existencia humana que nos servía de punto de partida: ser hombre, decíamos, es ser-consciente-y-responsable. El análisis existencial no se propone, en efecto, otra cosa que *llevar al hombre a la conciencia de éste su ser-responsable.* Se trata de hacer que comprenda y viva esta responsabilidad inseparable de su propia existencia. Esto es todo: *tratar de llevarle más allá de este punto.* Más allá de la conciencia de su existencia como responsabilidad, *no sería posible ni tampoco necesario.*

El concepto de la responsabilidad es formal, desde el punto de vista ético; no entraña ninguna clase de determinaciones concretas. La responsabilidad es, además, éticamente, un concepto neutral y, por ello mismo, un concepto ético límite, ya que *nada nos dice acerca del "ante quién" o del "porqué" de la responsabilidad.* En este sentido, el análisis existencial mantiene también su neutralidad con respecto al problema de "ante quién" se siente más responsable el hombre, si ante Dios, ante su conciencia, ante la colectividad o ante cualquier otra instancia; lo mismo que con respecto al problema del "porqué" se siente responsable, por la realización de qué valores, por el cumplimiento de qué deberes personales, por la plasmación de qué sentido concreto de la vida.

Así, pues, el análisis de la Existencia no se inmiscuye para nada en la respuesta que haya de darse a los problemas que se refiere a la escala de los valores o a su orden jerárquico; le basta con el hecho de que el hombre valore como mejor le parezca: la elección misma de los valores (de lo que Eliasberg diría de los "valores electivamente afines a él") es y tiene que ser, esencialmente, de la incumbencia del paciente mismo. El análisis existencial no debe preocuparse de qué sea lo que elija el enfermo, de la meta que se trace, sino simplemente de que elija, de que se decida por lo que sea.

Sin embargo, a pesar de su neutralidad ética, la conciencia de la responsabilidad implica una obligatoriedad moral; una vez que despierte en el hombre, buscará, encontrará y seguirá automáticamente el camino hacia su meta. Al análisis existencial y, por tanto, a toda cura médica de almas le basta y debe bastarle con guiar al enfermo hasta la vivencia radical de su responsabilidad. El prolongar el tratamiento más allá, penetrando ya en la esfera personal de las decisiones concretas, debe considerarse, en este terreno como en todos, absolutamente inadmisible. Por consiguiente, el médico jamás debe descargar al enfermo de su propia responsabilidad, echársela sobre sus hombros, eximirle del deber de tomar sus decisiones o imponer al enfermo las que él, por su cuenta, tome.

Por el contrario, *lo que se propone precisamente el análisis de la existencia es llevar al hombre a un terreno en que, por sí y ante sí, por la conciencia de su propia responsabilidad, sea capaz de penetrar él mismo hasta la comprensión de sus deberes propios y peculiares y de descubrir el sentido genuino de su vida, sentido que deja de ser anónimo para convertirse en algo único e irremplazable.* Una vez que el hombre avance hasta este punto, podemos estar seguros de que dará una respuesta concreta y, al mismo tiempo, creadora al problema que envuelve el sentido de la existencia, después de aquel giro copernicano al que nos referíamos. Lo hará así, pues habrá llegado al punto en que, como dice Dürck, despertará su sentido de la responsabilidad.

La técnica existencial-analítica del denominador común

Ahora bien, como los valores son, en cierto modo, inconmensurables y el decidir acerca de ellos supone siempre preferir unos a otros (Scheler), no cabe duda de que, en ciertas circunstancias, se planteará también la necesidad de ayudar al hombre en esto. La necesidad y la posibilidad de prestarle ayuda nos las revela claramente el siguiente caso.

Un joven se presentó en la consulta de un médico para recabar su consejo ante un problema práctico que se le planteaba y en el que no se atrevía, de por sí, a tomar una decisión. Una amiga de su novia animábale a tener comercio sexual con ella, por una sola vez. El joven en cuestión preguntaba qué debía hacer: ¿debía engañar a su novia —a la que quería y estimaba mucho— o hacer oídos sordos a la tentación de su amiga, guardándole a aquélla la fidelidad a que sentimentalmente se creía obligado? Como es natural, el médico se negó, por principio, a entrometerse en aquella decisión, privativamente personal. Pero creyó de su deber, y con razón, elevando el problema a un plano superior, hacer comprender al paciente lo que éste realmente quería, el problema que en última instancia se ventilaba, lo mismo en uno que en otro caso. Le hizo ver que, de una parte, se le presentaba por una sola vez la ocasión de experimentar un goce pasajero y, de otra, la coyuntura, también por una sola vez, de seguir una conducta altamente laudable desde el punto de vista moral, es decir, de saber renunciar a aquel goce pasajero en gracia al amor, lo que representaría una "obra" positiva ante su propia conciencia (y no ante su novia, ya que ésta no tenía por qué enterarse, ni se enteraría, tal vez, del asunto). El joven de nuestro caso coqueteaba con aquella posibilidad de entregarse al goce sexual, porque según sus propias palabras, "no quería desaprovechar ninguna oportunidad".

Ahora bien, lo más probable era que el goce con que especulaba hubiese resultado, en la práctica, harto problemático, pues hay que decir que este paciente se hallaba sometido a tratamiento por cierta impotencia relativa. El médico tenía, pues, sus razones para suponer que, al llegar la hora de los hechos, la conciencia del joven, sintiéndose culpable, habría actuado inhibitoriamente, echándole a perder todos sus cálculos. Pero, aun prescindiendo de esta consideración utilitaria, que el médico naturalmente se guardó para sus adentros, hizo todo lo posible por aliviar al paciente de una situación bastante parecida a la del "asno de Buridán", el cual —según la conocida teoría escolástica— se murió de hambre por no decidirse entre dos montones de pienso de las mismas dimensiones y situados a ambos lados y a igual distancia de él. El médico intentó reducir a un denominador común las dos posibilidades entre las que el paciente debía optar. Estas dos posibilidades representaban "ocasiones" que sólo se le brindaban "una vez en la vida"; en los dos casos posibles tenía el paciente, necesariamente, que "desaprovechar una oportunidad", en uno de los casos la oportunidad de un goce problemático, en el otro la de demostrar ante sí mismo aquel amor profundo que afirmaba sentir por su novia y que probablemente nunca tendría la oportunidad de documentar de aquel modo. La renuncia tácita a la aventura sexual a que se le incitaba le permitía dar expresión al amor de que hacía protestas. Se hizo comprender, pues, al joven en cuestión, no sólo que en cada uno de los dos casos "desaprovecharía una oportunidad", sino, además, que en uno de ellos sacrificaría relativamente poco y en el otro relativamente mucho.[4] Y así, sin necesidad de indicarle el camino que debía seguir, el paciente salió de la consulta perfectamente convencido, convencido por sí mismo, de cuál debía ser su decisión; él mismo se encargó de tomarla, por sí y ante sí, afirmando con ello su propia personalidad, no a pesar, sino precisamente a causa de las explicaciones que el médico le había dado.

La importancia de hacer ver al paciente lo que llamamos el común denominador, se revela no sólo cuando se trata de preferir unos valores a otros, sino también al comparar entre los diversos "bienes". Tenemos, por ejemplo, el caso de un hombre relativamente joven, paralítico de medio lado a consecuencia de una embolia cerebral que expuso al médico la tremenda desesperación que suponía para él verse en aquel estado, sin ninguna perspectiva de una mejoría notable. El médico ayudó al enfermo a hacer una especie de balance, llamando su atención hacia los bienes que aún conservaba para contrarrestar su enfermedad y dar un sentido a su vida: estos bienes eran un matrimonio feliz y un hijo sano. La parálisis que le impedía valerse de las extremidades del lado derecho no significaba, económicamente, un perjuicio muy grande para el enfermo, ya que se trataba de un rentista. Tuvo que reconocer que aquella parálisis habría arruinado, ciertamente, la carrera de un boxeador profesional, pero que no tenía por qué destruir el sentido de la vida de un hombre, cualquiera que él fuese.

Pero como el paciente logró ganar esta distancia filosófica, esta paz estoica y esta serena alegría, fue por el siguiente camino: el médico le aconsejó que se sometiera a ejercicios de lectura para vencer ciertas dificultades de pronunciación causadas por el ataque de embolia. El libro que se puso en sus manos para realizar estos ejercicios fue *De vita beata* (o *De la vida bienaventurada*), de Séneca.

Ahora bien, no debe perderse de vista que existen siempre casos o situaciones en los que una psicoterapia de urgencia, de la que dependa quizá la vida del enfermo, no podría renunciar sin peligro a una intromisión consciente en las decisiones del enfermo. El médico jamás dejará en la estacada a una persona a quien vea presa de gran desesperación, y optará por sacrificar el principio antes que la vida de un ser humano; es algo así como el guía que conduce a un alpinista y que, en general, sostiene la cuerda floja, para que la persona "conducida" no se confíe totalmente a él, sino que despliegue personalmente todo su esfuerzo, pero que, al presentarse el peligro de que caiga al abismo y se mate, se apresura a asegurar bien la cuerda, para evitar que se despeñe. Así, pues, también en lo tocante a la logoterapia y a la cura de almas médica existe algo así como una indicación vital, por ejemplo, en los casos en que el paciente corra el peligro de suicidarse. Sin embargo, estos casos excepcionales no hacen más que confirmar la actitud de discreción que, normalmente, debe adoptar el médico ante los problemas de valores o de concepción del mundo del enfermo. En principio y en términos generales, deberá respetarse el límite, tal como ha quedado caracterizado.

Por más técnica y ciencia que puedan incorporarse en la psicoterapia, de alguna manera en último término se funda menos en la técnica que en el arte, y menos en la ciencia que en la sabiduría.

Ahora bien, la cura de almas médica no versa, de por sí, exclusivamente, ni siquiera esencialmente sobre los casos de neurosis. Esta cura de almas es de incumbencia primaria de todo médico. El cirujano necesita recurrir a ella no pocas veces, tantas, por lo menos, como el neurólogo o el psiquiatra o el psicoterapeuta. Lo que ocurre es que la meta que la cura de almas médica se da es más alta que la que puede trazarse, supongamos, el cirujano. Cuando éste ha llevado a cabo una amputación, se quita los guantes de operar y, al parecer, ha cumplido ya con su deber como médico. Pero ¿y si el operado atenta contra su vida, porque no se siente capaz de seguir viviendo como un ser amputado, qué es lo que queda en pie del efecto real de la terapia quirúrgica? ¿Por qué no hemos de considerar como parte de los deberes del médico lo que ponga de su parte para ayudar al enfermo a soportar sus padecimientos y sus dolores, después de operado, o para acostumbrarse al defecto físico que la operación quirúrgica le deja? ¿Acaso no tiene el médico el derecho e incluso el deber de tratar esta actitud que el enfermo debe adoptar ante su enfermedad, que envuelve (aunque no se exprese así) una concepción del mundo? Allí donde el cirujano se cruza de brazos en cuanto tal, comienza, precisamente, el problema de la cura médica del alma. Concretamente, cuando el cirujano ha hecho, como tal, cuanto estaba en sus manos, y más aún, cuando no puede hacer nada, desde el punto de vista quirúrgico, por ejemplo, en los casos inoperables.

Con golpear cariñosamente el hombro del enfermo o

decirle unas cuantas frases bien intencionadas de consuelo, no se consigue nada. Lo importante es saber pronunciar la palabra adecuada en el momento adecuado. Esta palabra no tiene por qué responder, ni debe responder, a una hábil fraseología, ni degenerar en un debate filosófico de gran envergadura; pero sí debe saber llegar al alma del enfermo.

Un eminente jurista a quien fue necesario amputar una pierna para atajar un proceso de gangrena arterioesclerótica, rompió a llorar al dejar la cama por primera vez para dar los primeros pasos con una sola pierna. El médico, para ayudarle a vencer aquella crisis, le preguntó si aspiraba, de viejo, a convertirse en corredor, pues sólo así podía explicarse su desesperación. La pregunta hizo que las lágrimas se cambiasen inmediatamente en una débil sonrisa. Y es que el paciente se había dado cuenta de un hecho tan simple como el de que el sentido de la vida, para el hombre, aunque fuese un corredor profesional, no consiste exclusivamente en poder desplazarse rápidamente de un sitio a otro, y de que la vida no es tan pobre en posibilidades de valor que pierda todo sentido y toda razón de ser porque el cuerpo humano cuente con una extremidad menos. (Los símiles con ayuda de los cuales cabe esclarecer tan fácilmente las actitudes espirituales de nuestros enfermos, a las que nos referimos, deben tomarse del mundo deportivo, entre otras razones, por aquella que ya especificamos en otra ocasión: de la moral del deportista pueden aprender esta clase de enfermos la gran lección de que las dificultades, lejos de quitar todo sentido a la vida, le dan otro nuevo y más alto. El verdadero deportista no rehúye las dificultades, sino que las busca e incluso las crea. Basta pensar en las carreras de obstáculos o en las con ventaja: la que el corredor da a sus competidores honra a quien la da.)

La víspera del día en que iban a amputarle una pierna, afectada de tuberculosis ósea, una paciente escribió a una amiga, expresándole vagamente la intención de suicidarse. La carta pudo interceptarse a tiempo y llegó a manos de uno de los médicos de la sala de cirugía en que estaba hospitalizada la enferma. Varios minutos después de haber sido escrita, el médico improvisó una conversación con la paciente. Logró hacer comprender a la enferma, con unas cuantas palabras bien pensadas, que la existencia humana sería algo verdaderamente pobre si la pérdida de una pierna quitase realmente todo su sentido y su contenido a la vida. Sólo la vida de una hormiga, le dijo, carecería de finalidad en esas circunstancias, suponiendo que, al perder una de sus seis patas, ya no pudiese seguir cumpliendo el fin que en el estado de las hormigas se le asigna de andar de un lado para otro, trajinando; pero, una cosa es la vida de la hormiga y otra cosa muy distinta la vida humana. Aquella improvisada charla del joven médico, sostenida en estilo más o menos socrático, surtió su efecto. Pero éste es el día en que su jefe ignora que, a pesar de haber ejecutado la amputación, con todo éxito, la paciente estuvo a punto de haber sido enviada, horas después de salir de los efectos de la anestesia, desde la mesa de operaciones a la sala de disección.

El análisis existencial tuvo que atreverse a dar el paso revolucionario y herético de no sólo proponerse como meta la capacidad del hombre para la eficiencia y el goce, sino, más allá de esa capacidad, ver también una tarea fundamentalmente posible y de hecho necesaria en su capacidad de sufrir. Con esto se convierte en asunto de *todo* médico y ya no sólo del neurólogo, del psiquiatra o del psicoterapeuta; pero sobre todo se convierte en asunto del internista, ortopedista y dermatólogo, e incluso con mayor razón para éstos que para cualquiera de las categorías mencionadas de especialistas. Porque el internista tiene que tratar enfermos crónicos y pacientes incurables; el ortopedista, baldados de por vida, y el dermatólogo, personas desfiguradas para toda la vida. Todos ellos, pues, tienen que tratar con hombres que tienen que sufrir bajo un destino al que tienen que dominar ya no plasmándolo, sino simplemente soportándolo.[5]

Últimos auxilios

La objeción de que la psicoterapia no tiene que consolar —ni siquiera cuando ella (o en general la medicina) ya no puede curar— carece de valor; porque no casualmente, el sabio fundador del Hospital General de Viena, el káiser José II, hizo poner sobre el portón de entrada una placa con la inscripción: *Saluti et solatio aegrorum,* consagrado no sólo a la salud, sino también a la consolación de los enfermos. El que esto último entre también en la esfera de competencia del médico no se deduce en último término de la recomendación de la American Medical Association: "El médico debe también consolar a las almas. Esto no es de ninguna manera tarea exclusiva del psiquiatra. Es sencillamente la tarea de todo médico practicante". Estoy convencido de que las palabras que dijo Isaías hace miles de años, "Consolad, consolad a mi Pueblo, dice vuestro Dios", no sólo son vigentes hoy día, sino que están también dirigidas al médico.

Cuando en el sufrimiento correcto, es decir recto, hago ver todavía una última posibilidad, la máxima, de hallar un sentido, no estoy proporcionando primeros, sino últimos auxilios. Una cinta grabada de la que voy a reproducir un fragmento ilustrará cómo procedo en esta materia. La cinta contiene una conversación entre una paciente y yo, que fue grabada durante una de mis conferencias clínicas. Conversé con la paciente delante de mis oyentes: estudiantes de medicina, filosofía y teología. Es evidente que la conversación fue improvisada de la A a la Z. La paciente tenía 80 años de edad y padecía de un cáncer que ya no era operable. Claro está que el nombre de la anciana es fingido: su nombre fue sustituido por el de un personaje de novela, Teta Linek, de la obra de Werfel *Veruntreutem Himmel (Estafa del cielo)*, con quien la paciente tenía una semejanza extraordinaria.

Frankl: Querida señora Linek, ¿qué piensa usted ahora de su larga vida, viéndola en retrospectiva? ¿Fue una vida hermosa?

Paciente: ¡Ah!, señor profesor, debo decir realmente que fue una buena vida. ¡La vida era tan bonita! y tengo que agradecerle al Señor todo lo que me regaló. Asistí al teatro. Fui a conciertos. ¿Sabe usted?, la familia en cuya casa serví en Praga, hace muchas decenas de años, con frecuencia me llevaba a los conciertos. Y ahora tengo que agradecer al Señor todas esas cosas hermosas.

[Pero yo tenía que hacer aflorar a su conciencia su desesperación inconsciente" reprimida, existencial. Tenía que luchar con ella, como Jacob con el ángel hasta que éste lo bendijo. Tenía que llevarla hasta un punto tal, que final y definitivamente pudiera bendecir su vida, pudiera decir "sí" a su destino, que no podía modificarse. Debía (parece paradójico) llevarla primero a dudar del sentido de su vida. Y en el plano de lo consciente, y no como ella había hecho, reprimiendo su duda.]

Frankl: Usted habla de experiencias muy bonitas, señora Linek. Pero, ¿no se va a acabar eso ahora?

Paciente *(pensativa):* Sí, todo eso se va a acabar ahora.

FRANKL: Dígame usted, señora Linek: ¿cree usted que con eso van a quitarse del mundo todas las cosas bonitas que usted experimentó? ¿Que han perdido su validez..., que se convirtieron en nada?

PACIENTE *(todavía pensativa):* Estas cosas hermosas que yo viví...

FRANKL: Dígame, señora Linek, ¿puede alguien hacer que no haya sucedido la felicidad que usted vivió? ¿Puede alguien extinguirla?

PACIENTE: Tiene usted razón, señor profesor, nadie puede hacer que no haya existido.

FRANKL: ¿O puede alguien extinguir la bondad que usted encontró en su vida?

PACIENTE: No, tampoco puede nadie hacer eso.

FRANKL: ¿Puede alguien convertir en nada lo que usted logró y alcanzó con su esfuerzo?

PACIENTE: Tiene razón, señor profesor, nadie puede quitar eso de la realidad.

FRANKL: O ¿puede aniquilar alguien lo que usted soportó con valentía y entereza? ¿Puede alguien sacar eso del pasado? ¿De ese pasado en el que usted lo ha rescatado, en el que usted lo ha *cosechado y guardado?* ¿En el que usted lo ha reservado y almacenado?

PACIENTE *(conmovida ahora hasta las lágrimas):* Nadie puede hacerlo. Nadie. *(Después de una pausa.)* Ciertamente he tenido que sufrir mucho. Pero también me esforcé por aguantar los golpes que me dio la vida. ¿Comprende usted?, señor profesor: yo creo que el sufrimiento es un castigo. Porque creo en Dios.

(Hablando por mí mismo, yo nunca hubiera tenido derecho de iluminar la interpretación del sentido de su vida en alguna forma religiosa, para que la enferma lo juzgara;

esta posibilidad sólo la tiene el sacerdote. El médico en cuanto tal no está obligado ni justificado para hacerlo. Pero en cuanto apareció en primer plano la actitud religiosa positiva de la paciente, ya no había nada que obstara para incorporarla como un hecho en la psicoterapia.)

FRANKL: Pero dígame, señora Linek, entonces el sufrimiento, ¿no puede ser también una prueba? ¿No puede haber sucedido también que Dios haya querido ver cómo soportaba el sufrimiento la señora Linek? Y al final tal vez tuvo que conceder que ciertamente lo había soportado con valentía. Y ahora dígame usted: ¿Qué piensa usted ahora: puede alguien hacer que no hayan sucedido esas cosas que usted hizo?"

PACIENTE: No, nadie puede.

FRANKL: Eso ciertamente permanece, ¿no?

PACIENTE: Así es: eso permanece.

FRANKL: ¿Sabe?, señora Linek: ¡no sólo hizo bien toda suerte de cosas en su vida, sino que además sacó partido de sus sufrimientos! Y en este aspecto usted es un ejemplo para nuestros pacientes. ¡Felicito a sus compañeros de hospital porque la pueden tomar a usted como ejemplo!

En este momento sucedió algo que nunca antes había pasado en una conferencia: ¡los 150 oyentes estallaron en un aplauso espontáneo! Me dirigí entonces de nuevo a la anciana: "Mire, señora Linek, este aplauso es para usted. Le aplauden a su vida, que fue una sola gran realización. Puede usted estar orgullosa de esta vida. ¡Y qué pocos hombres hay que puedan estar orgullosos de su vida! Podría decir, señora Linek, que su vida es un monumento. Un monumento que ningún hombre puede suprimir de la realidad".

Lentamente la anciana salió de la sala de conferencias. Una semana después murió. Murió como Job: saciada de años. Pero durante la última semana de su vida ya no estaba deprimida. Al contrario, estaba orgullosa y llena de fe. Aparentemente, yo había podido mostrarle que también su vida había estado llena de sentido, que incluso *su sufrimiento* había tenido un sentido más profundo. Antes, como dije, la anciana estaba agobiada por la preocupación de que sólo había tenido una vida inútil. En cambio, sus últimas palabras, registradas en su historia médica, fueron las siguientes: "Mi vida es un monumento, dijo el profesor a los estudiantes en la sala de conferencias. Por lo tanto, mi vida no fue inútil…"

El terreno que hemos pisado con la logoterapia, y más que nada con el análisis existencial, es una zona fronteriza entre la medicina y la filosofía. Y sobre todo la cura de almas médica se mueve en un terreno limítrofe: en la frontera entre la medicina y la religión. Quien deambule por la frontera entre dos países tiene que ser consciente de que desde los dos lados lo están observando con desconfianza. También la cura de almas médica tiene que contar con que va a estar siendo seguida con miradas recelosas; tiene que soportarlo.

Se nos echará en cara que con una "cura de almas médica" estamos dando "piedras en lugar de pan". Pero quien observe de cerca juzgará más benignamente y tendrá que conceder que estamos dando pan —en lugar de maná, claro está…

La cura de almas médica se encuentra entre dos reinos. Es un territorio fronterizo. Como tal, es tierra de nadie. Y, sin embargo, ¡qué tierra prometida!

RESUMEN

En su prólogo a un libro sobre la logoterapia, el profesor de Harvard Gordon W. Allport la designa como una de las tendencias que en los Estados Unidos están comprendidas bajo el nombre de *existential psychiatry*. En cambio, el profesor Robert C. Leslie afirma que precisamente en este aspecto la logoterapia ocupa un "lugar notablemente excepcional" por el hecho de que, en contraposición con las demás tendencias psiquiátricas existencialistas, fue capaz de hacer que surgiera de su seno una técnica acertada. Indicaciones análogas se encuentran en los escritos al caso de Tweedie, Ungersma, Kazcanowski y Crumbaugh. De hecho la logoterapia, por ejemplo en comparación con el análisis existencial, es *más* que un mero análisis, precisamente por cuanto que en primera línea quiere ser una forma de tratamiento, como lo indica ya el nombre mismo de logoterapia. Además de esto, la logoterapia no se interesa tanto por el ser cuanto por el sentido, por el logos. Por esto a lo que se denomina *voluntad de sentido* en la logoterapia en cuanto tal le corresponde dentro de este sistema un lugar muy especial. Y al decir esto estamos entendiendo por voluntad de sentido el hecho, comprobable por un análisis fenomenológico, de que fundamentalmente el hombre tiende a hallar un sentido de su vida y a realizar ese sentido.

Es verdad que hoy día con mucha frecuencia se frustra esa voluntad de sentido. En este contexto hablamos en la logoterapia de una frustración existencial. Los pacientes a los que se aplica esta diagnosis suelen quejarse de una sensación de falta de sentido en su vida o de un vacío interior. Por esta razón, en la terminología logoterapéutica se habla de un "vacío existencial" en estos casos. El vacío existencial puede con buena razón considerarse como la neurosis colectiva de nuestra época. Por otro lado, hace apenas poco tiempo un psiquiatra checoslovaco señaló que la frustración existencial no se hace notar sólo en los llamados países capitalistas.

En los casos en que la frustración existencial se condensa en síntomas neuróticos, nos enfrentamos a un nuevo tipo de neurosis, es decir a una *neurosis noógena,* para introducir este término logoterapéutico. Crumbaugh y Maholick, directores de un centro de investigación en los Estados Unidos, elaboraron por cuenta propia, una prueba, por la que han pasado 1 151 personas, para comprobar empíricamente la neurosis noógena. Al concluir, los autores declararon en su trabajo, aparecido en el *Journal of Clinical Psychology,* que sus resultados comprueban constantemente la hipótesis de Frankl de que hoy día a la neurosis psicógena se añade una nueva neurosis, la noógena. Que queda demostrado que se trata realmente de un nuevo síndrome. Por lo que hace a la frecuencia de la neurosis noógena, podemos referirnos a los resultados de las investigaciones estadísticas llevadas a cabo por Werner en Londres, por Langen y Volhard en Tubinga, por Prill en Wurzburgo, por Niebauer en Viena, por Frank M. Buckley en Worcester, Massachusetts, por Elisabeth S. Lukas en Viena, por Kazimierz Popielski en Lublin, Polonia, y por Nina Toll en Middletown, Connecticut. Las estimaciones concuerdan en que alrededor de 20% de las neurosis que se presentan en la práctica son noógenas.

Es del todo patente que no se puede prescribir por receta médica una cosa como el sentido de la vida. No pertenece a las tareas propias del médico dar un sentido a la vida del paciente; pero muy bien podría ser uno de los cometidos del médico capacitar al paciente, en la línea del análisis existencial, para hallar un sentido en la vida, y yo sostengo incluso que siempre se puede encontrar el sentido y que, por tanto, no se puede poner en algo elegido más o menos arbitrariamente. Hasta donde sé, fueron de nuevo Crumbaugh y Maholick quienes por primera vez hicieron notar que la captación de un sentido a partir de una situación dada se parece a la captación de la *gestalt* ("The Case for Frankl's Will to Meaning", *Journal of Existential Psychiatry* 4, 43, 1963). Nada menos que Wertheimer se coloca en esa misma línea cuando habla de un carácter de exigencia que es intrínseco a cada situación, e incluso de la naturaleza objetiva de esa exigencia.

En efecto, no hay ninguna situación de la vida que realmente carezca de sentido. Esto tiene su origen en que los aspectos aparentemente negativos de la existencia humana, en especial la tríada trágica en que se juntan el dolor, la culpa y la muerte, pueden también transformarse en algo positivo, en una realización, con sólo afrontarlas con la actitud y tesitura correctas.[1] Es obvio que sólo el sufrimiento irremediable e inmodificable encierra una posibilidad de sentido, mientras que en otros casos se trataría menos de heroísmo que de mero masoquismo. Ahora bien, en la esencia misma de la constitución humana hay mucho sufrimiento inevitable, y el terapeuta debería cuidarse de colaborar con la tendencia del paciente a huir de este hecho existencial.

Junto a la voluntad de sentido se puede poner la voluntad de poder y una voluntad de placer, entendiendo por esta última el principio del placer. Pero en último análisis la voluntad de placer se manifiesta como una contradicción en sí misma. Cuanto más convertimos el placer en un fin, tanto más lo estamos ahuyentando. En este hecho vemos una de las causas más frecuentes de las neurosis sexuales. En efecto, la potencia y el orgasmo se perturban en la medida en que los convertimos sea en objeto de nuestra atención, sea en objeto de nuestra intención. En la logoterapia hablamos entonces de una hiperintención o de una hiperreflexión. En los casos de impotencia, la primera se puede explicar no pocas veces porque el paciente experimenta el coito en el sentido de una exigencia. Para eliminar este carácter de exigencia, la logoterapia tiene preparada una técnica especial. Fundamentalmente se trata de una desreflexión, de la que todavía habrá que hablar. Pero el tratamiento de las perturbaciones sexuales según los principios de la logoterapia sigue siendo posible incluso cuando el médico que la atiende es de cualquier orientación que no sea la logoterapéutica por lo que hace a sus convicciones teóricas. En la Policlínica Neurológica de Viena un colega de orientación estrictamente psicoanalítica está encargado del tratamiento de los casos de neurosis sexual, y se sirve de la técnica logoterapéutica como el único tratamiento corto posible en este marco.

Mientras que la desreflexión está pensada para los casos de neurosis sexual, hay otra técnica logoterapéutica para el tratamiento breve de los pacientes con neurosis de angustia o con neurosis compulsiva. Se trata de la denominada *intención paradójica*, como está descrita en mi libro *La psicoterapia en la práctica médica*. Quince años más tarde apareció un trabajo de la pluma del director clínico del Connecticut State Hospital, doctor Gerz, en los Estados Unidos, en el volumen del año 1962 del *Journal of Neuropsychiatry*. Debemos observar de nuevo que también esta técnica logoterapéutica puede aplicarse independientemente de la concepción personal del mundo que tenga el médico que la utilice. Un miembro de la Sociedad Psicoanalítica de Viena presentó recientemente una comunicación sobre sus experiencias con la intención paradójica, y trató de explicar psicodinámicamente los buenos resultados que había obtenido con este método de tratamiento. Para mencionar otro ejemplo: el director de la Clínica Neuropsiquiátrica de la Universidad Karl Marx de Leipzig, el profesor Müller-Hegemann, que asimismo tuvo la ocasión de observar buenos resultados con el tratamiento mediante la intención paradójica, ve en ella un método de orientación neurofisiológica.

Pero ¿qué sucede cuando se aplica la intención paradójica? Para comprenderlo, quiero partir del fenómeno de la denominada angustia de expectación, con la cual entendemos una expectación angustiosa de que se pueda repetir un suceso. Ahora bien, en la esencia de la angustia está el provocar precisamente aquello de lo que alguien tiene miedo. Análogamente, la angustia de expectación hace aparecer el síntoma con el que está relacionada. El síntoma genera una fobia, la fobia refuerza el síntoma, y el síntoma así reforzado afianza al paciente en su fobia.

¿Cómo podemos romper este círculo vicioso? Es posible lograrlo mediante medidas psicoterapéuticas y farmacoterapéuticas. Por lo que hace al proceso farmacoterapéutico, remitiré al lector a las agorafobias de Basedow y a las claustrofobias tetanoides, que son accesibles a una farmacoterapia más o menos específica. Casualmente en el contexto del tratamiento medicamentoso de una claustrofobia tetanoide fue donde se acreditó el primer tranquilizante desarrollado en el continente europeo. Se trata de un relajante muscular con cuyos efectos secundarios ansiolíticos acababa yo de tropezar. Es evidente que en los casos basedowoides y tetanoides la base somática existente produce una mera predisposición a la angustia, y no una neurosis de angustia declarada, desarrollada. La predisposición a la angustia no se desarrolla hasta convertirse en neurosis de angustia sino cuando penetra en el cuadro la angustia de expectación. Por esto es recomendable atacar por ambos lados, siempre que sea posible, por el psíquico y por el somático, el mecanismo del círculo vicioso, puesto en movimiento por la angustia de expectación. Ahora bien, por el lado psicoterapéutico esto se puede lograr mediante la intención paradójica, es decir haciendo que el paciente desee y se proponga aquello de lo que tiene miedo que le suceda. En pocas palabras, quitando el viento a las velas de la angustia de expectación.

A la angustia de expectación en los casos de neurosis de angustia corresponde otro mecanismo de círculo vicioso en los casos de neurosis compulsiva. El paciente no puede desprenderse de la idea de que tal vez va a hacer algo contra sí o contra otra persona, o de que las absurdas ocurrencias que lo atormentan pudieran indicar una enfermedad psicótica. Entonces el paciente lucha contra todas esas imágenes compulsivas; pero su esfuerzo sólo genera una presión en dirección contraria, y ésta amplifica la presión original. Si logramos, en cambio, llevar al paciente hasta el punto de que, en la línea de la intención paradójica, cese de luchar contra sus imágenes, entonces los síntomas ceden y finalmente caen en una especie de atrofia por inactividad.

Todos los médicos clínicos que han trabajado con la intención paradójica y en torno de ella están de acuerdo con reconocer que en general constituye declaradamente un tratamiento abreviado. Pero el considerar que este tipo de tratamiento produce sólo resultados efímeros pertenece, para citar al finado editor del *American Journal of Psychotherapy,* doctor Gutheil, al terreno de las "ilusiones de la ortodoxia freudiana". En efecto, nada menos que el profesor J. H. Schultz defiende la opinión de que "los reparos expresados una y otra vez, en el sentido de que en estos casos a la eliminación de los síntomas debe necesariamente de seguir la formación de un síntoma sustituto, constituye una afirmación totalmente infundada". La psicoanalista estadunidense profesora Edith Weisskopf-Joelson se expresó de la siguiente manera sobre la logoterapia en uno de sus trabajos: "Los terapeutas de orientación psicoanalítica podrían afirmar que por métodos como la logoterapia no se puede obtener un verdadero mejoramiento, porque no atacan la patología en las capas 'más profundas', sino que el terapeuta se limita a consolidar con ellos los mecanismos de defensa. Pero esta clase de conclusiones no deja de ser peligrosa. Porque podría suceder, en efecto, que nos aparten de posibilidades esenciales de la psicoterapia, simplemente por el motivo de que casualmente estas posibilidades no encajan en nuestra teoría personal de la neurosis. Ante todo, no deberíamos olvidar que en el caso de los 'mecanismos de defensa', de las 'capas más profundas' y de la 'supervivencia de la neurosis' en esas capas más profundas, se trata de construcciones puramente teóricas y de ninguna manera de observaciones empíricas". Tal vez podría añadir a esta declaración de la psicoanalista estadunidense la observación de que los resultados terapéuticos del tratamiento mediante la intención paradójica tendrían mucho más derecho a ser calificados como observaciones empíricas.

La intención paradójica se presta incluso para casos crónicos. Por ejemplo, en el *Handbuch der Neurosenlehre und*

Psychotherapie se informa de una paciente de 65 años que había padecido durante no menos de 60 años de una severa compulsión a lavarse y que, no obstante, pudo ser tratada con éxito por una de mis asistentes.

Aparentemente el dicho de Jaspers, de que en la filosofía la novedad de algo es argumento contra su verdad, puede aplicarse también a la psicoterapia. Por lo que atañe especialmente a la intención paradójica, estoy convencido, por lo demás, de que siempre se ha practicado, aunque sea sin conciencia del método y sin un marco sitemático. Durante un examen escrito, uno de mis alumnos estadunidenses me dio el siguiente ejemplo autobiográfico en lugar de definir la intención paradójica: "Cuando me hallaba en compañía de otras personas solía gruñirme el estómago, y cuando más trataba de reprimirlo, tanto más me gruñía. Pero una vez que comencé a avenirme a la idea de tener esos gruñidos durante el resto de mi vida y a bromear con los demás a propósito de los gruñidos de mi estómago en cuanto comenzaban a notarse, dejó de gruñir".

En este contexto quisiera señalar las palabras "bromear con los demás a propósito de los gruñidos de mi estómago", porque indican que la actitud del paciente se había vuelto humorística. De hecho, siempre debe formularse la intención paradójica con todo el humorismo posible. En último término el humor es, en efecto, un fenómeno esencialmente humano y en cuanto tal le permite al hombre distanciarse de todos y cada uno y, por tanto, también de sí mismo, y así ser plenamente dueño de sí. Nuestro verdadero propósito siempre que aplicamos la intención paradójica consiste en movilizar esta capacidad esencialmente humana de distanciamiento. En la medida en que logremos esto mediante el humor, queda anticuada la advertencia de Konrad Lorenz de "que todavía no hemos tomado el humor con la suficiente seriedad".

Gerz y Tweedie pudieron demostrar que la logoterapia no es lo mismo que la persuasión y que en particular la intención paradójica no puede reducirse a meros efectos sugestivos. Por el contrario, una y otra vez sucede que algunos pacientes hacen patente una actitud claramente escéptica respecto de este tratamiento y, en cuanto mis colaboradores les indican que deben practicar la intención paradójica fuera de la clínica, al partir de ésta se van con un miedo angustiado; si posteriormente pierden el miedo, entonces los efectos terapéuticos se realizan *a pesar* de su angustia de expectación de la angustia, es decir, a pesar de una autosugestión negativa, y no por una terapéutica de sugestión disfrazada. Por otro lado hay que conceder que se dan casos en que no se puede iniciar la intención paradójica sin *prepararla* mediante un correspondiente proceso de persuasión. Éste es el caso particular de la neurosis compulsiva de blasfemar, para cuyo tratamiento existe una técnica terapéutica particular.*

---

* La mejor forma de atacar las imágenes compulsivas blasfemas consiste en tratar de apelar a la neurosis compulsiva del paciente, haciéndole notar que por su temor continuado de blasfemar *está de hecho blasfemando;* porque el considerar a Dios un diagnosticador tan malo que no sea capaz de diferenciar diagnósticamente entre la blasfemia y las imágenes compulsivas, significaría *en sí mismo* cometer una blasfemia. En la realidad, debemos asegurarle al paciente que Dios ciertamente no le atribuye las imágenes compulsivas blasfemas a la persona del individuo que las tiene. En este aspecto, el paciente ni es libre ni responsable —pero por esto mismo lo es respecto de su *actitud* ante las imágenes compulsivas—; constantemente está luchando contra sus accesos de blasfemar y por ello mismo está aumentando su "poder" y su propio tormento. La finalidad de esta técnica consiste en *cesar* de luchar contra el síntoma, suprimiendo el *motivo* que lo impulsa.

Los notables éxitos que refieren los más diversos autores no deberían engañarnos y hacernos suponer que la logoterapia es un remedio universal. Ni es aplicable en todos los casos, ni son todos los médicos igualmente capaces de utilizarla. Esto sólo sería una razón suficiente para, dado el caso, combinarla con otros métodos, como ya lo hace el doctor Ledermann en Londres respecto de la hipnosis, el profesor Bazzi en Roma respecto del adiestramiento de Schultz para la relajación, Kvilhaug en Noruega respecto de la técnica de Wolpe y el doctor Gerz en los Estados Unidos respecto de la farmacoterapia.

Está en proceso una clarificación de los casos en que está indicada la logoterapia. Considero más importante elaborar las contraindicaciones de la intención paradójica. En las depresiones endógenas la aplicación de la intención paradójica a las ideas de suicidio raya en un defecto de técnica. Para los casos de depresión endógena está reservada una técnica logoterapéutica especial, por la que podemos mitigar la tendencia del paciente en cuestión a toda suerte de autoacusaciones. La transformación de los sentimientos de culpa conectados con esta tendencia en una auténtica culpa existencial, en el sentido de un análisis existencial en mi opinión mal entendido, no sólo constituye una confusión entre causa y efecto, sino muy probablemente puede impulsar ocasionalmente al paciente a suicidarse.

No quisiera dejar pasar esta oportunidad de hacer alusión a una técnica logoterapéutica especial (pp. 75-76) que hace posible que juzguemos el riesgo de suicidio en el caso concreto. El director del laboratorio de psicología de una penitenciaría de los Estados Unidos, doctor Wallace, y el director clínico del Ontario Hospital, doctor Kaczanowski, han informado sobre esa técnica. Cuando el doctor Kaczanowski era todavía un médico bisoño, abogó una vez, durante una conferencia del personal, contra dar de baja a una paciente depresiva, aduciendo que no había sido favorable el resultado de la prueba introducida por mí, que él había aplicado en el caso de esta paciente. Pero sus prevenciones a este respecto fueron descartadas y la prueba hecha a un lado con escepticismo e ironía. Un día después de salir del hospital, la paciente se suicidó.

En los casos de esquizofrenia la logoterapia es, evidentemente, nada menos que un tratamiento específico. No obstante esto, en ocasiones es recomendable añadir la técnica, mencionada anteriormente, de la desreflexión. La obra colectiva de pronta publicación *Modern Psychotherapeutic Practice,* de cuya edición se ocupa Arthur Burton en los Estados Unidos, contiene una transcripción de conversaciones grabadas magnetofónicamente con pacientes esquizofrénicos, para mostrar la técnica de la desreflexión.

Hace poco tiempo apenas Arthur Burton estableció que "los últimos 50 años de terapéutica psiquiátrica han convertido en un fetiche la anámnesis del paciente en el sentido de la psicología profunda. Los asombrosos éxitos de Freud en casos de histeria fueron ocasión de que nos pusiéramos a buscar también en todos los demás casos una experiencia traumática análoga y a esperar la curación por la captación de esa experiencia. Apenas ahora comienza la psiquiatría a despertar de ese error". Pero incluso si supusiéramos que las neurosis, y aun las psicosis, deberían interpretarse realmente en el sentido de las diversas hipótesis psicodinámicas, aunque ése fuera el caso, la logoterapia seguiría estando indicada, a manera de un tratamiento no específico. En efecto, no debemos perder de vista que incluso una sintomatología que en sí y por sí misma de ninguna manera sea noógena prospera en mayor grado cuando puede propagarse en un vacío existencial. Tal vez Crumbaugh debió tener esto en mente cuando opinó que "el encuentro logoterapéutico va más allá del punto donde se detiene el grueso de las otras terapéuticas, en especial las de orientación analítica: creemos que el tratamiento es inútil mientras no se esclarezca la problemática del sentido de la vida, porque si ésta no se esclarece la etiología permanece y regresan los síntomas".

En el grado en que sea verdad lo que tantas veces se afirma, que la logoterapia abrió una nueva dimensión, la dimensión de lo auténticamente humano, en ese mismo grado se sigue de este carácter dimensional de nuestra contribución que los hallazgos de los grandes pioneros de la logoterapia no han quedado anulados, sino más bien resaltados. La logoterapia no es un sustituto de la psicoterapia; pero la logoterapia puede muy bien contribuir a la rehumanización de la psicoterapia.

NOTAS

Introducción

[1] Normalmente el hombre se percata de su orientación al sentido. Con ocasión de una encuesta llevada a cabo por un sindicato austriaco, no menos de 87% de 1 500 jóvenes entrevistados declararon "que tiene sentido tener ideales". Puede ser ilustrativo e instructivo que los presidiarios de Ohio que fueron inoculados con células cancerosas no recibieron ninguna recompensa económica. No obstante se ofrecieron a esas pruebas sobre el cáncer de tres a cuatro veces más voluntarios que los que realmente necesitaban los médicos. También hubo abundancia de ofrecimientos en otras instituciones penales.

Capítulo I

[1] En último término, tampoco esperaríamos o exigiríamos de un admirador y seguidor de Paracelso que se atuviera estrictamente a sus recetas y métodos de operar.

[2] Según lo que decimos, el fenómeno "rojo" no podría, en realidad, darse; en rigor, existiría solamente la relación completa "rojo-verde", que sería el verdadero fenómeno, el fenómeno justo. Pues bien, esta afirmación se encuentra empíricamente corroborada por el hecho de que no existen, en verdad, personas ciegas al color rojo aisladamente, sino siempre personas ciegas a los dos colores combinados, el rojo y el verde. Viniendo

ahora a nuestro problema, la tesis expuesta por nosotros de que la relación del ente como "siendo otro" precede siempre al ser se desprende, entre otras cosas, del hecho de que la física o la astronomía, como ciencias de "cosas" relacionadas entre sí, de "relatos", presuponen necesariamente la matemática, como la ciencia de las relaciones. Y al hablar de relación no entendemos por tal una categoría, sino que el concepto *relación* se entiende en un sentido ontológico.

En ciertas experiencias de psicología animal vemos otra confirmación más de nuestra concepción de la significación fundamental de la relación. Por ejemplo, Karl Bühler (*Die geistige Entwicklung des Kindes,* 4ª edición, Jena, Gustav Fischer, 1924, p. 180) habla de que los animales "conocen la relación" y menciona como ejemplo, haciendo referencia a W. Koehler ("Nachweis einfacher Strukrurfunktionen beim Schimpansen und beim Haushuhn", *Abhandlungen der Berliner Akademie der Wissenschaften 1918.* Phsys. math. Kl. Nr. 2), unas pruebas de adiestramiento con una gallina doméstica en las cuales siempre se había puesto el acento "no en impresiones absolutas, sino en su relación" (*loc. cit.,* p. 178).

Otra confirmación más la encontramos en ciertas experiencias físicas. Cfr. A. March (*Neuorientierung der Physik, Der Standpunkt.* 9. 5. 1952, p. 5): "Si analizamos a fondo las experiencias en que descansa nuestra creencia en la existencia en un electrón sustancial, no nos queda otra cosa que un sistema de relaciones constantes, de manera que lo que debemos considerar como propiamente real son esas relaciones, y no la partícula sustancial… de suerte que la esencia propia de las cosas… consiste en una estructura… esta opinión está amparada hoy día por grandes nombres, como Bertrand Russell, Eddington, Schrödinger y muchos otros; todos ellos ven la realidad objetiva no en una sustancia…"

Hablábamos antes del "ser otro", es decir de la relación entre seres en cuanto que siempre "son distintos", y en especial de la relación "rojo-verde" Ahora bien, rojo y verde siempre son distintos; pero también lo son el amarillo y el violeta, y el azul y el naranja. Pero todos estos pares son "distintos" *de distinta manera.* Una figura roja grande y una pequeña sobre un fondo verde son diversas en *otro* sentido más, y una figura cuadrada es diversa, en *otro* sentido más, de una redonda. Finalmente una figura espacial sería distinta, en otro sentido, de una figura plana, etc. Así pues, no sólo el ser se *constituye* como diverso en cada instancia, sino que se *diferencia por grados* de una manera siempre diversa: ¡se diferencia por grados en "dimensiones" cada vez más altas del ser otro! El mundo puede concebirse, en efecto, como un sistema de relaciones graduadas. Del carácter "dimensional" del escalonamiento del ser se sigue que la relación entre seres relacionados de una dimensión determinada tiene que pertenecer siempre a la siguiente dimensión. Así, la "relación" entre dos puntos, es decir la recta que los une, pertenece a la primera dimensión, mientras que la "relación" entre dos rectas (de una sola dimensión), es decir el plano que las une, pertenece a la segunda dimensión, y así sucesivamente.

Ahora bien, lo que tiende un puente entre seres siempre diversos es ante todo una cosa: el conocimiento. Es lo que establece un puente sobre la diversidad entre los seres, fundando relaciones entre ellos. Pero al mismo tiempo el conocimiento es una relación; es la relación entre el ser espiritual y los otros seres: relación que también se designa como "tener". Simultáneamente, por lo dicho más arriba queda claro que el conocimiento, en cuanto relación, no puede pertenecer a la misma dimensión que los seres relacionados en esa relación, es decir el ser cognoscente, por un lado, y, por el otro, el ser conocido, o bien la *relación* conocida entre dos seres en cuanto siempre "ser otros". Por este motivo el conocimiento de un objeto no puede ser conocido junto con el objeto del conocimiento. Por tanto, el conocimiento del objeto es conocido a costa del objeto del conocimiento hasta que cese de ser en absoluto conocimiento de un objeto.

[3] Mientras la psicoterapia se propone descubrir el trasfondo psicológico de una ideología, la logoterapia tiene por misión desenmascarar, como puramente aparentes, las pretendidas razones lógicas de una concepción del mundo, desvirtuándolas, por tanto, como tales razones.

[4] El psico(pato)logismo proyecta los fenómenos en el plano de lo psíquico. Pero se le escapa toda una dimensión: la dimensión de lo espiritual. Y así, no debemos extrañarnos de que, sin tomar en consideración este lado espiritual, en una visión puramente inmanente (es decir, renunciando a la trascendencia de los objetos de que se trata), un Mahoma o un Dostoievski, por ejemplo, puedan parecernos nada más que unos epilépticos y presentársenos de este modo, al igual que cualquier otro epiléptico, lo mismo que el epiléptico que sale de nuestra ambulancia o se encuentra en nuestra sala de la clínica. Vistas por el lado de la inmanencia psicológica, las visiones extáticas de una Bernadette, por ejemplo, no se diferenciarán en nada de cualesquiera otros estados excepcionales alucinatorios. Y es que al psicologista le ocurre exactamente lo que al dibujante que proyecta una esfera, sacándola de su tridimensionalidad, sobre una hoja de papel: así dibujada se convierte en un círculo, el cual no se diferencia en lo más mínimo del que corresponde a la proyección de un cilindro tridimensional, de un cono de la misma clase, o del de la proyección de un círculo bidimensional (¡!). Del mismo modo, el psicologista puro no podrá distinguir nunca entre *aportación* y *síntoma*. (Y aun prescindiendo de que, en la visión analítico existencial consecuente, hasta el síntoma

mismo puede, en ciertas y determinadas circunstancias, representar una "aportación" del hombre.)

[5] La genealogía de todas estas ideologías es la siguiente: el padre del psicologismo, del biologismo y del sociologismo es el naturalismo. Sin embargo, de la unión que podemos llamar endogámica del biologismo con el sociologismo nació, como fruto tardío y deforme, un biologismo colectivo. Con este biologismo colectivo volvemos a encontrarnos en el llamado racismo.

[6] Eso de que el hombre posee tanto "los vicios de sus virtudes" como "las virtudes de sus vicios", no es aplicable solamente a los individuos, sino que vale también para los pueblos en su conjunto. Con lo cual dicho está que depende de cada individuo lo que haga de sus aptitudes —ya que de aptitudes solamente se trata—, que en él puedan darse por el hecho de pertenecer a un determinado pueblo. Esas aptitudes no son otra cosa que posibilidades, simples posibilidades que el individuo, y solamente él, puede realizar de un modo o de otro, entre las cuales tiene que elegir, en pro o en contra de las cuales ha de tomar una decisión. Sólo entonces, cuando haya optado y tomado esta decisión, se convertirán las aptitudes nacionales, de por sí neutrales como valores, en las cualidades personales de un hombre, en valores positivos o negativos, según los casos. De todo lo cual resulta, en conclusión, que es el individuo el llamado a "adquirir, para poseerlas" las virtudes de "su nación", exentas, en la medida de lo posible, de sus vicios.

Capítulo II

[1] A la "realidad de ejecución", como el verdadero ser de la persona en la ejecución de sus actos, se enfrentan como modalidades impropias del ser las tres siguientes: primero,

la del "ser meramente presente" —*Vorhandensein*— (como modalidad derivada; Heidegger); segunda, la del ser que permanece en su estado, que no apunta —*intentio*— a un ser que lo trasciende; tercera, el ser que apunta a sí mismo, que se refleja a sí mismo, degradándose así al plano del ser meramente presente (mediante la observación de sí mismo, el ser existencial, "que decide" —el *Da-sein*— se convierte en un ser simplemente de hecho, con lo cual se desnaturaliza).

[2] Exigir del hombre un conocimiento perfecto y acabado es algo así como exigir de un compositor, no que escriba una sinfonía, sino que componga *la sinfonía* por antonomasia, es decir, la sinfonía perfecta en cuanto a la forma y completa en cuanto al contenido. Toda sinfonía, como toda obra de arte, es siempre algo fragmentario; lo mismo ocurre con todo conocimiento: es siempre, por fuerza, algo fragmentario, unilateral en cuanto a su visión, condicionado por su punto de vista y fragmentario en sus resultados.

[3] Cfr. Gabriel Marcel: "La sonata para piano opus 111 o el cuarteto de cuerdas opus 127 de Beethoven llevan hasta donde la humanidad sale de sí misma, en una revelación de sentido simultáneamente evidente e inexpresable".

[4] No es tan fácil contestar a la trivial pregunta de si el que se suicida es un valiente o un cobarde. No puede uno ser tan injusto que pase por alto la lucha interior que suele preceder a toda tentativa de suicidio. No nos queda, pues, otro camino que decir: el suicida es valiente ante la muerte, pero cobarde ante la vida.

[5] "Si uno sabe a qué atenerse respecto del 'porqué' de su vida, entonces el 'cómo' no presenta ninguna dificultad."

[6] Podríamos, incluso, conceder que el hombre medio no es, acaso, tan bueno, y que son siempre algunos que otros individuos sueltos quienes son verdaderamente buenos. Pero ¿acaso

no impone precisamente esto, a cada individuo de por sí, el deber de ser mejor de lo que es "el hombre medio", de no ser precisamente "uno del montón" y ser "una persona singular"?

⁷ Queremos ilustrar aquí a la luz de un ejemplo concreto esta profundización que la conciencia de la responsabilidad experimenta *eo ipso* en el hombre religioso. Nos permitimos citar el siguiente pasaje de un ensayo de L. G. Bachmann sobre Anton Brückner: "Su sentimiento de la responsabilidad ante Dios crece hasta el infinito. Así, vemos que dice a su amigo, el doctor Josef Kluger, prior del convento de Neuburg: Algunos querrían que yo escribiese de otro modo. Podría hacerlo, pero no debo. Dios ha querido distinguirme entre miles, dotándome a mí, precisamente a mí, de los talentos que poseo. Tengo que rendir ante Él cuentas de cómo los empleo. ¿Cómo podría presentarme un día ante Dios Nuestro Señor, si hiciese caso de lo que los otros me dicen, y no de lo que Él me ordena?". Nada más falso, por tanto, que la afirmación de que la actitud religiosa hace mantener al hombre una actitud pasiva; antes al contrario, puede convertirlo en el hombre más activo del mundo, estimulando su conciencia de la responsabilidad. Sobre todo, en aquel tipo religioso de hombre que —adoptando una actitud existencial— se considere siempre, en cierto modo, como un paladín de lo divino sobre la tierra. Pues este tipo de hombre comprenderá que es en la tierra donde se toman las "decisiones", que es aquí, en la tierra, donde se libran todas las luchas, en gran parte y no en último término por el hombre mismo y en él, es decir, por y en el hombre concreto de que se trata, y no por y en otro. Y, a este propósito, necesariamente se nos viene a las mientes, como paralelo o analogía, el relato del sabio a quien un día preguntaron sus discípulos: "Decidnos cuándo y cómo sabe el hombre si el cielo le ha perdonado algo", a lo que el sabio contestó: "El hombre sólo puede saber que el

cielo le ha perdonado un pecado cuando no vuelve a cometerlo".

⁸ Nos referimos, naturalmente, a aquella religiosidad que comienza allí donde Dios es concebido y vivido como un ente personal, más aún, como la personalidad por antonomasia, como su protoimagen, o bien, según podríamos también decir, como el primero y último "tú"; para el hombre de esta mentalidad religiosa, la vivencia de Dios es, sencillamente, la vivencia del proto "tú".

⁹ Por eso la masa *oprime* la individualidad de los individuos y por eso delimita su *libertad* en pro de la *uniformidad;* en lugar de la *hermandad* aparece entonces el instinto gregario.

¹⁰ Claro está que *no* todo lo que parece ser un yo *es por ello* mismo un yo, *y no* todo lo que parece ser un ello *lo es por eso mismo.* Y tanto el psicoanálisis como la psicología individualista tienen razón en esa medida: es decir, en la medida en que precisamente en los casos de neurosis los instintos del hombre quedan recubiertos de múltiples maneras por un manto moral y penetran en la conciencia con un "disfraz simbólico" —precisamente en el sentido del psicoanálisis—; y viceversa —precisamente en el sentido de la psicología individualista— el yo gusta con frecuencia de esconderse detrás de impulsos aparentes (por ejemplo en el *arrangement*). Incluso podemos dar un paso más y no tener miedo de conceder que en los sueños, por ejemplo, conserva esencialmente su validez, ahora como siempre, todo lo que nos ha enseñado el psicoanálisis; por lo demás, no soy *yo* quien sueña: ¡sino que el "ello" hace que tenga un sueño!

¹¹ La libertad no se "tiene" —como "se tiene" algo que se puede perder—, sino que la libertad "soy yo".

¹² Lo decisivo es siempre el hombre. Pero ¿qué es el hombre? El ente que siempre decide. Y ¿qué decide? Lo que habrá de ser en el instante siguiente.

[13] Mientras el sentimiento de inferioridad, para la psicología individual, representa siempre un síntoma neurótico, para el análisis existencial puede constituir, en ciertas y determinadas circunstancias, una aportación moral, no también, ni a pesar, sino sobre todo en aquellos casos en que responde a una deficiencia real de carácter ético. Allí donde el hombre se siente inferior —siempre a la vista de un valor moral que se cierne más o menos claramente ante él—, lo justifica moralmente, de un modo o de otro, ésta será su apreciación valorativa.

[14] La diferencia entre el destino evitable o atribuible a una culpa ("la desventura innoble"), de una parte, y de otra el auténtico destino, inevitable e incambiable (la "noble desventura") —teniendo en cuenta que sólo el segundo nos brinda la posibilidad de realizar valores de actitud—, esta diferencia corresponde en un modo a la que el alpinista suele establecer entre "peligros subjetivos" y "peligros objetivos". Tampoco entre alpinistas se considera "deshonroso" sucumbir ante un peligro objetivo (por ejemplo, ante el desprendimiento de una roca); en cambio, se reputa vergonzoso caer bajo un peligro subjetivo (por ejemplo, las deficiencias del equipo, falta de experiencia, mala técnica de escalamiento, etcétera).

[15] Tampoco la vida nos pregunta con palabras, sino bajo la forma de hechos ante los cuales nos enfrenta; y nosotros no le respondemos tampoco con palabras, sino bajo la forma de hechos puestos por nosotros; en la medida en que primero tenemos que responder a los hechos, estamos frente a hechos incompletos.

[16] Debe haber una especie de relación inversamente proporcional entre la acción y la autoobservación, una relación conforme a la cual parece por lo menos estar excluido simultáneamente dedicarse a la acción con todo el empeño y, por otro lado, observarse a sí mismo con toda precisión y con pleno

distanciamiento. Así pues, dada esta relación inversamente proporcional entre la "impulsividad" humana, por una parte, y la observación refleja de sí mismo, por la otra, ¿a quién no se le ocurrirá la analogía con la conocida "relación de inexactitud" o "de incertidumbre" de Heisenberg?

[17] El "aplazamiento" de la sexualidad, el tratamiento "dilatorio" del problema sexual por parte de la educación sexual de la juventud, tiene que partir en última instancia de la siguiente reflexión: si el muchacho tuviera que ingresar en la vida profesional ya a los 14 años, no llegaría nunca a desarrollarse profesionalmente ni a prepararse para una profesión elevada; del mismo modo, si el joven se lanzara a la vida sexual desde el instante mismo de la pubertad, no llegaría nunca a desarrollarse interiormente, ni podría elevarse a las formas más elevadas de la vida amorosa, es decir, a una vivencia profunda del amor.

[18] En este aspecto parecen muy atingentes las observaciones de Johanna Duerck y de Allers sobre la interpretación de la neurosis compulsiva; la primera escribe: "Un neurótico compulsivo me explicaba una vez que Dios debía ser el orden; se refería a ese panorama pedante alcanzable que da tranquilidad y que libera de la tensión del ser auténtico. Me parece que, en el fondo, sólo a partir de aquí es posible comprender la 'pedantería' del neurótico compulsivo". Y Allers dice: "La pedantería no es otra cosa que la voluntad de poner la ley de la propia persona en las pequeñeces del mundo circundante". Y, no obstante, esta voluntad, como toda voluntad neurótico-compulsiva debe reconocerse como humana en el mejor de los sentidos: "El sentido de lo eterno se realiza en el orden, y sólo por el orden realiza el hombre su semejanza con la divinidad" (Werfel). Porque, según nosotros, el orden puede definirse como semejanza en la diversidad (análogamente a la conocida definición según la cual lo bello consiste en la "unidad en la multiplicidad").

[19] Cfr. León Tolstoi: "La inteligencia sólo se puede enfocar hasta cierto punto, como los gemelos de teatro: si se hacen girar más los lentes, se ve peor".

Capítulo III

[1] La religiosidad es tal vez, en última instancia y esencialmente, la vivencia del propio carácter fragmentario y relativo del hombre, por referencia a un trasfondo que sería desmedido caracterizar como "lo absoluto", pues ya habría que pensarlo de un modo muy absoluto. Podríamos hablar, a lo sumo, de un algo no fragmentario, no relativo. Ahora bien, ¿qué es la vivencia de lo fragmentario y de lo relativo, en su referencia a algo… "irrelacionable"? Es, sencillamente, esto: el sentirse *resguardado*, a buen recaudo. Aquello en que el hombre religioso se siente resguardado se halla guardado en la trascendencia *(geborgen y verbogen)*. De este modo, no existe, para quien busca, nada encontrado —ya que esto está siempre en la trascendencia—, pero sí existe para quien busca lo buscado. Y esto "es" ya algo "dado" para quien lo busca; dado, no en cuanto al "qué" (como lo encontrado), sino en cuanto al "que". De este modo, la intencionalidad da al traste con la inmanencia y se detiene, sin embargo, ante la trascendencia. (Y en última instancia, no es otra tampoco la "conclusión final" a que se llega en la fenomenología, la cual se detiene ante el acto intencional como ante lo último, del mismo modo que la filosofía existencial hace ante la decisión existencial.) Por donde también para el hombre religioso Dios es siempre algo trascendente, pero al mismo tiempo "mentado" por la *intentio*. Del mismo modo, Dios es siempre, para el hombre religioso, aquel que siempre calla y, sin embargo, al que siempre se invoca. Aquél

con quien uno no puede hablar y al que, sin embargo, siempre se interpela.

² W. v. Baeyer está en la misma línea cuando escribe: "Nos atenemos a las observaciones y pensamientos expresados por Pluegge. Considerando las cosas objetivamente, ya no hay ninguna esperanza. El enfermo que conserve clara su inteligencia debe haberse percatado hace mucho tiempo por sí mismo de que está deshauciado. A pesar de esto, sigue esperando, esperando hasta el fin. ¿En qué? La esperanza de estos enfermos, que en un primer plano puede ser ilusoria, orientada a una curación en este mundo, y sólo en un plano oculto deja entrever su sentido trascendente, debe estar enraizada en el ser del hombre, que no puede estar sin esperanza, apuntando de antemano a un cumplimiento futuro en el cual es natural y conforme al hombre creer, aun sin dogma". (*Gesundheitsfürsorge —Gesundheitspolitik* 7, 197, 1958.)

³ El análisis existencial tiene por misión amueblar y adornar lo mejor posible la sala de la inmanencia, cuidando de no disimular las puertas que conducen a la trascendencia. No pretende más que lo primero, pero tampoco se le puede pedir más que lo segundo. Lleva, si queremos decirlo así, una política de puerta abierta; por esta puerta abierta puede salir libremente, sin que nadie se lo impida, el hombre de mentalidad religiosa, y puede también entrar libremente, sin que nadie le obligue a ello, el espíritu de auténtica religiosidad: el espíritu auténticamente religioso, que procede con espontaneidad.

⁴ A la libertad de la voluntad y a la voluntad de sentido se une el sentido del sufrimiento, como el tercero de los pilares sobre los que descansa el edificio teórico de la logoterapia. ¡Qué tríada tan consoladora! El hombre quiere el sentido; pero no sólo existe un sentido, sino también la libertad del hombre para realizarlo.

⁵ Había una paciente que no era capaz de ver que la muerte no le quita su sentido a la vida. Se le preguntó entonces si no conocía a algún hombre significativo que ya hubiera muerto, pero que hubiera realizado en vida una obra especial. "Sí… nuestro médico de cabecera… Cuando todavía era niña… Un buen hombre…" Se le preguntó en seguida: "Suponga que los pacientes que todavía están vivos son olvidadizos. Tal vez son seniles y nadie se acuerda de sus muchas obras buenas. ¿Van a suprimirse esas obras buenas que hicieron por el hecho de que sean desmemoriados, o incluso por la muerte de los pacientes desmemoriados?" Y la paciente respondió: "No… Eso queda".

Resumen

¹ Lo mismo se aplica a la enfermera. De hecho hay una tentativa de preparar un libro de texto relacionado con este punto, sobre las bases de la logoterapia. Se trata de una obra de la profesora neoyorkina Joyce Travelbee (*International Aspects of Nursing,* F. A. / Davis Company, Filadelfia, 1966), quien explica ya desde el principio que "the assumptions which underlie this work are based on Frankl's concepts of Logotherapy" ["Las suposiciones sobre las cuales descansa esta obra se encuentran basadas en los conceptos de logoterapia que sostiene Frankl"] (p. 164), y recalca expresamente que *the nurse does not supply the patient with meaning but assists the patient to arrive at meaning* ["La enfermera no proporciona al paciente el sentido, pero lo auxilia para llegar al sentido"] (p. 176). La profesora sistematiza la metodología y la técnica del esfuerzo por ayudar al paciente a salir de su crisis existencial. Uno de los métodos que aplica merece ser reproducido aquí detalladamente. *The parable method seems particularly suited for some patients. One*

particularly useful parable is 'The Parable of the Mustard Seed'. Gotani bore a son but the boy died. The teacher told her to go throughout the city and in whatever house no one had suffered or died from that house to bring a grain of mustard seed. She went from house to house and never succeeded in finding a house where no one had suffered. She realized that her son was not the only child who suffered and that suffering was a law common to mankind. ["El método de utilizar parábolas parece ser especialmente apropiado para algunos pacientes. Una parábola de singular utilidad es la 'Parábola del grano de mostaza'. Gotani tuvo un hijo, pero la criatura murió. El maestro le dijo entonces que recorriera la ciudad y que le trajera un grano de mostaza de cualquier hogar donde nadie sufriese, nadie hubiera muerto. Así Gotani advirtió que su hijo no era el único niño que había sufrido y que el dolor es una ley común a todos los hombres"]. (p. 176).

OTROS LIBROS DE VIKTOR E. FRANKL

Una lista de todos los volúmenes escritos por Viktor E. Frankl, así como una amplia bibliografía en línea sobre logoterapia, se puede consultar en la página web del Instituto Viktor Frankl, www.viktorfrankl.org.

A pesar de todo, decir sí a la vida (...trotzdem Ja zum Leben sagen. Ein Psychologe erlebt das Konzentrationslager [3º Vorträge]), Plataforma, Barcelona, 2016, ISBN 978-84-16820-20-7.

Ante el vacío existencial. Hacia una humanización de la psicoterapia (Das Leiden am sinnlosen Leben: Psychotherapie für Heute), Herder Editorial, Barcelona, 1980-2010, ISBN 978-84-254-1090-1.

Búsqueda de Dios y sentido de la vida. Diálogo entre un teólogo y un psicólogo... (Gottsuche und Sinnfrage. Ein Gespräch [mit Pinchas Lapide]), Herder Editorial, Barcelona, 2012, ISBN 978-84-254-2833-3.

El hombre doliente. Fundamentos antropológicos de la psicoterapia (Der leidende Mensch), Herder Editorial, Barcelona, 1987-2009, ISBN 978-84-254-1540-1.

El hombre en busca de sentido (Ein Psycholog erlebt das KZ & Logotherapy in a Nutshell), Herder Editorial, Barcelona, 2016, ISBN 978-84-254-3202-6.

El hombre en busca del sentido último (Der unbewußte Gott), Paidós, Barcelona, 1999-2016, ISBN 978-84-493-2666-0.

En el principio era el sentido: reflexiones en torno al ser humano (Im Anfang war der Sinn. [mit Franz Kreuzer]), Paidós, Barcelona, 2014, ISBN 84-493-0998-0.

Escritos de juventud: 1923-1942 (Frühe Schriften: 1923-1942), Herder Editorial, Barcelona, 2007, ISBN 978-84-254-2505-9.

Fundamentos y aplicaciones de la logoterapia (The Will to Meaning. Foundations and applications of Logotherapy), Herder Editorial, Barcelona, 2013, ISBN 978-84-254-3056-5.

La idea psicológica del hombre. (Das Menschenbild der Seelenheilkunde), Ediciones Rialp, Madrid, 1965-2003, ISBN 978-843-21-3263-6.

La presencia ignorada de Dios. Psicoterapia y religión (Der unbewußte Gott), (2º ed.), Herder Editorial, Barcelona, 1977-2012, ISBN 978-84-254-2799-2.

La psicoterapia al alcance de todos (Psychotherapie für den Laien [Alltag]), Herder Editorial, Barcelona, 2010, ISBN 978-84-254-1291-2.

La psicoterapia en la práctica clínica (Die Psychotherapie in der Praxis), Herder Editorial, Barcelona, 2014, ISBN 978-8425-430-57-2.

La voluntad de sentido. Conferencias escogidas sobre logoterapia (Der Wille zum Sinn), Herder Editorial, Barcelona, 2012, ISBN 978-84-254-1610-1.

Logoterapia y análisis existencial. Textos de cinco décadas (Logotherapie und Existenzanalyse), Herder Editorial, Barcelona, 1990-2011, ISBN 978-84-254-2854-8.

Psicoanálisis y existencialismo (Ärztliche Seelsorge), Fondo de Cultura Económica, México/Buenos Aires, 1950-2010, ISBN 978-968-16-0072-3.

Psicoterapia y existencialismo. Escritos selectos sobre logotera-

pia (Psychotherapy and Existentialism), (2º ed.), Herder Editorial, Barcelona, 2001-2011, ISBN 978-84-254-2834-0.

Psicoterapia y humanismo. ¿Tiene un sentido la vida? (The Unheard Cry for Meaning: Psychotherapy and Humanism), (9ª reimp.), Fondo de Cultura Económica, México/Madrid/Buenos Aires, 1978-2014, ISBN 978-968-16-1544-4.

Sincronización en Birkenwald, Herder Editorial, Barcelona, 2013, ISBN 978-84-254-3058-9.

Teoría y terapia de las neurosis. Iniciación a la logoterapia y al análisis existencial (Theorie und Therapie der Neurosen: Einführung in Logotherapie und Existenzanalyse), Herder Editorial, Barcelona, 1992-2008, ISBN 978-84-254-1768-9.

ÍNDICE

Sumario 7
Prólogo a la séptima edición 11
Introducción 13

I. *De la psicoterapia a la logoterapia* 25
   Psicoanálisis y psicología individual 25
   El vacío existencial y la neurosis noógena 38
   La superación del psicologismo 42
   El reduccionismo genético y el pandeterminismo
      analítico 51
   Imago hominis 57
   La psicogénesis del psicologismo 64

II. *Del psicoanálisis al análisis existencial* 70
   A. *Análisis existencial general* 70
      1. El sentido de la vida 70
         El cuestionamiento del sentido
            de la vida 71
         El suprasentido 78
         El principio del placer y el principio
            de la nivelación 86
         Subjetivismo y relativismo 97
         Las tres categorías de valores 103
         La eutanasia 108
         El suicidio 113
         La vida como misión 117

El principio homeostático y la dinámica
    existencial 125
El sentido de la muerte 139
Sociedad y masa 146
Libertad y responsabilidad 153
La capacidad de oposición del espíritu 160
    El destino biológico 161
    El destino psicológico 167
    El destino sociológico 173
Psicología de campo de concentración 176
2. El sentido del dolor 190
3. El sentido del trabajo 203
    La neurosis de la desocupación 208
    La neurosis dominical 215
4. El sentido del amor 220
    Sexualidad, erotismo y amor 222
    Lo peculiar e irrepetible 225
    El horizonte de la "posesión" 237
    Valor y placer 244
    Perturbaciones sexuales de origen neurótico 256
    La maduración psicosexual 262
    Directrices de pedagogía sexual 273
B. *Análisis existencial especial* 280
  1. Psicología de la neurosis de angustia 283
  2. Psicología de la neurosis compulsiva 293
    Análisis fenomenológico de las vivencias
      del neurótico compulsivo 301
    La técnica logoterapéutica de la intención
      paradójica 317
  3. Psicología de la melancolía 343
  4. Psicología de la esquizofrenia 353

III. *De la confesión secular a la "cura de almas" médica* 365
   La cura de almas médica y sacerdotal 366
   La relación manipulada y el encuentro de confrontación 372
   La técnica existencial-analítica del denominador común 381
   Últimos auxilios 388

Resumen 393
Notas 405
Otros libros de Viktor E. Frankl 419

*Psicoanálisis y existencialismo. De la psicoterapia
a la logoterapia,* de Viktor E. Frankl,
se terminó de imprimir y encuadernar en junio de 2018
en Impresora y Encuadernadora Progreso S. A. de C. V. (IEPSA),
calzada San Lorenzo, 244; 09830 Ciudad de México.
La edición consta de 1 700 ejemplares.